사회복지조사론

이창희 • 김예경 • 손경화 • 장창균 • 한승협

창지사

머리말

사회복지조사는 사회복지의 개입을 가져오게 하기도 하고, 이미 시행된 프로그램과 새로운 프로그램에 대한 평가를 가능하게 하는 사회복지에 있어서 매우 중요한 분야이다. 즉, 사회복지조사론은 사회복지의 주요 교과목 중의 하나이다. 좀 더 넓은 의미에서 '사회조사' 없이는 복잡다기한 현대사회의 여론을 추출할 수 없듯이, '사회복지조사' 없이는 사회복지의 접근과 개입은 물론, 성과를 측정하고 평가하기 어려운 것이 사실이다.

사회복지조사론은 과학적 방법을 배운다. 과학적 방법론은 논리와 경험을 통해서 현상을 해석하고 이해한다. 사회복지조사 방법은 사회복지사에게 조사와 해석 그리고 이해를 통한 유능한 사회복지실천가가 되도록 하는 데 도구의 역할을 한다. 왜냐하면, 사회복지조사 방법과 사회복지실천은 둘 다 논리적인 문제해결과정을 공유하고 있으며, 조사 방법을 통하여 실천에 대한 지식과 기술을 개발하게 되어 클라이언트 문제에 더 과학적이고 효과적으로 접근할 수 있기 때문이다. 향후 사회복지 전문직의 미래는 사회복지사가 실천 현장에서 얼마나 조사연구를 잘 활용하여 과학적인 지식과 실천기법을 개발하고 전문성을 높여 나가느냐에 달려 있다고 해도 과언은 아니다. 그러므로 사회복지사는 사회복지조사 과정을 이해하고 그 결과를 활용하는 데 만족하지 않고, 스스로 조사연구를 수행함으로써 산출된 조사 결과를 다시 실천 현장에 적용할 수 있어야 한다. 즉, 사회복지사는 조사 결과에 대한 비판적 시각을 갖고 이를 실천에 적응하는 소비자 역할과 함께 조사를 수행하여 과학적 지식을 개발하는 생산자 역할도 수행해야 한다. 특히 새로운 서비스나 프로그램에 대한 욕구를 합리적으로 제시하거나 기존 서비스를 개선하기 위해서는 직접 조사연구를 수행하고자 하는 적극적인 자세를 견지해야 한다.

사회복지를 전공하는 학생들이 사회복지조사론 과목에 대해서 갖는 막연한 두려움에 대해서 걱정이 아니 될 수가 없다. 이 책을 통하여 사회복지조사의 이론적인 지식의 습득은 물론이지만, 그보다 더 중요한 것은 사회복지조사가 다양한 사람들의 마음을 헤아리고, 거기서 더 나이가 집합적인 사고를 추출하여 우리의 삶을 더 나은 방향으로 진보시키는 도구적 학문으로서의 유용성에 유념하였으면 한다. 좀 더 범위를 좁혀 말하면, 여러 사람의 생각 중 공통의 생각을 찾아내어 실생활을 변화시키는 잣대를 제공해 주는 재미있는 분야로 이해해 주었으면 한다.

이 책에서 목적하였던 것은 첫째로 사회복지조사의 기본에 충실하면서도 풍부한 내용을 담고자 하였다. 책의 부피도 그러하거니와 미래의 사회복지 주역들이 이 책을 통하여 사회복지조사에 관해 좀 더 여러모로 이해할 수 있기를 바라는 뜻에서 이론의 배경, 용어의 정의, 이론과 관련한 인물, 그리고 무엇보다도 관련 용어를 좀 더 쉽게 이해할 수 있는 사례를 들고자 노력하였다. 둘째로 학습자들이 각자의 이해도를 측정해 볼 수 있도록 각 단원 끝에 다양한 형태의 연습문제를 수록하였다. 이는 설명을 통한 피상적인 이해만으로 자칫 간과할 수 있는 부분을 좀 더 정확하게 확인해 보는 기회를 얻게 하고자 함이다. 셋째로 사회복지조사론에 관한 이론의 습득 이후에 실제 현장에서 활용할 수 있는 다양한 형태의 조사설문지 모형과 평가지표를 예시하였다. 사회복지학도가 졸업 후 사회복지기관 등에서 접하게 될 양식을 미리 체득하게 할 목적이다. 마지막으로, 국가자격증인 사회복지사 1급 시험의 기출문제를 추가하여 학습자들이 시험을 준비하는 데 도움을 주고자 하였다.

이 책을 집필하면서 나름대로 최선을 다하였지만 그래도 한편으로는 아쉬움이 남지 않을 수 없다. 그러나 그 부족함은 새로운 도전을 위한 "깨우침"으로 위로받고 싶다.

끝으로 이 책이 나오기까지 많은 수고를 아끼지 않았던 「도서출판 창지사」의 모든 임직원분께 감사드린다.

2021년 8월
저자 일동

차례

01 과학과 사회과학

학습목표

1. 과학(지식의 습득방법, 과학의 개념, 과학적 지식, 과학적 방법, 과학철학)이란 무엇인가를 이해한다.
2. 사회과학(사회과학의 개념, 사회과학과 자연과학의 차이, 사회과학의 한계성, 사회과학의 윤리성)이란 무엇인가를 이해한다.
3. 사회복지학(사회복지의 개념, 사회과학과 사회복지의 관계)이란 무엇인가를 이해한다.

1 과학이란?

1) 지식의 습득방법

우리가 어떤 현상에 대해 지식을 습득하는 방법에는 [표 1.1]과 같이 직접적 방법, 간접적 방법, 과학적 방법이 있다.

일반적으로 어떤 현상에 대해 우리가 가지고 있는 가치, 직관, 경험을 통해 직접적으로 이해하며, 우리 스스로 직접적으로 이해하기 어려울 때는 외부의 권위, 즉 해당 분야의 전문가를 통해 사물과 현상을 이해하게 된다. 그리고 전통적으로 내려오는 규범이나 관습 등을 통해 간접적으로 이해할 수도 있다. 그러나 과학적 방법을 통해 얻은 이해 및 지식이야말로 어떤 현상에 대한 과학적 지식이 되며, 이 과학적 지식은 인간과 사회에 대한 다양한 현상을 기술하고 설명하며, 우리의 판단과 행동을 정당화시켜 준다.

[표 1.1] 지식을 습득하는 방법

구분	종류	개념
직접적 방법	가치	자신이 가지고 있는 가치를 기준으로 사물을 이해하는 것
	직관	통찰력의 일부로서 명확한 기준보다는 개개인이 갖고 있는 경험이나 정서에 의해 느끼고 판단하는 것을 말하며, 때로는 어떤 현상을 직관적으로 이해하는 것
	경험	자신이 직접 경험한 사실에 기초하여 사물을 이해하는 것
간접적 방법	권위	사람들이 직접 경험하거나 판단할 수 없을 때, 사회적으로 지위가 높은 전문가에 의존해서 이해하는 것
	전통	전통적으로 내려오는 어떤 관습이나 규범 및 문화에 의해 특정 현상이나 사물을 이해하는 것
과학적 방법	과학	사물을 이해하고 행동할 때 과학적 절차, 즉 체계적인 [관찰(자료 수집)] → 자료분석 → 해석 → 일반화] 과정을 통해 산출된 과학적 지식에 의존하는 것

(1) 일상적 지식의 성격

우리가 무엇인가를 알고 있다는 것이 반드시 "실재(Reality)"를 나타내거나 진리를 의미하지는 않는다. 지식은 일종의 믿음 또는 신념체계에 가깝다고 볼 수 있는데, 사람들의 신념과 지식은 다음의 두 가지 근거에서 발생한다.

- 합의적 지식: 다수의 사람들이 사실이라고 믿기 때문에 형성되는 사실, 인간 사회의 문화는 대부분 합의적 사실에 기초한다. 합의적 지식은 대개 전통과 권위라는 경로를 통해 전달된다.
- 경험적 지식: 외부의 강요 없이 개인이 직접적으로 경험한 것들에 근거하여 믿게 되는 경험적 사실에 근거한 지식이다.

(2) 일상적 지식의 오류

A. Rubin E. Babbie

루빈과 바비(A. Rubin & E. R. Babbie, Research Methods for Social Work, 2004)는 일상적 경험을 통해 개인이 얻는 개인적 탐구의 오류 가능성을 다음과 같이 제시하고 있다.

- 부정확한 관찰(Inaccurate Observation): 사물이나 현상을 주의 깊게 관찰하지 못함으로써 생기는 오류를 말한다.

사례 어제 사회복지조사론 수업시간에 교수님께서 매신 넥타이의 색깔을 기억하십니까? 아마도 대개 기억하지 못할 것이다. 이처럼 일상적인 관찰은 대부분 부정확한 경우가 많다.

- 과도한 일반화(Over-Generalization): 몇 개의 비슷한 관찰결과만을 토대로 이를 일반적 패턴의 증거로 생각함으로써 생기는 오류를 말한다.

사례 어떤 사회복지시설에서 비리가 발생하였다고 해서, 마치 전국에 있는 모든 사회복지시설이 비리에 연루된 것처럼 확대 해석하는 경우이다.

- 선별적 관찰(Selective Observation) : 특정 패턴이 존재한다고 결론짓고, 그런 패턴과 일치하는 것에만 주의를 기울이고 일치하지 않는 것은 무시함으로써 생기는 오류를 말한다.

사례 사회복지사 A는 탈북자 B가 게으르다는 것을 알게 되었다. A는 이를 통해 "탈북자는 일반적으로 게으르다"라고 결론짓고, 그 다음부터 성실한 탈북자는 무시한 채, 다른 탈북자를 대할 때에도 그의 게으른 행동에만 특별한 관심을 기울이게 되는 경우이다.

- 꾸며진 지식(Ostentatious Knowledge) : 어떤 사실들이 자신의 일반화된 지식과 정면으로 위배되어 회피하기 어려운 경우, 자신의 일반화를 유지하기 위해 스스로 지식을 만들어냄으로써 생기는 오류를 말한다.

사례 사회복지현장에서 아주 유명한 이론을 활용한 개입이 효과적이지 않다는 평가가 나왔을 때, 사회복지사가 보고서에 클라이언트에게 또 다른 문제가 있었기 때문에, 또는 기관에서 프로그램 시행 장소가 적절하지 못해서 클라이언트가 프로그램에 집중하지 못했기 때문이라는 식의 결론을 내리는 오류를 말한다.

- 사후가설 설정(Ex Post Facto Hypothesizing) : 과학적인 방법은 사전가설 설정 방법을 사용하지만, 일상적인 지식탐구과정에서는 관찰된 결과를 가지고 사후에 가설을 설정함으로써 생기는 오류를 말한다.

사례 어떤 자원봉사센터에서 자원봉사자를 모집하여 자원봉사에 대한 교육을 통해 자원봉사참여율을 높이고자 하였으나, 교육에 참가한 사람들이 교육을 이수한 이후에도 참여율이 그다지 높지 않았다면, 이 경우 교육 참여자들이 원래 이타심이 약한 사람들이었을 것이라고 추정하는 경우이다.

- 비논리적 추론(Illogical Reasoning) : 논리적인 인과관계를 무시한 채, 아무런 근거도 없이 결론을 지어버림으로써 생기는 오류로서 "도박꾼의 오류"라고도 한다.

사례 외국인 노동자들이 많이 거주하는 지역에 사건, 사고가 많이 발생한다고 전제하고, 사고발생시 외국인 노동자들이 저지른 일일 것이라고 추론하는 경우이다.

- 자아개입(Self-Intervention) : 비록 무엇을 정확하게 설명하려고 하지만, 그러한 설명에 의해 자아의 손상을 입게 될 때, 그 설명들이 대개 객관성이 떨어짐으로써 생기는 오류를 말한다.

사례 사회복지사가 자신이 실시한 프로그램에 대한 평가결과, 효과성이나 효율성이 매우 낮은 것으로 지적받았다면, 사회복지사는 이를 수용하지 못하고 평가자와 평가방법이 합리적이지 못하다고 비판하는 경우이다.

- 신비화(Mystification): 이해할 수 없는 현상을 초자연적이거나 혹은 신비한 원인으로 돌림으로써 생기는 오류를 말한다.

사례 지역사회복지관에서 동일한 조건의 집단에 동일한 프로그램을 실시했는데, 어떤 집단은 도움을 받았고, 어떤 집단은 도움이 안 되는지 이해할 수 없는 경우이다.

- 시기상조적인 결론(Premature Closure): 과도한 일반화, 선별적 관찰, 비논리적 추론 등의 결과로 이미 결론을 내린 문제에 대해서는 더 이상의 탐구활동을 중단함으로써 생기는 오류를 의미한다.

사례 사회복지사가 사회복지관 주변의 클라이언트에 대한 개입계획을 세울 때, 일반적으로 자신이 알고 있는 상황, 이미 일반화된 지식들을 바탕으로 자신이 선호하는 이론을 적용하여 프로그램을 계획하면서 욕구조사를 실시하였는데, 초기의 10여 사례 정도가 자신이 평소 믿었던 개념들을 지지하는 결과가 나오자 더 이상의 조사를 하지 않은 채 계획을 세우는 경우이다.

이와 같이 개인적이고 일상적인 방법으로 지식을 습득하는 데는 많은 오류가 있기 때문에 우리는 과학적 방법에 의한 지식, 즉 과학적으로 지식을 습득해야 한다. 이 과학적 지식을 습득하는 방법 및 절차를 다루는 것이 과학적 방법이며, 과학적 방법의 근간을 이루고 있는 것이 바로 과학(科學, Science)이다.

2) 과학의 개념

(1) 과학의 정의

오늘날 우리 모두는 과학의 시대에 살고 있다. 그러나 과학의 의미는 사람에 따라 서로 다르며, 여러 학자들간에도 의견의 일치를 보지 못하고 있다. 과학의 의미에 대한 여러 정의들을 종합해 보면 다음과 같이 3가지 견해로 분류할 수 있다.

❶ 절차(節次, Procedures) 또는 방법(方法, Methods)을 중시하는 견해: 과학은 진리, 법칙 또는 이론을 찾아내기 위한 논리적·체계적 방법이라고 정의하고 있다.

❷ 결과(結果, Results) 또는 소산(所産, Products)을 중시하는 견해: 과학은 진리, 사실, 법칙 또는 이론에 대한 설명이라고 정의하고 있다.

❸ 절차와 결과를 모두 중시하는 견해: 과학은 진리, 법칙 또는 이론을 찾아내기 위한 논리적·체계적 방법과 그 소산인 체계적·이론적 지식을 의미한다고 정의하고 있다.

여기서는 절차와 결과를 모두 중시하는 견해에 따라 "과학은 진리, 법칙 또는 이론을 찾아내기 위한 논리적·체계적·경험적·객관적인 방법과 그 소산인 합리적인 지식"으로 정의하고자 한다.

(2) 과학의 목적

과학의 기본 목적은 자연현상 및 사회현상을 포함하여 모든 현상을 설명할 수 있는 이론을 제시하는 것이다. 이론(理論, Theory)이란 현상을 설명하는 것이며, 이를 위해 변수간의 관계를 구체화시키고 현상에 대한 체계적인 견해를 제시하는 것이다. 이러한 이론을 제시함으로써 다음과 같은 하위의 목적을 달성하게 된다.

- 지식의 제공: 과학은 존재하는 것에만 관심을 가지며, 가치관의 문제를 다루지 않는다. 어떤 상태로 존재하며, 왜 그렇게 존재하며, 어떻게 될 것인가에 대한 지식을 제공하는 데 목적이 있다. 모든 사람이 동의할 수 있는 분명한 기준이 있을 때 어떤 상태가 존재해야 한다고 말한다. 즉, 과학은 이론을 대상으로 하는 것이지, 가치관이나 철학적 주장을 연구의 대상으로 하는 것이 아니다.
- 규칙성의 일반화: 과학은 자연현상 및 사회현상 속에 존재하고 있는 논리적이고 지속적인 패턴, 즉 규칙성을 일반화하는 데 목적이 있다. 과학은 발견된 규칙성을 이론과 법칙으로 일반화시킨다. 이러한 과정에서 과학은 객관성을 가져야 한다. 객관성(客觀性, Objectivity)이란 동일한 과정을 밟을 경우 동일한 결과를 경험한다는 간주관성(間主觀性, Intersubjectivity)에 가까운 의미이다.

- 변수들 사이의 관계를 기술하고 설명: 연구대상에는 다수의 변수가 있으며, 과학은 이러한 변수들 사이의 관계를 설명하는 진술(陳述, Statement)이며, 진술을 위해서는 변수들 사이의 인과관계(因果關係, Causality)를 밝혀야 한다.
- 이론을 바탕으로 현상을 예측: 과학이란 관심의 대상이 되는 경험적 사건이나 형태를 모두 포괄하여 설명할 수 있는 일반 법칙을 개발하고 개별적으로 알려진 사건들에 관한 지식을 결합하여 사건에 대해 신뢰성 있는 예측을 하는 데 있다.

(3) 과학의 특징

과학은 우리가 살고 있는 세상이 어떤 원리와 법칙에 의해서 움직이고 있는가에 대한 법칙이나 진리를 탐구하는 학문으로서 다음과 같은 특징을 가지고 있다.

- 과학은 논리적(Logical)이다. 과학은 논리적인 사고 활동으로 과학적 설명은 이치에 맞아야 한다.
- 과학은 결정론적(Deterministic)이다. 모든 현상은 반드시 어떤 원인에 의해서 발생하며, 그 원인은 논리적인 확인이 전제되어야 한다. 그러나 과학이 결정론적이라는 것은 단정적이기 보다 개연성을 가지고 얼마나 더 가까우냐에 따라 확실성을 따지는 확률적인 결정론의 의미를 가지고 있다.
- 과학은 일반적(General)이다. 개별적인 현상 하나하나를 설명하기보다는 많은 대상으로 일반적 성향을 밝혀내어 일반적인 이해를 추구한다.
- 과학은 간결한(Parsimonious) 것을 추구한다. 어떤 현상을 유형별로 공통적인 요소를 찾아내어 일반화하고 동시에 현상의 유형을 구분하는 데 도움이 되지 않는 요소는 배제하여 간결한 것을 추구한다. 과학의 간결성은 어떤 현상을 이해함에 있어 필요한 최소한의 설명변수만을 이용하여 가능한 최대의 설명력을 얻으려고 한다.
- 과학은 구체적(Specific)이다. 연구를 발표할 때 개념들이 어떻게 측정되었는지 개념의 조작화를 통해 개념을 보다 정확히 측정하고 정의해야 한다.

- 과학은 경험적으로 검증가능(Empirically Verifiable)해야 한다. 과학적 지식은 경험성을 가지고 있어야 한다. 경험적 특성은 측정할 수 있고 관찰할 수 있는 현상으로 국한되며 경험적 검증은 다른 주장을 반증함으로써 본래의 주장을 확고하게 입증한다.
- 과학은 간주관적(Intersubjectivity)이다. 실험과정에서 과학자들이 다른 주관적 동기가 있어도 연구과정이 같으면 결과가 똑같이 나타나야 한다.
- 과학은 수정가능(Open to Modification)하다. 변하지 않는 진리는 없다. 과학이란 당시의 상황에 맞게 수정될 수 있으며, 과학은 진리를 추구하기보다 효용을 탐색하는 것이다.
- 과학은 설명적(Descriptive)이다. 과학이란 사실을 수집하고 그것을 토대로 설명하는 것, 즉 이론을 수립하는 것이다. 과학은 경험적 사상이나 사건을 모두 망라하여 설명할 수 있는 일반법칙을 개발하고 단편적인 지식들을 결합하여 사건에 대해 보다 신뢰성 있는 예측을 하거나, 현재까지 할 수 없었던 것을 예측하는 데 있다.
- 과학은 재생 가능성(Reproducibility)이 있다. 모든 이론은 여러 차례 반복적으로 검증하거나 관찰한 후에 정립된 것이므로 신뢰성을 확보한다.
- 과학은 객관성(Objectivity)이 있다. 누구에게나 동일하게 인식되는 사건이나 현상은 객관성이 있어야 한다.

3) 과학적 지식

(1) 과학적 지식의 의의

과학적 지식(科學的 知識, Scientific Knowledge)이란 과학적 방법에 의해 얻어진 지식을 의미한다. 즉, 체계적·논리적·경험적·객관적 절차를 통해 얻어진 지식을 의미한다. 이러한 지식은 그 지식이 얻어지는 절차의 엄밀성 때문에 다른 다양한 방법, 즉 관습, 권위, 직관 등에 의해 얻어진 지식과 구별된다.

일반적으로 과학적 지식은 자연과학(自然科學, Natural Science)과 사회과학(社會科學, Social Science)으로 분류된다. 자연과학은 자연현상을 연구대상으로 하며, 사회과학은 인간과 관련된 사회현상, 즉 인간의 믿음, 행동, 상호작용, 제도 등을 연구대상으로 한다.

자연과학은 주로 실험이란 방법에 의해 지식을 축적해 왔기 때문에 사회과학보다 좀더 빠른 발전을 해 왔다. 사회과학은 그 연구대상의 특수성 때문에 실험이란 방법을 사용하기 어렵고, 실험 대신 다른 방법, 즉 사회조사방법, 역사적 방법 및 기타 논리적 사고에 기반을 둔 방법들을 사용하고 있다. 사회과학방법 중 실증적인 자료에 의해 사회현상을 분석하는 가장 대표적인 방법이 사회조사방법이다.

(2) 과학적 지식의 특징

일반적으로 지식을 습득하는 방법에는 직접적 방법(가치, 직관, 경험)과 간접적 방법(권위, 전통)이 있다. 이러한 방법을 통해 얻은 지식과 과학적 방법을 통해 얻은 지식은 어떻게 다를까? 과학적 방법에 의해 얻어진 과학적 지식이 가지고 있는 몇 가지 특징을 살펴보면 다음과 같다.

- 재생가능성(Reproducibility): 같은 방법을 사용했을 때, 누구나 같은 결과를 얻을 수 있는 가능성을 의미한다. 즉, 표준화된 방법에 의해 동일한 결과나 결론을 얻을 수 있는 가능성을 말한다. 이러한 재생가능성은 과학과 예술을 구분할 수 있는 지침이 될 수 있다.

  사례 사진은 재생가능성이 있는 반면, 그림은 재생가능성이 없다. 재생가능성은 과학적 조사에서 절차의 표준화를 중시하게끔 해 준다.

- 경험가능성(Empiricism): 지식이 우리의 감각기관에 의해 지각될 수 있어야 한다는 의미이다. 경험가능성에 대해서는 몇 가지 논란이 되는 대상이 있다. 첫째는 인간의 감각기관을 신뢰하기 어렵다는 것이고, 둘째는 사회과학의 경우 추상적 용어가 많이 사용되는데 이를 감각기관에 의해 지각하기가 곤란할 수 있다는 것이다. 인간의 감각기관을 신뢰할 수 없다는 것, 즉 객관성이 부

족하다는 것에 대해서는 바로 뒤에서 설명하기로 하고, 두 번째 문제인 추상적 용어의 경험가능성 결여문제에 대해서 살펴보자.

사례 사랑, 행복, 우정, 직무만족감 등의 추상명사는 비경험적인 것 같이 보인다. 그러나 이러한 개념들은 우리가 경험했거나 경험할 수 있는 것들이다. 사랑이라는 개념이 구체적으로 경험 가능한 사실로 나타나는 것을 보면 데이트, 이성간의 대화, 키스, 포옹, 성교 등이 있다. 이러한 경험 가능한 사실들이 사랑이라는 개념으로 이해하고 다른 개념들과 구분하는 데 도움을 주는 일종의 지표(指標, Indicator)이다.

사례 3+4=7이라는 연산에서 3이나 4라는 수도 이 세상에 존재하는 것이 아니라 3개의 사과, 4개의 사과 등으로 표현할 때 우리의 머릿속에 존재하는 것이다. 따라서 3+4=7이라는 것도 사과 3개와 사과 4개를 더하면 사과 7개가 된다는 사실을 통해 경험적으로 인지할 수 있다는 것이다.

- 객관성(Objectivity): 정상적인 감각기관을 가진 다수의 사람들이 하나의 대상을 동일하게 인식하고 그로부터 얻은 결과가 일치하는 것을 의미한다. 즉, 누구나 동일하게 인식하는 사상은 객관성이 있다는 것이며, 과학적 지식은 이러한 특성을 가지고 있어야 한다는 것이다. 그러나 우리의 감각기관은 일정한 한계를 가지고 있어 사실이나 현상을 왜곡되게 인지할 수 있다.

사례

N. Copernicus

시각에 의한 관찰에 의하면 우리는 태양이 지구를 돈다는 판단을 할 수 있다는 것이다. 그래서 코페르니쿠스(N. Copernicus) 이전 사람들은 천동설(天動說, Geocentric Theory : 지구가 우주의 가운데 멈추어 있고 모든 천체가 그 둘레를 돌고 있다고 한 고대의 학설)을 주장하였다. 하지만 오늘날은 지동설(地動說, Heliocentric Theory : 지구가 자전하면서 가만히 있는 태양의 둘레를 돌고 있다는 학설)을 믿고 있다. 이와 같이 객관성이란 과학기술의 발달과 밀접한 관련이 있으며, 현재 객관성을 가진 것이 과학기술의 발달에 의해 허구임이 드러날 가능성도 있다는 것을 인식하여야 할 것이다.

한편 정상적인 감각기관을 가진 사람들간에도 같은 대상을 다르게 인지할 수 있는 경우가 많은데 그 원인은 다음과 같다.

- 대부분의 우리의 지각은 반응기관의 훈련과 단련의 결과로 얻어진다.
- 우리의 감각기관은 생리적·환경적 조건, 즉 피로도, 나이, 성별, 기후, 환경 등에 의해 영향을 받는다.
- 자극에 대한 해석은 과거 경험으로부터 발전시켜 온 감수성과 우리가 받은

반응에 의해 결정된다.

이러한 문제들을 해결하기 위해 좀 더 객관성을 높일 수 있는 도구를 개발하고, 그러한 도구들을 통하여 과학적 지식의 객관성을 확보할 필요가 있다. 그러나 어떤 사상은 그 자체의 성질상 감각기관에 의한 인지가 일치될 수 없는 것이 있다.

> **사례** A가 잘 생겼느냐 B가 잘 생겼느냐 하는 것은 정상적인 감각기관을 가진 사람들 간에도 일치하기 어려운 문제이다. 이는 사람마다 각기 다른 주관적 가치판단 기준을 가지고 있기 때문이다. 이러한 가치판단에 의한 인식의 차이는 객관적 과학지식의 습득을 저해시키는 요인이 되고 있다.

결국 과학적 지식이 모든 정상인들에게 객관적으로 인식되도록 하려면, 첫째는 서로 다른 사람들의 감각기관을 동일하게 자극하여 이들로 하여금 동일한 자극에 이르도록 할 수 있는 객관적인 도구를 개발하고, 둘째는 감각경험을 정밀하게 기술하고 전달할 수 있는 표준화된 기호나 용어체계를 고안할 필요가 있다. 이러한 필요성에 의해 설문지, 척도와 같은 객관화된 도구의 발달이 이루어진 것이다.

이와 같이 과학은 보다 더 재생가능하고 경험적이며, 객관적인 지식을 얻으려는 끊임없는 노력의 과정이며, 과학적 방법은 이러한 지식을 얻기 위한 기술 및 방법을 연구하는 학문이다.

4) 과학적 방법

(1) 과학적 방법의 의의

과학적 방법(科學的 方法, Scientific Method)이란 과학적 지식을 획득하는 방법을 의미한다. 커린저(Fred N. Kerlinger; Foundations of Behavioral Research, 1999)는 과학적 방법을 "일반 현상 가운데 관계가 있을 것이라고 생각하는 가설적인 명제들을 체계적·논리적·경험적·객관적으로 탐구하는 활동"이라고 정의하고 있다.

즉, 과학적 방법은 연구절차가 체계적·논리적이어야 하며, 경험적으로 검증가능해야 하고, 다른 사람들에 의해 연구되어도 동일한 결과를 얻을 수 있도록 객관적이어야 한다.

이처럼 과학적 방법은 연구의 과정 또는 절차가 엄밀하여야 함을 강조하고 있다. 그러나 변수들간의 가정된 관계를 엄밀하게 체계적으로 관찰·검증하는 것은 쉬운 일이 아니다. 때로는 변수들을 정밀하게 관찰·측정하는 것이 불가능할 수도 있고, 변수간에 영향을 미치는 통제 불가능한 외생변수(Extraneous Variable : 두 변수의 중간에 놓여서 징검다리와 같이 두 변수를 연결해 주는 변수)가 있을 수 있으며, 관찰·검증·해석과정에 연구자의 편견이 개입될 수 있다.

따라서 이러한 문제를 해결하고 좀더 엄밀한 과학적 방법을 마련하기 위해 연구가 부단히 진행되고 있으며, 이러한 내용을 다루는 학문 분야가 사회과학에서는 조사방법, 통계학 등이며, 철학에서는 과학철학 등이다.

인류는 문제해결을 위해 정밀한 지식을 얻기 위해 과학적 방법을 꾸준히 개발해 왔으며, 이러한 과학적 방법으로 가장 오래되고 널리 활용되는 기본 논리가 귀납법과 연역법이다.

(2) 귀납법(Induction)

F. Bacon

16세기 베이컨(F. Bacon)에 의해 제안된 귀납주의는 많은 수의 특정한 사례를 실험하고 관찰함으로써 특수한 것들로부터 공통적인 것을 찾아내어 일반적인 것을 추론하고 이에 관한 법칙과 이론을 형성할 수 있는 귀납법을 중시한다. 현상을 객관적으로 관찰하고 실험하는 것만이 정확한 지식을 얻고 진리에 도달할 수 있는 방법이라고 주장한다.

- 특수한 사실로부터 일반적인 원리를 이끌어 내는 방법으로 [관찰] → [일반화] → [이론/가설] → [관찰]로 이어지는 논리적 과정이다.

사례 1 관찰 1 : 철수는 죽었다.
관찰 2 : 다른 많은 사람이 모두 죽었다.
결 론 : 모든 사람은 죽는다.

사례 2 관찰 1 : 나비, 매미, 잠자리, 개미는 알을 낳는다.
관찰 2 : 나비, 매미, 잠자리, 개미는 곤충이다.
결 론 : 그러므로 곤충은 모두 알을 낳는다.

- 경험의 세계에서 관찰된 사실들이 공통적인 유형으로 전개되는 것을 객관적인 수준에서 증명하는 것이다.
- 연구주제는 연구자가 가설을 가정하지 않고 관심분야나 문제를 인식하는 차원에서 출발한다.
- 연구대상이 된 경험 세계를 객관적으로 관찰하고 결과를 기록한다.
- 일정한 유형이나 규칙성을 객관적인 수준에서 설명하고 임시적인 결론을 내린다.
- 분석절차와 방법이 계량적이어야 하고, 이를 위해 통계분석이 필요하다.
- 귀납법에서 범할 수 있는 오류를 "인과의 오류(Post hoc Fallacy)"라고 한다. 이는 여러 현상간의 인과관계를 규명할 때, 어떤 현상 A가 B라는 현상보다 먼저 관찰되었다는 이유로 A가 B의 원인이라고 단정하는 것을 말한다.

(3) 연역법(Deduction)

R. Descartes

17세기 데카르트(R. Descartes)에 의해 제안된 연역주의는 논리적 추론을 통해 일반적인 전제로부터 결론을 유도하는 연역법을 중시한다. 보편적이거나 일반적인 원리나 법칙으로부터 가설을 형성하여 경험적 관찰을 통해 검증함으로써 과학이 발견된다고 주장한다.

- 일반적인 이론으로부터 구체적이고 특수한 현상에 대한 기대 또는 가설을 이끌어 내는 방법으로 [이론/가설]→[관찰]→[일반화]→[이론/가설]로 이어지는 논리적 과정이다.

사례 I 대전제 : 모든 사람은 죽는다.
소전제 : 철수는 사람이다.
결　론 : 그러므로 철수는 결국 죽는다.

사례 I 대전제 : 모든 한국인은 한국 국적을 가지고 있다.
소전제 : 철수는 한국인이다.
결　론 : 그러므로 철수는 한국 국적을 가지고 있다.

- 전통적인 과학적 접근방법이다
- 실증주의자들이 주로 사용하는 방법이다.
- 연구 주제를 "가설"의 형태로 만들어 실증적으로 증명할 수 있다는 가정에서 출발한다.
- 연역법의 대표적인 예는 삼단논법이다.
- 연역법에서 있을 수 있는 오류는 "구성의 오류(Fallacy of Composition)"이다. 부분이 맞는다고 해서 전체에도 그것이 맞는다고 생각하는 것이 구성의 오류를 범하는 것이다.

(4) 귀납법과 연역법의 관계

경험적인 귀납법과 분석적인 연역법은 별개의 과학적 접근방법이라기보다는 상호보완적 관계이며, 서로 교대로 이루어지는 과학적 접근방법이라고 할 수 있다. [그림 1.1]에서 보는 바와 같이 과학적 연구과정에서 연역 → 귀납 → 연역 … 과정이 끊임없이 순환적으로 전개된다. 즉, ① 이론에서 가설이 만들어지고, ② 가설에 대한 관찰이 행해지며, ③ 관찰결과에 대한 분석을 통해 경험적 일반화가 이루어지고, ④ 경험적 일반화를 거쳐 이론이 확증되거나 수정된다.

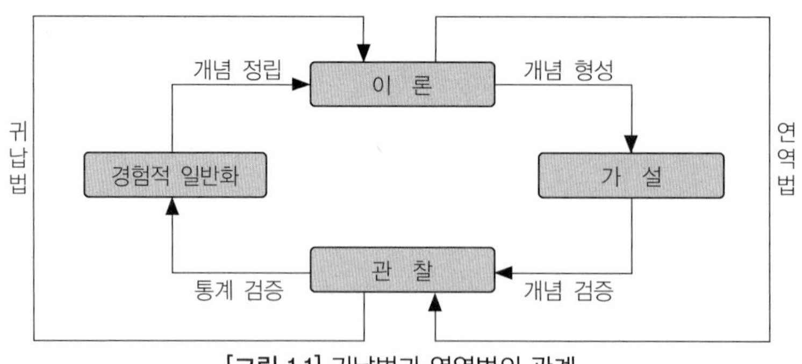

[그림 1.1] 귀납법과 연역법의 관계

사회과학에서 지식을 탐구하기 위한 논리는 양자의 중요성이 인정되는데, 일반적으로 기존의 이론이 존재할 때는 연역법을 사용하며, 기존의 이론이 존재하지 않을 때는 귀납법을 사용한다.

(5) 과학적 방법의 특성

- **논리적 체계성**: 과학적 방법이 논리적 체계성을 지니려면 논리의 전개과정이 일관적이어야 하며, 모순을 내포하지 않아야 한다. 과학적 방법의 논리적 체계성은 크게 귀납법(Induction)과 연역법(Deduction)이 있다.
- **경험적 실증성**: 일반적인 공리에서 출발한 가설은 경험적으로 실재(實在)와 일치해야 한다. 과학은 이론적 논리나 가정이 현실에서 타당성을 지니고 있다는 사실을 입증하는 절차이다.
- **상호주관성**: 과학적 방법은 경험적 수준에서 실증되어야 할 뿐만 아니라 객관적인 수준에서 인정받아야 한다. 그러나 사물에 대한 가치판단 기준은 연구자마다 다르기 때문에 완전한 객관성을 획득하기란 사실 불가능하다. 하지만 서로 다른 주관을 가진 연구자라고 하더라도 동일한 과학적 연구를 한다면 동일한 결론에 도달해야 한다는 것이 과학적 연구의 암묵적인 가정이다.
- **계량성**: 과학적 방법은 객관적이며 근원적으로는 수학의 논리에 부합되어야 하므로 분석절차나 방법이 계량적일 수밖에 없다. 과학적 방법은 계량적인 방식을 사용하여 사회현상으로부터 수량적으로 측정한 자료를 이용함으로써 과학적인 법칙이나 이론을 구축한다.
- **일반성, 보편성, 추상성**: 과학적 방법에서 일반성이란 경험적 세계에서 수집한 증거물을 토대로 추상적 이론을 만드는 것을 말한다. 연구자는 경험적인 자료를 통해 구한 사실을 추상화시켜 단순한 사실 이상의 보편적인 공통원리를 제안한다. 하지만 자연과학에 비해 사회과학에서는 연구대상의 성격이나 역사·문화적 특수성 때문에 일반 이론을 정립하는 것이 어렵다.
- **예측성**: 과학적 방법을 통해 성립된 과학적 이론이나 법칙은 예측력이 있다.

연역법에서 가설의 형태로 나타나는 변수간의 관계가 경험적 세계에서 검증될 때, 하나의 이론 또는 법칙으로 성립하며 미래의 사실을 예측할 수 있다.

이러한 특성은 과학을 다른 학문체계와 분리시킬 수 있는 조건들이자 발전적인 과학이론을 형성할 수 있도록 하는 내적 원동력이 된다. 과학에 이러한 믿음으로 인해 서양에서는 오래 전부터 철학적인 관점에서 과학의 본질을 탐구하려는 움직임이 있었고, 과학철학(科學哲學, Scientific Philosophy)이라는 거대한 학문영역으로 발전하게 되었다.

5) 과학철학

과학철학(Scientific Philosophy)은 20세기 이후 과학의 비중이 현저하게 증가함에 따라 활발히 연구되었다. 존 로지(John Losee, A Historical Introduction to the Philosophy of Science, 2001)는 과학철학을 "과학적 설명의 절차와 논리에 관한 분석"이라고 정의하고 있다. 즉, 과학철학은 "과학적 방법에 대한 규범 또는 원리를 연구하는 철학적 활동"이라고 정의할 수 있다.

과학철학에 관한 이론은 발달과정에 따라 크게 3가지로 나누어 볼 수 있으며, 이를 정리하면 [그림 1.2]와 같다.

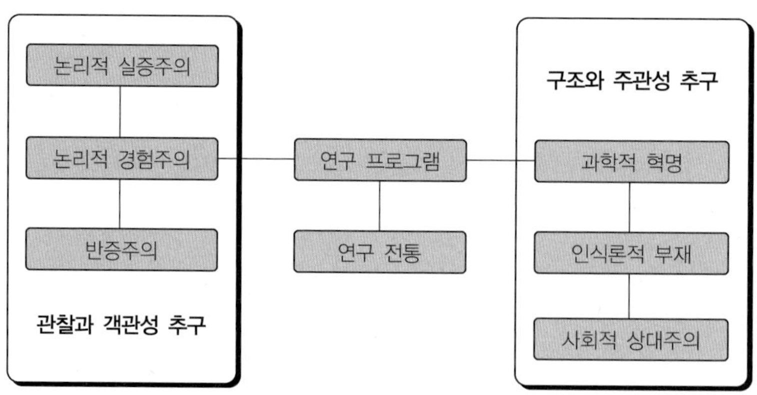

[그림 1.2] 과학철학의 분류

(1) 논리적 실증주의

A. Comte J. S. Mill H. Spencer

논리적 실증주의(Logical Positivism)는 콩트(A. Comte), 밀(J. S. Mill), 스펜서(H. Spencer) 등의 고전적 실증주의와 베이컨(F. Bacon)의 경험주의를 결합한 철학이다. 논리적 실증주의에서 일반적인 진술과 명제는 경험적으로 검증될 때 의미가 있다고 주장한다. 따라서 형이상학적 명제나 진술을 배제하고 검증가능성의 원리에 적용될 수 있는 프로토콜(Protocol: 직접 경험할 수 있는 일에 관한 관찰을 서술한 명제) 명제만을 추구한다. 이 철학의 한계점은 다음과 같다.

- 한정된 수의 경험적인 증명만으로 일반적인 진리라고 주장하는 귀납법 추론으로 진리를 주장하는 데 무리가 있다.
- 관찰자의 주관이나 편견의 개입가능성으로 인해 측정상의 오차가 수반된다.

(2) 논리적 경험주의

David Hume

논리적 경험주의(Logical Empiricism)의 형성에 가장 큰 영향을 미친 사람은 영국의 철학자 흄(David Hume)이다. 흄은 그의 저서 "인간 오성의 탐구(An Enquiry Concerning Human Understanding, 2006)"에서 명제로 이루어진 연역적 사고를 통해 얻을 수 있는 지식과 경험적 사실을 귀납적으로 추론하여 얻게 되는 지식을 비교한 후, 두 추론양식을 조화롭게 적용함으로써 더욱 합리적인 지식을 얻을 수 있다고 주장하였다.

논리적 경험주의에서 과학의 이론들은 "확률적으로 검증되는 관찰"에 의해서만 정당화될 수 있으며, 연속적인 경험적 검증과정을 거쳐 진리로 발전된다고 주장한다. 논리적 실증주의는 유일한 관찰에 의해 명제나 진술을 규명하기 어려운 점을 보완하여 "진리의 검증"이 아니라 "진리의 확인"이라는 개념을 사용한다. 이 철학의 한계점은 다음과 같다.

- 논리적 실증주의와 비슷한데 소수의 관찰에 의해서 논리적 판단을 행하는 것은 문제가 있다.
- 관찰수행자의 주관에 의해 측정의 오류를 배제할 수 없다.

(3) 반증주의

K. R. Popper

포퍼(K. R. Popper)의 반증주의(Falsificationism)에 의하면 과학은 기존의 이론과 상충되는 현상을 관찰하는 데서 출발하여 기존의 이론에 엄격한 검증을 행한다. 기존 이론의 모순에 대한 계속적인 반증 과정을 통해 과학적 검증이 이루어진다고 주장한다. 연역적 이론이 확증될 수는 없지만, 예측의 실패에 의해 명백히 반증될 수 있다고 보며 논리적으로 연역법에 의존한다.

여기서 중요한 점은 이론이란 명확히 검증될 수는 없고, 다만 기존 이론의 예측이 실패(반증)한다면 새로운 이론이 필요한 것이며, 반증되지 않은 경우 살아남은 이론은 반증될 때까지 채택되는 과정을 반복해 나가는 것이 과학이라는 것이다. 반증주의는 논리적 경험주의의 문제점을 상당히 해결하였으나, 여전히 몇 가지 문제점을 내포하고 있다.

- 반증을 하기 위한 관찰언명(Observation Statement : 무엇을 어떻게 관찰할 것인가에 대한 지침)이 이론 의존적이라는 점이다.
- 반증주의 설명이 과학자의 활동이나 과학역사와 일치하지 않는다는 점이다.
- 반증주의의 과학관이 과학지식의 누적적 진보를 주장하고 있다는 점이다.

(4) 과학적 혁명

T. S. Kuhn

쿤(Thomas S. Kuhn)이 1970년 발표한 "The Structure of Scientific Revolution"이라는 저서에서 "과학의 합리

성"에 대한 새로운 토론의 장을 전개하도록 하는 계기를 부여하였다. 쿤은 과학적 방법의 불변적인 기준과 누적적인 진보를 부정하면서 역사적 사실들과 더 잘 부합하는 이론을 제시하기 위해 새로운 패러다임(Paradigm)을 제시하였다. 이 패러다임의 특징은 다음과 같다.

- 과학의 진보는 혁명적으로 이루어진다는 점이다. 쿤은 과학의 진보가 누적적으로 이루어진다는 논리적 경험주의와 반증주의의 설명에 대한 대안으로 혁명을 통한 진보를 제시하였다.
- 과학자 공동체의 사회적 성격이 과학적 이론 선택에서 중요한 역할을 수행한다는 것이다. 즉, 과학적 이론 선택이 과학자 집단의 공동체 의식에 의해 결정된다는 것이다.

쿤이 주장하는 패러다임은 [그림 1.3]과 같은 끊임없이 변화하고 발전된다. 여기서, 패러다임이란 "어느 특정 시기에 특정한 사회구성원들이 어떤 문제에 대해 공통적으로 지니고 있는 신념, 가치, 기술 등의 총체"를 의미한다.

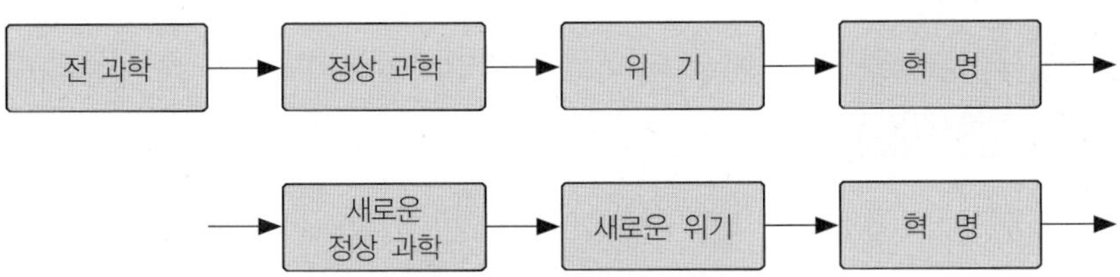

[그림 1.3] 쿤의 패러다임

- **전 과학**(Pre-Science): 패러다임이 형성되기 이전, 다시 말해 조직화되지 못한 다양한 연구 활동이 이루어지는 단계이다.
- **정상 과학**(Normal Science): 역사적 과정에서 지배적인 이론이나 패러다임에 대한 일상적인 검증과정을 거쳐서 하나의 패러다임이 확고한 상태이다.
- **위기**(Crisis): 문제를 해결하려는 과학자들의 끊임없는 노력이 수포로 돌아가고, 변칙사례를 제거하려는 노력이 오랫동안 결실을 보지 못할 경우에 패러다임에 대한 신뢰감이 사라져 위기에 봉착하는 것이다.

- 혁명(Revolution): 기존의 지배적인 패러다임을 능가할 만한 새로운 패러다임의 전환이 긴장과 갈등의 과정을 거쳐 급격한 변화가 일어나는 것이다.

쿤의 패러다임은 과학철학의 발전과정에 하나의 전환점을 마련해 주었지만, 몇 가지 측면에서 비판을 받고 있다.

- 패러다임 선택이 객관적인 기준에 의해 이루어지는 것이 아니라, 과학자 개인 또는 과학자 집단의 공동체 의식에 의해 결정된다고 주장하여 상대주의자라는 비판을 받고 있다.
- 패러다임간의 공약불가능성(Incommensurability)에 의해 비합리주의자라는 비판을 받고 있다. 공약불가능성이란 두 이론이 완전히 번역될 수 있는 공통의 언어가 존재하지 않는다는 것이다. 즉, 두 패러다임간에 사용하는 용어나 개념이 달라 패러다임간의 비교가 불가능하다는 것이다.

(5) 연구 프로그램

I. Lakatos

라카토스(I. Lakatos)는 합리적이고 객관적인 기준을 추구한 포퍼(K. R. Popper)의 견해와 실제 과학사에 부합하는 이론체계를 수립하고자 한 쿤(T. S. Kuhn)의 견해를 보완·종합하여 과학적 "연구 프로그램(Research Program)"을 제안하였다.

과학적 연구 프로그램은 견고한 핵(Hard Core)과 보호대(Protective Belt)의 구조로 이루어진다.

I. Newton

- 견고한 핵: 매우 일반적인 이론적 가설의 형태를 취하는 것으로서 하나의 연구 프로그램을 전개하는 기본 원리 구실을 하는 것을 의미한다. 예를 들면, 뉴턴(I. Newton)의 연구 프로그램에서는 운동의 3법칙(제1법칙: 관성의 법칙, 제2법칙: 가속도의 법칙, 제3법칙: 작용과 반작용의 법칙)과 만유인력의 법칙이 견고한 핵에 해당된다.

- 보호대: 견고한 핵을 에워싸는 보조가설들, 즉 초기조건과 관찰언명을 기술하는데 기초가 되는 가설들로 이루어져 있는데, 연구 프로그램 내부에서 활동이 진행됨에 따라 견고한 핵의 주위에 형성된다. 만약 관찰된 사실이 연구 프로그램의 예측과 일치하지 않는 경우 보조가설들을 수정하거나 새로운 보조가설을 보호대에 첨가함으로써 견고한 핵은 보호된다.

라카토스의 연구 프로그램은 이론을 강조하는 포퍼의 접근방법과 쿤의 패러다임을 잘 조화시킨 것으로 기존의 과학철학의 주요한 두 흐름을 변증법적으로 승화시켰다고 평가할 수 있지만, 다음과 같은 몇 가지의 측면에서 한계점을 가지고 있다.

- 쿤(T. S. Kuhn)과 파이어아벤트(P. Feyerabend)는 전진적 문제이행과 퇴행적 문제이행을 구분하기 위하여 적용하는 시간의 문제가 연구 프로그램의 한계라고 지적하고 있다. 예를 들면, 하나의 연구 프로그램이 매우 퇴행적이라거나 새로운 현상을 발견하지 못한다는 등의 결정이 내리려면 얼마의 시간이 필요한가에 대해 명쾌한 답을 주지 못하고 있다.
- 파이어아벤트(P. Feyerabend)는 라카토스가 자신의 방법론에서 실제로 이론이나 연구 프로그램의 선택에 관한 규칙을 제시하지 않았다고 비판하였다. 라카토스 자신도 이를 수긍하면서 "퇴행적 프로그램에 매달리는 것은 합리적일 수 있다"고 말하고 있다. 즉, 라카토스의 방법론은 진보를 노리는 과학자에게 안내자 구실을 하지 못한다는 비판을 받기도 한다.

(6) 연구전통

L. Laudan

라우든(L. Laudan)은 쿤의 패러다임, 라카토스의 연구 프로그램과 유사한 "연구전통(Research Tradition)"이라는 개념을 사용하여 과학적 방법론을 제안하였다.

연구전통에서 과학의 목적은 "문제의 해결"이라고 주장한다. 즉, 과학이란 관심 있는 문제에 대한 해답을 제공하는 것으로서 이론의 가치 부여에 대한 평가 기준은 참(True), 거짓(False)이 아니라 중요한 경험적 문제들에 대해서 납득할 만한 설명을 할 수 있는지의 여부에 있다고 주장한다.

연구전통은 같은 전통을 따르고 있는 과학들이 공유하고 있는 가정과 이론들로 구성되어 있으며, 과학은 이 틀안에서 운영된다.

(7) 인식론적 부재

P. Feyerabend

파이어아벤트(P. Feyerabend)는 과학자들이 연구하는 과정에서 부분적으로 새로운 평가기준을 개발하고 이것이 과거의 기준과 대체될 때까지의 과도기적 과정에서 인식론적 부재(Epistemological Anarchy)가 존재한다고 주장한다.

그럴듯한 인식론에 기초하고 있는 이론이라도 다른 이론에 반박을 받게 되며, 이미 사람들 사이에 널리 받아들여지고 있는 과학적 규범을 위반하는 것이 과학의 발전을 위한 일이라고 주장한다.

파이어아벤트는 진실, 객관성, 정확성 등을 부인하면서, "아는 것이 곧 모르는 것이다"라고 주장하였다. 파이어아벤트의 철학적 관점은 다음과 같이 요약할 수 있다.

- 방법론적 규칙에 대해 "어떻게 해도 좋다(Anything goes)"고 역설하였다. 그는 방법론과 물리학의 역사가 일치하지 않는다는 사실을 과학사적 맥락에서 지적하였다. 그는 과학의 방법론이 과학자들의 활동을 지시하는 적절한 규칙을 제시하는 데 실패하였음을 지적하고, 역사의 복잡성에 비추어 볼 때 몇 가지의 방법론적 규칙으로 과학을 설명할 수 없다고 주장하였다.
- 공약불가능성(Incommensurability)이다. 공약불가능성이란 본질적으로 서로 다른 경쟁관계의 두 이론은 논리적 비교가 불가능하다는 것이다.
- 진리에 대한 상대주의와 반과학주의이다. 그는 다른 형태의 지식과 비교해서 과학이 우월하다는 것을 인정하지 않는다. 나아가 공약불가능성의 명제에 비추어 볼 때 과학의 우월성을 뒷받침하는 결정적인 논의는 존재하지 않는다고 주장한다.

(8) 사회적 상대주의

D. Bloor

S. B. Barnes

블루어와 반스(D. Boor & S. B. Barnes)의 인지적 과학사회학(Cognitive Sociology of Science)에서 과학적 지식은 일종의 사회화 과정이라고 보고 있다. 과학적 신념은 문화, 정치, 사회, 이데올로기 등 사회구성원들이 가지고 있는 신념들로부터 영향을 받는다고 주장한다. 합리성 또한 단순한 인지적 과정이 아니라 사회적으로 영향을 받는 상대적인 개념이다.

(9) 행동주의

J. B. Watson

I. Pavlov

왓슨과 파블로프(J. B. Watson & I. Pavlov) 같은 행동주의자들의 과학적인 연구는 인간의 내면세계보다는 환경이나 행동에 초점을 두었으며, 연구결과가 실제 인간행동의 변화에 도움을 주고자 노력하였다. 이 철학은 가설을 증명하는 연구방법을 사용하지 않고, 어떤 목적에 의해 현실적으로 나타나는 관찰가능하고 측정되고 증명될 수 있는 유기체의 "행동"에 관심을 갖는다.

2 사회과학이란?

1) 사회과학의 개념

(1) 사회과학의 의의

사회과학(Social Science)이란 인간의 모든 행위, 즉 개인의 독자적인 행동과 타인과 상호 관련되어 나타나는 사회적 행동을 연구대상으로 하여 사회현상이나 인간의 행위를 분석하고 종합하여 일반적 법칙을 찾아내려는 인간의 지식적 활동에 의한 지식체계이다.

사회과학은 [그림 1.4]와 같이 경험과학이며, 기술적 사회과학과 분석적 사회과학으로 분류할 수 있다. 기술적 사회과학은 사회구조의 상호작용 및 발전을 기술하는 학문이며, 분석적 사회과학은 사회행태를 결정하는 기저의 관계를 발견하는 학문이라고 할 수 있다.

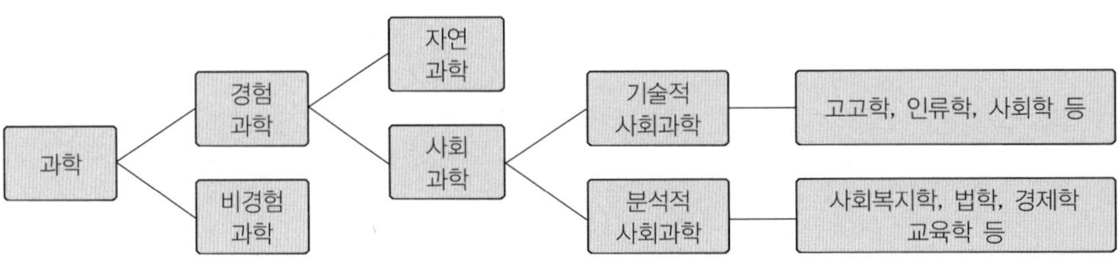

[그림 1.4] 사회과학의 분류

사회과학의 의미를 이해하려면 먼저 과학의 의미를 규명해야 한다. 과학은 체계화된 지식이며, 과학의 특성은 ① 과학은 논리적이다. ② 과학은 결정론적이다. ③ 과학은 일반적이다. ④ 과학은 간결하다. ⑤ 과학은 특정적이다. ⑥ 과학은 경험적으로 검증이 가능하여야 한다. ⑦ 과학은 상호주관적이다. ⑧ 과학은 수정가능한 것이다. ⑨ 과학은 설명적이다. ⑩ 과학은 재생가능성이 있다. ⑪ 과학은 객관성이 있다.

이와 같이 과학은 인간의 총체적인 지식체계를 포괄하는 의미를 갖고 있다. 지식체계의 학문영역을 자연과학·사회과학·인문과학으로 대별하는 것은 그 학문의 인식방법이 과학적 인식이라는데 근본 뜻이 있다. 보통 자연과학을 가리켜 자연에 관한 학문 또는 자연현상을 대상으로 하는 과학적 인식이라고 한다. 이와 마찬가지로 사회과학은 사회에 관한 학문 또는 사회현상을 대상으로 하는 과학적 인식이라고 말한다. 여기서, 우리는 자연과학의 연구대상이 자연 또는 자연현상인 것처럼 사회과학의 연구대상은 사회 또는 사회현상임을 알 수 있다.

사회현상은 인간이 생존을 위해 활동하는 모든 사회생활과 관련되어 있다. 다시 말해 사람들 사이에 이루어지는 사회활동과 사회과정으로서의 인간의 모든 사회적 행위를 사회현상이라고 할 수 있다. 또한 사회현상은 목적과 의식을 가진 인간의 상호작용에 의해 구성된다. 이와 같이 인간의 생존을 위한 사회행위와 집단활동에 관한 현상을 지배하는 법칙을 탐구하는 학문이 사회과학이라고 할 수 있다.

(2) 사회과학의 견해

사회현상도 자연현상과 동일한 방법을 사용할 수 있고, 동일한 법칙성을 찾을 수 있는가에 대한 극단적인 2가지 견해가 있다. 하나는 사회과학을 엄격한 의미의 과학으로 간주하는 경우(E. Durkheim)이고, 다른 하나는 주관적인 접근법을 가지고 인문학의 일종으로 사회를 단지 설명하는 경우(W. Dilthey)이다. 베버(M. Weber)는 이러한 관점의 중간적인 입장에 있다.

W. Dilthey

- 딜씨(W. Dilthey):인간은 자유의지를 가지고 있으므로 누구도 그들의 행동을 예측하거나 일반화할 수 없다고 주장하며, 독특한 사건의 연구만을 허용하며, 설명이나 예측은 허용하지 않는다. 이 견해에 따르면 설명과학으로 인식되는 사회과학은 배제된다.

E. Durkheim

- 뒤르껭(E. Durkheim) : 사회현상은 질서 있게 일반화할 수 있다는 실증주의의 견해로서 물리적 현상이 물리법칙을 따르듯 사회현상도 사회적 법칙을 따른다는 가정으로 자연과학과 사회과학은 대상의 차이를 제외하고 차이점이 없다고 주장한다. 따라서 사회과학자의 과업은 과학적 방법을 사용해서 사회적 법칙을 발견하는 것이라고 주장한다.

M. Weber

- 베버(M. Weber) : 달씨와 뒤르껭의 중간적인 접근방법을 취하는데, 사회현상은 사회적 법칙에 의해 결정될 뿐만 아니라 인간의 의지적 행동의 산물이라고 주장한다. 인간의 자유의지는 합리적인 형태로 행사되고 있으며, 인간의 행동은 합리적 행동의 이해에 의해 예측될 수 있다는 주장이다.

또한 베버는 자연과학적 연구방법이 모든 사회현상을 연구하는 데 부적합하다고 보면서 "직접적 이해(Direct Understanding)"를 주장하는데 이는 자연과학에서는 불가능하지만 사회과학에서는 가능하다. 직접적 이해란 예를 들어, 사회과학자는 연구대상이 바로 연구자 자신이 소속된 집단일 수 있으므로 자신이 경험한 적이 있는 그 집단의 특별한 상황이나 곤경을 관찰하고 감정이입할 수 있고 그들의 느낌을 직접 이해할 수 있을 때 경험하는 종류의 이해를 말한다.

(3) 사회과학의 성격

사회과학은 동일한 내용이 되풀이되지 않고 끊임없이 변화하고 있는 사회현상을 규명하는 과학이란 특징을 가지고 있다. 이러한 사회과학의 성격은 다음과 같다.

- 사회과학은 경험과학이다. 사회과학은 현실의 구체적인 경험에서 얻어진 사실들을 경험과 수정을 통하여 일반적 법칙을 추출하는 과학이기 때문이다.
- 사회과학은 역사과학이기도 하다. 항상 우리가 현재의 사실을 다룬다고 할 때에도 이미 그것은 과거의 것이 되고 있다. 즉, 사회적 사실과 실체는 진공 속에 고정된 채 존재하고 있는 것이 아니라 시간적인 규정 속에 존재하기 때

문에 역사과학의 기초 위에서만 사회과학은 존립가능한 것이다.

- 사회과학은 실천과학이다. 본래 현실적인 문제의식에 기반을 두어 문제해결을 위한 노력과 그 결과들로서 발전해 나가는 것이기 때문에 사회현실의 모순과 갈등을 해결하는 실천적 입장과 불가분의 관계에 있다.
- 사회과학은 사회현실에 대한 전체적 인식과학이다. 사회현상은 복잡·다단하며, 사회 속에서 발생하는 하나의 사건은 크든 작든간에 사회의 나머지 부분에 영향을 미친다. 더욱이 사회과학의 연구대상이 되고 있는 사회현상이란 인간과 인간의 상호작용하는 관계이기 때문에 이러한 인간관계 전체를 하나의 학문분야를 가지고 이해한다는 것은 거의 불가능하기 때문이다.

2) 사회과학과 자연과학의 차이

사회과학은 인간과 관련된 사회현상, 즉 인간의 믿음, 행동, 상호작용, 제도 등을 연구대상으로 하며, 자연과학은 자연현상을 연구대상으로 한다. 자연과학과 사회과학의 차이를 비교해 보면 [표 1.2]와 같다.

[표 1.2] 자연과학과 사회과학의 차이

자연과학	사회과학
사고의 가능성은 무한하다.	사고의 가능성은 제한되어 있다.
수학의 공식과 같은 분석방법에 의한 사고의 도식화를 강조한다.	사고의 도식화에 관한 타당성에 의문을 제기한다.
누적적인 성격을 가진 학문이다.	누적적이 아닌 독창적이고 유일한 성격의 학문이다.
사회문화적인 특성에 영향을 받지 않는다.	사회문화적 특성에 의해 영향을 받는다.
연구자의 개성이나 사회적 지위의 영향을 받지 않는다.	연구자의 개성 또는 가치관이나 세계관에 의해 영향을 받는다.
명확한 결론을 내릴 수 있다.	명확한 결론을 내리기 어렵다.
기존의 이론과는 전혀 다른 새로운 이론이 빈번히 대두한다.	새로운 이론이라도 기존 이론과는 단절되지 않은 성격을 가진다.

3) 사회과학의 한계성

사회과학의 대상으로서의 인간행위가 그 요체를 이루고 있는 사회현상의 속성 때문에 다음과 같은 한계성을 가지고 있다.

- 사회과학의 연구대상인 인간의 행태는 복잡하고 가변적이기 때문에 예측이 불가능하다.
- 인간 행태의 본질을 파악해 낼 수 있는 방법적 절차, 즉 실험과 같은 방법이 완전하지 못하다. 특히 인간은 자기가 실험대상이 되고 있다는 것을 알게 되면 평소와는 다른 행동을 보일 수 있기 때문에 자연과학과 같이 엄밀한 통제 조작에 의한 연구가 어렵다.
- 인간에게는 예측을 전복시킬 수 있는 능력이 존재하기 때문에 객관적 예측이 항상 들어맞는 것은 아니다.
- 사회과학연구는 연구자 자신이 목적의식을 통한 상징적 존재인 인간에 대한 상징적인 연구이기 때문에 연구대상이 규범적이다.
- 방법상의 정확도와 신뢰도를 지나치게 강조하여 사회과학의 적합도와 타당도를 무시할 수 있다.
- 연구대상이 인간이기 때문에 연구과정에서 인간을 목적으로만 사용해야 하지 수단으로 사용할 수 없는데, 이를 소홀히 할 경우 비인간화·윤리성 문제가 발생할 수 있다.
- 연구를 위한 문제를 선정할 경우 가치가 개입되고 수집된 자료와 자료들간의 변수를 형성하는데 명제나 이론의 전개에서 가치가 개입될 수 있다. 또한 연구자 자신의 가치관이 은연중에 작용할 수 있다. 사회현상에 대한 설명이 연구자의 사회문화적 요인 또는 시대적 요인에 의해 달라질 수 있다. 즉, 가치중립의 문제와 가치개입의 불가분성의 문제점을 가진다.

L. Pirandello

• 피란델로 효과(Pirandello Effect): 피란델로(Luigi Pirandello)에 의해 제안된 것으로 자연과학에서는 관찰대상물과 관찰자가 분명히 구별될 수 있지만, 사회과학에서는 이들 양자가 대부분 혼연일

체가 되는 경우가 많음을 나타내는 말이다. 사회과학에서는 관찰의 대상이 관찰자 자신이 되기도 하므로, 사회현상을 분석하는 과정에서 객관성이 결여될 가능성이 그만큼 크다.

4) 사회과학의 윤리성

사회과학 연구를 위해서는 인간을 대상으로 한 조사를 수행해야 하는데, 이 과정에서 윤리적인 문제가 발생하기 쉽다. 특히 보다 과학성을 높이기 위한 엄밀한 연구를 수행하기 위해 실험조사와 같은 방법을 사용하고자 할 때 윤리적 문제가 발생할 가능성이 더 높다.

사회과학의 윤리적인 문제를 연구내용 및 주제, 연구대상 및 과정, 연구결과와 관련된 문제로 나누어 살펴보자.

(1) 연구내용 및 주제

연구내용 및 주제와 관련된 윤리적인 문제(Ethical Problem)란 연구내용이 사회적 윤리에 어긋나지 않아야 한다는 것이다. 즉, 연구내용이 인간에게 해를 주는 것을 목적으로 해서는 안 된다는 것이다.

사례 살인을 효과적으로 하기 위한 연구, 부정투표를 효과적으로 하기 위한 방법, 성폭행을 효과적으로 하기 위한 행동 등은 윤리적으로 제약을 받는 주제라고 할 수 있다.

(2) 연구대상 및 과정

- **연구대상을 수단으로 이용하는 문제**: 어떤 연구결과를 얻기 위해 인간을 실험의 대상으로 사용해서는 안 된다는 것이다. 즉, 인간을 수단으로 이용해서는 안 되며, 목적으로만 이용해야 한다는 것이다.

사례 어떤 약품의 효과를 실험하거나 인공심장의 효능을 실험하고자 할 때, 처음부터 인간을 대상으로 하지 않고 먼저 동물을 대상으로 해서 연구결과를 어느 정도 확신한 후에 인간에게 적용하는 것도 바로 인간을 수단으로 이용할 수 없기 때문이다.

- **연구대상자에게 신체적 · 정신적 · 심리적 · 물질적 · 법적 피해를 주는 연구**: 연구자는 연구대상자에게 신체적·정신적·심리적·물질적·법적 피해를 주는 연구를 하는 데 신중을 기해야 한다. 연구대상자가 직접적으로 신체적 피해를 입는 경우는 많지 않지만, 간접적으로 질문에 대한 대답 중 스트레스를 받아 긴장, 혈압의 상승, 신체의 마비 등 신체적 피해를 입는 경우가 있을 수 있다.

  사례 "과거에 성폭행을 당한 경험이 있는가?"와 같이 질문에 대한 응답이 불유쾌한 사건과 관련되어 있는 경우 응답자에게 긴장과 불편함을 제공해 줄 수 있다.

- **연구대상의 승낙**: 연구자는 연구대상자에게 조사대상이 되는 것을 강요할 수 없다. 연구자는 조사대상자에게 연구의 목적이 무엇이고, 연구에의 참여가 어떤 결과를 가져오리라는 것을 이해하도록 도와줄 필요가 있다. 이러한 정보를 제공한 다음 조사대상자가 아무런 강요도 받지 않고 조사연구에 참여하기로 동의해야 한다.

  사례 교도소 수감자, 어린이, 정신지체인 등 특수한 경우에는 연구대상자의 승낙이 반강요적이거나 불충분한 인식상태에서 이루어지는 경우가 있다. 이런 경우에는 본인 및 보호자의 승낙을 받아야 한다.

(3) 연구결과와 관련된 문제

조사대상자에 대한 익명성 보장: 연구결과에서 얻은 자료는 개인의 사생활이 침해되지 않도록 비밀이 보장되어야 하는 것이 원칙이다. 그러나 공개토론 등 공개적인 상황에서 자료를 얻었을 경우에나 본인의 승낙을 받았을 때에는 조사대상자의 신분을 밝힐 수 있다.

- **자료원에 대한 비밀보장**: 자료원(Data Source)이란 자료가 제공된 근원을 의미한다. 자료원에 대한 비밀보장이란 조사대상자의 익명성과 어느 정도 연관이 있는 것으로 어디에서 그 자료를 얻었는가에 대해 연구자는 비밀을 지킬 의무가 있다는 것이다. 특히 비행, 일탈행동을 저지르고 있는 자들이 연구대상인 경우 자료원의 비밀이 요구된다.

- **연구결과의 사용권한(표절의 문제)**: 연구자가 아닌 다른 사람이 타인의 연구결과를 사용할 때에는 반드시 인용의 근거를 제시해야 한다. 타인의 연구결과를 인용 없이 자신의 것처럼 사용하는 것을 표절(Plagiarism)이라 하며, 표절은 엄격히 규제되어 있다.

3 사회복지학이란?

1) 사회복지의 개념

사회복지(Social Welfare)라는 실체는 바라보는 관점에 따라 그리고 복지의 대상의 성격과 내용 및 측면에 따라 상이한 인식들로 나타날 수 있다. 그래서 우리는 사회복지의 실체에 대한 구체적인 개념보다는 보다 상위의 개념만을 살펴본다.

사회복지는 사회적(Social)이라는 개념과 복지(Welfare)라는 개념의 복합체이다. 복지란 말의 영어권 개념인 "Welfare"는 쾌적한 상태, 안녕과 관련된 상태 및 조건, 특히 건강, 행복, 번영과 같은 상태로 규정되고 있다. 사회복지는 이러한 복지의 개념에 사회적이란 형용개념이 덧붙여진 것으로 파악할 수 있다.

사회적 형용개념에 관하여 포더(A. Forder: Concepts in Social Administration, 1974)는 사회적 서비스라는 복합개념을 분석하면서 3가지 의미로 파악하였다.

- 서비스가 집합적인 행동에 의하여 제공된다.
- 서비스의 목적이 사회적 욕구(사회적 관계의 효과적 조직에 따라 욕구충족의 정도가 결정되는 성질의 요구)를 겨냥하고 있다는 점이다.
- 서비스 제공의 동기가 이윤추구와 같은 경제적 동기가 아니라, 상부상조 또는 이타주의와 같은 사회적 동기이다.

그렇다면 두 가지 개념의 복합개념인 사회복지는 쾌적하고 안녕된 생활을 성취하기 위한 사회구성원들의 공통적인 행위와 노력의 체계를 의미하는 것으로 볼 수 있다. 따라서 이 같은 사회복지의 현상에는 각기의 시대, 국가의 사회적 상황, 즉 사회적인 관계들이 반영되는 것은 당연하다.

또한 타학문과 비교하여 나타나는 사회복지학의 첫 번째 특징은 다학문적 성격이라는 점이다. 학문적 주제가 남을 돕는 원조행위라 하지만 그 행위는 국가, 기업 또는 자원단체 등에 의해 시행되는 집합적 행위이기 때문에 그것에 대한 이해를 위해서는 사회과학의 여러 분야가 제공하는 지식들의 활용이 요구된다.

그리고 두 번째 특징은 사회과학의 가치성과 관련된 것인데 사회복지의 기본개념은 개인주의적 전통과 집합주의적 전통으로 대별될 수 있다. 그런데 사회복지학의 주류는 집합주의에 가깝다고 말할 수 있을 정도로 사회복지학은 가치 지향적이다.

2) 사회과학과 사회복지의 관계

사회과학은 사회현상과 인간관계를 연구대상으로 삼고 있는 이론이며, 사회복지학은 어떠한 사회현상에 내재하는 사회문제에 대처해 나가기 위한 사회학적 시책의 체계이며, 어떠한 현상상태나 표현방식을 취하든 학문적 연구방법은 사회학적이어야 하며, 실천과학이다.

그러므로 사회문제에 대한 연구방법은 사회과학적이어야 하며, 그 실천은 문제해결과 복지발전을 목적으로 해야 하고, 이러한 목적에서 사회과학과 사회복지학은 상호 밀접한 관련성이 있는데, 그 이유는 다음과 같다.

- 사회과학이 발전시킨 인간에 관한 지식과 인간의 사회적 행동에 관한 지식을 충분히 이용한다면 사회복지실천에 새로운 통찰을 얻을 수 있다.
- 사회복지의 목적, 기능, 전제, 방법 등에 대해 평가·검증·수정이 많으면 많을수록 사회복지는 인류에게 더욱 더 공헌할 수 있게 된다.
- 사회복지는 사회과학이 필요로 하는 인간의 생활경험에 관한 풍부한 자료를 갖고 있기 때문이다.

따라서 사회과학이 사회복지에 기여할 수 있는 분야는 실제 지식의 제공, 이론적 공헌, 조사방법의 제공에 있다. 한편 사회복지가 사회과학에 공헌할 수 있는 내용은 다음과 같다.

- 사회복지의 중요성을 갖는 문제를 확인할 수 있다.
- 사회복지의 실제 경험을 통해 얻은 사회과학적 가설을 제시할 수 있다.
- 사회과학에 의하여 발전된 개념들의 활용·검증할 수 있다.
- 사회복지의 실제 경험에서 얻은 원초적 자료를 사회과학의 조사목록에 이용할 수 있게 한다.

이러한 상호기여와 공헌을 보면, 사회과학과 사회복지학은 연구대상과 영역을 달리 하더라도 결국 인간의 생존과정상의 상호관계에서 기인되는 인간문제와 사회문제를 해결하고 완화하는 데 초점을 둔다.

특히 사회복지가 사회과학적 연구방법을 채용함으로써 얻어지는 효과는 과학성이라 볼 수 있다. 과학성이란 객관성을 생명으로 하고 있으며, 사실에 근거한다는 것과 보편타당성에 대한 충실함을 의미하고 있다. 그래서 사회복지는 과학화를 위해 이론과 실천에서 객관적 사실과 보편타당성을 탐구하여 전개한다.

이러한 학문의 과학화에는 사회과학과 사회복지학의 상호보완적 관계가 있는 것이다. 또한 사회복지의 과학화는 인간전체와 사회전체를 통일적으로 파악하여 살아있는 인간의 생존상의 모든 문제를 해결하려 하는 것이다. 이러한 노력에서 상호보완관계를 갖게 한다.

Q 연습문제

서술형

01. 비과학적인 방법으로 지식을 습득할 수 있는 방법을 제시하고, 이러한 일상적인 지식에서 발생할 수 있는 오류들을 예를 들어 설명하시오.

02. 과학이란 무엇이며, 어떤 목적을 수행하고, 어떠한 특징들을 가지고 있는지를 간략히 설명하시오.

03. 과학적 지식이란 무엇이며, 어떠한 특징들을 가지고 있는지를 각각 예를 들어 설명하시오.

04. 과학적 방법이란 무엇이며, 어떠한 특징들을 가지고 있는지를 간략히 설명하시오.

05. 과학적 방법인 귀납법과 연역법을 예를 들어 설명하고, 이들 간의 상호관계를 도형으로 표시하여 간략히 설명하시오.

06. 과학철학이란 무엇이며, 논리적 실증주의, 논리적 경험주의, 반증주의, 과학적 혁명, 연구 프로그램, 연구 전통, 인식론적 부재, 사회적 상대주의, 행동주의를 간략하게 설명하시오.

07. 사회과학이란 무엇이며, 사회과학에 대한 3가지 견해를 비교하여 설명하시오.

08. 사회과학은 어떠한 성격을 가지고 있는지를 간략하게 설명하고, 사회과학과 자연과학을 비교하여 설명하시오.

09. 사회과학이 어떠한 한계성을 가지고 있는지를 간략하게 설명하고, 피란델로의 효과에 대해 설명하시오.

10. 사회과학의 윤리성에 대해 연구내용 및 주제, 연구대상 및 과정, 연구결과와 관련된 문제로 구분하여 간략하게 설명하시오.

11. 사회복지란 무엇이며, 사회과학과 사회복지가 상호 밀접한 관계성이 있는 이유를 설명하고, 사회복지가 사회과학에 공헌할 수 있는 내용을 설명하시오.

Q 연습문제

괄호형

01. 한 개인이 직접 관찰하고 경험하며 축적한 지식은 (　　) 지식이다.

02. 루빈과 바비(Rubin, A. Babbie, E.)에 따르면 일상적 경험을 통해 개인이 얻는 개인적 탐구에서 오류가 생길 가능성은 다양한데, 특히 소수의 사례를 가지고 일반적인 사실로 받아들이는 오류는 (　　)(이)다.

03. 과학에서 모든 현상은 반드시 원인에 의해 발생한다는 (　　) 특징을 가지고 있다.

04. 개별 대상이나 사건들을 관찰한 후 이론을 도출하는 과학적 연구방법은 (　　) 방법이다.

05. 이론에 기초하여 가설을 도출하고 실증적 자료를 이용하여 가설을 검증하는 연구방법은 (　　) 방법이다.

06. 사회조사과정에서 나타날 수 있는 윤리적인 문제와 관련하여 연구대상인 인간을 (①)(으)로 사용해서는 안 되며, 연구결과의 발표에서도 조사대상자의 (②)와/과 자료원에 대한 (③)을/를 고려해야 한다.

07. 사회과학에서는 자연과학과 달리 관찰대상물과 관련자가 분명히 구분되지 않고, 오히려 관찰의 대상이 관찰자 자신이 되기도 하여 객관성이 결여될 가능성이 큰데 이러한 현상을 (　　) 효과라고 한다.

해답

1. 경험적	2. 과도한 일반화	3. 결정론적	4. 귀납적
5. 연역적	6. ① 수단 ② 익명성 ③ 비밀보장		7. 피란델로

Q 연습문제

진위형

01. 과학적 연구방법은 연구결과를 객관화시키고 이론화시키는데 도움을 주므로 사회복지학도 과학적 연구방법으로 접근하는 것이 중요하다.

02. 과학적 지식은 과학자들이 서로 다른 주관적 동기에 의해 연구하더라도 과정이 같으면 결과가 동일한 간주관성을 가지고 있다.

03. 여러 현상간의 인과관계를 규명할 때 어떤 현상(A)이 다른 현상(B)보다 먼저 관찰되었다는 이유로 A가 B의 원인이라고 단정하는 것은 귀납법에 흔히 범할 수 있는 구성의 오류다.

04. 쿤(T. S. Kuhn)은 세상을 바라보는 방식으로서 패러다임을 강조하면서 기존의 패러다임을 부정하고 새롭게 출발할 때 과학은 혁명적으로 발달하며, 패러다임은 고정된 이론체계가 아니라 끊임없이 변화하고 발전하는 체계라고 주장했다.

05. 과학은 기존의 이론과 상충되는 현상을 관찰하는 데서 출발하며, 기존 이론의 모순에 대한 계속적인 반증과정을 통해 과학적 검증이 가능하다고 주장한 학자는 데카르트(R. Descartes)다.

06. 연구문제 선정이나 수집된 자료를 바탕으로 변수를 형성하는 데 있어 연구자의 개인적인 가치가 개입될 수밖에 없으므로 연구자는 가능한 한 객관성을 유지해야 한다.

07. 인간을 대상으로 하는 사회복지조사는 조사자의 가치나 정서적·문화적 요인에 의해 제한을 받는다.

해답

1. ○	2. ○	3. X	4. ○
5. X	6. ○	7. ○	

Q 연습문제

선택형

01. 과학적 방법에 관한 설명으로 옳지 않은 것은?

① 잠정적이지 않은 지식을 추구한다.
② 철학이나 신념보다는 이론에 기반한다.
③ 경험적인 증거에 기반하여 지식을 탐구한다.
④ 현상의 규칙성에 대한 관심이 높다.
⑤ 허위화(falsification)의 가능성에 대해 개방적이어야 한다.

해설 과학적 방법은 반증(허위화, falsification) 가능성에 열려 있다. 따라서 과학적 이론은 반증되기 전까지만 유효한 잠정적 지식이다.

02. 귀납법과 연역법에 관한 설명으로 옳은 것은?

① 귀납법과 연역법은 상호배타적이다.
② 귀납법은 이론에서 조직화와 관찰로 이어진다.
③ '모든 사람은 죽는다'와 같은 명제에서 시작하는 것은 귀납법이다.
④ 연역법은 개별 사례의 관찰에서 출발한다.
⑤ 경험적 관찰에서 보편적 유형을 찾는 것은 귀납법이다.

해설 경험적 관찰에서 보편적 유형들 발견하여 임시가설을 도출하는 것은 귀납법이다.

03. 쿤(T. Kuhn)의 과학적 패러다임에 관한 설명으로 옳지 않은 것은?

① 현상에 대한 우리의 관점을 조직하는 근본적인 도식을 패러다임이라 한다.
② 과학은 지식의 누적에 의해 점진적으로 진보하다고 본다.
③ 학문 공동체의 사회적 성격이 과학이론 선택에 중요한 역할을 한따.
④ 상이한 과학적 패러다임은 실제의 본질에 대한 다른 입장을 반영한다.
⑤ 기존 패러다임의 위기가 명백해지면 새로운 패러다임으로 전환한다

해설 과학이 점진적으로 진보한다고 본 학자는 쿤이 아니라 포퍼(K. Popper)이다. 포퍼와 달리 쿤은 패러다임의 전환을 통해 혁명적 혹은 혁신적으로 발달한다고 보았다.

04. 사회과학의 패러다임에 관한 설명으로 옳지 않은 것은?

① 비판 사회과학적 패러다임은 억압받는 집단의 권한을 강화하는 데에 관심을 둔다.
② 포스트 모더니즘적 패러다임은 객관적 실재라는 개념을 신뢰한다.
③ 해석적 패러다임은 삶에 대한 주관적 의미에 관해 깊이 있게 탐구한다.
④ 실증주의적 패러다임은 경험적 관찰의 중요성을 강조한다.
⑤ 후기 실증주의적 패러다임은 인간의 비합리적 행위도 합리적으로 설명할 수 있다고 본다.

해설 객관적 실재를 신뢰하는 사회과학 패러다임은 실증주의 패러다임이다. 이성, 절대적 실재와 진리를 신뢰하는 실증주의 패러다임과 반대로 주관주의적이고 상대주위의 입장을 취하는 포스트 모더니즘 패러다임에서는 객관적 실재란 존재하지 않는다고 본다.

05. 과학적 조사가 필요한 사례에 해당되지 않는 것은?

① 사회복지사의 윤리적 갈등을 해소할 필요가 있을 때
② 결혼이주민 조사 시 연구자의 문화적 편견을 검토하고 싶을 때
③ 주민대표자의 응답이 전체 주민의 의견을 대표하는지 알고 싶을 때
④ 정량평가 외에 정성평가를 체계화하고 싶을 때
⑤ 선임 사회복지사의 경험적 지식이 타당한지 알고 싶을 때

해설 과학적 조사는 '무엇이 어떻게 되어야 하는가?'가 아니라 '무엇인가?'에 대한 답을 찾는 것이다. 즉, 가치판단이 아닌 사실을 추구한다. 또한 과학적 이론은 현상을 설명하는 데 초점을 두며, 가치중립을 전제로 한다. 따라서 과학적 조사를 통해 가치나 윤리적인 갈등에는 답을 줄 수 없다.

06. 연구윤리에 관한 설명으로 옳지 않은 것은?

① 아동 대상 연구에서 보호자에게 연구 참여 동의를 얻어야 한다.
② 연구결과의 분석과 보고 단계에서도 연구윤리가 준수되어야 한다.
③ 기관생명윤리위원회의 심사를 통과한 경우 사전에 연구 참여자에게 연구목적을 밝히지 않을 수 있다.
④ 사회복지사인 연구자가 연구 참여자의 아동학대 행위를 알게 되었더라도 비밀 보장의 원칙을 준수해야 한다.
⑤ 설문조사 참여자에게 자발적 참여를 보장하는 것은 연구윤리의 기본 원칙이다.

해설 비밀 보장을 할 수 없는 예외적 상황이 있다. 특히 자해나 타행의 위협에 있는 경우 비밀을 보장할 수 없음을 사젠에 조사대상자에게 분명히 고지해야 한다. 윤리원칙 중 가장 중요한 것은 '생명보호의 원칙'이며, 생명보호와 관련해 위험한 상태에 처했을 때는 비빌 보장의 예외가 된다.

07. 경험은 지식의 강력한 근거가 되지만 경험에 의한 지식에도 오류가 있을 수 있다. 그 예에 해당하지 않는 것은?

① 연구자의 가설에 부합하는 경험적 사례들을 선택적으로 관찰한다.
② 선입견이 작용할 수 있으므로 의식적인 관찰은 피한다.
③ 확률 표집에 의해 추출한 표본의 결과를 기초로 일반화한다.
④ 경험적 관찰이 불가한 영역에 대해서도 신비화를 통해 지식을 구축한다.
⑤ 사전의 긍정적 혹은 부정적 기대를 반영하여 경험적으로 관찰한다.

해설 과도한 일반화를 방지하기 위해 과학적 조사에서는 모집단을 대표할 수 있도록 표집(특히 확률 표집)하고, 그 결과를 기초로 현장에 대해 일반화가 가능한 지식을 추구한다.

08 과학에 관한 설명으로 옳은 것은?

① 가설을 꼭 설정해야 한다.
② 주관적 지식을 추구한다.
③ 귀납법에서는 현상에 대한 설명을 위해 기존 이론을 검토하는 작업부터 시작한다.
④ 현상에 내재하는 인과관계를 밝히고자 한다.
⑤ 과학적 방법은 그 절차가 일정하게 정해져 있지 않고 연구자의 재량에 따른다.

해설 과학은 현상에 내재하는 인과관계를 규명하고자 한다. 다른 말로 표현하면 현상을 '설명'하고자 한다.

09 과학적 방법에 관한 설명으로 옳지 않은 것은?

① 체계적이고 포괄적인 방법에 의존한다.
② 경험적 관찰에서 보편적 유형을 찾는 귀납법은 가설과 조작화를 필요로 한다.
③ 과학적 이론은 잠정적이며 수정 가능하다.
④ 연구자의 개인적인 가치나 주관을 배제하고 객관성을 유지할 수 있어야 한다.
⑤ 재현과 반복을 통해 조사결과의 신뢰도를 높인다.

해설 가설과 조작화를 필요로 하는 것은 귀납법이 아니라 연역법이다.

10. 과학적 조사의 특징으로 옳은 것은?

① 연구 결과는 계속적인 검토와 비판에 의해 수정될 수 있다.
② 체계적이고 논리적인 조사를 위해 귀납법보다 연역법을 사용한다.
③ 사실이 아닌 가치판단을 추구한다.
④ 연구 과정이 동일하더라도 연구자의 주관이 다르면 결론은 다를 수 있다.
⑤ 오류를 최소화하기 위해 간결한 연구를 피한다.

해설 과학적 조사에서는 연구 결과를 수정 가능한 잠정적인 것으로 본다. 따라서 계속적인 검토와 비판을 통해 수정할 수 있다고 본다.

11. 과학에서 말하는 객관성을 가장 바르게 설명하고 있는 것은?

① 과학자 공동체에 속한 모든 사람이 동의하는 객관성이다.
② 해당 문제에 대한 관심 여부를 떠나 모든 사람이 동의하는 객관성이다.
③ 과학자 공동체 전체가 아니라 해당 문제에 관심을 가진 일부 과학자들이 동의하는 객관성이다.
④ 과학자들 간 동의와 상관없는 절대적 의미의 객관성이다.
⑤ 과학자의 주관과 가치를 완전히 배제한 객관성이다.

해설 과학에서의 객관성은 과학자 공동체 중에서 해당 현상에 관심을 가진 일부 과학자가 간주관적으로 동의한 객관성이다.

12. 연역법과 귀납법에 관한 설명으로 옳은 것은?

① 연역법은 탐색적 연구에, 귀납법은 가설 검정에 주로 사용한다.
② 연역법은 경험적 자료를 분석해 일반적인 유형을 찾아내고 이로부터 잠정적인 결론에 도달한다.
③ 귀납법은 이론으로부터 가설을 설정하고 경험적 자료가 가설에 부합하는지를 확인해 가설의 채택 여부를 결정한다.
④ 실제 조사에서는 연역법과 귀납법이 엄밀히 구분되기보다 상호보완적인 하나의 고리를 이룬다.
⑤ 양적조사는 주로 귀납법에 기초한다.

해설 연역법과 귀납법은 상호배타적이지 않고 상호보완적이다.

13. 청소년 가출의 원인을 연역적 방법을 통해 규명하고자 한다. 가장 거리가 먼 것은?

① 가족체계이론에 기초를 두고 역기능적 가족이 청소년 가출의 원인이라고 가정한다.
② 가족의 역기능 정도를 어떻게 측정할지 정한다.
③ 청소년 가출에 대한 선행 연구 결과들을 고찰한다.
④ 청소년을 대상으로 수집된 자료에 기초해 가출 경험이 있는 청소년과 그렇지 않은 청소년의 가족 기능에 차이가 있는지를 분석한다.
⑤ 가출청소년들이 말하는 가출 원인에서 특정 유형이 발견될 때까지 이들을 지속적으로 인터뷰한다.

해설 ⑤에서처럼 특정 유형이 발견될 때까지 관찰이나 면접을 반복하는 것은 귀납적 방법의 절차에 해당된다.

14. 사회과학에 관한 설명으로 옳지 않은 것은?

① 사람들이 갖는 규범적인 특성이 측정 오류를 낳을 수 있다.
② 구체적인 경험적 검증을 위해 변수 언어를 사용한다.
③ 집합체보다는 개인에 초점을 둔다.
④ 사회현상에 내재하는 규칙을 발견하고자 한다.
⑤ '신자유주의는 옳은가?'라는 문제는 과학적 이론의 대상이 아니다.

해설 사회과학 조사연구에서는 개인보다는 집합체에 초점을 둔다.

15. 사회라는 실체는 총체적인 역사적 구조 속에서 파악되어야 하며, 사람들이 스스로 현재의 조건을 변화시키고 개선된 사회를 구성해 나가도록 도와주기 위해서 표면적 환상을 넘어 물질세계 속의 실체적 구조를 발견하는 탐구의 과정이 주요하다고 보는 사회과학 패러다임은?

① 실증주의
② 해석주의
③ 비판적 사회과학
④ 여성주의
⑤ 포스트 모더니즘

해설 비판적 사회과학 패러다임에서는 연구의 가장 주요한 목표는 사회변화에 두며, 사회라는 실체는 총체적인 역사 구조 속에서 파악되어야 된다고 본다. 실천적 입장에서 이론을 바라볼 것을 강조하며, 제시된 대안의 현실적합성이 어느 정도인가를 기준으로 이론을 평가한다. 사회구조의 변화라는 목표를 위해서라면 양적조사든 질적조사든 사용할 수 있다고 본다.

16. 사회과학 연구방법론에 관한 설명으로 옳은 것은?

① 해석주의에서는 행위자의 주관적 의미를 강조한다.
② 실증주의는 보편적으로 적용 가능한 도구란 존재하지 않는다고 본다.
③ 해석주의는 현상에 대한 직접적 이해가 가능하다고 본다.
④ 후기 실증주의에서는 임파워먼트와 사회변화를 위한 연구를 강조한다.
⑤ 해석주이에서는 정확한 측정과 객관적인 실험을 선호한다.

해설 객관성을 강조하는 실증주의와 달리 해석주의에서는 행위자의 주관적 의미를 강조한다.

17. 쿤(T. Khun)의 과학철학에 관한 설명으로 옳은 것은?

① 경험주의와 새로운 기호 논리학을 결합함으로써 과학철학으로 발전하였다.
② 과학이론은 확률적으로 검증되는 관찰에 의해서만 정당화될 수 있다고 보았다.
③ 과학적 활동이란 진리를 향해 가는 끝없는 과정이라고 보았다.
④ 과학의 진보를 혁명적인 성격에 초점을 두고 설명하였다.
⑤ 전제로부터 이상적인 추론을 거쳐 개별적 지식을 얻는 삼단논법을 논리 전개의 원천으로 삼았다.

해설 쿤은 과학의발달을 주류 패러다임의 혁명적 전환의 과정으로 설명한다.

18. 포퍼(K. Popper)의 과학철학에 대한 설명이다. 괄호 안에 공통적으로 들어갈 말은?

> 과학은 기존의 이론과 상충되는 현상을 관찰하는 데서 출발하여, 기존 이론의 모순에 대한 계속적인 ( ) 과정을 거친다. ( )(이)란 어떠한 법칙이나 이론이 참이 아닌 것을 증명하는 특수명제를 찾아 보여주는 작업을 말한다.

① 기각
② 확증
③ 반증
④ 증명
⑤ 비판

해설 포퍼는 어떤 이론도 절대적이지 않으며, 항상 반증(허위화, Falsification) 가능성에 열려 있다고 보았다.

19. 사회복지실천에서 과학적 방법에 대한 지식이 필요한 이유가 아닌 것은?

① 효과적인 개입에 대한 과학적 증거를 제시하는 연구논문을 비판거으로 읽기 위해
② 기관이 전통적으로 축적한 실천 지혜를 그대로 따르기 위해
③ 증거 기반 실천을 위해
④ 특정 개입방법이 특정 상황에서 효과적인지를 평가하기 위해
⑤ 프로그램에 대한 과정평가를 위해

해설 선임자들이 전통적으로 축적해놓은 기관의 실천 지혜(Practice wisdom)가 실제로 효과적인지, 그보다 나은 대안이 있는 건 아닌지에 대해 과학적 증거를 찾으려 노력하지 않고 그대로 순응하는 것은 과학적 방법이 아니라 전통과 관습에 따라 지식을 탐구하는 것이다. 이는 잘못된 지식으로 귀결될 가능성이 높다.

20. 사회조사의 윤리에 관한 설명으로 옳지 않은 것은?

① 어떤 경우든 고지된 동의의 원칙을 지켜야 한다.
② 설문응답자의 선정과정을 응답자들에게 비밀로 했다면 이는 윤리적으로 문제가 있다.
③ 부모 등 후견인이 아동의 연구 참여를 동의했다 하더라도 아동이 원치 않을 경우 연구 참여를 거부할 수 있다.
④ 고지를 할 때는 조사 참여를 통해 참여자들에게 돌아올 득과 실을 둘 다 고지해야 한다.
⑤ 조사결과를 보고할 때는 누구인지 식별할 수 있는 항목을 제거해야 한다.

해설 고지된 동의, 익명성 보장, 비밀 보장 등의 조사윤리에는 예외가 있다.

21. 사회조사의 윤리원칙에 관한 설명으로 옳은 것을 모두 고른 것은?

ㄱ. 부득이 사회조사 과정에서 윤리규범을 지킬 수 없을 경우, 이로 인한 위험보다 잠재적 이익이 더 커야 한다.
ㄴ. 조사 자료에 대한 비밀이 보장되어야 한다.
ㄷ. 연구보고서에 응답자의 신분이 드러나서는 안 된다.
ㄹ. 일단 연구가 종료된 뒤에는 연구 결과를 연구 이외의 목적으로 사용하는 데 대해 연구 참여자의 동의를 따로 받을 필요가 없다.

① ㄱ, ㄴ, ㄷ
② ㄱ, ㄷ, ㄹ,
③ ㄱ, ㄴ, ㄹ
④ ㄴ, ㄷ
⑤ ㄱ, ㄴ, ㄷ, ㄹ

해설 ㄱ. 불가피하게 고지된 동의, 익명성 보장 등 사회조사의 윤리원칙을 지키기 어려운 경우가 있다. 이때 이로 인해 조사대상자가 받을 피해나 위험보다 조사대상자에게 돌아갈 잠재적 이익이 더 커야 용인될 수 있다.

ㄴ. 자료에 대한 비밀이 보장되어야 한다.

ㄷ. 연구 결과를 보고할 때 응답자의 신분이 드러나서는 안 된다.

22. 귀납적인 조사와 관련이 없는 것은?

① 가설 검증
② 관찰
③ 근거이론
④ 질적조사
⑤ 조사하고자 하는 현상에 대한 관련 이론이나 기존 연구가 별로 없는 경우

해설 사전에 설정된 가설을 경험적 자료를 통해 검증하는 과정은 연역적인 조사와 관련된다.

23. 사회복지실천에서 제기할 수 있는 다음 질문 중 과학적 조사가 필요한 경우 옳은 것을 모두 고른 것은?

ㄱ. "왜 그렇게 많은 클라이언트들이 치료를 중도에 포기하는 것일까?"
ㄴ. "이 프로그램에 참여한다는 것은 클라이언트들에게 어떤 의미일까?"
ㄷ. "지역주민들은 어떤 서비스가 우선적으로 제공되어야 한다고 인식하는가?"
ㄹ. "사회복지실천에서 가장 중요한 실천원칙은 무엇이어야 하는가?"

① ㄱ, ㄴ, ㄷ
② ㄱ, ㄷ, ㄹ,
③ ㄴ, ㄹ
④ ㄱ, ㄹ
⑤ ㄱ, ㄴ, ㄷ, ㄹ

해설 중도 포기(중도 이탈)인 이유, 프로그램 참여의 의미, 우선적으로 필요한 서비스에 대한 인식은 질적 혹은 양적조사 방법을 통해 규명할 수 있는 것이다.

24. 조사 과정에서 연구 윤리상 문제가 없는 것은?

① 프로그램 신청자의 자발적 동의 없이 실험설계 참여자로 선정한다.
② 교수가 보는 앞에서 학생들이 수업 내용에 대한 평가를 하게 한다.
③ 정신장애인의 인권침해 조사를 위해 연구자가 연구윤리위원회 허가 없이 정신병원에 위장 입원한다.
④ 차량 통행량을 측정하고자 할 때, 운전자에게 고지에 입각한 동의를 구할 필요는 없다.
⑤ 설문 응답자의 선정 과정은 응답자들에게 비밀로 한다.

해설 조사 참여의 긍정적 · 부정적 영향에 대한 내용을 고지한 후, 자발적 동의를 받고 연구를 수행해야 하나, 경우에 따라서는 그러한 고지된 동의를 구할 필요가 없다. 고지하지 않음으로써 연구대상자가 입을 수 있는 피해가 거의 없고, 오히려 고지하지 않고 연구함으로써 대상자에게 돌아갈 수 있는 긍정적인 영향이 클 경우에는 정확한 자료수집을 위해 고지된 동의를 구하지 않을 수 있다. ④가 이 경우에 해당하며, 운전자에게 고지된 동의를 구할 필요가 없다.

25. 연구윤리에 부합되는 사회복지조사로 옳은 것은?

① 연구참여자가 평소와 다른 행동을 하지 않도록 연구자의 신분을 숨기고 자료를 수집하였다.
② 연구결과의 확산을 위해 연구참여자의 신분은 다른 연구기관에 동의 없이 공개하였다.
③ 연구결과에 영향을 미치지 않도록 연구참여자에게 일어날 수 있는 이익을 미리 알리지 않았다.
④ 연구 참여 여부를 성적평가와 연계하여 연구참여자의 참여동기를 높였다.
⑤ 연구참여자에게 연구과정에서 발생할 수 있는 고통을 미리 알리고 사전 동의를 구하였다.

해설 연구참여자가 연구참여로 인해 얻을 수 있는 이익과 손해를 사전에 미리 고지한 후, 참여에 대한 사전 동의를 받아야 한다.

해답

1. ①	2. ⑤	3. ②	4. ②	5. ①	6. ④	7. ③	8. ④	9. ②	10. ①
11. ③	12. ④	13. ⑤	14. ③	15. ③	16. ①	17. ④	18. ③	19. ②	20. ①
21. ①	22. ①	23. ①	24. ④	25. ⑤					

02 사회복지조사방법론

학습목표

1. 조사방법론의 개념, 목적, 역할을 이해한다.
2. 사회복지조사의 정의, 역사, 특징, 유용성 및 한계를 이해한다.
3. 사회복지조사의 과학적 조사방법과 과정, 사회복지조사와 실천과정의 비교를 이해한다.

1 조사방법론

1) 조사방법론의 개념

(1) 조사방법론의 정의

조사방법론(Research Methodology)이란 인간의 존재와 사회현상을 과학적으로 탐구하기 위해 다양한 조사방법을 기술, 수집, 분석하는 기준이나 조사과정 전체를 지배하고 있는 이념, 철학 및 지식체계이다.

사회과학에서 조사방법론은 사회현상과 인간사를 지배하고 있는 규칙적이고 반복적인 법칙을 발견하는 것이다. 사회복지실천 분야에서 방법론이란 실천과정을 분석하기 위해 사용될 수 있는 이론적으로 알려진 틀을 의미한다.

(2) 조사방법론의 특성

- 조사방법론은 경험주의 방법을 사용한다. 사회과학은 사회현상과 인간행동에 관한 법칙을 찾고자 하기 때문에 전통적인 과학주의인 조사방법인 경험주의 방법을 주로 사용한다.
- 조사방법론은 인간행동과 사회현상에 대한 법칙을 찾으려고 한다. 조사방법론은 인간과 사회현상에 관한 법칙인 인간존재의 가치와 목적을 설명해야 하고, 이것이 하나의 이론으로써 사회과학의 과학성을 향상시킬 수 있어야 한다.
- 조사방법론은 인간의 합리적인 사고 작용을 기초로 한다. 질서정연한 논리적 체계를 사용함으로써 사회현상의 법칙을 발견하고 객관적인 이론 형성을 추구한다.

- 조사방법론은 종합적인 과학적 접근방법을 사용한다. 다양한 과학적 이론들을 활용하여 종합적으로 조사문제를 해결하려고 시도한다.
- 조사방법론은 객관적 접근방법을 사용한다. 인간존재와 사회현상에 대한 다양한 설명을 하나의 진술로 일반화하여 객관화시키려고 노력한다.

2) 조사방법론의 목적

- 보고(Announcement): 조사결과를 추론이나 결론을 내리지 않고 간단한 자료로서 발표하는 것이다.
- 기술(Description): 인간의 행동이나 사회현상을 누가, 언제, 어디서, 무엇을, 어떻게 하였는가에 따라 기술하거나 정의한다.
- 설명(Explanation): 기술된 현상의 발생원인(왜?: Why)을 설명함으로써 사회현상의 인과관계를 설명한다.
- 예측(Forecasting): 이론의 기초적인 명제로부터 보다 복잡한 명제를 추론하는 것이다. 즉, 수집된 자료를 분석하여 미지의 상황을 추정하는 것이다.

3) 조사방법론의 역할

- 조사목적을 위해 필요한 자료수집이나 분석을 위한 기준이나 방향을 제시한다.
- 인간의 행동과 사회현상을 지배하고 있는 법칙을 발견하도록 해준다.
- 조사결과의 객관화와 이론화에 기여한다.
- 양적 방법을 통해 경험적으로 인식할 수 있는 사회현상과 질적 방법을 통해 인간내면의 가치를 설명하는 역할을 한다.
- 종합적이고 과학적인 접근방법을 취함으로써 학문이론을 체계적으로 융화시키는 역할을 한다.
- 조사결과를 체계적으로 보고, 기술, 설명, 예측할 수 있도록 한다.

2 사회복지조사의 개념

1) 사회복지조사의 정의

(1) 사회복지조사의 의의

조사(Research)란 현상을 파악하거나 해결하기 위한 방안을 강구하기 위해 합리적이고 과학적인 절차와 타당한 논리적 원칙에 입각하여 기존의 지식을 기각 또는 강화하거나 새로운 지식을 만들어 내려는 실천적인 지식 탐구활동이다.

조사는 조사목적을 달성하였다고 하더라도 외부로 공개되고 보고되어야 하는 공공성을 갖는다. 따라서 조사과정에 사용된 언어는 명확하고 경험적으로 입증되어야 하며, 객관성을 가져야 한다. 또한 오류를 최소화할 수 있는 방안이 강구되어야 한다.

사회복지조사란 사회복지의 목적을 수행하기 위한 하나의 도구로서 개인의 복지욕구를 충족시키고 사회적 문제를 해결하기 위한 방안을 강구하기 위해 자료를 수집하는 지식탐구 절차이다. 사회복지조사는 과학적 방법으로 수행해야 하며, 과학적 조사가 되기 위해서는 논리성, 검증가능성, 재생가능성, 일반성, 객관성 등의 일반적인 과학의 특징을 가져야 한다. 사회복지조사의 과학적 활용이란 다음과 같은 내용을 의미한다.

- 개념은 관찰되고 측정 가능한 경험적 용어를 사용하는 개념의 조작적 정의(Operational Definition)로 활용된다.
- 개입과정에서 기존의 경험이나 조사에 입각하여 논리적인 가설을 설정하고 검증과정을 거침으로써 개입결과의 효과성을 평가할 수 있고 인과성을 증명하게 된다.
- 기술과 이론을 토대로 프로그램 개발과 서비스를 제공한다. 사회복지조사과정에서 밝혀진 기술과 이론으로 사회복지서비스 개발에 사용한다.

(2) 사회복지조사의 기능

사회복지가 클라이언트의 문제를 해결하고 사회가 요구하는 전문직으로 인정받고 계속 발전하기 위해서는 사회복지의 과학화가 반드시 필요하다. 그러나 사회복지의 전문성 강화와 사회복지 학문의 과학화를 위해서는 사회복지실천의 내용이 조사를 통해 객관적으로 검증되고 지지되어야 한다. 일반적으로 사회복지조사의 기능은 크게 2가지로 나눌 수 있다.

- 클라이언트의 문제해결을 위한 과학적 지식의 축적과 효과적인 실천기법의 개발을 통해 사회복지의 과학화를 이루는 것이다.
- 사회복지사는 자신의 개입 및 서비스 효과를 입증해야 하는 전문직으로서 책무가 있다. 이 책무를 다하기 위해서는 조사가 필요하고, 이러한 책무의 구현을 통해 사회복지의 전문성이 강화된다.

2) 사회복지조사의 역사

사회복지조사의 발달초기상황에 있어 선구자들의 조사활동과 그 업적은 대표적으로 다음과 같으며, 이는 사회복지실천이론의 체계화와 효과적 개입을 위해 공헌하였다.

G. Villani

- 빌라니(Giovanni Villani : 1280~1348) : 이탈리아의 역사가이자 문학자이며, 플로렌스(Florence)의 신부로서 그의 주요 저서 "연대기(年代記)"라는 역사서에서 1336~1338년 당시 프로렌스시가 필요로 하는 급식 빵의 분량으로 미루어 프로렌스시에 90,000명의 인구가 거주하는 것으로 추측하였으며, 이외에도 15,000명의 이방인, 여행자, 병사들이 거주한다는 사실을 조사하였다. 또한 교구대장을 참고로 플로렌스의 연간 출생아 수가 5,500~6,000명으로 남아가 여아보다 300~500명이 더 많은 것으로 집계 조사하였다.

A. Young

- 영(Arthur Young：1741~1820)：영국의 작가이며, 농업개혁자로서 자료수집활동을 한 최초의 인물이며, 그의 주요 저서 “영국 국민에게 보내는 농부의 편지(The Farmer's Letters to the People of England, 1768)”에서 농업노동자의 생활비와 가계조사를 기초로 하여 농업노동자들의 생활실태를 조사하였다. 이 조사는 조사대상 가구수가 4가정뿐이라서 일반화에 문제가 있었으나, 농업노동자들의 생활을 개선하기 위한 최초의 자료수집활동이라는 의미가 있다. 그이 주요 저서로는 “실험적 농경법(1770)”, “농민의 연중행사(1771)”, “정치 산술(1774)”, “아일랜드 여행(1780)”, “농업 연보(1784)”, “프랑스 여행(1792)” 등이 있다.

J. Howard

- 하워드(John Howard：1726~1790)：영국의 박애주의자이자 사회개혁가이며, 최초로 교정복지 분야, 공중보건 분야의 실태조사를 실시한 인물로서 교도소의 피수용자의 수와 직원의 규모, 수용조건과 환경을 실제 확인하는 등 체계적인 조사를 실시하였다. 교도소 수형자와의 직접 면접을 통해 수형자의 생활환경, 음식물 등의 내용을 조사하여 1774년 국회에 제출하였다. 그의 주요 저서로는 “영국 및 웨일즈에 있어서의 형무소의 실태(1777)” 등이 있다.
- 에덴(Frederic Merton Eden：1766~1809)：1794~1795년에 있었던 물가고에 자극을 받아 “빈곤의 상태”를 파악하기 위한 조사를 실시하였다. 높은 곡물가격이 일반가계에 큰 위협을 준다는 가정하에 이에 관한 조사항목을 마련하여 빈곤의 상태를 조사하였다. 또한 의식주를 중심으로 한 생활조건과 임금, 산업, 구빈활동, 구빈원 운영 등에 대해서도 비교적 체계적인 자료를 수집하였으며, 1797년에 이를 출판하였다.

- 데이비스(David Davies:~1819): 영국 버크셔주의 바캄(Barkham) 교구목사이며, 동시에 구민법에 대한 연구를 한 사람으로 1795년 담당교구와 그 인접지역에 거주하고 있는 노동자들의 빈곤문제에 대한 가계조사 실시하였다. 그의 중요한 업적은 잉글랜드와 스코틀랜드의 여러 지역에 거주하는 노동자들의 임금과 식량에 대해 상세하게 기록하여 1801년 국세조사에 도움을 주었다.

L. A. J. Quetelet

- 케틀레(Lambert Adolphe Jacques Quetelet:1796~1874): 벨기에의 수학자, 천문학자, 통계학자, 사회학자로서 표본크기(Sample Size)가 클수록 보다 정확한 자료를 도출할 수 있다고 주장하였다. 절대적 빈곤보다는 오히려 불균등한 부의 분배로 인한 상대적 빈곤이 심한 지역에서 범죄가 자주 발생한다고 주장하였으며, 젊은 남성들, 가난한 자들, 교육을 제대로 받지 못한 사람들, 직업이 없거나 천한 직업에 종사하는 사람들일수록 범죄성향이 강하다고 지적하였다. 그의 주요 저서로는 "인간과 능력개발에 관한 연구(A Treatise on Man and the Development of His Faculties, 1835)" 등의 있다.

P. G. F. Le Play

- 르 플레(Pierre-Guillaume Frederic Le Play:1806~1882): 프랑스의 사회학자, 사회개량운동가, 사례조사(Case Study)의 선구자로서 "유럽의 노동자들"이란 저서에서 노동자 계층의 가계예산을 조사하여 노동자 계층의 경제적인 생활 상태와 관찰법을 사용하여 정신 상태까지 파악하려고 시도하였다. 그는 현대 사회조사에서 필수적으로 요구되는 3가지 조사방법인 객관적 자료의 활용, 면접 및 질문지를 골고루 사용하였다. 그의 주요 저서로는 "유럽의 노동자들(Les Ouvriers europens, 1855)", "프랑스의 사회개혁(La Rforme sociale en France, 1864)", "노동의 조직(L'Organisation du travail, 1872)" 등이 있다.

C. Booth

- 부쓰(Charles Booth : 1840~1916) : 영국의 해운업 경영자, 도시사회학자, 통계학자, 사회개혁가로서 르 플레(P. G. F. Le Play)의 조사방법을 발전시켜서 런던의 빈민가인 동부지역을 조사하여 런던의 빈민가를 조사하여 "런던 사람들의 생활과 노동(Life and Labour of the People in London, 17권, 1902)"이란 저서를 저술하여 사회조사에 관한 현대적 방법론 개발에 선구적 역할을 하였다. 전체 17권으로 된 저서는 첫 번째 4권이 빈곤시리즈, 두 번째 5권이 산업시리즈, 세 번째 7권이 종교영향시리즈, 그리고 마지막 1권이 이론으로 되어 있다. 그는 조사지역에 직접 잠입하여 참여관찰(Participant Observation)을 통해 체험한 결과를 기록하기도 하였다. 그의 조사는 표본추출방법, 통계적 처리, 조사대상자 단위로서의 가족활용, 빈곤에 대한 보다 상세한 규정 설정 등의 발전에 공헌하였다.

B. S. Rowntree

- 라운트리(Benjamin Seebohm Rowntree : 1871~1954) : 영국의 사회문제연구가로 부쓰(C. Booth)의 도시빈곤문제를 계승하여 1899년 요크에서 제1회 빈곤조사를 실시하여 "빈곤, 도시생활 연구(Poverty, A Study of Town Life, 1901)"를 출간하였다. 영양기준을 기초로 하여 제1차 빈곤과 제2차 빈곤의 2가지 빈곤선을 설정, 빈곤의 원인 등을 해명하였고, 노동자가 그 생애를 통해 겪는 빈곤의 순환을 지적하였다. 1차 빈곤이란 그들의 수입으로는 절대적인 육체적 능률의 유지에 부족한 세대를 말하고, 2차 빈곤이란 음주·도박 등에 소비하지 않는 한 충족할 수 있는 세대이다. 또한 표본추출법(Sampling Method)을 개발하여 전수조사와 표본조사를 실시하고 두 조사결과간의 차이를 비교하여 표본조사의 신빙성을 평가하였다. 그의 조사는 사회보장제도의 기초가 되는 빈곤선의 측정방법을 확립하는 데 공헌하였다. 그

의 주요 저서로는 "빈곤과 진보(Poverty and Progress, 1941)", "빈곤과 복지국가(Poverty and the Welfare State, 1951)" 등이 있다.

D. L. Dix

- 딕스(Dorothea Lynde Dix : 1802~1887) : 일생을 정신질환자의 복지를 위해 헌신한 미국의 사회개혁자, 인도주의자로서 매사추세츠 주에 있는 구빈원, 감화원, 형무소 등을 모두 방문하고 수용자들과 운영자들을 면접 조사하여 비참한 사실을 주의회에 탄원서를 제출하였다. 매사추세츠 주에서 개선조치가 취해지자 그녀의 관심은 점차 넓어져 이웃 주로 관심을 돌리고, 그 다음에는 서부와 남부의 여러 주에 관심을 돌렸다. 이 결과 15개 이상의 주와 캐나다에 정신질환자를 위한 특수병원이 설립되었고, 전국적으로 이들에 대한 처우가 개선되었다. 자신의 뜻을 펼 공공부지를 확보하지는 못했어도 딕스는 미국, 나아가서는 유럽에서도 정신질환 문제에 대한 관심을 불러일으켰다.

J. Addams

- 헐 하우스 조사(Hull-House Survey) : 미국의 사회개혁가, 평화주의자인 애담스(Jane Addams : 1860~1935)에 의해 1892년 개관한 인보관(隣保館)인 헐 하우스는 외국인 이주자들의 생활에 대해 조사하였으며, 특히 산업체의 여건, 연소자 근로, 비행 청소년, 주택, 위생 등에 대해 보다 구체적인 사실을 중심으로 한 자료를 작성하였다. 이 자료는 전미아동복지의 상황에 대한 연구의 기초자료가 되었다. 애덤스의 주요 저서로는 "민주주의와 사회윤리(Democracy and Social Ethics, 1902)", "보다 참신한 평화의 이상(Newer Ideals of Peace, 1907)", "헐 하우스에서의 20년(Twenty Years at Hull-House, 1910)", "헐 하우스에서의 2번째 20년(The Second Twenty Years at Hull-House, 1930)" 등이 있다.

P. U. Kellog

- 피츠버그 조사(Pittsburgh Survey): 1907년 미국의 켈로그(Paul U. Kellog)가 급격한 도시공업화에 따른 제 문제를 해명하고 그 대책을 찾으려는데 목적이 있다. 이 조사는 영국의 부쓰(C. Booth) 조사와 비교가 되는 것으로 당면한 상황을 파악하는 데 그치지 않고 경제적·사회적 실태의 원인이 되는 요인을 조사하였다. 조사범위는 임금, 노동시간, 작업사고 등을 포함한 산업체의 제반 여건과 더불어 보건 및 위생, 주택, 병원, 시설, 공공교육, 세금, 범죄, 놀이터, 여가활동, 공공복지행정, 가계, 가정형편 등 매우 포괄적이었다. 조사위원으로는 사회사업가를 비롯하여 다양한 분야의 전문가들이 참여하였다. 이 조사결과는 전체 6권으로 출판되었으며, 미국의 사회조사방법의 기초를 확립했을 뿐만 아니라 임상적 자료를 제공함으로써 다른 조사로 하여금 실천적 목적에 활용할 수 있는 자료를 마련하도록 자극하였다.

M. E. Richmond

- 리치먼드(Mary E. Richmond: 1861~1928): 미국의 사회사업가로서 그의 저서 "사회진단(1917)"이란 저서를 출판함으로써 사회의 전문화를 위한 첫 번째 저서가 되었다. 이 업적은 지식의 체계화를 위한 첫 번째 작품으로 평가되고, 사회사업조사라는 면에서 본다면 사회사업적 개입을 다루고 있다는 점에서 더 높은 평가를 할 수 있다. 또한 이 저서는 사회사업실천에 관한 최초의 체계적인 연구이며 전문적 개입에 대한 조사의 효시가 되었다. 그의 주요저서로는 "사회진단(1917)", "소셜 케이스워크란 무엇인가?(1922)" 등이 있다.

S. Theis

- 다이(S.Theis): "How Foster Children Turn Out(1922)"는 최초의 평가조사라 할 수 있다. 양연기관에서 서비스를 받은 아동들을 대상으로 그 효과를 여러 층으로 나누어 측정하였다. 이 조사는 사회복

지실천과 전문적 개입에 대한 평가조사가 본격적으로 전개되었으며, 사회복지 실천이론의 체계화와 효과적 개입을 위해 새로운 공헌을 하게 되었다.

- **라자스펠드**(Paul Felix Lazarsfeld : 1901~1976), **자호다**(Marie Jahoda : 1907~2001), **짜이젤**(Hans Zeisel : 1905~1992) : 이 3명은 1931년 12월초 오스트리아 비엔나 동남쪽 24km 떨어진 마리엔탈이란 마을에서 "마리엔탈 사람들" 조사를 실시하였다. 마리엔탈 조사는 장기간에 걸친 대량실업상태가 마을 전체에 어떤 영향을 미치는가를 조사하는 데 목적이 있었다. 이 조사를 통하여 양적조사와 질적조사의 병행이 가능하였다.

P. F. Lazarsfeld　M. Jahoda　H. Zeisel

3) 사회복지조사의 특징

- **응용조사와 순수조사의 양면성** : 사회복지사는 지적 이해와 지식 자체만을 획득하려는 순수조사의 목적도 지니고 있지만, 조사의 이유가 주로 인간의 욕구 충족과 현실 문제해결을 위한 프로그램 수행 등에 필요한 지식 산출이라는 측면에서 응용조사의 성격이 강하다.
- **사회 개량적 특성** : 사회복지조사는 주로 사회적 약자(장애인, 노동자, 노인 등)의 문제를 다루기 때문에 사회 개량적 성격을 가지고 있다.

  사례 빈곤격차 해소를 위한 사회구조의 재구성 등
- **계획적 특성** : 사회복지조사의 하나인 욕구조사는 대상자 선정과 욕구의 종류 및 수준을 파악함으로써 사회복지서비스를 계획적으로 제공할 수 있도록 도와준다.
- **평가적 특성** : 사회복지조사는 사회복지서비스의 효과성과 효율성을 평가하기 위한 도구로써 활용된다. 이와 같이 사회복지 프로그램이나 정책대안이 개입적 효과를 평가하는 조사를 평가조사(Evaluation Research)라고 한다.
- **시험적 특성** : 프로그램이나 대안이 복지욕구에 적합한 것인지 시험해 봐야

하는 데 조사를 통해 프로그램의 상호작용과 상관관계를 분석해봄으로써 간접적으로 시험할 수 있다.

- 과학적 특성: 사회복지조사는 문제를 계량화하고 객관적·통계적으로 검증할 수 있는 과학적 연구를 지향한다.

4) 사회복지조사의 유용성

- 사회복지의 과학적 기초를 구성한다. 사회복지학은 실천을 강조하는 경험과학이며 실제생활에 적용하기 위한 지식도출이라는 측면에서 응용과학이다. 인간의 복잡한 내면을 대상으로 하므로 다양한 학문적 접근이 필요한 학제적(Inter-Disciplinary)인 성격으로 인해 과학적인 기초를 마련하는데 한계를 나타낸다. 따라서 보다 적절한 지식과 이론, 효과적인 실천방법을 발전시키기 위하여 사회복지의 과학화를 도모해야 하며 이를 위한 수단으로서 체계적인 조사방법이 활용된다.
- 과학적 실천을 가능하게 한다. 사회복지 전문가들은 사회복지의 과학적 실천활동에 대한 체계적 지식을 수집하기 위한 수단으로 조사방법을 활용한다. 인간의 문제에 대한 객관적인 자료를 수집하고 개입계획을 세우며 개입 후 효과성을 평가하여 가설의 연관성과 문제의 인과관계를 검증할 수 있다.
- 사회복지이론과 기술체계 구축에 유용하다. 사회복지조사는 사회현상을 설명하고 예측할 목적으로 변수들간의 관계를 구체화시키고 현상에 대한 체계적인 지식을 제시하는 사회복지이론 형성과 이를 바탕으로 실천기술을 구축하는데 유용하다.

5) 사회복지조사의 한계

- 경험적 인식의 제한성: 사회복지조사는 경험적으로 인식된 내용만을 포함하는데 인간의 경험적 인식의 범위는 한계가 있다.

- 시간적 제한성: 사회복지조사는 일정기간 동안 수행되는데 시간적으로 오래 걸리는 단점이 있다.
- 지리적 제한성: 사회복지조사는 일정한 지역 내에서 수행되므로 표본의 대표성 문제가 발생한다.
- 비용적 제한성: 투입되는 조사요원과 조사대상의 확대, 조사기간의 연장 등에 대한 상당부분의 비용을 지불해야 한다.
- 개인의 가치와 선호: 사회복지학은 가치 개입적 학문이므로 조사자의 개인적 가치가 조사과정에 개입될 가능성이 있다.
- 정치적 · 문화적 · 사회적 요인에 따른 제한성: 조사의 결과는 논리의 타당성보다는 조사 당시의 사회적 사상과 이념이나 정치적인 통제 및 문화적인 요인에 따라 수용과 거부가 결정되기도 한다.

3 사회복지조사의 과정

1) 과학적 조사방법의 과정

과학적 조사방법은 일정하게 정해진 절차는 없지만, 대체로 [그림 2.1]과 같이 6단계를 거쳐 이루어진다.

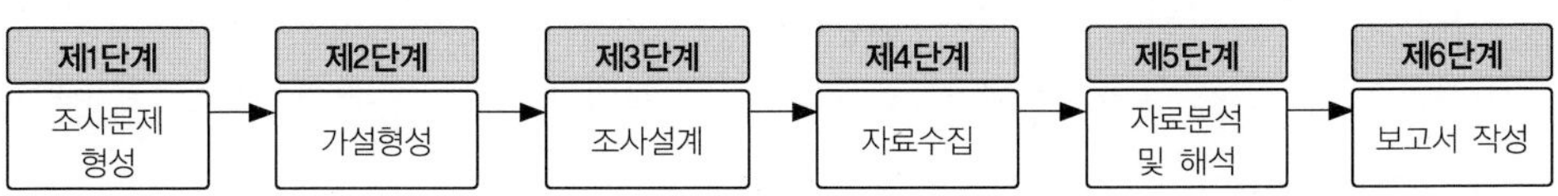

[그림 2.1] 사회복지조사의 과학적 수행과정

(1) 조사문제의 형성

조사문제의 형성(Formulation of Problem)이란 조사의 주제, 목적, 이론적 배경,

중요성 등을 파악하고 이를 체계적으로 정립하는 과정이다. 기존의 관련 자료나 문헌조사, 전문가의 의견, 탐색 예비조사 등을 참고로 할 수 있다.

조사문제의 형성은 주제선정과 문제형성으로 나눌 수 있는데, 주제선정은 문제를 인식하고 특정 현상이 존재하는지 확인하는 과정이다. 문제형성이란 선정된 주제와 관련하여 연구대상의 문제를 보다 구체적이고 체계적으로 표현하여 가설로 발전할 수 있도록 체계화하는 과정이다.

주제를 선정할 때에는 다음과 같은 몇 가지 사항을 고려하는 것이 좋다. 첫째는 연구결과들로 알고자 하는 사항을 충분히 파악하기 어려운 경우, 둘째는 기존의 연구결과들이 일치하지 않는 경우, 셋째는 현존하고 있는 현상이 기존의 이론으로 설명하기 어려운 경우 등을 연구주제로 선정하는 것이 좋다.

따라서 기존 연구결과들을 통해서 변수간의 관계가 충분히 밝혀진 주제, 이미 다른 사람들에 의해 이루어진 연구와 일치된 내용의 주제, 기존의 이론이 현상을 적절히 설명하는 것을 내용으로 하는 주제는 피하는 것이 좋다.

(2) 가설의 형성

가설(Hypothesis)이란 주제에 어떤 결론을 이끌어 내기 위해 조사 가능한 구체적인 변수간의 관계를 나타낸 것이며, 가설의 형성(Hypothesis Formation)은 선정된 조사문제를 조사 가능하고 실증적으로 검증 가능하도록 구체화하는 과정이다. 가설은 조사대상과 자료수집, 검증방법 선정에 있어 구체적인 방향을 제시한다. 가설은 연구목적과 조사문제와 일관성을 유지하면서 세부적이고 경험적이며 현실적으로 연구 가능하며, 측정 가능해야 하고 문제에 대해 구체적인 해답을 제공할 수 있어야 한다.

(3) 조사설계

조사설계(Research Design)는 조사연구를 효과적, 효율적, 객관적으로 수행하기 위한 논리적인 전략이다. 또한 가설을 검증하기 위하여 자료를 수집하고 분석하는 전반적인 과정을 계획하고 통제하기 위한 전략이다. 즉, 조사설계란 필요한 자료를 수집·분석하기 위해 작성하는 설계라고 할 수 있다.

이 단계에서 조사자는 자료수집방법(설문지 조사, 면접조사, 실험조사, 관찰조사, 내용분석, 2차 자료분석 등)을 결정하며, 연구모집단, 표본수 및 표본추출방법 등을 결정하고, 설문지를 작성한 후, 설문지의 신뢰도, 타당도를 검증하며, 자료분석시 사용해야 할 통계기법 등을 결정한다.

조사설계는 어떤 이론을 가지고 구체적인 관찰에 의하여 그것을 검토해보는 연역법과 관찰된 자료를 가지고 단계적으로 추상하여 이론을 형성해 가는 귀납법이 있다.

(4) 자료수집

자료수집(Data Collection)이란 조사자가 조사설계에 의해 자료를 수집하는 단계이다. 자료수집을 위해서는 먼저 조사설계에 따라 표본을 추출하고, 선정된 자료수집방법에 의해 자료를 수집한다. 자료수집방법에는 설문지조사, 면접조사, 실험조사, 관찰조사, 내용분석, 2차 자료분석 등 여러 가지가 있으며, 최대한 객관성을 확보할 수 있도록 각 방법에 따른 기법들을 익혀 두는 게 좋다.

(5) 자료분석 및 해석

자료분석 및 해석(Data Analysis)이란 수집된 자료를 정리하여 적절한 통계적 기법을 통해 분석한 후, 그 결과를 통해 의미를 찾아내는 단계이다. 통계분석방법은 조사설계 때부터 수집할 자료의 성격과 일관성 있게 결정해야 한다. 자료분석이 끝나면 결과에 대해 의미 있는 해석이 이루어져야 한다.

(6) 보고서 작성

보고서 작성(Reporting)은 연구결과를 객관적으로 증명하고 경험적으로 일반화시키기 위해 일정한 형식으로 기술하여 타인에게 전달하기 위한 보고서를 작성하는 것이다. 아무리 훌륭한 설계에 의해 좋은 결과를 얻었다 하더라도 그것을 다른 사람들에게 효과적으로 전달하지 못한다면 조사 자체가 무의미한 것으로 끝나 버릴 수 있기 때문에 독자들의 연령, 성별, 교육수준 등을 고려하여 그들이 쉽게 이해할 수 있도록 보고서를 작성할 필요가 있다.

2) 사회복지조사와 실천과정의 비교

사회복지조사와 사회복지실천은 별개의 것으로 구분해서 생각되었지만, 조사와 실천은 논리적인 "문제해결과정"을 공유하고 있다. [표 2.1]과 같이 사회복지사가 활용하고 있는 사회복조사과정과 사회복지실천과정은 유사하다고 할 수 있다.

[표 2.1] 사회복지조사과정과 사회복지실천과정의 비교

사회복지조사과정	사회복지실천과정
문제, 질문, 가설에서 출발	클라이언트의 문제에서 출발
문헌고찰 및 변수 조작화	개인력 조사와 자원, 강점 및 네트워크 발전
조사설계	서비스 계획
자료수집	개입의 시작
자료분석 및 해석	개입의 평가
최종 보고서 작성	종결/요약 보고서 작성

사회복지조사와 사회복지실천의 관계에 대한 내용을 요약하면, 사회복지조사는 사회복지사로 하여금 유능한 사회복지실천가가 되도록 하는데 도구의 역할을 할 수 있다. 왜냐하면 사회복지조사와 사회복지실천은 둘 다 논리적인 문제해결과정을 공유하고 있으며, 조사를 통해 실천에 대한 지식과 기술을 개발하게 되어 클라이언트의 문제에 보다 과학적이고 효과적으로 접근할 수 있기 때문이다. 따라서 사회복지사는 조사연구를 실천현장에서 전문성을 높일 수 있는 도구로 인식하는 것이 필요하다.

향후 사회복지 전문직의 미래는 사회복지사가 실천현장에서 얼마나 조사연구를 잘 활용하여 과학적인 지식과 실천기법을 개발하고 사회복지 전문성을 개선해 나가느냐에 달려 있다. 그러므로 사회복지사는 사회복지조사과정을 이해하고 그 결과를 활용하는 데 만족하지 않고, 스스로 조사연구를 수행함으로써 산출된 조사결과를 다시 실천현장에 적용할 수 있어야 한다. 즉, 사회복지사는 조사결과에 대한 비판적 시각을 갖고 이를 실천에 적용하는 소비자 역할과 함께 조사를 수행하여 과학적 지식을 개발하는 생산자 역할도 수행해야 한다. 특히, 새로운 서비스나 프로그램에 대한 욕구를 합리적으로 제시하거나 기존 서비스를 개선하기 위해서는 직접 조사연구를 수행하고자 하는 적극적인 자세를 견지해야 한다.

Q 연습문제

서술형

01. 조사방법론이란 무엇이며, 어떠한 특성을 가지고 있는지를 간략하게 설명하시오.

02. 조사방법론의 목적이 무엇인지를 간략하게 설명하시오.

03. 조사방법론은 어떠한 역할을 수행하는지를 간략하게 설명하시오.

04. 사회복지조사란 무엇이며, 어떠한 기능을 수행하는지를 간략하게 설명하시오.

05. 사회복지조사의 역사적 배경을 시대 순서로 그 특징을 간략하게 설명하시오.

06. 사회복지조사가 가지고 있는 특징을 간략하게 설명하시오.

07. 사회복지조사가 가지고 있는 유용성을 간략하게 설명하시오.

08. 사회복지조사가 가지고 있는 한계점을 간략하게 설명하시오.

09. 과학적인 조사방법의 과정을 단계별로 간략하게 설명하시오.

10. 사회복지조사과정과 사회복지실천과정을 비교하여 설명하시오.

Q 연습문제 — 괄호형

01. (　　)이란 인간의 존재와 사회현상을 과학적으로 탐구하기 위해 다양한 조사방법을 기술, 수집, 분석하는 기준이나 조사과정 전체를 지배하고 있는 이념, 철학 및 지식체계이다.

02. (　　)는 과학적 방법으로 수행해야 하며, 과학적 조사가 되기 위해서는 논리성, 검증가능성, 재생가능성, 일반성, 객관성 등의 일반적인 과학의 특징을 가져야 한다.

03. 사회복지조사는 클라이언트의 문제해결을 위한 과학적 지식의 축적과 효과적인 실천기법의 개발을 통해(　　)를 이루는 것이다.

해답

1. 조사방법론　　2. 사회복지조사　　3. 사회복지의 과학화

Q 연습문제 — 진위형

01. 과학적 연구방법은 연구결과를 객관화시키고 이론화시키는데 도움을 주므로 사회복지학도 과학적 연구방법으로 접근하는 것이 중요하다.

02. 과학적 지식은 과학자들이 서로 다른 주관적 동기에 의해 연구하더라도 과정이 같으면 결과가 동일한 간주관성을 가지고 있다.

해답

1. ○　　2. ○

Q 연습문제

선택형

01. 다음 중 조사방법론의 목적을 모두 고르면?

가. 보고	나. 기술
다. 설명	라. 예측

① 가, 나, 다
② 가, 다
③ 나, 라
④ 라
⑤ 가, 나, 다, 라

해설 조사방법론의 목적은 보고, 기술, 설명, 예측하기 위한 것이다.

02. 다음 조사방법론의 목적 중 기술된 현상의 발생원인을 설명함으로써 사회현상의 인과관계를 밝히고자 하는 것은 무엇인가?

① 보고 ② 기술 ③ 설명
④ 예측 ⑤ 판단

해설 조사방법론의 목적 중 설명은 기술된 현상의 발생원인을 설명함으로써 사회현상의 인과관계를 규명하는 것이다.

03. 사회복지조사에 관한 설명으로 적절하지 않은 것은?

① 인간의 복지에 직접적으로 영향을 미치는 현상을 연구대상으로 다루는 경우가 대부분이다.
② 임상적 조사는 실천과 조사연구가 동시에 이루어져야 하는 경우가 많다.
③ 임상적 개입에 대한 자료이용, 효과분석, 평가연구는 윤리적 문제와 상당히 관련되어 있다.
④ 연구방법으로 양적 및 질적 연구방법을 적절히 활용해야 할 경우가 많다.
⑤ 연구대상은 주로 사회를 주도하는 세력인 경우가 많다.

해설 사회복지조사는 주로 사회적 약자(장애인, 노동자, 노인, 아동 등)의 문제를 다룬다.

04. 사회조사를 통하여 일차적 빈곤과 이차적 빈곤을 구분한 학자는?

① 라운트리
② 르 플레
③ 부쓰
④ 라자스펠드
⑤ 리치먼드

해설 영국의 사회문제연구가인 라운트리(B. S. Rowntree)는 1899년 "빈곤, 도시 생활 연구"를 출간하여 영양 기준을 기초로 하여 제1차 빈곤과 제2차 빈곤의 2가지 빈곤선을 설명하여 빈곤의 원인을 해명하였다.

05. 다음 중 런던의 빈민가에 대한 다년간의 지속적인 연구를 통해 사회조사의 선구적 역할을 수행하고, 현대적인 방법론을 개발한 학자는?

① 부쓰(C. Booth)
② 영(A. Young)
③ 르 플레(F. Le Play)
④ 딕스(D. L. Dix)
⑤ 라운트리(B. S. RownTree)

해설 부쓰는 영국의 해운업 경영자, 도시사회학자, 통계학자, 사회개혁가로서 1902년 런던의 빈민가를 조사하여 "런던 사람들의 생활과 노동"이란 저서를 저술하여 사회조사에 관한 현대적 방법론 개발에 선구적 역할을 하였다.

06. 사회복지조사의 특징으로 적당한 것을 모두 고르면?

가. 평가적 특징	나. 시험적 특징
다. 사회 개량적 특징	라. 순수 조사적 특징

① 가, 나, 다
② 가, 다
③ 나, 라
④ 라
⑤ 가, 나, 다, 라

해설 사회복지조사의 특징으로는 응용조사와 순수조사의 양면성, 사회 개량적 특성, 계획적 특성, 평가적 특성, 시험적 특정, 과학적 특성 등을 지니고 있다.

07. 다음 사회복지조사의 유용성과 거리가 먼 것은?

① 사회복지의 과학적 기초를 만들도록 도움을 준다.
② 과학적이고 효과적인 실천을 가능하도록 도움을 준다.
③ 사회복지의 이론 형성과 실천기술을 개발하도록 도움을 준다.
④ 클라이언트를 조정할 수 있는 기술을 제공해 준다.
⑤ 인간의 복잡한 내면을 이해할 수 있는 지식을 제공해 준다.

해설 사회복지조사는 과학적 기초를 구성하며, 과학적 실천을 가능하게 한다. 또한, 사회복지이론과 기술체계 구축에 유용하다. 사회복지조사는 직접적인 기술을 제공한다기보다는 실천기술을 개발할 수 있도록 도움을 준다고 볼 수 있다.

08. 사회복지조사의 유용성을 모두 고르면?

가. 과학적 지식의 완성
나. 과학적 실천을 가능하게 해줌
다. 사회복지사의 사회적 지위를 향상시킴
라. 사회복지이론과 기술체계 구축에 유용함

① 가, 나, 다
② 가, 다
③ 나, 라
④ 라
⑤ 가, 나, 다, 라

해설 과학적 지식의 완성보다는 발전이라는 의미가 적절하다. 사회복지조사가 직접적으로 사회복지사의 지위를 향상시키지는 않는다.

09. 사회복지조사의 한계점이라고 보기 어려운 것은?

① 경험적 인식의 제한성
② 시간적 제한성
③ 지리적 제한성
④ 비용적 제한성
⑤ 가치중립의 제한성

해설 사회복지조사의 한계점은 경험적 인식의 제한성, 시간적 제한성, 지리적 제한성, 비용적 제한성, 개인의 가치와 선호, 정치적 · 문화적 • 사회적 요인에 따른 제한성 등을 지니고 있다.

10. 과학적 조사의 일반적 단계를 옳게 나열한 것은?

① 가설형성→조사설계→문제형성→자료수집→자료분석→보고서작성
② 문제형성→가설형성→자료수집→자료분석→조사설계→보고서작성
③ 문제형성→조사설계→가설형성→자료수집→자료분석→보고서작성
④ 문제형성→가설형성→조사설계→자료수집→자료분석→보고서작성
⑤ 가설형성→문제형성→조사설계→자료수집→자료분석→보고서작성

해설 사회복지조사의 과학적 조사방법의 일반적인 과정은 (조사)문제형성→가설형성→(변수의 조작화)→조사설계→자료수집→자료분석(및 해석)→보고서작성 순으로 진행된다.

11. 과학적 조사방법의 단계를 순서대로 바르게 나열한 것은?

가. 가설설정	나. 연구문제 설정	다. 변수의 조작화
라. 자료분석 및 해석	마. 자료수집	바. 조사설계
사. 연구보고서 작성		

① 나 → 다 → 가 → 바 → 마 → 라 → 사
② 나 → 다 → 가 → 마 → 바 → 라 → 사
③ 나 → 가 → 다 → 바 → 마 → 라 → 사
④ 나 → 바 → 다 → 가 → 마 → 라 → 사
⑤ 나 → 바 → 가 → 다 → 마 → 라 → 사

해설 사회복지조사의 과학적 조사방법의 일반적인 과정은 (조사)문제형성→가설형성→(변수의 조작화)→조사설계→자료수집→자료분석(및 해석)→보고서작성 순으로 진행된다.

12. 과학적 조사는 일정한 단계를 거쳐 이루어진다. 아래에 제시된 조사에서 다음 단계 이후에 필요한 절차는?

A복지관에서 근무하는 사회복지사 B씨는 주변에서 아동을 학대하는 부모들이 대부분 어릴 적에 학대받은 경험을 가지고 있음을 발견하고 문제의식을 가지게 되었다. 이에 따라, "아동을 학대하는 부모는 아동기에 학대받은 경험이 있을 것이다."라는 가설을 세우고 연구를 진행하고자 한다.

① 아동을 학대한 부모들에 대해 설문조사를 실시한다.
② 일정한 형식에 맞게 예상내용을 가지고 보고서를 작성하여 본다.
③ 어떤 사람들을 대상으로, 어떤 방법을 통해 조사할 것인지를 결정한다.
④ 일단 통계프로그램을 사용하여 분석을 시도해 본다.
⑤ 평소에 가지고 있었던 문제들을 가설의 형식으로 표현한다.

해설 위에 제시된 사례의 내용은 과학적 조사 과정 중 어떤 사람들을 대상으로, 어떤 방법을 통해 조사할 것인지를 결정하는 단계이다.

13. 연구자가 특정한 연구주제와 관련하여 연구를 수행하는 데 필요한 각종 자료 및 참고문서와 기록물을 수집하는 것을 무엇이라고 하는가?

① 연구자료의 수집
② 연구문제의 선정
③ 조사설계
④ 가설설정
⑤ 보고서작성

해설 연구자가 특정한 연구주제와 관련하여 연구를 수행하는 데 필요한 각종 자료, 참고문서와 기록물을 수집하는 것을 '(연구)자료수집'이라고 한다.

14. 사회복지조사에서 특히 윤리의 문제가 강조되는 이유로 적절하지 않은 것은?

① 조사대상이 인간이기 때문이다.
② 조사대상자의 권리와 복지가 침해받는 사례가 발생하기 때문이다.
③ 개인의 권리와 복지에 대한 의식이 신장되고 있기 때문이다.
④ 윤리적 문제의 제기가 조사연구를 더 수월하게 하기 때문이다.
⑤ 비윤리적 조사가 복지향상이라는 궁극적 목표와 모순될 수 있기 때문이다.

해설 윤리적 문제의 제기는 조사연구를 수월하게 하는 것이 아니라, 조사자가 조사대상자의 권리와 복지에 대하여 민감하게 반응함으로써 조사 자체를 불가능하게 할 수도 있다.

15. 조사연구에서 지켜야 할 윤리로 옳은 것은?

① 조사연구 수행 시 윤리적 문제가 제기될 경우 회피한다.
② 사생활 보호보다 조사연구의 성과를 중요시한다.
③ 조사목적을 은폐한다.
④ 조사연구의 한계는 발표하지 않는다.
⑤ 조사대상자의 응답은 익명성을 보장한다.

해설 조사대상자의 익명성과 비밀성을 보장해야 한다. 그리고 조사결과를 발표할 때는 부족한 부분과 한계를 적절하게 제시해야 한다. 윤리적 문제가 발생할 경우 적극적으로 대처해야 한다. 연구성과보다는 대상자의 프라이버시를 중요하게 고려해야 한다.

해답

1. ⑤ 2. ③ 3. ⑤ 4. ① 5. ① 6. ① 7. ④ 8. ③ 9. ⑤ 10. ④
11. ③ 12. ③ 13. ① 14. ④ 15. ⑤

03 조사연구와 조사설계

학습목표

1. 조사연구의 기본요소(조사문제, 개념적 정의와 조작적 정의, 가설, 개념과 변수, 모델)에 대해 이해한다.
2. 조사연구의 유형(조사목적, 조사시점, 조사용도, 조사범위, 자료수집의 성격, 기타 기준에 따른 분류)에 대해 이해한다.
3. 조사설계(의의, 중요성, 성격, 목적, 구성요소)에 대해 이해한다.

1 조사연구의 기본 요소

1) 조사문제

조사연구(Research)란 연구자가 풀고자 하는 문제를 스스로 도출하고, 이 문제의 해답을 찾기 위해 자료를 수집하고 분석하여 결과를 얻어가는 과정이라고 할 수 있다. 따라서 조사연구의 출발은 어떤 주제를 연구대상으로 하여 어떠한 문제를 연구할 것인가를 결정하는 것이다.

(1) 조사문제의 도출

- 일반적으로 조사문제가 도출되는 경우
  - 사회적 관심이 집중되는 경우
  - 기존의 지식이 미비한 경우
  - 연구결과가 서로 일치하지 않은 경우
  - 새로운 사실이나 현상들이 발생하였으나 기존의 이론과 연관성을 규명하기 어려운 경우
  - 연구결과가 학문적 공헌도와 실질적 효용성을 가지고 있는 경우
- 사회복지분야에서 조사문제가 도출되는 경우
  - 조사문제의 해결이 사회복지의 학문적 발전에 기여하는 경우
  - 조사문제에 대한 해답이 실천현장에서 활용될 수 있는 경우
  - 사회복지학이나 관련분야의 연구결과와 연관성이 있는 경우
  - 검증되지 못한 주장이나 이론을 평가하는 경우
  - 사회구성원 다수의 관심을 끌 수 있는 문제의 경우

(2) 조사문제의 근원

- 기존의 복지이론과 지식: 사회현상이나 형태가 기존의 이론이나 지식과 전혀 관련 없이 발생할 때, 기존의 이론이나 지식이 일치하지 않은 상태에서 반증

없이 계속 존재하는 경우에 조사문제의 근원이 된다.

- **사회적 욕구와 사회문제**: 클라이언트의 사회적 복지욕구 충족을 위해서, 사회현상이나 문제의 해결이라는 측면에서 조사문제의 근원이 있다.
- **사회복지의 가치**: 인간의 존엄성, 기회균등, 사회연대 등의 사회복지의 가치 실현을 위해서 문제를 조사한다.
- **사회적 규범**: 관습, 도덕, 종교, 법과 같은 사회적 규범들이 조사문제를 생성하는 근원이 된다.

사례 경로효친, 이웃사랑, 행복추구권 등의 실현

- **연구자의 개인적 경험**: 연구자의 경험과 축적된 지식에 의해 조사문제를 생성하는 근원이 된다.
- **강한 탐구욕이나 호기심**: 인간의 강한 탐구욕이나 호기심은 대상이나 문제에 대해 더 알고 싶어하게 만든다.

(3) 조사문제의 해결 가능성

조사문제가 학문적으로 의미를 갖기 위해서는 해결 가능성이 있어야 한다.

- **조사문제의 명확한 구조화**: 조사문제를 제기하는 데 정확한 의도가 모호하고 문제의 범위가 명확하지 못할 때 조사문제의 해결 가능성은 낮아진다. 따라서 조사문제는 명확히 구조화되어야 한다.
- **조사문제에 진술된 용어의 명확한 표현**: 문제의 진술에 표현된 용어가 명확하게 정의되어 있지 않으면 문제에 대한 정확한 이해가 되지 않으므로 조사문제의 해결 가능성은 낮아진다. 따라서 조사문제에 사용된 용어는 경험적이고 관찰 가능하고 측정 가능해야 한다. 즉, 개념의 조작적 정의(Operational Definition)를 통해 가능성을 높일 수 있다.
- **연구의 경험적 검증 가능성(Empirical Testability)**: 예를 들어, 인간의 신체해부 실험과 같은 도덕적 차원에서 불가능한 연구는 경험적 검증과정을 거쳐 수행하기 어렵다.

(4) 조사문제의 선정기준

모든 문제가 사회복지조사의 대상이 되지는 않는다. 즉, 연구의 가치가 있고 독창적이며 창의적이고 실험이 가능하며 도덕적인 배려가 있는 문제를 선정해야 한다.

- 독창성(Originality): 기존의 것을 답습하지 않고 비교분석 또는 재구성하거나 새로운 관점이나 견해를 제시하는 것이다.
- 경험적 검증 가능성(empirical testability): 사회복지조사는 과학적 조사이기 때문에 경험적 검증 가능성이 중요하다. 조사문제로 선정되기 위해서는 그 문제에 대한 해답이 가능하고 구체적인 가설이 도출될 수 있고 가설에서 사용된 조작적 정의를 통해 경험적으로 측정될 수 있어야 한다.
- 윤리적 배려(Ethical Consideration): 사회복지조사는 사회복지윤리에 지배되는데 조사문제의 해답이 사회구성원의 행복을 증진시키는데 기여해야 하고 개인의 사생활이나 정신적·신체적으로 피해를 주지 않아야 한다.
- 현실적 제한: 조사문제의 해답을 찾는데 드는 시간적·비용적 노력, 조사인력, 장비 등과 같은 현실적인 상황을 고려해서 해답을 찾아야 한다.

(5) 조사문제 선정에 영향을 미치는 요인

- 사회과학적 연구 패러다임(Research Paradigms): 패러다임이란 현상을 바라보기 위해 개념과 가정으로 구성된 준거 틀로서 연구자가 갖는 연구관, 세계관과 관련된다. 이는 연구자가 특정 이론에 대해 갖는 학문적 일체감으로 설명할 수 있는데, 연구자마다 서로 다른 패러다임으로 같은 문제를 바라보고 다른 결론을 내릴 수 있다.
- 조사자의 가치(Researcher's Value): 조사자의 가치는 조사의 가치가 있다고 간주되는 문제나 대상자를 바라보는 방식에도 영향을 끼친다. 가치는 검증이 불가능하고 연구자로 하여금 편견을 갖게 하여 객관성을 상실하게 만들 수 있는데, 연구자는 각자의 가치관을 가지고 그것에 의해 판단하며 가치와 가치판단은 패러다임에 따라 서로 다르다. 사회복지학은 응용과학으로서 가

치중립적 판단을 하기보다는 가치 개입적 판단을 한다.

- 반응성의 정도(Degree of Reactivity): 조사자가 있을 때와 없을 때 연구대상자의 행동이 달라질 수 있으므로 그 자체가 자료에 영향을 미칠 수 있다는 것을 의미한다.

  ▷▶▷**호손효과(Hawthorne Effect)**: 연구의 대상이 되는 사람이 연구자가 원하는 방향으로 행동을 변화시키는 현상

- 조사자의 방법론(Researcher's Methodology): 방법론이란 조사과정의 원리를 의미하는데 조사자가 자료를 해석하고 결론을 내리기 위해 사용하는 표준 또는 기준이 되는 조사의 근본적 이유로 작용하는 가정과 가치를 포함한다. 조사자가 명확하고 논리적인 방법론에 입각하여 조사를 행하는지, 공감적 감정 이입에 의해 조사하는지 여부가 조사 문제의 선정에 영향을 미친다.

- 선택된 분석단위(Unit of Analysis Chosen)

분석단위	내 용
개인	• 가장 전형적인 연구대상으로 클라이언트의 개인적 속성이나 지역사회 주민의 욕구조사를 하는 경우 분석단위는 개인이다.
집단	• 부부, 또래, 동아리, 읍·면·동 단위, 시·도·국가 등 • 여기서 집단구성원을 분석단위로 하면 미시조사가 되고, 집단 자체를 분석단위로 하면 거시조사에 속한다.
공식적 사회조직	• 사회복지시설, 시설, 학교, 교회, 시민단체 등 **예)** "가형" 사회복지시설과 "나형" 사회복지시설의 서비스 종류의 비교 등
사회적 가공물	• 신문의 사설, 도서, 그림, 대중음악, 인터넷 등 사회적 존재에 의해 가공된 행위나 결과를 분석하는 것

- 분석단위와 관련된 오류

  ▷▶▷**생태학적 오류(Ecological Fallacy)**: 집단을 대상으로 한 조사결과에 근거하여 개인에게도 똑같을 것이라고 가정할 때 발생하는 오류이다.

사례 국가별 국교(國敎)에 따른 자살률을 비교했더니 가톨릭 국가보다 개신교 국가의 자살률이 높다는 조사결과를 얻은 후, 가톨릭교보다 개신교들이 자살을 더 많이 한다고 추론(해석)하는 것

▷▶▷**개인주의적 오류/개별주의적 오류(Individualistic fallacy)**: 개인을 분석단위로 한 조사결과에 근거하여 집단에 대해서도 똑같을 것이라고 가정할 때 발생하는 오류이다.

사례 A 기관 직원들의 경제수준이 B 기관 직원들의 경제수준보다 높다는 조사결과에 기초해 A 기관이 B 기관보다 돈이 많다고 추론하는 오류

▷▶▷**축소주의/환원주의(Reductionism)**: 넓은 범위의 인간의 사회적 행위를 이해하는 데 적합한 개념이나 변수를 지나치게 한정시키거나 한 가지로 귀착시키려는 경향이다.

사례 청소년 문제에 대해 포럼에 참석한 학자들 중에 가족학자는 청소년 문제를 '가족적인 문제'로만 설명하려는 경향을 보이고, 심리학자는 청소년의 '심리적인 문제'로만 설명하는 경향을 보이는 경우가 많은데, 이렇듯 어떤 현상을 어느 한두 가지의 차원으로만 제한하여 설명하는 경향

- 시간요인(Time Factor): 일정 시점의 조사인지 장시간에 걸친 조사인지에 따라 조사문제의 선정에 영향을 미친다. 즉, 횡단조사인지 종단조사인지에 따라 다르다.

2) 개념적 정의와 조작적 정의

조사문제를 명확히 서술하기 위해서 그 문제에 포함된 개념과 변수들에 대한 구체적이고 명확한 정의가 이루어져야 한다. 개념(Concept)은 특정 대상의 속성을 추상화하여 의미를 부과한 것이므로 개념 자체를 경험적으로 측정할 수 없다. 따라서 개념들의 의미는 명료하게 정의되어야 한다.

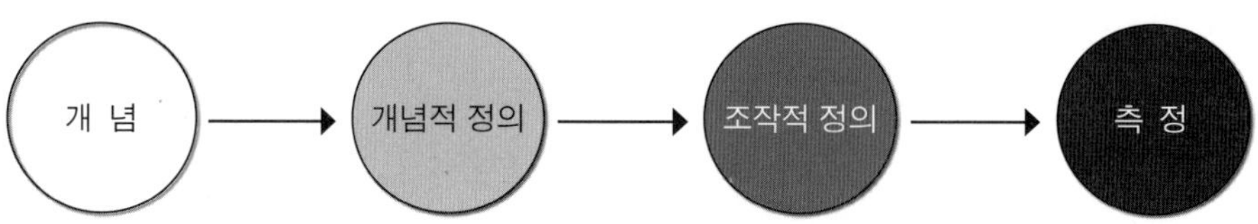

[그림 3.1] 개념적 정의와 조작적 정의의 관계

(1) 개념적 정의

개념적 정의(Conceptual Definition)란 연구의 대상이 되는 사람이나 사물의 속성, 사회적 현상 등의 변수를 개념적으로 정의하는 것이다. 각 개념에 대한 명확한 정의가 내려져 있지 않으면 연구결과의 해석상 혼란이 올 수 있다. 그러나 개념적 정의는 사전적이고 추상적, 일반적, 주관적일 수 있기 때문에 추상적이고 주관적인 개념들은 경험적으로 측정이 가능하도록 실증적인 지표로 바꾸어야 하는데 이것이 조작적 정의이다.

(2) 조작적 정의

조작적 정의(Operational Definition)란 추상적인 개념을 실증적, 경험적으로 측정 가능하도록 구체화한 정의이다. 이 과정에서 본래의 의미를 모두 반영하지 못할 수 있으므로 조작적 정의는 개념적 정의를 벗어나지 않는 범위에서 측정 가능하도록 재정의 하는 것이어야 한다.

3) 가설

조사문제가 형성되었으면, 이것을 바탕으로 검증 가능한 명제형태의 가설을 구성한다. 일반적으로 명제(Proposition)란 단순히 한두 가지의 개념이나 변수에 관해서 참-거짓을 분명하게 구분할 수 있는 진술(Statement)이나 문장(Sentence)을 말한다. 명제에는 가설(Hypotheses), 공리(Axiom), 공준(Postulate), 정리(Theorem) 등이 있다.

공리는 수학적 의미가 함축되어 있는 참된 진술의 명제를 의미하며, 공준이란 진술의 참됨이 경험적으로 증명된 경우의 명제, 정리란 공리나 공준에 의해서 연역적으로 추론한 명제를 의미한다. 공리적 이론의 공리, 공준 및 정리의 관계는 [그림 3.2]와 같다.

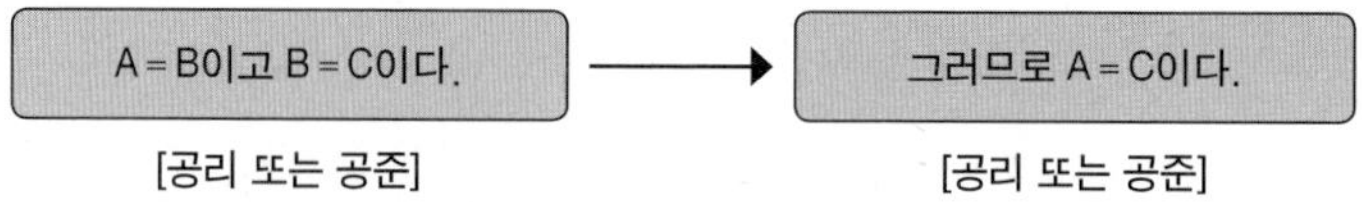

[그림 3.2] 공리, 공준 및 정리의 관계

(1) 가설의 정의

가설(Hypotheses)은 두 개 이상의 변수나 현상간의 특별한 관계를 검증한 형태로 서술하여 변수들간의 관계를 예측하려는 진술이나 문장이다. 즉, 가설은 실증적인 확인을 위해 구체적이어야 하고, 현상과 관련성을 가져야 하며, 아직 진실여부가 확인되지 않은 사실이다.

조사과정에서 어떤 관계가 존재한다고 생각하면 먼저 그 관계를 가설로 진술하고 그 가설을 실증적으로 검증하게 된다. 즉, 과학적 조사방법의 첫째 단계가 문제의 선정이며, 둘째 단계로서 가설을 설정하여 조사 문제를 구체화하고, 셋째 단계로 가설의 실증적인 검증(참인지, 거짓인지)이 이루어진다.

(2) 가설의 형식

가설의 형식은 [그림 3.3]과 같이 관련 변수의 선정과 변수들의 상태를 나타내는 문장을 조건문 형태의 복문으로 나타낸다.

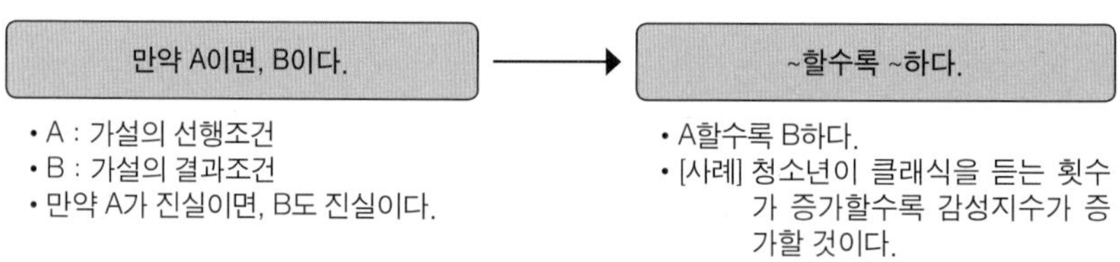

[그림 3.3] 가설의 형식

(3) 가설의 작성

가설은 [그림 3.4]와 같이 경험적 수준에서 적절히 측정되거나 정의될 수 있는, 즉 검증 가능하고 명확하게 작성되어야 한다.

천재는 종종 우울하다. [검증불가능]

↓ '천재'와 '우울'의 여부를 결정할 수 있는가가 모호하다.

IQ검사의 점수가 높을수록, 우울증 지수의 점수가 더 높다. [검증가능]

[그림 3.4] 검증가능한 가설의 예

(4) 가설의 특성

- 문제해결성:가설의 가장 큰 목적은 문제 해결이다.
- 상호연관성:변수는 2개 이상으로 구성되며 그것들간의 관계를 나타내고 있어야 한다.
- 검증가능성:경험적으로 검증하기 위해 변수의 조작적 정의가 필요하다.
- 명확성:가설 내용의 명확성은 연구과정과 결과에 영향을 미친다.
- 추계성:가설은 아직 진실여부가 확인되지 않은 사실이므로 확률적으로 표현된다.
- 구체성:가설은 측정 가능한 변수간의 관계를 나타내므로 구체적이어야 한다.

(5) 가설의 표현방식

가설은 두 개 이상의 변수들의 관계를 기술하되, 참인지 거짓인지가 정해진 것이 아니라 참인지 거짓인지를 검증할 수 있는 형태로 기술되어야 한다.

- 항상 참인 문장:가설이 참일 가능성이 100%인 문장

사례 탄광근로자는 산업재해장애인이거나 산업재해장애인이 아니다.

해석 토톨로지(Tautologies) 또는 분석적 문장으로서 가설이 될 수 없다.

- 항상 거짓인 문장:논리적으로 거짓인 문장, 참일 가능성이 0%인 문장

사례 장애인시설에 수용되어 있는 사람은 법정장애인이면서 또한 법정장애인이 아니다.

해석 자기모순(Self-Contradiction) 또는 모순적 문장으로서 가설이 될 수 없다.

• 참일 수도 거짓일 수도 있는 문장: "0% < 가설이 참이 될 확률 < 100%"의 문장

사례 산재요양원에 입원중인 환자는 직업병 환자이다.

해석 참이거나 거짓일 가능성이 모두 있는 문장으로 가설로서 적합한 문장이다.

(6) 가설의 유형

• 적용범위에 따른 분류

일반 가설	지엽적 가설
시간과 장소에 관계없이 내포된 변수들간의 관계가 항상 적용되는 가설로 적용범위가 광범위하다.	내포된 변수들간의 관계가 특정한 시간과 장소에만 한정적으로 적용되는 가설로 적용범위가 제한적이다.

• 추리정도에 따른 분류

식별 가설	설명적 가설
• 사실을 밝히는 가설로서 "What"에 대한 해답을 구한다. • "…은 …이다" 형식의 문장이다.	• 인과관계를 밝히는 가설로서 "Why"에 대한 해답을 구한다. • "만일…하면…하다", "…할수록…하다" 형식의 문장이다.

• 검증과정에 따른 분류

연구가설(H)	귀무가설(H_0)
• 과학적 가설, 작업가설, 실험가설이라고 불림 • 이론으로부터 도출된 가설로서 검증될 때까지는 조사 • 문제에 대한 잠정적인 해답으로 간주되는 가설. • "A는 B와 관계가 있다" 형식의 문장이다.	• 영가설이라고 불리며, 연구가설의 역(逆)으로서 주어진 연구가설에서 명시된 것을 부정하거나 기각하기 위해 설정하는 가설 • 대립가설을 설정함으로써 오히려 연구가설을 지지하려고 한다. • "A는 B와 관계가 없다"고 진술된다.
대립가설(H_1)	**통계적 가설**
• 귀무가설에 대립되는 가설, 즉 귀무가설이 거짓일 때 채택하기 위해 설정하는 가설	• 표본으로부터 주어진 정보를 이용하여 모집단의 확률분포나 모치수에 대해 예상하는 진술이다. • 통계적 검증과정에서 대립가설이 숫자적인 수단에 의해 평가될 수 있는 가설로 전환하게 되는데 이를 통계적 가설이라고 함.

- 연구가설 · 귀무가설 · 대립가설의 예

T복지관에서 S중학교 40명의 학생을 대상으로 사회사업 프로그램인 "행복한 교실"이 집단응집력에 어떤 영향을 미치는지 알아보려고 한다. 각각 20명씩 실험집단(프로그램 실시)과 통제집단(프로그램 실시하지 않음)에 배치하고 연구자는 행복한 교실이 집단응집력을 향상시킬 것이라고 예측한다.

❶ 연구가설: 행복한 교실에 참여하게 되면 참여하지 않은 집단보다 집단응집력이 강해질 것이다.

❷ 귀무가설: 행복한 교실에 참여한 집단과 참여하지 않은 집단간에 집단응집력 차이가 없을 것이다.

❸ 대립가설: 행복한 교실에 참여한 집단과 참여하지 않은 집단간에 집단응집력에 차이가 있을 것이다.

- 사용되는 변수의 수에 따른 분류

단순가설	복합가설
사용되는 변수의 수가 1개 또는 2개인 가설	사용되는 변수의 수가 3개 이상인 가설

- 세분화에 따른 분류

기본가설	종속가설
하나의 줄거리가 가설로서 조사문제에 보다 가깝다.	기본가설을 여러 측면에서 검증하기 위하여 작성되는 세분화된 가설이다.

(7) 가설의 기능

- 사회현상들에 대한 지식 증가
- 새로운 조사문제의 도출
- 경험적 검증의 절차 제시
- 문제해결에 필요한 관찰 및 실험의 적정성 판단
- 관련 지식이나 이론을 체계화하므로 관련지식들을 서로 연결하는 기능

- 연구의 초점과 방향 제시
- 변수의 성격과 종류를 밝혀 자료의 내용과 범위를 규정하는 기능
- 자료수집의 길잡이로서 기능
- 사회문제를 해결할 수 있는 단서를 제공하여 사회 개선에 기여

4) 개념과 변수

조사문제와 가설은 개념, 상수, 변수들간의 관계로 기술되는 것이 일반적이다. [그림 3.5]는 개념, 변수 및 상수의 관계를 나타낸 것이다.

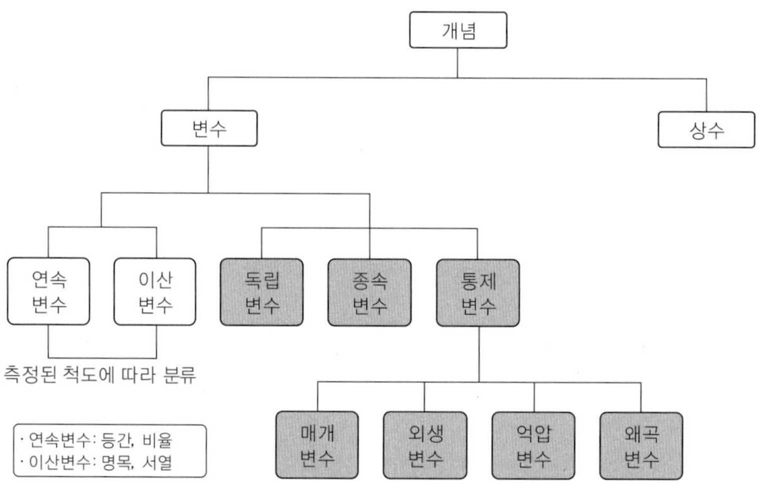

[그림 3.5] 개념, 변수 및 상수의 관계

(1) 개념과 변수의 의미

- 개념(Concepts): 단순히 정신적 이미지 또는 인식으로 어떤 현상이나 사물의 의미를 추상적으로 구성한 것이다. 개념은 기존의 이론이나 지식에 연관시키므로 연구를 체계적으로 수행할 수 있도록 한다.
- 변수(Variables): 한 연속선상에서 하나 이상의 값을 가지는 개념으로 연구대상의 속성에 계량적인 수치를 부여하여 경험적으로 측정 가능하게 하는 개념이다.

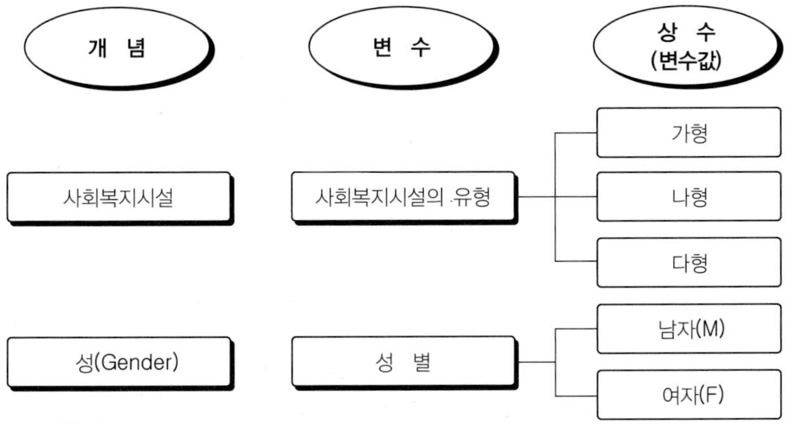

사례 한국에서 여성은 남성보다 평균수명이 길다.
- 한국, 여성, 남성 등은 변하지 않는다. → 상수
- 성별 : 문장에 나오지 않지만 여성 또는 남성이라는 값을 갖는다. → 변수 · 평균수명 : 성별 · 사회별로 각기 다른 값을 갖는다. → 변수

[그림 3.6] 개념, 변수 및 상수 관계의 예

- 상수(Constant): 단 하나의 결코 변하지 않는 값을 갖는 변수이다. 일부 변수들은 숫자에 의해서라기보다 낱말부호로 지정된 범주를 가지고 있다. 남성(M), 여성(F)이라는 부호에 의해 지정된 범주를 가진 변수이다.

(2) 변수의 종류

- 기능적 관점에 의한 분류

❶ 독립변수(Independent Variable): 인과관계(인과관계는 비대칭적 관계)에서 다른 변수의 변화를 일으키는 변수로서 인과에서 원인(Cause)을 나타낸다. 실험설계에서는 실험처치(Experimental Treatment), 또는 실험자극(Experimental Stimulus)이 독립변수에 해당된다. 원인변수, 설명변수, 예측변수라고도 부른다.

❷ 종속변수(Dependent Variable): 다른 변수에 의존하지만 다른 변수에 영향을 미칠 수 없는 변수로서 인과관계에서 결과(Effect)를 나타낸다. 독립변수의 영향을 받아 일정한 결과를 나타내는 변수로서 실험설계에서는 관찰대상의

속성이 종속변수에 해당된다. 결과변수, 피설명변수, 피예측변수, 가설적 변수라고도 부른다.

▷▶▷ [그림 3.7]과 같이 인과관계에서 원인(Cause)이 되는 변수를 독립변수라고 하며, 결과(Effect)로 나타나는 변수를 종속변수라고 한다.

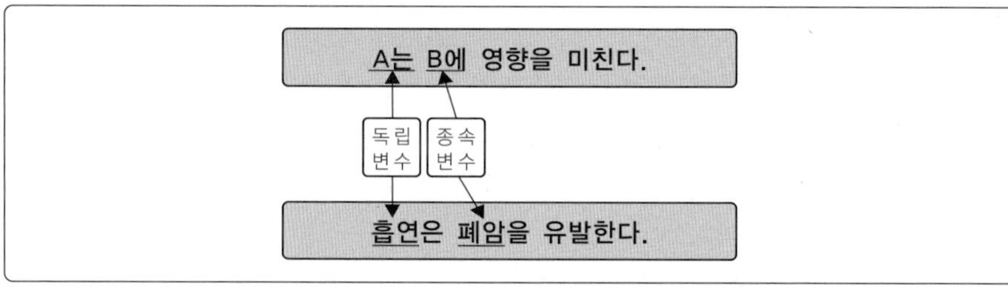

[그림 3.7] 독립변수와 종속변수의 예

❸ 매개변수(Intervening Variable): 두 변수는 서로 직접적인 관계가 없는데, 제3의 변수가 두 변수를 중간에서 연결시켜서 두 변수가 간접적으로 관계를 가지는 경우, 둘 사이에 놓인 변수를 매개변수라고 한다. 매개변수는 독립변수의 결과인 동시에 종속변수의 원인이 되는 변수이다.

▷▶▷ [그림 3.8]과 같이 매개변수는 두 변수의 중간에 놓여서 징검다리와 같이 두 변수를 연결해 주는 변수를 말한다.

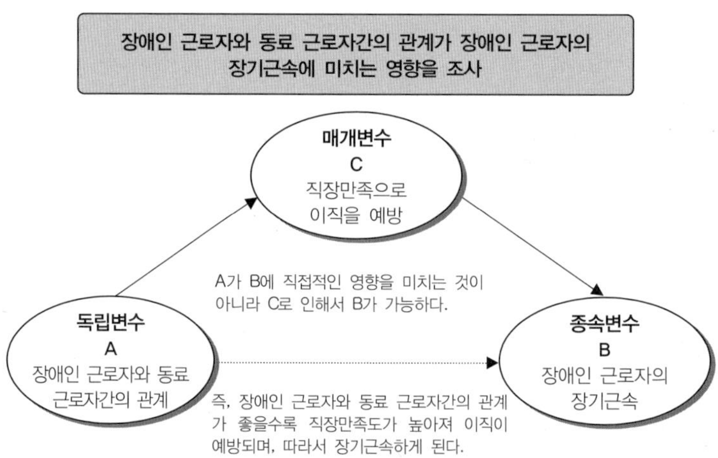

[그림 3.8] 독립변수, 매개변수 및 종속변수 관계(매개관계)의 예

❹ 외생변수(Extraneous Variable) : 독립변수와 종속변수간의 관계를 달리 설명하는 변수이다. 외생변수를 통제하지 못하면 독립변수와 종속변수의 인과관계를 규명하지 못한다.

▷▶▷[그림 3.9]와 같이 병원에서 환자의 입원기간과 수명을 조사했더니 입원기간이 길수록 수명이 짧아진다는 것을 발견했다. 이때 질병이 심각할수록 입원기간이 길고, 따라서 수명이 짧아진다면 질병의 심각성이라는 변수를 무시하면 입원기간과 수명의 관계가 잘못 설명된다. 이때 질병의 중한 정도는 외생변수가 된다.따라서 외생변수는 독립변수와 종속변수 이외의 제3의 변수로서 독립변수 · 종속변수 모두에게 영향을 미치는 변수를 말한다.

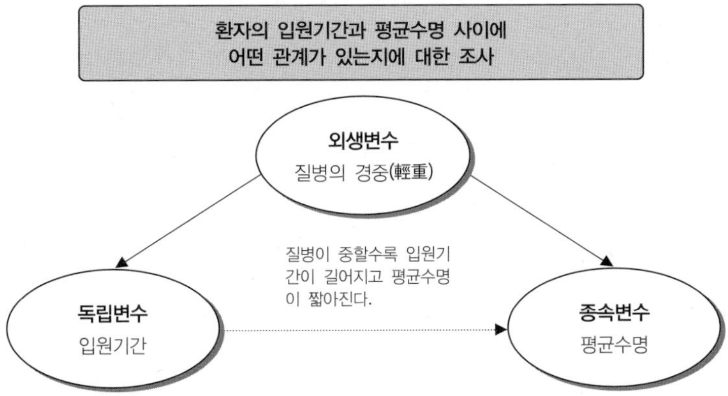

[그림 3.9] 독립변수, 외생변수 및 종속변수 관계(가식적 관계)의 예

❺ 억압변수(Suppressor Variable)란 하나의 변수와 긍정적으로 상관되어 있고 다른 하나의 변수와 부정적으로 상관되어 있어 독립변수와 종속변수간의 관계를 누르고 있다. 두 변수의 참된 관계는 억압변수를 통제할 때 나타난다. 두 변수간의 관계를 어떤 식으로든 왜곡시키기 때문에 왜곡변수라고도 한다.

▷▶▷[그림 3.10]의 예에서 연령을 통제할 경우(동일한 연령의 사람들 사이에 분석할 경우)에는 교육과 소득수준 사이에 긍정적인 관계(교육수준이 높을수록 소득이 높다)가 나타나지만, 연령을 통제하지 않고 모든 사람들의 교육과 소득수준을 비교할 경우 교육과 소득수준은 관계가 거의 없게 나타날 수 있다. 이는 연령이라는 억압변수가 둘 사이의 관계를 억누르기 때문이며, 이때 연령과 같은 변수를 억압변수라고 한다. 따라서 억압변수는 독립변수와 종속변수에서 서로 다른 방향으로 영향을 미치는 제3의 변수를 말한다.

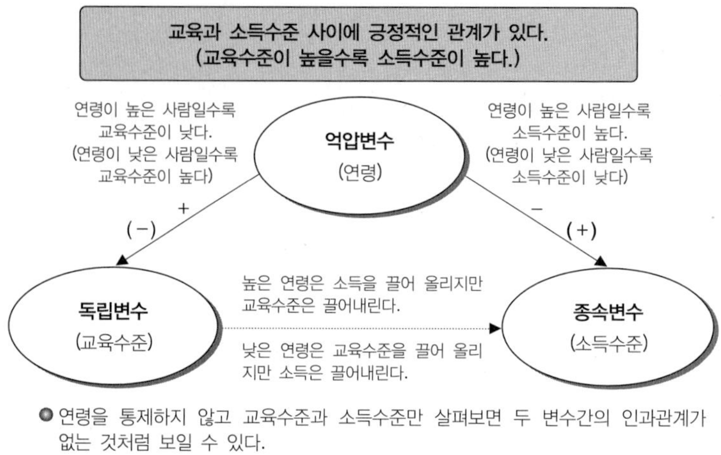

[그림 3.10] 독립변수, 억압변수 및 종속변수 관계(가식적 영관계)의 예

❻ 통제변수(Control Variable): 독립변수와 종속변수의 인과관계에 영향을 주는 제3의 변수로서 설계에서 통제하고자 하는 외생변수는 더 이상 외생변수라고 하지 않고, 통제변수라고 한다. 앞에서 언급한 매개변수, 외생변수, 억압변수 등이 설계에서 고려되어 통제된다면 통제변수가 된다.

• 변수의 속성에 따른 분류

❶ 이산변수(Discrete Variable): 명목척도(Nominal scale), 서열척도(Ordinal scale)로 측정되는 변수이다. 여기서 이산(Discrete)이란 각 값의 사이가 떨어져 있어서 그 사이의 값은 아무런 의미를 갖지 않는다는 뜻이다. 예를 들어, 남성을 1, 여성을 2라고 값을 부여했을 때 1과 2 사이의 값은 존재할 수 없다. 이산변수는 사물의 속성을 분류할 목적으로 기호나 숫자를 부여하는 명목척도로 측정된 변수(성별, 종교 등), 사물의 속성을 크기나 정도에 따라 순서를 비교하는 서열척도로 측정된 변수(장애등급, 학력 등) 등이다. 이산변수는 다양한 범주를 갖는 범주적 변수(Categorical Variable)로 되어 있다. 더미변수(Dummy Variable)도 이산변수의 한 예이다.

❷ 연속변수(Continuous Variable): 등간척도(Interval Scale)와 비율척도(Ratio Scale)로 측정된 변수이다. 연속변수는 변수가 수평선상의 연속적인 모든 값의 의미를 가질 수 있다. 척도간의 간격이 같아 수치간에 가감(+, −)이 가능한 등간척도에 의해 측정된 변수(직무만족도, IQ 등), 수치간에 가감승제(+, −, ×, ÷)가 가능하고 절대 영점이 존재하는 비율척도에 의해 측정된 변수(소득, 고용률, 산업재해율, 아동학대율, 연령 등) 등이다.

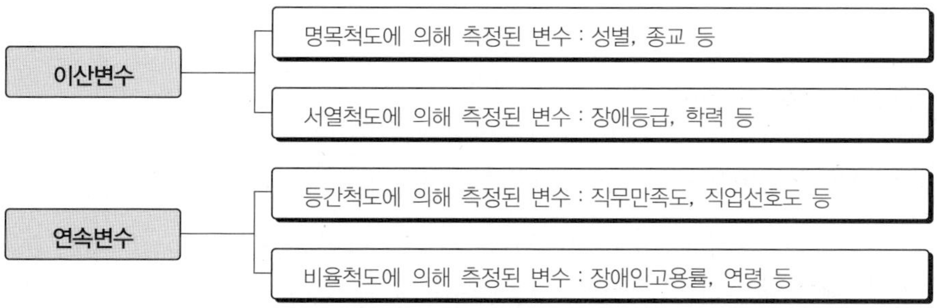

[그림 3.11] 이산변수와 연속변수의 예

❸ 더미변수(Dummy Variable): 명목척도로 측정된 한 개의 독립변수를 독립변수가 취할 수 있는 값의 수보다 한 개가 적은 더미변수들도 변환하여 사용한다. 예를 들어, 계절이 주는 효과를 통계적으로 알기 위해서는 봄을 1, 여름을 2, 가을을 3, 겨울을 4의 값을 부여해서는 분석할 수 없기 때문에(명목변수이므로 값의 크기가 의미를 지니지 않아서) 다음과 같이 3개의 더미변수로 변환하여 사용할 수 있다.

[표 3.1] 더미변수의 사용 예

계 절	Dummy 1	Dummy 2	Dummy 3
봄	0	0	0
여 름	1	0	0
가 을	0	1	0
겨 울	0	0	1

(3) 변수간의 관계

- 이변량 관계(Bivariate Relationships): 두 가지 변수 사이의 관계를 뜻한다. 긍정적 관계는 한 변수 값의 증가(감소)가 다른 변수 값의 증가(감소)를 가져오는 것이고, 한 변수 값의 증가(감소)가 다른 변수값의 감소(증가)를 가져온다면 부정적 관계이다. 관계의 플러스, 마이너스 부호는 관계의 강도가 아니라 관계의 방향을 보여주는 것이다.

  긍정적 관계 : 교육수준↑, 소득수준↑ (정적인 관계)
  부정적 관계 : 교육수준↑, 소득수준↓ (역함수적인 관계)

- 관계의 강도(Strength of Relationships): 예측이 정확한 정도를 말한다. 관계의 강도를 측정하기 위한 일반적인 통계치는 상관계수(Correlation Coefficient)인데 그리스 소문자 γ(Gamma)란 기호로 나타낸다. γ는 -1.00과 $+1.00$ 사이에서 변화한다. γ의 +(긍정적인 관계), −(부정적인 관계)는 관계의 방향을 나타낸다.

  $\gamma = 0.00$: 관계가 없음(예측에 있어 0%의 정확도)
  $\gamma = +1.00$: 두 변수간의 긍정적인 관계를 100%의 정확도를 가지고 예측하는 것
  $\gamma = -1.00$: 두 변수간의 부정적인 관계를 100%의 정확도를 가지고 예측하는 것

- 대칭적 관계와 비대칭적 관계

▷▶▷ **대칭적 관계(Symmetrical Relationships)**

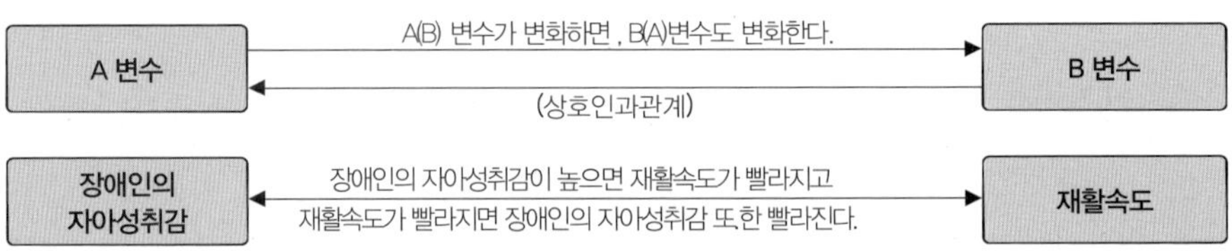

▷▶▷ **비대칭적 관계(Asymmetrical Relationships)**

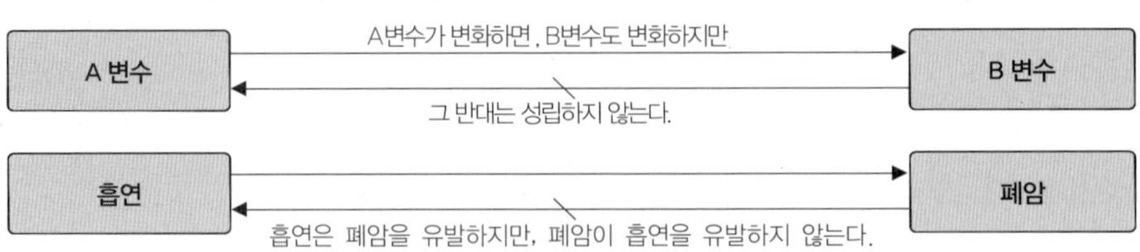

[그림 3.12] 대칭적 관계와 비대칭적 관계의 예

5) 모델

(1) 모델의 기능

- 모델은 이론과 동의어로 사용되기도 한다.
- 모델은 과학자들이 생각하고 있는 것을 다른 사람에게 명확하게 알리는 역할을 한다.
- 모델은 명시적이고 확정적인 자료를 조직화시키는 기능을 수행한다.
- 평가기준은 유용성, 타당성, 단순성, 신축성, 일반성, 측정의 정교성, 내적 논리성 등이다.

(2) 모델의 제약점

- 현상에 비해 불완전하고 불충분하면 부분적인 현상을 나타내는 것에 불과하다. 따라서 모든 변수를 모델에 도입할 수 없다.
- 모델 자체의 형식적 구조에 집착하여 병폐를 노출한다. 예를 들면, 상징적 기호의 지나친 강조, 지나친 형식, 지나친 단순화, 엄격성 강조 등을 들 수 있다.
- 모델만으로 실제 현상을 파악하려고 고집해서는 병폐가 생기는데, 현상에 대해 단순하고 한정된 형태를 대표하므로 모델과 실제 현상이 불일치하여 문제가 발생한다.

2 조사연구의 유형

1) 조사목적에 따른 분류

조사자가 조사를 하는 목적은 여러 가지가 있는데, 이를 크게 분류해 보면 첫째로 새로운 주제를 탐구하기 위한 것, 둘째로 사회현상을 기술하기 위한 것, 셋째로 어떤 현상의 원인을 설명하기 위한 것으로 분류할 수 있다. 조사자가 조사목적, 즉 조사자가 조사를 통해 무엇을 얻으려고 하는가에 따라 조사연구의 유형을 탐색적 조사, 기술적 조사, 설명적 조사로 나눌 수 있다.

(1) 탐색적 조사

탐색적 조사(Exploratory Research)는 조사하고자 하는 주제가 새로운 것이거나, 그 주제에 대한 자료가 별로 없는 경우, 앞으로 진행할 조사에 앞서 실시하는 예비조사(Pilot Study)를 말한다. 탐색적 조사를 실시하는 이유는 좀 더 체계적으로 정확하게 조사를 설계하고 실시하기 위해 본 조사의 실시에 앞서 필요한 정보를 얻는데 있다. 탐색적 조사는 첫째로 개념 규정, 가설 형성 등을 명확히 하기 위해서, 둘째로 조사 분야에서 중요하다고 인정되는 문제에 대한 실태파악을 하기 위해서 실시된다.

따라서 탐색적 조사는 잘 알지 못하는 영역에 대해 예비조사 성격으로 개략적 정보를 얻기 위해 실시하며, 문헌조사, 경험자 조사, 특례조사 등이 있다.

- 문헌조사 : 조사대상이나 조사분야에 대한 지식이 부족한 경우에 행하는 최초의 조사로서 관련분야의 문헌을 조사한다. 문헌조사는 문제를 규명하고 가설을 정립하기 위한 가장 경제적이고 빠른 방법이다. 문헌조사를 통해 얻어지는 자료는 2차 자료이다.
- 경험자 조사(전문가 의견조사) : 조사분야에 대한 경험이나 전문지식을 가지고 있는 사람으로부터 정보를 획득하는 방법이다. 문헌조사의 보완적인 방법으로서 연구 초보자에게 도움이 된다. 전문가의 의견으로 해결책을 찾는 것이 아니라 전문가의 의견을 참조하기 위해 실시되는 조사이다.
- 특례 조사(특례 분석) : 조사문제의 설정이 빈약하거나 기존의 조사자료가 부족할 경우 사용되는 사례조사의 하나로서 본 조사의 상황과 유사한 상황을 찾아내어 분석함으로써 현 현황에 대해 논리적으로 유추하는 분석방법이다.

특례 분석은 문제의 규명과 관련된 변수들의 관계를 명확히 하는데 효과적이지만, 사후적인 조사방법이므로 그 결과가 결정적인 것이 아니라 시사적인 의미만 가진다.

(2) 기술적 조사

기술적 조사(Descriptive Research)는 사회현상에 대한 기술을 목적으로 하거나, 사회현상에 대한 정보를 얻기 위해 실시하는 조사로서 다음과 같은 특징을 가지고 있다.

- 사회현상의 모양이나 분포, 크기, 비율 등 단순 통계적인 것에 대한 조사이다.
- 기술적 조사는 발생빈도와 비율을 파악할 때 사용한다.
- 관련 변수간의 상관관계(Correlation : 긍정적 관계, 부정적 관계)를 설명하지만, 인과관계(Causal Relation : 특정 변수가 다른 변수에게 영향을 끼치는 방향)를 기술하는 것은 아니다.
- 미래에 대한 예측을 할 수 있다. 관심 있는 변수의 미래상황을 이와 관련 있는 변수의 변화를 통해 개략적으로 예측한다.
- 기술적 조사는 탐색적 조사와 달리 연구문제와 가설을 설정한 이후 실시된다.
- 기술적 조사는 어떤 현상에 대한 단순한 실태를 기술하기 때문에 실태조사의 형태를 띤다.
- 기술적 조사로는 횡단적 조사와 종단적 조사가 있다.

(3) 설명적 조사

설명적 조사(Explanatory Research)란 사실의 인과관계(Causal Relation)를 규명하거나, 미래의 사실에 대해 미리 예측(Prediction)하는 조사로서 전자를 진단적 조사(Diagnostic Research), 후자를 예측적 조사(Predictive Research)라고 한다. 특정 변수에 영향을 미치는 변수의 조사 등이 해당된다.

"왜(Why)?"에 대한 해답을 제공하는 것으로 사회복지실천에 있어서 문제의 원인을 파악하고 개입활동이 어떠한 효과가 있는지 파악하기 위해 설명적 조사를 실시한다. 사회과학조사에서 설명이란 반드시 "왜?"라는 질문에 대해 설명하는 것이므로 기술적 조사와 혼동하지 않도록 주의해야 한다.

2) 조사시점에 따른 분류

(1) 횡단적 조사

횡단(Cross-Section)이란 서로 다른 연령, 인종, 종교, 성별, 소득수준, 교육수준 등 광범위한 사람들의 표집이다. 횡단적 조사(Cross-Sectional Research)란 인구의 횡단을 조사하는 것이다. 즉, 일정 시점에서 특정 표본이 가지고 있는 특성을 파악하거나 이 특성에 따라 집단을 분류하는 것으로서 사회복지분야에 널리 사용된다. 이 조사는 간단하고 비용이 적게 든다는 장점이 있으나, 어떤 현상의 진행과정이나 변화를 측정하지 못한다는 단점이 있다. 이 조사에는 탐색적 조사, 기술적 조사, 설명적 조사가 모두 사용될 수 있으나, 일반적으로 기술적 조사가 많이 사용된다.

- 일정시점에서 측정하므로 정태적인 성격을 갖는다.
- 주로 표본조사를 행하며 측정이 반복해서 이루어지지 않는다.
- 조사대상의 특성에 따라 여러 집단으로 분류하므로 표본의 크기가 커야 한다.

(2) 종단적 조사

종단적 조사(Longitudinal Research)는 여러 시간에 걸쳐 조사를 반복하는 것을 말한다. 즉, 시간의 흐름에 따라 조사대상이나 상황의 변화를 측정하는 것으로 일정한 시간 간격을 두고 반복적으로 측정하여 자료를 수집하는 조사방법이다. 이 조사는 횡단적 조사와 반대로 복잡하고 비용이 많이 들지만, 사회현상의 진행과정이나 변화 등을 조사하는 데 많이 사용될 수 있다. 이 조사에는 탐색적 조사나 설명적 조사가 일반적으로 많이 사용된다.

- 일정한 시간적 간격을 두고 측정하므로 동태적이다.
- 주로 표본조사를 행하며 수주일, 수개월의 장기간 동안 측정이 반복해서 이루어진다.
- 장기간, 반복적으로 측정이 이루어지므로 비용이 많이 든다.
- 유형에 따라 서로 다른 시점에서 동일 대상자를 추적해 조사해야 하므로 표본의 크기가 작을수록 좋다.
- 장기간에 걸쳐 조사대상자와 상황의 변화를 조사할 수 있다.
- 조사결과 얻어진 자료는 변화분석(Turnover Analysis)에 의해 분석된다.
- 패널조사(Panel Study), 경향조사(Trend Study), 동년배조사(Cohort Study)로 나뉜다.
  - **패널 조사(Panel Study)**: 동일한 주제와 동일한 응답자에 대해 장기간 반복적으로 면접이나 관찰하는 조사

사례 ㅇㅇㅇㅇ년도 대학 신입생 중 100명에 대해 학과만족도를 조사하고, 4년 동안 1년마다 한 번씩 똑같은 100명에게 학과만족도를 조사하여 학과만족도가 학년이 올라가면서 어떻게 변화하는지를 알아보는 조사

  - **경향조사/추세조사(Trend Study)**: 동일한 주제로 장기간 반복적으로 실시하나 응답자는 매 조사마다 동일하지 않는다.

사례 대학 신입생들의 학과만족도가 어떻게 변화하는지 알아보기 위해 2018년에는 2018년도 신입생을 조사하고, 2019년에는 2019년도 신입생을 조사하고, 2020년에는 2020년도 신입생을 조사하는 방식으로 매년 당해 신입생들을 대상으로 학과만족도를 조사

  - **동년배조사/동시집단조사/동년배집단조사(Cohort Study)**: 보다 좁고 구체적인 인구집단의 변화를 조사(예:386세대, n-세대, 베이비붐 세대 등)

사례 대학 입학 후 학년이 올라가면서 학과만족도가 어떻게 변화하는지 알아보기 위해 2018년 대학 신입생 중 100명에 대해 학과만족도를 조사하고(당해 1학년), 2019년에는 2018년도 신입생 중에서 다시 100명을 뽑아 학과만족도를 조사하고(당해 2학년), 2020년에도 2018년도 신입생 중에서 다시 100명을 뽑아 학과만족도를 조사하는(당해 3학년) 방식으로 2018년도 신입생 집단 중에서 매년 새로 표집하여 조사

• 횡단적 조사와 종단적 조사의 차이점

횡단적 조사	종단적 조사
표본조사(모집단을 대표할 수 있는 자료 제공)	현장조사(조사마다 새롭게 표본에 관한 자료 제공)
측정이 단 한번 이루어짐	반복적으로 측정이 이루어짐
정태적(Static : 일정 시점의 특정 표본이 가지고 있는 특성을 파악)	동태적(Dynamic : 일정 기간 변화하는 상황에 대해 조사)
조사대상의 특성에 따라 집단을 분류하여 비교 분석 하므로 표본의 크기가 큼	유형에 따라 서로 다른 시점에서 동일 대상자를 추적해 조사해야 하므로 표본의 크기가 작을수록 좋음

(3) 유사종단적 조사

유사종단적 조사(Quasi-Longitudinal Research)란 반복적으로 조사연구하기 어려운 경우 횡단적 조사를 통해 종단적인 결과를 얻기 위한 조사방법이다. 예를 들어 횡단적 조사를 실시하여 각 연령대별로 특정 주제에 대한 의견을 비교 연구함으로써 과거로부터 세대가 진행됨에 따라 주제에 대한 의식이 어떻게 변하는지를 알아볼 수 있다.

3) 조사용도에 따른 분류

조사용도, 즉 조사가 어디에 사용되기 위해 실시되느냐에 따라 기초조사(순수조사), 응용조사, 평가조사로 분류할 수 있다.

(1) 기초조사

기초조사(Basic Research)는 사회현상에 대한 기본지식의 탐구를 목적으로 하는 조사로서 순수조사(Pure Research)라고도 한다. 이 조사는 직접적으로 어떤 상황에 이용하고자 하는 것을 목적으로 하는 것이 아니다. 그러나 이 조사는 여러 가지 특수한 정책이나 문제에 일반적으로 적용할 수 있는 기본적인 지식이나 원리, 법칙 등을 제공할 수 있다.

(2) 응용조사

응용조사(Applied Research)는 특수한 사회적 문제를 해결하기 위한 정보를 얻는데 있다. 따라서 기업체, 정부, 병원, 교육기관, 사회복지기관 등에서 정책수립을 위해 많이 사용하고 있다. 한편 사회복지시설에서 많이 실시되고 있는 욕구조사도 응용조사의 한 형태이다.

구분	기초조사(순수조사)	응용조사
정의	사회적 현상에 대한 지식 자체만을 순수하게 획득하려는 조사	조사결과를 문제해결과 개선을 위해 응용하여 사용하려는 조사
동기	조사자의 지적 호기심의 충족	조사결과의 활용
특성	현장 응용도가 낮은 조사	현장 응용도가 높은 조사

(3) 평가조사

평가조사(Evaluation Research)는 사회복지정책이나 프로그램의 효과성을 평가하기 위해 실시되는 조사이다. 조사의 목적은 지식의 획득이 아니라 프로그램의 지속, 중단 등의 여부를 평가하는 것이다. 응용조사의 하나로 최근 사회복지분야에서 책임성 요구와 관련하여 중요시되고 있다.

4) 조사범위에 따른 분류

(1) 전수조사

전수조사(Complete Enumeration)란 조사대상이라고 생각되는 모든 범위(모집단 전체)를 대상으로 조사하는 것을 말한다.

(2) 표본조사

표본조사(Sampling Study)란 모집단을 전수조사하기 어려운 경우, 모집단의 일부만을 선출하여 조사대상 전체를 추정하는 조사이다. 표본조사의 경우에서도 알고자 하는 것은 표본의 특성이 아니라 모집단 전체의 특성이다.

5) 자료수집의 성격에 따른 분류

자료수집의 성격에 따라 양적조사(Quantitative Research)와 질적조사(Qualitative Research)로 크게 분류할 수 있으며, 양적조사는 수적 표현에 의해 자료를 수집하는 조사를 말하며, 질적조사는 글, 그림, 녹음, 영사기 등의 질적 표현에 의해 자료를 수집하는 조사를 말한다.

설문지 조사, 면접조사, 실험조사, 내용분석, 기존 통계자료분석 등은 양적조사 방법을 주로 사용하며, 현지조사(관찰조사), 역사적 방법 등은 질적조사방법을 많이 사용한다.

양적조사	질적조사
계량적·축소주의적·결과지향적	확장주의적·과정지향적
정형화된 측정과 척도를 사용	조사자의 준거틀을 사용
조사가 객관적으로 수행	통제되지 않은 자연상태에서 주관적으로 수행
가설검증, 사실 확인, 추론 지향	탐색, 발견, 서술 지향
연역법 사용	귀납법 사용
논리실증주의	현상학적
조사결과의 일반화 가능	조사결과의 일반화 어려움
조사대상이 안정적이라고 가정	조사대상이 동태적이라고 가정
신뢰성 있는 경성자료(Hard Data) 산출	타당성·실질적·깊이 있는 자료 산출

6) 기타 기준에 따른 분류

(1) 사례조사, 사회조사, 사회 서베이, 서베이조사

사례조사(Case Study)란 특정 사례를 조사하여 현상이나 문제를 전체적으로 파악하고 실증적으로 분석하는 조사이다. 조사대상의 독특한 성질을 구체적으로 상술하며 행동이나 특성의 변화와 영향 요인들과의 인과관계를 파악하는 데 유용하다.

사회조사(Social Research)는 사회문제의 해결이라는 실천적 목적과 이론을 정립하려는 목적을 가지고 기존 이론 강화 또는 새로운 이론의 형성, 사회적 현상의 요약정리, 사회문제의 해답을 제시하기 위한 조사를 말한다.

사회 서베이(Social Survey)는 문제해결이나 개혁을 위한 실천적 목적을 가지며, 주로 현지답사의 성격을 지닌다.

서베이 조사(Survey Research)는 모집단을 대상으로 추출된 표본에 대하여 설문지 같은 표준화된 조사도구를 사용하여 직접 질문함으로써 필요한 자료를 수집하는 방법이다. 서베이 조사는 표본조사이며, 설문지와 같은 도구를 사용하지만 실험을 행하지 않는다. 지역사회 욕구조사가 대표적이다.

(2) 현지조사

현지조사(Field Study)는 연구문제를 설정하거나 가설을 형성하기 위해 현장에 나가서 직접 면접을 통해 자료를 수집하는 조사이다. 조사대상의 개인적 요인(가치관, 행동, 태도 등)과 사회적 요인(환경)을 조사하여 이들의 관계를 연구한다.

현지조사는 현지의 영향 요인에 대해 실험 조작을 하지 않고 있는 그대로 조사한다. 현지조사에는 관찰, 면접, 사례연구 등이 있다.

(3) 실험조사

실험조사(Experimental Study)는 조사자가 외생적 요인들에 의해 의도적으로 통제하고 인위적으로 관찰 조건을 조성함으로써 독립변수의 효과를 측정하거나 독립변수가 종속변수에 영향을 미치는 인과관계에 대한 가설을 검증하는 조사방법이다. 실험조건의 충족 정도에 따라 실험조사(Experimental Study), 준실험조사(Quasi-Experimental Study), 전실험조사(Pre-Experimental Study), 비실험조사(Non-Experimental Study)로 구분할 수 있다.

(4) 미시조사, 거시조사

미시조사(Micro Research)란 분석단위가 개인이거나 개별적 개체인 조사이며, 거시조사(Macro Research)란 사람들의 집합이나 큰 지역 등의 집합적 조사이다.

3 조사설계

1) 조사설계의 의의

조사설계(Research Design)란 “조사목적을 달성하기 위한 논리적인 전략”이다. 즉, “조사를 수행하고 통제하기 위한 계획”이다. 넓은 의미의 조사설계란 조사문제를 검토하는 초기단계에서부터 수집된 자료를 분석하고 그 결과를 해석하는데 이르기까지 조사의 전체를 수행하고 통제하기 위한 계획으로 정의된다. 반면에 좁은 의미의 조사설계란 조사문제에 대한 해답을 얻거나 가설에 대한 검증을 하기 위해 자료를 수집하고, 분석하고, 해석하기 위한 계획이자 청사진으로 정의된다.

커린저(F. N. Kerlinger)는 넓은 의미에서 조사설계를 “조사문제에 대한 타당한 해답을 얻기 위한 기획의 전 과정”으로 정의하고 있다. 즉, 조사설계는 조사문제에 대한 타당한 해답을 강구하기 위한 조사연구의 계획(Plan), 구조(Structure) 및 전략(Strategy) 등을 포괄하는 것으로서 전반적인 과정을 의미한다. 계획은 조사에 대한 전반적인 시행방안으로써 가설의 설정과 조작으로부터 자료의 최종적인 분석에 이르는 기본적인 행동지침을 의미하며, 구조는 관계된 변수를 조작하기 위한 방침이나 구체적인 행동을 의미하고, 전략은 자료를 수집하고 분석하기 위해서 사용된 방법을 의미한다.

K. D. Bailey

베일리(K. D. Bailey)는 좁은 의미에서 조사설계를 "조사문제와 가설이 설정된 후, 가설상의 변수들을 측정하는 방법과 가설을 검증할 집단을 결정하는 단계"로 정의하고 있다. 즉, 조사설계에서는 얼마나 많은 사람들을 대상으로 조사를 수행해야 하며, 조사대상자들이 어떠한 특징이 있어야 하며, 어떠한 환경 하에서 자료들이 수집되어야 할 것인지, 즉 조사결과에 잘못된 영향을 미칠 수 있는 외생변수들을 어떻게 통제할 것인지 등을 결정하는 하나의 단계로 [그림 3.13]과 같이 설명하고 있다.

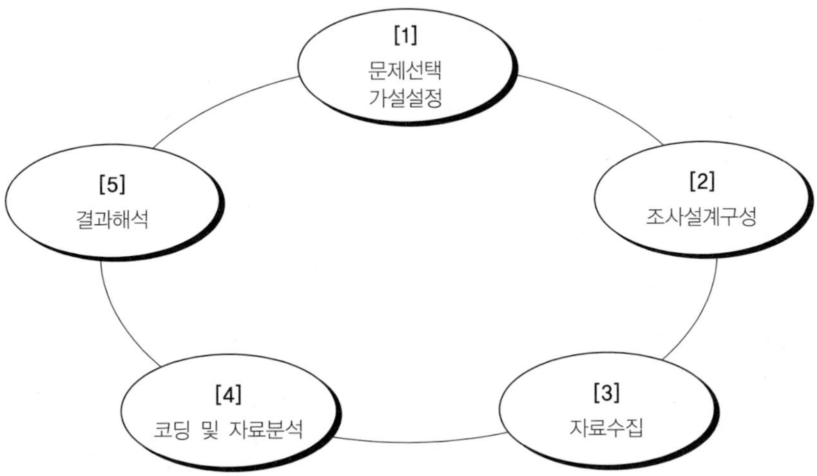

[그림 3.13] 베일리의 조사과정단계

따라서 조사설계는 조사문제에 대한 해답을 얻기 위한 실제적인 조사계획이며, 조사문제에 대한 구체적인 해답을 얻기 위하여 설정된 가설을 검증하기 위한 실천계획이다.

2) 조사설계의 중요성

조사설계가 왜 중요한가는 조사설계가 사회구성원의 행복을 증진시키는데 어떻게 기여할 수 있으며, 또한 학문의 발전에 어떠한 긍정적 영향을 미칠 수 있는지를 밝힘으로써 입증할 수 있다.

- 조사설계는 조사를 수행할 때 설계도면의 역할을 수행하기 때문에 조사가 계획적이고 체계적이며 질서 있게 수행하도록 함에 있어 매우 중요한 역할을 수행한다.
- 조사설계는 효과적이고 효율적인 프로그램이나 정책대안을 형성하는 데 필요한 기초자료를 체계적으로 수집하고 분석할 수 있는 절차와 방식을 제공함으로써 사회적 책임성을 이행하고, 사회구성원의 행복을 증진시키는데 중요한 역할을 수행한다.
- 조사설계는 조사문제와 관련된 가설을 통일성을 가지고 논리적이고 경험적으로 검증할 수 있는 절차와 방법을 제시함으로써 조사문제와 관련된 이론을 형성하는 데 중요한 역할을 수행한다.

3) 조사설계의 성격

조사설계는 조사의 수행을 위한 논리적 절차와 방법을 제시함에 있어서 다음과 같은 제한적 성격을 갖는다.

- 조사설계의 제한성이다. 조사설계는 조사문제에 대해 제한된 해답을 강구한다. 독립변수와 종속변수간의 관계에 영향을 미치는 외생변수들을 완전히 통제할 수 없을 뿐만 아니라, 표본이 모집단을 완전하게 대표할 수 있도록 만들기가 어렵기 때문에 객관성에 있어서도 제한적일 수밖에 없다.
- 조사설계의 다양성이다. 조사자가 어느 한 조사문제에 대해 단 하나밖에 없는 완전하고 유일한 조사설계를 정립하는 것은 불가능하다. 조사자의 이론적 관점, 방법론 정향, 조사상황 등에 따라 여러 가지의 조사설계가 가능하다.
- 조사설계의 타협성이다. 조사설계는 조사와 관련된 실제상의 여러 요인들을 고려한 후, 하나의 타협안으로 만들어지는 것이 통상적인 예이다. 조사설계에 따른 조사비용, 시간, 조사능력, 자료의 활용가능성 등 여러 요인들을 고려한 후 실현가능한 조사가 이루어지도록 설계된다.

- 조사설계의 융통성이다. 설정된 궤도에서 이탈되지 않고 설정된 그대로 아무런 수정 없이 수행되는 조사의 청사진이라기보다는 보다 옳은 방향으로 조사해 가기 위한 일종의 가이드라인 역할을 수행한다. 따라서 조사상황의 변화에 따라 새로운 가설을 개발하거나 조사설계 자체를 수정하거나 보완할 수 있다.

4) 조사설계의 목적

조사설계의 근본 목적은 조사문제에 대한 타당한 해답을 제공하고, 해답을 구하는 과정에서 변수분산을 통제하거나 일탈을 방지하는 것이다. 이를 보다 구체적으로 살펴보면 다음과 같다.

- 조사설계는 조사자가 조사문제에 대한 해답을 가능한 타당성 있고 객관적이며, 정확하게 또 경제적으로 제공하는 데 그 목적이 있다. 모든 조사설계는 조사문제에 대한 경험적 증거를 찾을 수 있도록 의도적으로 그리고 특정하게 고안된 것이라고 할 수 있다.
- 조사문제는 일반적으로 조사의 특정 시점에서 경험적으로 증명할 수 있는 가설형태로 기술한다. 조사설계는 가설상의 조사 질문이 신뢰할 수 있고, 타당한 해답을 구할 수 있도록 만드는데 목적이 있다.
- 조사설계는 변수간의 관계가 적절히 검증될 수 있도록 만드는데 그 목적이 있다. 즉, "무엇이 조사되어야 할 것인가?", "이것을 어떻게 조사할 것인가?", "어떻게 표본의 특성이 모집단의 특성을 대표할 수 있도록 할 것인가?" 등은 조사설계를 통해 알 수 있다.
- 조사설계는 관찰이나 분석의 방향을 암시하는 데 그 목적이 있다. 조사설계는 무엇을 해야 하는가를 정확하게 지적해 주는 것이 아니라, 관찰 및 분석의 방향을 적절히 암시해 주는 것이다. 예를 들면, 조사설계의 적절한 암시라고 한다면 "어느 정도의 관찰이 이루어져야 하는가?", "무슨 변수가 조작되고 또 측정될 것인가?" 등과 같이 표현된다.

- 조사설계는 어떤 형태의 통계분석을 사용해야 할 것인가를 제시하는 데 그 목적이 있다. 예를 들면, 가설상의 원인과 결과간의 인과적 관계를 검증할 때, 미치는 영향의 방향성을 파악할 수 있는 회귀분석(Regression Analysis)과 같은 방법을 통해 검증할 것을 제시하고 있다.
- 조사설계는 가능한 결론의 윤곽을 제시해주는데 그 목적이 있다. 만일 조사설계가 적절하게 이루어진다면, 통계분석을 통해서 도출해낼 수 있는 가능한 결론의 윤곽을 파악할 수 있다.

5) 조사설계의 구성요소

조사설계의 구성요소를 일반적인 조사과정상의 단계를 중심으로 고찰하면 다음과 같다.

- **주제-문제-가설설정**: 주제를 선정하고 이를 조사문제로서 특정화한다. 특정화된 조사문제는 경험적으로 검증 가능한 가설로 발전한다.
- **조사대상의 선정**: 조사대상이 무엇인가?, 분석단위(개인, 집단, 조직체, 사회적 가공물, 시간, 문헌, 통계자료 등)가 무엇인가?
- **표본수집**: 모집단은 무엇인가?, 표집단위는 무엇인가?, 표본의 크기는 얼마인가?, 표집방법은 무엇인가?
- **조사방법의 선택**: 선정된 대상에서 자료수집하는 방법은 무엇인가? 사람인 경우 관찰, 면접, 설문, 실험 등 어느 것을 사용할 것인가?, 서류나 문헌이라면 사례조사, 내용분석 등 어느 것을 사용할 것인가?
- **측정과 척도**: 자료를 측정하는 전략은 무엇인가?, 어떠한 척도를 사용할 것인가?
- **자료의 수준**: 탐색적 수준인가?, 기술적 수준인가?, 설명적 수준인가?
- **조사결과의 분석과 해석**: 분석할 자료가 무엇인가?, 어떤 방법으로 분석할 것인가?, 어떠한 통계기법을 사용할 것인가?, 통계분석결과 해석은 어떻게 내릴 것인가?, 결론은 어떻게 내릴 것인가?
- **조사보고서 작성과 발표**: 보고서는 어떤 형식인가?, 누구에게 무엇을 어떻게 언제 누가 보고할 것인가?, 사회에 어떻게 알릴 것인가?

Q 연습문제

서술형

01. 일반적으로 조사문제가 도출되는 경우와 사회복지분야에서 조사문제가 도출되는 경우를 간략하게 설명하시오.

02. 일반적으로 조사문제의 근원이 되는 기준을 간략하게 설명하시오.

03. 조사문제의 해결가능성을 가지기 위해 어떤 기준을 만족해야 하는지를 설명하시오.

04. 조사문제의 선정기준을 간략하게 설명하시오.

05. 조사문제 선정에 영향을 미치는 요인들을 간략하게 설명하시오.

06. 조사문제의 분석단위와 관련된 오류들을 간략하게 설명하시오.

07. 개념적 정의와 조작적 정의를 비교하여 설명하시오.

08. 가설이란 무엇이며, 어떻게 작성되는지를 예를 들어 설명하시오.

09. 쌍열가설이란 무엇이며, 예를 들어 쌍열가설 문제를 해결하는 방법을 설명하시오.

10. 가설의 특성과 기능을 간략하게 설명하시오.

11. 가설의 종류를 유형별로 분류하여 간략하게 설명하시오.

12. 개념, 변수 및 상수에 대한 예를 들어 비교 설명하시오.

13. 기능적 관점에 따른 독립변수, 종속변수, 매개변수, 외생변수, 억압변수, 통제변수에 대해 예를 들어 설명하시오.

14. 속성에 따른 이산변수, 연속변수, 더미변수에 대해 예를 들어 설명하시오.

15. 변수간의 관계, 즉 이변량 관계, 관계의 강도, 대칭적 관계와 비대칭적 관계에 대해 간략하게 설명하시오.

16. 모델이란 무엇이며, 그 기능과 제약점을 간략하게 설명하시오.

17. 조사 목적에 따른 탐색적 조사, 기술적 조사, 설명적 조사에 대해 간략하게 설명하시오.

18. 조사 시점에 따른 횡단적 조사, 종단적 조사, 유사종단적 조사에 대해 간략하게 설명하시오.

19. 조사 용도에 따른 기초조사, 응용조사, 평가조사에 대해 간략하게 설명하시오.

20. 조사 범위에 따른 전수조사와 표본조사에 대해 간략하게 설명하시오.

21. 자료 수집의 성격에 따른 양적조사와 질적조사에 대해 비교하여 설명하시오.

22. 기타 기준에 따른 사례조사, 사회조사, 사회서베이, 서베이조사, 현지조사, 실험조사, 미시조사, 거시조사에 대해 간략하게 설명하시오.

23. 조사설계란 무엇이며, 그 중요성과 성격에 대해 간략하게 설명하시오.

24. 조사설계의 목적은 무엇이며, 그 구성 요소를 조사과정상의 단계를 중심으로 설명하시오.

Q 연습문제

괄호형

01. 인과관계에서 다른 변수의 변화를 일으키는 원인을 나타내는 변수는 (　　)이다.

02. 독립변수의 결과인 동시에 종속변수의 원인이 되는 변수로 두 변수는 직접적인 관계가 없는데 제3의 변수가 두 변수를 중간에서 연결시켜서 두 변수가 간접적인 관계를 가지는 경우 이 변수는 (　　)이다.

03. 환자의 입원기간과 평균수명과의 관계를 분석할 때 질병의 검증을 고려하지 않고 비교한다면 인과관계를 명확하게 규명할 수 없다. 이때 질병의 경중은 (　　)(으)로 이 변수를 통제하여 분석해야 명확한 인과관계를 밝힐 수 있다.

04. 두 개 이상의 변수나 현상 간의 특별한 관계를 검증 가능한 형태로 서술하여 변수들 간의 관계를 예측하려는 진술을 (　　)(이)라고 하며, 이는 아직 진실여부가 확인되지 않은 사실을 말한다.

05. 연구가설을 검증하기 위한 가설로 연구가설을 기각하거나 부정하기 위해 설정되는 가설을 (　　) 또는 귀무가설이라고 한다. 이 가설은 주로 'A와 B는 관계가 없다' 라고 진술된다.

06. 설명적 조사는 사실의 (　　)을/를 규명하거나 미래의 사실에 대해 미리 예측하는 조사로 사회복지실천에 있어서 문제의 원인을 파악하고 개입활동의 효과를 파악하기 위해 실시한다.

07. (　　)적 조사는 조사설계를 확정하기 전에 예비적으로 실시되는 경우가 많다.

08. (　　)적 조사는 조사대상의 현황을 전체적으로 나타내고, 영향요인 간에 어떠한 관계가 있을지를 파악하기 위해 실시하는 조사다.

09. 동일한 주제와 동일한 응답자에 대해 장기간 반복적으로 면접이나 관찰을 실행하는 조사방법은 (　　) 조사다.

10. 일정시점에서 특정 표본이 가지고 있는 특성을 파악하는 조사방법은 (　　) 조사다.

11. 모집단을 대상으로 추출된 표본에 대해서 설문지 같은 표준화된 조사도구를 사용하여 직접 질문함으로써 필요한 자료를 수집하는 방법은 (　　)조사다.

12. 조사연구를 효과적, 효율적, 객관적으로 수행하기 위한 논리적인 전략으로 가설검증을 위한 자료수집 및 분석 등 전반적인 과정을 계획, 통제하는 과정을 조사(　　)(이)라고 한다.

13. 지역이나 집단을 대상으로 한 조사결과에 근거하여 개인에게도 똑같이 적용될 것이라고 가정할 때 (　　)이/가 발생한다.

14. 노인 학대 실태를 파악하기 위해 노인의 연령과 성병을 알아보았다면, 여기서 분석단위는 ()이다.

15. 조사가 계획적이고 체계적으로 수행될 수 있도록, 관찰이나 분석의 영향을 제시하기 위해 기획하는 것은 (　　)다.

16. 실험집단과 통제집단의 대상자 선정에 있어서도 편향된 선택으로 타당도에 영향을 끼칠 수 있으며, 인과관계의 모호성으로 원인변수를 정확하게 밝혀낼 수 없는 경우도 발생한다. 이 모든 경우가 (　　)를 저해하는 요인이다.

17. 외적 타당도를 높이기 위해서는 표본의 대표성을 높을 수 있도록 확률표집으로 연구대상을 선정하거나(　　)를 크게 하는 방법이 활용될 수 있다.

18. 직업재활훈련을 받은 사람이 재취업이 되었고, 훈련을 받지 않은 사람이 재취업이 되지 않았다면, 직업 재활훈련이 재취업의 원인이라고 판단내리는 근거는 (　　)이다.

19. 어떤 현상이 특정한 방식으로 변화할 때마다 다른 현상도 특정한 방식으로 변화한다면 이들 두 현상은 인과적으로 관련되어 있다고 간주하는 방법은(　　)이다.

20. 조사설계에서 발생할 수 있는 반응효과들 중에 실험이나 연구에 참여하는 사람들이 연구대상으로 선정되어 특별한 취급을 받는다는 느낌으로 좀 더 긍정적인 방향으로 행동하기 때문에 나타나는 효과는 (　　)(이)다.

해답

1. 독립변수	2. 매개변수	3. 외생변수	4. 가설	5. 영가설
6. 인과관계	7. 탐색/예비	8. 기술	9. 패널	10. 횡단
11. 서베이	12. 설계	13. 생태학적 오류	14. 개인	15. 조사설계
16. 내적 타당도	17. 표본의 크기	18. 차이법	19. 공변법	20. 호손효과

Q 연습문제

진위형

01. 추상적인 개념을 실증적·경험적으로 측정 가능하도록 구체화한 정의를 개념적 정의라고 한다.

02. "흡연은 폐암을 유발한다."라는 가설에서 폐암은 종속변수다.

03. 독립변수와 종속변수가 가식적 영관계처럼 보이게 하는 변수를 외생변수라고 한다.

04. 가설은 경험적으로 입증가능하며, 간결하고 명료해야 한다.

05. 노숙인들의 노숙 이유를 알아보기 위해서 노숙인 쉼터에 근무하는 사회복지사의 의견을 들었다면 이는 전문가 의견조사에 해당한다.

06. 탐색적 조사를 수행하는 방법에는 문헌 조사, 경험가 조사, 전문가 의견조사, 특례조사 등이 있다.

07. 탐색적 조사를 실시하기 전에 반드시 연구문제와 가설을 설정하는 것이 필요하다.

08. 횡단조사는 종단조사에 의해 비용이 적게 들며, 동태적인 특징이 있다.

09. 동일한 주제로 장기간 반복적으로 실시하나 응답자는 매 조사마다 동일하지 않은 종단조사는 경향조사다.

10. 조사결과를 직·간접적으로 사회적 현상에 적용함으로써 문제해결이나 개선을 위해 수행하는 조사는 응용조사다.

11. 조사자가 외생적 요인들에 대해 의도적으로 통제하고 인위적으로 관찰 조건을 조상함으로써 독립변수의 효과를 측정하거나 종속변수와의 인과관계에 대한 가설을 검증하는 방법은 실험조사다.

12. 과학적 조사의 일반적 단계는 문제형성-가설형성-조사설계-자료분석-보고서 작성 등의 순서를 따른다.

13. 가설형성은 조사설계 이전에 진행한다.

14. 근로빈곤층이 발생하게 된 원인을 일자리 부족이나 정책 부재와 같은 제도적, 환경적 요인을 고려하지 않고 단순히 근로빈곤층의 개인적 나태함이라는 측면에 맞춰 문제가 있다고 보는 것은 환원주의 오류에 해당한다.

15. 집단을 대상으로 한 조사결과에 근거하여 개인에게도 똑같을 것이라고 가정할 때 발생하는 오류를 개인주의적 오류라고 한다.

16. 조사설계의 구성요소에는 조사대상자의 선정, 조사방법의 선택, 조사결과의 분석방법에 대한 내용 등이 포함된다.

17. 조사설계의 내적 타당도에 영향을 미치는 경우는 검사 도구, 실험대상자의 상실, 성숙 요인, 표본의 수 등이 있다.

18. 학업성적이 매우 낮은 학생들로만 구성한 방과후 교실을 6개월간 운영한 후 사후검사를 통해 아이들의 학업성적이 향상된 것이 확인되었다면 프로그램의 효과성을 증명하는 데 문제가 없다.

19. 어느 학교 급식에서 A반 학생들은 돈가스, 샐러드, 우유를 먹고 B반 학생들은 돈가스, 샐러드, 된장국을 먹었는데, A반 학생들은 식중독에 걸리고 B반 학생들은 식중독에 걸리지 않았다면 우유가 식중독의 원인이라고 간주하는 것은 차이법을 통해 인과관계를 추리한 것이다.

20. ABC→abc에서 B는 b의 원인임을 밝혀졌고, C는 c의 원인임이 밝혀졌다면, 남은 A는 잔여법(잉여법)에 의해 a의 원인이라고 추론할 수 있다.

해답

1. X	2. ○	3. X	4. ○	5. ○	6. ○	7. X	8. X	9. ○	10. ○
11. ○	12. X	13. ○	14. ○	15. X	16. ○	17. X	18. X	19. ○	20. ○

Q 연습문제

선택형

01. 가설에 관한 설명으로 옳지 않은 것은?

① 귀납적 절차를 따르는 연구에서는 가설을 설정하지 않는다.
② 영가설은 연구가설을 반증(허위화)하기 위해 설정한다.
③ 모든 가설에는 방향성이 있어야 한다.
④ 1종 오류는 참인 영가설을 기각하는 것이다.
⑤ 2종 오류가 증가하면 통계적 검정력은 감소한다.

해설 방향성이란 독립변수와 종속변수 간 관계의 방향이 정적인 방향(+)인지 부적인 방향(−)인지를 말한다. 모든 가설에 방향성이 있어야 하는 것은 아니다. 방향성을 설정할 수 있는 논리적 근거가 있다면 변수 간 방향성이 있는 가설을 설정할 수 있지만, 그렇지 않은 경우는 방향성을 설정하지 않을 수 있다.

02. 조사문제를 평가하기 위해 고려할 질문으로 적절하지 않은 것은?

① 조사를 통해 검증 가능한 문제인가?
② 표집방법과 표본크기가 적절한가?
③ 도덕적, 윤리적으로 저촉되지는 않는가?
④ 연구를 실행할 만한 현실적 여건이 되는가?
⑤ 변수들의 명확한 개념정의와 측정이 가능한가?

해설 표집의 적절성에 대한 평가는 조사설계 및 자료수집 단계에서 이루어져야 한다.

03. 가설설정에 관한 설명으로 옳지 않은 것은?

① 경험적으로 검증 가능해야 한다.
② 이론과 연관이 있어야 한다.
③ 구체적인 변수 간 관계로 서술되어야 한다.
④ 연구자의 주관적 입장이 분명히 드러나야 한다.
⑤ 확률적 속성을 지녀야 한다.

해설 가설은 아무 근거 없이 연구자의 주관에 의해 설정되어서는 안 되며, 기존의 이론들을 토대로 논리적으로 도출되어야 한다.

04. 조사가설의 기능에 관한 설명으로 옳지 않은 것은?

① 현상에 내재한 규칙성과 질서를 부여해 준다.
② 경험적 검증의 절차를 시사해 준다.
③ 문제해결을 위해 적절한 조사설계를 판단하게 해준다.
④ 한 번에 많은 변수들의 사이의 관계를 쉽게 밝힐 수 있게 한다.
⑤ 이론적 세계와 경험적 세계를 연결하는 통로가 된다.

해설 과학적 조사는 간결성을 추구한다. 따라서 조사가설에 많은 변수가 한꺼번에 포함되는 것은 부적절하다. 되도록 두 변수 간 관계를 명확히 제시해 주는 것이 좋고, 경우에 따라 매개변수나 통제변수 등을 포함해 가설을 설정할 수 있다.

05. 가설에 관한 설명으로 옳은 것은?

① 자료분석 과정에서 유의수준(α)을 .01에서 .05로 높이면 제1종 오류를 범할 확률이 낮아진다.
② 영가설은 기호 (H_1)로 표시한다.
③ 두 변수 간 방향이 제시된 가설은 분석 시 양측 검정을 하게 된다.
④ 표본의 수가 증가하면 제2종 오류를 범할 확률이 줄어든다.
⑤ 통계적 검정력이 증가하면 제1종 오류를 범할 확률이 줄어든다.

해설 표본의 수가 증가하면 통계적 검정력이 높아지고, 제2종 오류를 범할 확률이 줄어들게 된다.

06. 가설에 관한 설명으로 옳은 것을 모두 고른 것은?

ㄱ. 가설은 이론으로부터 귀납적인 과정을 통해 도출된다.
ㄴ. 가설에는 하나의 개념이나 변수가 포함된다.
ㄷ. 가설은 양적조사와 질적조사 모두에 요구된다.
ㄹ. 가설이 관찰 결과와 일치하면 이는 이론을 뒷받침하는 증거로 받아들일 수 있다.

① ㄱ, ㄴ, ㄹ
② ㄱ, ㄷ
③ ㄴ, ㄹ
④ ㄹ
⑤ ㄴ, ㄷ, ㄹ

해설 이론에 기초해 가설을 설정한 후, 그 가설이 경험적인 관찰 결과와 일치하면 이는 이론을 뒷받침하는 증거로 받아들일 수 있다.설정한 후, 그 가설이 경험적인 관찰 결과와 일치하면 이는 이론을 뒷받침하는 증거로 받아들일 수 있다.

07. 조사문제 선정 시 고려해야 하는 기준에 해당되지 않는 것은?

① 윤리적인 문제
② 경험적인 검증 가능성
③ 연구의 이론적 관련성
④ 독창성
⑤ 외적 타당도

해설 외적 타당도는 조사설계 과정에서 고려해야 하는 기준이다.

08. 가설 '자원봉사활동 참여빈도는 청소년의 사회성에 영향을 미칠 것이다' 에서 알 수 있는 정보가 아닌 것은?

① 독립변수의 측정수준은 비율수준이다.
② 이 가설을 검증하는 조사는 설명적 조사이다.
③ 사회성은 종속변수이다.
④ 분석단위가 개인인 미시조사를 통해 검증할 수 있다.
⑤ 외적 타당도독립변수와 종속변수 사이에는 정(+)적 관계가 성립한다.

해설 해당 가설은 독립변수(자원봉사활동 참여빈도)와 종속변수(사회성) 사이의 인과관계 유무에 대한 가정을 하고 있을뿐, 관계의 방향성(정적 혹은 부적 관계)에 대해서는 제시하고 있지 않다.

09. 다음 〈보기〉에 관한 설명으로 옳은 것은?

> A가 B에 미치는 영향을 알아보기 위해 조사한 결과, A와 B 사이에는 관계가 없는 것으로 나타났다. 제3의 변수 C를 통제하고 살펴본 결과, A가 증가할수록 B 또한 유의미하게 증가하는 것으로 재확인되었다.

① A는 독립변수, B는 종속변수, C는 매개변수이다.
② C를 통제하면 A와 B의 실제 관계를 알 수 없게 된다.
③ A와 B 사이에는 곡선 관계가 있다.
④ C를 도입하여 분석하기 전에는 A와 B 사이에 가식적 영관계가 나타났다.
⑤ 이 연구는 기술적 연구이다.

해설 억제변수 C의 작용으로 인해 실제로는 관계가 있는 두 변수 사이가 마치 관계가 없는 것처럼 보이는 것을 가식적 영관계에 있다고 말한다.

10. 변수 간의 관계에 대한 설명으로 옳지 않은 것은?

① 복지정책이 소득수준 향상의 원인일 때 복지정책은 독립변수이다.
② 소득수준 향상이 경제발전의 결과라면 소득수준은 종속변수이다.
③ 경제수준이 비슷한 국가를 대상으로 복지정책의 빈곤 감소 효과를 조사할 때 경제수준은 통제변수이다.
④ 경제적으로 복지정책의 재원이 늘어 생활수준이 향상되었다면 경제발전은 매개변수이다.
⑤ 경제 여건에 따라 복지정책의 빈곤 감소 효과가 달라진다면 경제 여건은 조절변수이다.

해설 'A가 B에 영향을 미쳐서 결과적으로 C에 영향을 주었다'면 여기서 A는 독립변수, B는 매개변수, C는 종속변수이다. ④의 경우 경제발전은 독립변수, 복지정책의 재원은 매개변수, 생활수준은 종속변수이다.

11. 가설에 관한 설명으로 옳지 않은 것은?

① 대립가설은 영가설의 역(逆)으로, 영가설을 기각할 때 채택하고자 설정한다.
② 가설은 이론으로부터 도출된다.
③ 신뢰수준이 95%일 때보다 99%일 때 1종 오류를 줄일 수 있다.
④ 영가설은 통계의 검증을 위해 조사가설에 논리적으로 대립되게 설정한다.
⑤ 유의수준이 .05일 때 유의확률 .07이면 영가설을 기각할 수 있다.

해설 유의확률이 유의수준보다 작아야 영가설을 기각할 수 있다.

12. 개념적 정의에 관한 설명으로 옳지 않은 것은?

① 가설에 포함된 개념을 다른 개념을 사용해 묘사하는 것이다.
② 경험적으로 관찰 가능한 정의이다.
③ 개념적 정의만으로 구성된 가설은 그 자체로 검증되기 어렵다.
④ 조작적 정의 전에 이루어진다.
⑤ 가설 검증을 위해서는 개념적 정의를 경험적으로 구체적인 수준으로 전환할 필요가 있다.

해설 개념적 정의는 추상적 수준에서 이루어지기 때문에 그 자체로 측정이나 경험적 관찰이 가능하지 않으며, 경험적 관찰을 위해 측정 가능한 조작적 정의로 변환할 필요가 있다.'

13. 다음 사례에서 소득수준은 어떤 변수인가?

> 학력과 정치적인 보수성향 사이의 관계를 조사했더니 학력이 높을수록 정치적인 보수성향이 높은 것으로 나타났다. 그러나 소득수준이 비슷한 조사대상에 한정하여 다시 분석해본 결과 학력과 정치적 보수성향 사이에는 아무런 관계가 없는 것으로 나타났다.

① 독립변수 ② 종속변수
③ 매개변수 ④ 조절변수 ⑤ 통제변수

해설 학력과 보수성향 사이의 관계에 영향을 미칠 것으로 예상되는 외생변수들 중 소득수준의 차이가 개입되지 않도록 통제하였으므로 소득수준은 통제변수에 해당한다.

14. 조직 헌신도가 사회복지사의 직무 만족도에 미치는 영향을 조사했더니 다음 그래프와 같이 임파워먼트 수준이 높은 사회복지사가 그렇지 않은 경우보다 조직 헌신도가 높을수록 직무 만족도가 더 높아지는 경향을 보였다. 이 조사 결과에 관한 설명으로 옳지 않은 것은?

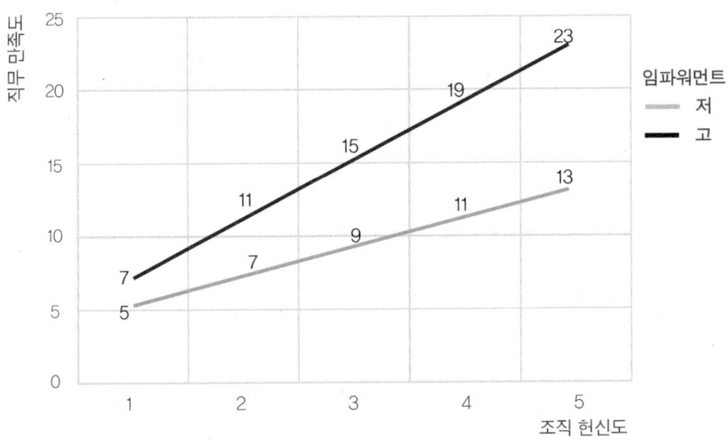

① 조직 헌신도는 독립변수이다.
② 임파워먼트 수준은 조절변수이다.
③ 직무 만족도는 종속변수이다.
④ 독립변수와 종속변수는 정적 관계이다.
⑤ 조직 헌신도와 직무 만족도 관계에 임파워먼트가 매개효과를 갖는다.

해설 위의 예에서 사회복지사의 임파워먼트 수준이 높을수록 조직 헌신도와 직무 만족도의 관계는 더 강화되고 있다. 따라서 임파워먼트 수준의 높고 낮음에 따라 조직 헌신도가 직무 만족도에 미치는 영향력이 조절되고 있으므로 임파워먼트는 두 변수 간 관계에 대해 조절 효과를 갖는다.

15. 다음 연구에 관한 설명으로 옳은 것은?

> 정신병원에서 퇴원한 중년기 정신장애인 200명을 대상으로 우울이 지역사회 통합감(지역사회 통합되었다고 느끼는 정도)에 영향을 미치는지를 조사하였다. 조사결과 사회적지지 정도에 따라 우울이 지역사회 통합감에 미치는 영향이 다르게 나타났는데, 사회적 지지가 낮은 우울이 더 강하게 통합감을 저해하는 것으로 나타났다.

① 기술적 조사이다.
② 분석단위는 집단이다.
③ 지역사회 통합감은 매개변수이다.
④ 우울과 지역사회 통합감 사이의 관계는 하위 관계이다.
⑤ 사회적 지지는 조절변수이다.

해설 독립변수(우울)와 종속변수(지역사회 통합감) 사이의 관계가 사회적 지지에 따라 달라지고 있으므로 사회적 지지는 조절변수이다.

16. 학년이 같은 학생들을 대상으로 성별에 따라 또래 관계가 학교 적응에 미치는 영향이 어떻게 다른지를 조사한다고 하자. 이 조사에서 변수를 옳게 연결한 것은?

> ㄱ. 학년 - 통제변수　　ㄴ. 성별 - 조절변수
> ㄷ. 또래 관계 - 독립변수　　ㄹ. 학교 적응 - 종속변수

① ㄱ, ㄴ, ㄷ　　② ㄱ, ㄷ, ㄹ
③ ㄴ, ㄷ, ㄹ　　④ ㄱ, ㄷ　　⑤ ㄱ, ㄴ, ㄷ, ㄹ

해설 특정 조건이 동일한 상태에서 조사한다면 해당 조건은 통제변수가 된다. 따라서 학년은 통제변수이다. 또래 관계가 학교 적응에 미치는 영향이 성별에 따라 다른지(조절되는지)를 조사하는 것이므로 또래 관계는 독립변수, 학교 적응은 종속변수, 성별은 조절변수이다.

17. 영가설(Null Hypothesis)에 관한 설명으로 옳은 것은?

① 가설 검증 과정에 불필요한 가설이다.
② 일반적으로 연구가설을 말한다.
③ 조작화되기 이전의 가설 형태를 말한다.
④ 연구가설을 반증하는 과정에서 활용된다.
⑤ 가설 검증을 통하여 거짓으로 판명난 가설이다.

해설 영가설은 가설 검증 과정에서 연구가설(조사가설)을 반증할 목적으로 설정하는 가설로서 연구가설에서 독립변수가 종속변수에 영향을 미칠 것이라고 가정한 것과는 반대로 '독립변수는 종속변수에 영향을 미치지 않는다' 혹은 '독립변수와 종속변수는 관계가 없다'는 내용으로 서술한다.

18. 독립변수와 종속변수의 관계를 명확히 밝히기 위해 실제 자료의 통계분석에서 사용하는 변수를 모두 고른 것은?

ㄱ. 조절(Moderating)변수	ㄴ. 통제(Control)변수
ㄷ. 매개(Mediating)변수	ㄹ. 외생(Extraneous)변수

① ㄱ, ㄴ, ㄷ
② ㄱ, ㄷ
③ ㄴ, ㄹ
④ ㄹ
⑤ ㄱ, ㄴ, ㄷ, ㄹ

해설 가설에 포함될 수 있는 변수는 독립변수, 종속변수, 매개변수, 조절변수가 있으며, 특정 조건이 동일한 상태에서 조사한다면 해당 조건은 통제변수가 된다. 따라서 학년은 통제변수이다. 또래 관계가 학교 적응에 미치는 영향이 성별에 따라 다른지(조절되는지)를 조사하는 것이므로 또래 관계는 독립변수, 학교 적응은 종속변수, 성별은 조절변수이다.

19. 통제변수가 포함된 가설은?

① 부모의 부부관계가 좋을수록 자녀의 정서적 안정감을 높여 학업집중도를 높인다.
② 부모의 부부관계가 자녀의 정서적 안정감에 미치는 영향은 자녀의 성별에 따라 다르다.
③ 부모의 부부관계와 자녀의 정서적 안정감에 영향을 준다.
④ 소득수준이 유사한 가정에서 부모의 부부관계는 자녀의 정서적 안점감에 영향을 준다.
⑤ 부모의 부부관계가 자녀의 학업집중도에 미치는 영향을 자녀의 정서적 안정감이 통제한다.

해설 통제변수는 가설에서 특정 변수의 조건의 일정하거나 동일(유사)하다는 식으로 서술된다. 이를 통해 해당 변수의 차이가 독립변수–종속변수 간 인과관계 검증에 관여하지 못하도록 통제한다.

20. 통계적 가설 검증에 관한 설명으로 옳지 않은 것은?

① 신뢰수준을 높이면 1종 오류를 줄일 수 있다.
② 유의수준을 낮추면 1종 오류가 늘어난다.
③ 유의확률이 유의수준보다 낮으면 영가설이 기각된다.
④ 2종 오류가 증가하면 통계적 검정력은 감소한다.
⑤ 2종 오류는 실제로는 참이 아닌 영가설을 기각하지 못하는 것을 말한다.

해설 ▣ 신뢰수준, 1종 오류, 유의수준, 유의확률, 영가설 기각 간 관계

- 신뢰수준을 높이면(예: 95% → 99%) 1종 오류를 줄일 수 있다.
- 1종 오류(α오류)는 옳은 영가설을 잘못 기각하는 오류이며, 유의수준(α)과 같다. 따라서 유의수준을 낮추면 1종 오류도 줄어든다.
- 유의수준은 영가설 기각을 판단하기 위한 일종의 커트라인 같은 역할을 한다. 유의확률이 유의수준보다 작으면 영가설을 기각한다. 반대로 유의확률이 유의수준보다 크면 영가설을 기각할 수 없다.

▣ 2종 오류, 통계적 검정력, 영가설 기각 간 관계

- 2종 오류는 영가설이 틀렸는데도 이를 기각하지 못하는 오류이다.
- 통계적 검정력은 2종 오류와 반대되는 개념으로 틀린 영가설을 기각할 수 있는 능력을 말한다. 따라서 2종 오류가 증가하면 통계적 검정력은 감소한다.

21. 다음 중 설명적 조사는?

① 실습에 대한 실습생의 만족도 조사
② 연령대별 사회복지사 1급 자격증 시험 합격 비율 조사
③ 한국, 일본, 중국의 청소년 자기효능감 비교 조사
④ 공부방법에 따라 1급 사회복지사 자격시험 점수 차이 조사
⑤ 지역별 쓰레기 분리수거 실태조사

해설 공부방법의 차이에 따라 1급 시험의 점수에 차이가 있는지를 조사하는 ④가 두 변수 간 인과관계 규명을 목적으로 하는 설명적 조사에 해당한다. 이때 공부방법은 독립변수, 시험점수는 종속변수이다. 나머지는 모두 기술적 조사에 해당한다.

22. 조사 유형에 관한 설명으로 옳은 것을 모두 고른 것은?

ㄱ. 탐색적 조사에서는 보통 명확한 가설이나 조사설계를 세우지 않는다.
ㄴ. 패널조사에서는 매 시점 같은 대상자를 조사한다.
ㄷ. 인과관계 규명을 위한 실험은 설명적 조사에 해당한다.
ㄹ. 2005년, 2010년, 2015년, 2020년에 A대학교에 입학한 신입생들의 특성을 분석하여 그간 입학생 특성에 어떤 변화가 있었는지를 분석했다면 이는 경향조사에 해당한다.

① ㄱ, ㄴ, ㄷ ② ㄱ, ㄷ, ㄹ
③ ㄴ, ㄷ, ㄹ ④ ㄴ, ㄹ ⑤ ㄱ, ㄴ, ㄷ, ㄹ

해설 탐색적 조사는 명확한 가설이나 조사설계를 요구하지 않는다. 패널조사는 매 시점 같은 사람들을 조사한다. 원인과 결과 사이의 인과관계 규명을 위한 대표적인 연구방법인 실험은 설명적 조사이다. 매 시점 그때 그때의 신입생들을 조사해 신입생 추이를 연구하는 것은 경향분석(경향조사)에 해당한다.

23. 각 조사유형에 대한 설명이 옳은 것은?

① 서베이 – 모집단 전체를 구조화된 설문지를 이용해 조사하는 것
② 실험 – 독립변수를 조작하지 않고 자연스러운 상태에서 조사하는 것
③ 경향조사 – 동일한 사람들을 최소 두 시점 이상 종단적으로 조사하는 것
④ 기술적 조사 – 알려진 바가 없는 새로운 현상에 대해 탐색적으로 조사하는 것
⑤ 코호트 조사 – 특정 경험을 공유하는 사람들의 집단 중에서 시점상의 차이를 두고 표집하여 조사하는 것

해설 2021년도 입학생, 베이비부머, IMF 실직 경험자, 1982년생, 제1회 사회복지사 1급 자격시험 합격자 등과 같이 특정 경험을 공유하는 사람들 중에서 최소 두 시점 이상 차이를 두고 일정 수의 표본을 표집하여 조사하는 것을 코호트 조사(동년배집단 조사, 동류집단조사)라 한다.

24. 기술적 조사연구에 관한 설명으로 옳지 않은 것은?

① 특정 사회현상이 야기된 원인을 명확히 밝혀 기술한다.
② 계획, 모니터링, 평가에 필요한 자료를 산출하기 위하여 자주 사용된다.
③ 현상의 발생 실태에 대한 명료화를 주 목적으로 한다.
④ 관련 사항의 특성을 파악하고 변수 간 상호 관련성을 파악하는 데 이용된다.
⑤ 행정 실무자들에게 가장 기본적인 조사이다.

해설 ①은 설명적 조사연구에 해당되는 설명이다.

25. 주요 변수가 누락되었거나 연구모형이 부적절하다면 이는 과학적 조사절차 중 어떤 단계를 소홀히 했기 때문인가?

① 조사주제의 선정
② 표본의 추출
③ 측정도구의 제작
④ 자료수집
⑤ 기존 문헌의 검토

해설 조사주제를 정하고 나면 기존 문헌을 충분히 검토하여 관련 분야의 학문적 흐름을 파악하고, 관련된 주요 변수들, 변수 간 관계에 대한 연구모형, 그리고 가설 설정의 이론적 근거를 탄탄히 해야 한다.

26. 다음 사례는 어떤 조사 유형에 해당하는가?

> A중학교 2001년 신입생을 대상으로 3년에 걸쳐 인성훈련 프로그램을 실시한 후 프로그램의 장기적인 영향을 알기 위해 프로그램 참여 학생들 중에서 졸업 후 3년마다 총 3회, 매회 각 100명씩을 표집하여 후속 조사를 실시했다.

① 횡단조사 ② 패널조사
③ 동년배집단조사 ④ 경향분석 ⑤ 탐색적 조사

해설 특정 경험을 공유한 동일 집단 내에서 각 조사 시점마다 새로 표집하여 조사했으므로 동년배집단조사에 해당한다.

27. 과학적 조사의 절차상 사회복지사 B가 다음 단계로 진행해야 하는 작업은?

> A복지관에 근무하는 사회복지사 B는 역할갈등과 역할모호성으로 인해 직무에 만족하지 못하는 동료 사회복지사들을 보고, 기존 이론 및 선행 연구결과들을 참고해 '사회복지사의 역할갈등은 직무 만족도를 떨어뜨릴 것이다', 그리고 '사회복지사의 역할모호성은 직무 만족도를 떨어뜨릴 것이다'라는 두 가지 가설을 세웠다.

① 면접, 설문지 등을 통해 자료를 수집한다.
② 자료를 어떻게 수집하고 분석할지에 대해 계획을 세운다.
③ 문헌조사를 통해 기존에 축적된 자료를 검토한다.
④ 일정한 형식을 갖추어 보고서를 작성한다.
⑤ 통계 프로그램을 사용하여 1차적인 분석을 시도해 본다.

해설 조사 절차에서 가설 설정 다음 단계는 조사설계이다. 조사설계 단계에서는 조사기간, 표본크기와 표집방법, 자료수집 및 분석방법 등을 결정하고, 조사와 분석을 위해 필요한 도구를 개발하거나 검토하는 작업이 이루어진다.

28. 사회조사를 구분하는 기준과 유형 사이의 연결이 옳지 않은 것은?

① 활용 목적 – 기본조사, 응용조사
② 조사 목적 – 탐색적 조사, 기술적 조사, 설명적 조사
③ 변수 통제 정도 – 실험조사, 유사실험조사, 원시실험조사, 비실험조사
④ 조사대상의 범위 – 양적조사, 질적조사
⑤ 분석단위 – 미시조사, 거시조사

해설 조사 대상의 범위가 어느 정도인가를 기준으로 하는 사회조사의 유형은 전수조사, 표본조사(서베이조사), 단일사례조사이다. 양적조사와 질적조사는 수집과 분석의 대상이 되는 자료의 성격을 기준으로 분류한 유형이다.
조사 대상의 범위가 어느 정도인가를 기준으로 하는 사회조사의 유형은 전수조사, 표본조사(서베이조사), 단일사례조사이다. 양적조사와 질적조사는 수집과 분석의 대상이 되는 자료의 성격을 기준으로 분류한 유형이다.

29. 조사의 절차를 순서대로 옳게 나열한 것은?

ㄱ. 구조화된 설문지를 개발한 후 사전검사를 거쳐 수정 보완한다.
ㄴ. 사회복지사의 근무기관 유형에 따라 직업만족도에 차이가 있을 거라고 가설을 설정한다.
ㄷ. 자료수집방법을 결정한다.
ㄹ. 자료분석을 통해 영가설 기각 여부를 결정한다.
ㅁ. 사회복지사의 직업만족도에 대한 이론과 선행연구를 고찰한다.

① ㄱ → ㄴ → ㄷ → ㄹ → ㅁ
② ㅁ → ㄴ → ㄱ → ㄷ → ㄹ
③ ㄴ → ㄷ → ㄹ → ㄱ → ㅁ
④ ㄴ → ㅁ → ㄷ → ㄱ → ㄹ
⑤ ㅁ → ㄴ → ㄷ → ㄱ → ㄹ

해설 - 조사절차는 아래와 같은 순서로 진행한다. -

1. 관심이 가는 조사주제를 선정한 후 구체적이고 경험적으로 해결 가능한 조사문제를 설정한다.
2. 관련된 이론이나 선행연구를 고찰(ㅁ)하여 이를 토대로 논리적인 가설을 세운 후(ㄴ), 가설을 검증하기 위해 전반적인 조사를 설계한다.
3. 그 과정에서 어떤 방법으로 자료를 수집할지 결정(ㄷ)하고, 만일 서베이(설문조사)를 통해 자료를 수집하기로 결정했다면 구조화된 설문지를 개발하여 사전검사를 통해 보완하는 절차를 밟는다(ㄱ).
4. 조사대상.과 조사기간 등을 결정헌 후 계획한 바에 따라 자료를 수집한다. 수집된 자료를 분석하여 영가설 기각 여부를 판정(ㄹ)하고, 영가설을 기각할 수 있을 만큼 통계적으로 유의미한 결과를 얻었다면 조사가설이 지지되는 것으로 결론 내린다.
5. 분석결과를 해석하고 최종적으로 보고서를 작성한다.

30. 분석단위에 관한 설명으로 옳지 않은 것은?

① 의사소통의 기록물도 분석단위가 될 수 있다.
② 설문조사는 다양한 분석단위에 적용할 수 있다.
③ 조직, 지역사회, 국가 등에 대한 조사에서는 생태학적 오류를 유의해야 한다.
④ 환원주의 오류는 분석을 통해 얻은 결론을 조사의 분석단위와는 다른 수준에 적용해 해석하는 오류이다.
⑤ 집학표집방법으로 선정된 조사대상을 연구하는 경우 분석단위와 표집단위는 일치하지 않을 수 있다.

해설 환원주의 오류란 어떤 현상의 원인이라고 생각되는 개념이나 변수를 지나치게 제한하거나 한 가지로 환원하는 경향을 말한다. 분석 결과 얻은 결론을 다른 수준의 분석단위에 적용시키는 오류는 생태학적 오류와 개인주의(개체주의) 오류가 있다.

31. 다음 조사 사례에 관한 설명으로 옳은 것은?

> 노인요양시설에 근무하는 사회복지사 A는 생애사 고찰 개입이 거주 어르신들의 우울증 감소에 도움이 되는지를 평가하고자 개입 전후에 우울증 척도로 거주 어르신들의 우울증을 측정했다.

① 기술적 조사이다.
② 단일사례조사이다.
③ 분석단위는 개인이다.
④ 순수조사이다.
⑤ 질적조사이다.

해설 본 연구의 분석단위는 개인(어르신)이다. 참고로 분석단위가 개인인 조사를 미시조사라고 한다.

32. 다음 사례에서 연구자가 범하고 있는 오류는 무엇인가?

> 연구자는 A대학교에 재학 중인 학생들을 대상으로 '양성평등'에 대한 의식조사를 하였다. 그 결과 양성평등에 대한 지향성을 나타내는 진술에 대해 다수의 학생들이 찬성하는 태도를 보인 것으로 분석되었다. 이를 토대로 A대학교는 양성평등을 우호적으로 보는 의식이 강하다는 결론을 내렸다.

① 개인주의적 오류
② 환원주의적 오류
③ 생태학적 오류
④ 제1종 오류
⑤ 제2종 오류

해설 실제 분석은 A대학교 재학생들, 즉 개인을 단위로 실시해 놓고 그 결과를 A대학교라는 조직과 집단 단위로 해석하는 것은 개인주의적 오류에 해당한다.

33. 패널조사의 특징으로 옳지 않은 것은?

① 초기 연구비용이 비교적 많이 든다.
② 조사대상자로부터 추가적인 자료를 얻기가 비교적 쉽다.
③ 경향분석이나 동년배집단조사보다 조사대상자의 태도 및 행동변화를 정확히 분석할 수 있다.
④ 최초 패널을 잘못 구성하더라도 장기간에 걸쳐 수정이 가능하다.
⑤ 패널조건화나 중도탈락 등으로 인해 조사의 정확도가 떨어질 수 있다.

해설 패널조사는 최초 패널을 잘못 구성하면 수정하기 힘든 데다, 시간이 지남에 따라 여러 사정으로 중도에 대상자가 탈락하는 등의 문제가 있어 최초 패널 구성에 비용과 에너지가 많이 든다는 단점이 있다.

34. 조사보고서를 작성할 때 고려해야 하는 점으로 옳지 않은 것은?

① 조사보고서를 활용할 대상에 관계없이 보고서에 사용되는 용어와 구성은 일정해야 한다.
② 조사보고서 작성 시에도 윤리적 원칙을 준수해야 한다.
③ 조사보고서의 형태에 따라 형식과 길이를 조절해야 한다.
④ 조사보고서의 목적을 염두에 두어야 한다.
⑤ 조사보고서의 문제는 명확하고 명료해야 한다.

해설 조사보고서를 활용하거나 참조할 집단이 일반인인지 전문가인지에 따라 본문에 사용될 용어와 구성은 달라져야 한다.`

35. 다음 조사문제들 중 분석단위가 나머지와 다른 하나는?

① "사회복지학과 학생들은 다른 학과 학생들에 비해 이타적 가치관이 강할까?"
② "수입에 따라 복지의식에 차이가 있는가?"
③ "직장 근무연수는 직무 만족도에 영향을 미치는가?"
④ "사회복지기관의 자원동원능력은 기관의 업무자율상에 영향을 미치는가?"
⑤ "성별에 따라 우울감에 차이가 있는가?"

해설 ④만 분석단위가 집단이고, 나머지는 모두 개인이다.

해답

1. ③ 2. ② 3. ④ 4. ④ 5. ④ 6. ④ 7. ⑤ 8. ⑤ 9. ④ 10. ④
11. ⑤ 12. ② 13. ⑤ 14. ⑤ 15. ⑤ 16. ⑤ 17. ④ 18. ① 19. ④ 20. ②
21. ④ 22. ⑤ 23. ⑤ 24. ① 25. ⑤ 26. ③ 27. ② 28. ④ 29. ⑤ 30. ④
31. ③ 32. ① 33. ④ 34. ① 35. ④

04 측정과 척도

학습목표

1. 측정(개념, 기능, 원칙, 수준)에 대해 이해한다.
2. 신뢰도와 타당도(측정의 오류, 측정의 일관성, 측정의 정확성, 신뢰도와 타당도의 관계)에 대해 이해한다.
3. 척도(개념, 척도-지수의 작성과정 및 지수구성, 종류, 활용지침)에 대해 이해한다.

1 측정

1) 측정의 개념

(1) 측정의 의미

측정(Measurement)이란 일정한 규칙에 따라 어떤 사물이나 현상에 숫자나 기호를 부여하는 것을 말한다. 즉, 측정은 측정하고자 하는 대상에 대하여 일정한 규칙에 따라 양적 또는 질적 값을 부여하는 것으로서 다음과 같은 의미를 가진다.

- 일정한 규칙에 따라 대상에 값을 부여하는 과정이다.
- 이론을 구성하고 있는 추상적인 개념들을 현실세계에서 경험할 수 있는 자료와 연결시켜주는 수단이다.
- 대상의 속성을 나타낼 수 있도록 일정한 규칙에 따라 숫자를 할당하는 과정이다.
- 특정 분석 단위에 대해 질적, 양적 값이나 수준을 결정하고 이를 규칙화하여 숫자를 부여하는 과정이다.

측정을 할 때에는 먼저 측정대상이 되는 사물이나 현상을 선정하고, 측정에 필요한 양적·질적 분류방법을 선택해 연구대상물에 배치해야 하며, 숫자나 기호를 배치하는 방식을 구체화한 규칙을 정해야 한다.

예를 들면, 연속변수인 "설득력"을 5점 척도에 배치할 경우, 1에서 5까지를 각각 "매우 비설득적인", "약간 비설득적인", "보통 설득적인", "약간 설득적인", "매우 설득적인"에 배치하는 것이다.

측정을 통해 현상의 관찰을 쉽게 할 수 있고, 관찰한 자료를 계량적으로 분석할 수 있다. 또한 가설을 검증하여 객관적인 결론을 내릴 수 있다.

(2) 측정의 역할

- 표준화된 묘사의 방법이다. 대상이나 사건을 가장 적절하고 일관성 있게 묘사해줄 뿐만 아니라 표현이나 묘사가 불가능한 것도 묘사할 수 있도록 한다.
- 가장 간편한 묘사의 방법이다. 전화번호, 주민등록번호 등과 같이 대상의 속성에 대해 가장 간단하게 묘사해 준다.
- 자료수집과 조직화의 기본적인 단계이다. 코딩작업과 같이 자료를 통계적으로 분석할 수 있게 해 준다.
- 측정은 [그림 4.1]과 같이 개념적 세계와 경험적 세계간의 교량의 역할을 한다. 즉, 추상적 세계의 개념을 실증적으로 인식할 수 있도록 해줌으로써 조사문제에 대한 해답을 제공하고 가설의 검증에 중요한 역할을 한다.

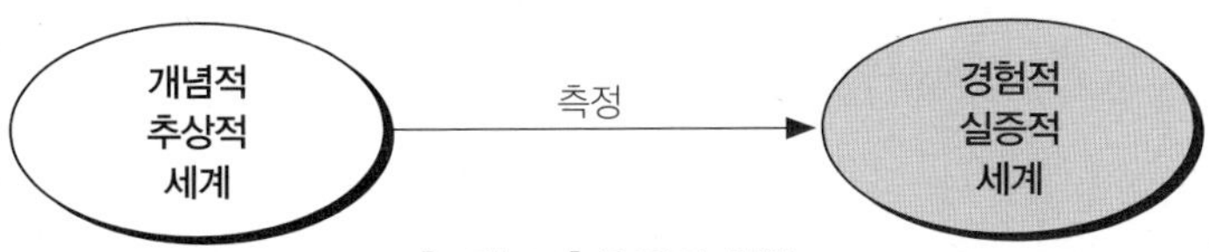

[그림 4.1] 측정의 역할

2) 측정의 기능

- 일치 또는 조화의 기능: 일치 또는 조화의 기능이란 이론적 모델을 현실세계와 연결하는 측정의 규칙이다. 즉, 추상적인 세계와 경험적인 세계의 연결의 의미를 내포한다.
- 객관화와 표준화의 기능: 개념에 대한 측정이 없다면 경험적인 검증이 어려울 뿐만 아니라 검증이 어려워지면 이론을 일반화시키는 것도 정확히 할 수 없게 된다.
- 계량화 기능: 사건이나 현상을 세분화시키고 통계적 분석에 활용할 수 있는 정보를 제공한다. 수(Number)가 가지고 있는 속성에 따라 다양한 수준에서 이루어지기 때문에 변수를 일정한 범주, 수준, 정도, 빈도 등으로 기술할 수

있도록 해준다. 숫자는 통계적 분석에 활용될 수 있도록 자료를 수치로 옮겨 주고 변수를 계량화해준다.

- **반복과 의사소통기능**: 연구결과를 다른 사람들이 반복하고 그 결과를 반증할 수 있도록 해준다. 측정은 연구결과를 다른 사람에게 정확히 전달하는 의사소통기능을 갖는다.

3) 측정의 원칙

- **상호배타성의 원칙**: 조사대상이 한 가지 속성만을 지녀야 하지, 두 가지 속성을 동시에 지닐 수 없다는 의미이다. 성별을 예로 들면, 인간은 남성의 속성을 가진 집단과 여성의 속성을 가진 집단으로 구분될 뿐이지 남성이면서 여성일 수 없는 것이다. 또 다른 예로 연령을 구분할 때, 한 대상은 여러 속성들 중 한 연령집단에만 속해야 하지, 두 연령집단에 속할 수는 없다.[예 1]의 경우 상호배타성의 원칙이 위배되어 있다. 왜냐하면 20세는 ①과 ②에 모두 속하기 때문이다. 같은 논리로 30세는 ②와 ③에 모두 속한다. 그러나 [예 2]는 분류가 상호배타적으로 되어 있어 연령이 20세인 사람도 ①집단에만, 그리고 30세는 ②집단에만 소속된다.

[예 1] ① 20세 이하
② 20세~30세
③ 30세~40세
④ 40세~50세
⑤ 50세 이상

[예 2] ① 20세 이하
② 21세~30세
③ 31세~40세
④ 41세~50세
⑤ 51세 이상

- **포괄성의 원칙**: 모든 대상은 반드시 한 가지 속성을 지녀야 한다는 것을 나타낸다. 예를 들어, 종교를 다음과 같이 분류한다고 가정하자. [예 1]은 포괄성의 원칙을 위반하고 있다. 왜냐하면 불교, 천주교, 기독교, 종교 없음을 제외한 나머지 종교가 포함되지 않았기 때문이다. 종교를 분류할 때 포괄성의 원칙을 지키려면 [예 2]와 같이 기타 종교를 포함시켜야 한다.

[예 1] ① 불교 ② 천주교 ③ 기독교 ④ 종교 없음
[예 2] ① 불교 ② 천주교 ③ 기독교 ④ 종교 없음 ⑤ 기타( )

측정은 이론과 현실을 연결시켜 주는 매개체이다. 따라서 가능한 범위 내에서 이론과 현실을 정확하게 연결할 수 있도록 측정의 원칙이 지켜져야 한다.

4) 측정의 수준

측정을 할 때 정해진 규칙에 따라서 대상의 특성이나 속성에 부여될 수치나 기호의 의미가 달라진다. 이때, 측정하고자 하는 대상에 부여하는 숫자들의 체계를 척도(Scale)라고 하며, 측정의 수준에 따라 척도값(숫자)의 의미가 달라진다.

측정의 수준과 척도는 명목적 측정(명목척도), 서열적 측정(서열척도), 등간적 측정(등간척도), 비율적 측정(비율척도)의 4가지가 있다.

(1) 명목적 측정(명목척도)

명목적 측정, 즉 명목척도(Nominal Scale)는 측정의 수준에서 가장 낮은 수준에 있는 척도로서 다음과 같은 의미와 특징을 가지고 있다.

- 명목척도란 측정대상의 특성을 분류할 목적으로 대상에 숫자를 부여하는 것이다.
- 가장 낮은 수준의 측정으로 글자 그대로 이름을 부여하는 명목적인 것을 의미한다.
- 여기에 부여된 숫자는 질적이며 수치적 의미는 없다. 즉, 숫자의 크기는 아무런 의미가 없고 단지 부여된 숫자가 다르면 그 대상의 특성이 다르다는 것을 의미할 뿐이다.
- 명목척도는 상호배타적인 특성을 갖는다. 모든 대상은 하나의 범주대상만 속하지 두 가지 범주에 동시에 속할 수 없다. 예를 들어, 성별에서 하나의 성별범주에 속하면 다른 범주에는 속할 수 없다.

- 동일한 집단에 속해 있는 대상은 동일한 척도 값을 가져야 한다.
- 명목척도의 예

[예 1] 운동선수 등 번호 : 등 번호는 선수가 누구인지 알게 해줄 뿐이지 양적인 의미를 갖는 것은 아니다.

[예 2] 성별 : 남자는 1, 여자는 2라는 의미일 뿐이지 양적인 의미는 전혀 없다.

[예 3] 자동차 번호판 : 번호판의 숫자는 단순히 자동차 소유주만 식별해 주는 분류의 의미이지, 숫자가 높거나 낮은 것이 가지는 양적인 의미는 전혀 없다.

(2) 서열적 측정(서열척도)

서열적 측정, 즉 서열척도(Ordinal Scale)는 사회과학에서 실제로 가장 많이 쓰이는 측정의 수준으로 다음과 같은 의미와 특징을 가지고 있다.

- 측정대상간의 순서를 밝혀주는 척도이다.
- 측정대상간의 대소, 고저, 전후, 상하 등에 따라 서열화한다.
- 상호배타적인 특성과 함께 순서의 의미도 지닌다.
- 정확하게 정량화하기 어려운 응답자의 태도, 선호도, 사회계층 등의 측정에 이용된다.
- 서열간의 간격이 동일하지 않고 절대량의 크기를 나타내지 않는다. 예를 들면, 반에서 1등한 학생과 2등한 학생의 성적 차이와 2등한 학생과 3등한 학생의 성적 차이는 같지 않다. 등수는 단지 순서만을 의미한다.
- 서열척도의 예

[예 1] 지체장애등급 : 1~6급

[예 2] 소득수준 : 상, 중, 하

[예 3] 석차 : 1~30등

(3) 등간적 측정(등간척도)

등간적 측정, 등간척도(Interval Scale)는 어떤 대상의 속성에 서열을 매길 수 있을 뿐만 아니라 각 범주사이의 거리를 계산할 수 있으며, 상이한 범주간의 거리가 같은 것으로서 다음과 같은 의미와 특징을 가지고 있다.

- 속성에 대한 순위를 부여하되 순위사이의 간격은 동일한 척도이다.
- 등간격(숫자간의 간격이 같음)이므로 산술적 계산(+, −)에 사용될 수 있다.
- 절대영점(의미상으로 대상의 속성이 전혀 없음을 의미)이 없기 때문에 곱하기, 나누기 같은 비율계산에는 사용할 수 없다.
- 등간척도의 예

  [예 1] 도덕지수(MQ), 지능지수(IQ), 섭씨온도, 화씨온도, 학력, 물가지수, 생산성 지수, 사회지표 등

  [예 2] 지능지수(IQ)가 100인 학생이 50인 학생보다 두 배 더 머리가 좋다고 할 수 없다. 왜냐하면 지능지수가 0인 학생은 지능이 전혀 없다고 말할 수 없기 때문이다(절대영점이 존재하지 않음).

(4) 비율적 측정(비율척도)

비율적 측정, 즉 비율척도(Ratio Scale)는 명목척도, 서열척도, 등간척도가 가지는 모든 속성을 모두 가지고 있으면서 절대 영점도 가지는 것으로서 다음과 같은 의미와 특징을 가지고 있다.

- 등간척도가 갖는 특성에 추가로 측정값 사이의 비율계산이 가능한 척도이다.
- 속성이 전혀 존재하지 않는 상태의 절대영점이 존재한다.
- 0이 실제적 의미를 가지고 있기 때문에 모든 산술적 조작이 가능(+, −, ×, ÷ 등)하다.
- 따라서 비율척도의 숫자는 속성의 실제 양을 나타낸다.
- 비율척도의 예

  [예 1] TV시청률, 투표율, 신문구독률, 가격, 저축금액, 생산원가, 연령, 무게, 신장, 출생, 사망률 등

  [예 2] 사람은 0세 보다 젊을 수 없으며, 몸무게는 0보다는 더 나간다. 따라서 20세는 10세보다 두 배 더 나이가 들었다(비율적 계산이 가능).

(5) 척도별/특성별 차이점

척도 특성	명목척도	서열척도	등간척도	비율척도
범주	○	○	○	○
순위	×	○	○	○
등간격	×	×	○	○
절대영점	×	×	×	○
비교방법	확인, 분류	순위비교	간격비교	절대력, 크기비교
수학계산	=	=, 〉, 〈	=, 〉, 〈, ±	=, 〉, 〈, ± ,× ,÷
통계분석	최빈값	중앙값	산술평균	기하평균, 모든 통계
적용사례	성별, 계절, 운동선수 등번호, 종교 분류, 장애유형, 지하철 노선, 결혼여부, 인종, 지역 등	지체장애등급, 석차, 사회계층, 산재장애등급, 직장만족도, 복지의식의 진보성향 등	도덕지수(MQ), 지능지수(IQ), 섭씨온도, 화씨온도, 학력, 물가지수, 생산성지수, 사회지표 등	TV시청률, 투표율, 가격, 신문구독률, 무게, 저축금액, 연령, 생산원가, 신장, 출생·사망률 등

2 신뢰도와 타당도

1) 측정의 오류

측정의 오류(Error of Measurement)는 기본적으로 신뢰도와 타당도에 관련된 문제이며, 조사연구 과정에서 여러 형태의 오류가 발생할 수 있다. [그림 4.2]는 조사연구과정에서 발생 가능한 오류발생원인을 단계별로 나타낸 것이다.

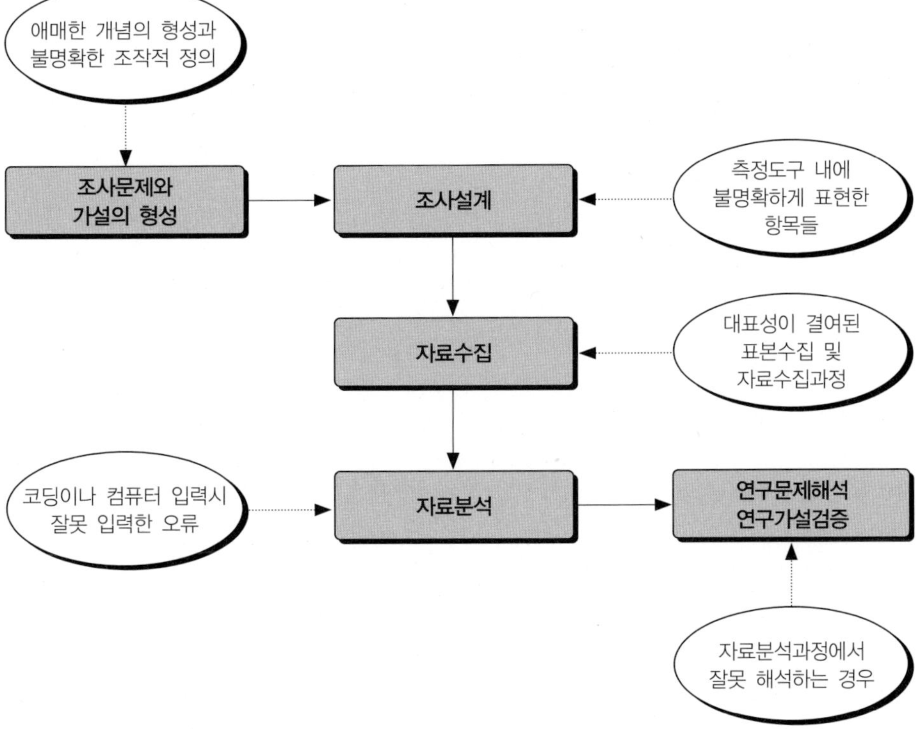

[그림 4.2] 조사연구과정에서 단계별 오류발생원인

(1) 체계적 오류

체계적 오류(Systematic Error)는 변수에 일정하게 체계적으로 영향을 주어 측정결과가 모두 높아지거나 낮아지게 되는 편향된 경향을 보이는 오류로서 다음과 같은 유형이 있다.

- **인구통계학적, 사회경제적 특성으로 인한 오류**: 성별, 학력, 소득, 종교, 직업, 인종, 사회적 지위, 문화 등과 같이 인구통계학적 또는 사회경제적인 특성으로 인해 일정한 방향으로 오류가 나타나는 경향을 말한다.

사례 **응답의 선행효과** : 응답자가 고학력일수록 응답문항 중 앞쪽에 있는 답을 선택하는 경향
응답의 후행효과 : 응답자가 저학력일수록 응답문항 중 뒤쪽에 있는 답을 선택하는 경향

- 개인적 성향으로 인한 오류:개인적 성향에 의한 것으로 무조건 긍정적이거나 부정적이거나 중립적인 개인적인 성향에 따라 나타나는 오류이다.

사례 **관용의 오류 :** 무조건 긍정적인 입장
가혹의 오류 : 무조건 부정적인 입장
중앙집중경향의 오류 : 무조건 중립적인 입장
대조의 오류 : 자기 자신과 상반되는 것으로 다른 사람을 평가하려는 오류
후광효과 : 측정대상의 한 가지 속성에 강한 인상을 받아 그것으로 전체 속성을 평가하는 데 부당한 영향을 미치는 성향

(2) 무작위적 오류

무작위적 오류(Random Error)는 오류의 값이 인위적이거나 편향된 것이 아니라 다양하게 분산되어 있어 무작위적으로 발생하는 오류이다. 측정대상, 측정과정, 측정수단, 측정자 등에 일관성 없이 영향을 미침으로써 발생하는 오류로서 다음과 같은 유형들이 있다.

- 측정자로 인한 오류:건강, 사명감, 기분, 관심사 등과 같은 신체적, 정신적 요인
- 측정대상자로 인한 오류:긴장, 피로, 불안 등과 같은 신체적, 정신적 요인
- 측정상황적 요인으로 인한 오류:측정장소, 측정시간, 좌석배열, 소음, 조명, 부모참석 등
- 측정도구로 인한 오류:측정도구에 대한 사전 교육이 충분하지 않을 때

2) 신뢰도 : 측정의 일관성

신뢰도(Reliability)란 측정의 일관성을 의미한다. 이는 반복되는 측정에서 어느 정도 동일한 결과를 얻어내는지, 그 정도를 의미한다. 안정성, 일관성, 예측가능성, 정확성, 의존가능성 등으로 표현할 수 있는 개념이다. 신뢰도를 평가하는 방법은 재검사법(Test-Retest Method), 반분법(Split-Half Method), 대안법(Alternate-Form Method) 등이 있다.

(1) 재검사법

재검사법(Test-Retest Method)은 동일한 상황에서 동일한 측정도구, 동일한 대상을 두 번 반복 측정하여 결과를 비교하는 것이다. 일반적으로 반복 측정한 두 검사간의 상관관계를 나타내는 상관계수가 0.7 이상이면 신뢰도가 높다고 할 수 있다.

이 방법의 장점은 적용이 간편하고 측정도구 자체를 직접 비교할 수 있다는 것이다. 단점으로는 두 검사 사이에 외생변수 등의 영향으로 대상의 속성이 실제로 변할 수 있는데, 그것이 측정값의 차이로 나타날 수 있기 때문에 신뢰성을 측정하는 데 한계가 있다. 또한 검사효과를 들 수 있는데, 즉 첫 번째 검사가 두 번째 검사에 영향을 줄 수 있으며 그것이 두 검사의 차이로 나타날 수 있다.

(2) 반분법

반분법(Split-Half Method)은 측정도구를 반으로 나누어 같은 시간에 각각 독립된 두 개의 척도로 사용함으로써 신뢰도를 추정하는 방법으로 "이분법"이라고도 한다.

이 방법의 장점은 반분된 측정도구로 동시에 측정이 가능하기 때문에 재검사법의 단점을 보완할 수 있고, 서로 측정시간이 다를 때의 시간간격으로 인해 파생되는 외생변수의 영향을 배제할 수 있으며, 동일 대상의 속성을 한 번만 측정함으로써 반복검사에서 나타나는 검사효과(주시험 효과)도 배제할 수 있다는 것이다. 단점으로는 반으로 나누어진 각각의 측정문항들을 완전히 동등하게 만들기 어렵고 측정문항이 적은 경우는 사용할 수 없다(8~10개 정도).

(3) 대안법

대안법(Alternate-Form Method)은 재검사법의 시간적 간격문제를 해결하고 거의 동시에 측정하되 측정수단이나 관찰 방법은 비슷하지만, 서로 다른 두 가지 형태의 측정도구로 동일한 대상을 차례로 측정하고 그 점수들 사이의 상관관계를 통해 신뢰도를 검증하는 방법으로 "복수양식법(Multiple Forms Technique)", "유사양식법", "평행양식법(Parallel-Forms Technique)"이라고도 한다.

이 방법의 장점은 재검사법의 외생 변수 문제, 주시험 효과를 극복하는 데 어느 정도 유용하다는 점이다. 그러나 단점은 동일한 현상을 측정하는 데 사용될 두 개의 동등한 측정도구를 개발하는 것이 어렵다는 것과 주시험 효과를 어느 정도 방지할 수 있지만 배제할 수는 없다는 것이다.

예를 들면, 5문항을 만들어 검사할 때 각각의 문제에 유사한 한 문제씩을 더 만들어 모두 10문제를 만든다. 그 결과 유사한 5문항에 대한 점수를 상관시켜 두 점수가 높게 상관되었다면 신뢰성이 있다고 할 수 있다.

(4) 관찰자 신뢰도

관찰자 신뢰도(Observer Reliability)는 한 측정도구의 결과를 관찰자나 면접자를 달리 두어 측정한 결과를 비교하는 방식을 말한다. 이를 효과적으로 수행하려면 관찰자들을 충분히 훈련시켜야 한다. 예를 들면, 사회복지시설에 대한 평가에서 평가팀이 교수, 공무원, 실무자 각 1인으로 구성되었다면 이들이 동일한 시설에 대한 평가에서 비슷한 평가 점수가 나와야만 관찰자 신뢰도가 있다고 할 수 있다.

(5) 크론바하 알파

크론바하의 알파(Cronbach's α)는 반분법과 마찬가지로, 내적 일관성 분석에 따라 신뢰도를 측정하는 기법으로 가능한 모든 반분법을 시행했을 때의 신뢰도의 평균값이다. 이는 매우 방대한 계산을 필요로 하기 때문에 컴퓨터 통계 프로그램이 보급된 이후 널리 쓰이게 되었다. 신뢰도는 크론바하 알파계수를 기준으로 측정하며, 일반적으로 전체의 알파 계수가 0.6 이상이면 항목들이 동질적이므로 내적 일관성이 있다.

(6) 신뢰도를 높이는 방법

신뢰도는 무작위적 오류와 관련된 것이므로 무작위적 오류의 발생 가능성을 최대한 통제하는 것이 신뢰도를 높일 수 있는 방법이다. 일반적으로 신뢰도를 높이기 위해 제시되는 방안들은 다음과 같다.

- 측정도구의 내용을 명확하게 한다. 측정도구가 되는 문항이나 문구의 내용이 애매모호하게 되면, 응답자뿐만 아니라 조사자도 임의로 상이한 해석을 할 수 있기 때문에 측정의 오류가 커지게 된다. 따라서 모든 사람이 동일한 의미로 이해할 수 있도록 측정도구가 되는 항목이나 문항의 내용을 명확하게 구성하여야 한다.
- 측정항목수를 가능한 늘린다. 그 이유는 항목수가 많을수록 정규분포를 이루기 때문이다. 측정항목이 많거나 선택범위가 넓을수록 신뢰도는 증가하고, 반대로 항목수가 적거나 선택범위가 좁을수록 신뢰도가 낮아지는 경향이 있다.
- 측정자들이 측정방식이나 태도에 일관성이 있어야 한다. 일관성이 없는 측정방식이나 태도는 동일한 질문에 대해서도 응답자들의 반응이 서로 차이를 나타내게 된다.
- 조사대상자가 인지하지 못하거나 관심이 없는 내용에 대해서는 응답자가 무성의하거나 실제와 전혀 다른 응답을 할 가능성이 있으므로 측정하지 않는 것이 좋다.
- 동일한 질문이나 유사한 질문을 2회 이상하여 응답자로 하여금 일관성 있는 응답을 유도하도록 방법이 있다.
- 일반적으로 신뢰도가 인정되었거나, 이전의 경험에 비추어 신뢰할 수 있는 측정도구를 사용한다.
- 측정자에게 측정도구에 대한 교육과 훈련을 통해 사전준비를 철저히 한다. 측정자에게 면접조사표나 관찰조사표와 같은 측정도구에 대해 교육을 하고 실제 예행연습을 하도록 함으로써 측정시 오류를 줄일 수 있다.

3) 타당도 : 측정의 정확성

타당도(Validity)란 "측정하고자 하는 개념을 얼마나 정확히 측정하였는가?"라는 질문과 관련이 있다. 타당도란 측정한 값과 대상의 진정한 값과의 일치 정도를 의미한다. 타당한 측정도구는 측정하고자 하는 바를 정확하게 측정하며, 또 측정 대상이 서로 다를 경우 그만큼을 정확하게 다른 값으로 나타내 주어야 한다. 타당도를 평가하는 방법은 [그림 4.3]과 같이 크게 내용타당도(Content Validity), 기준타당도(Criterion Validity), 구성타당도(Construct Validity)로 분류할 수 있다.

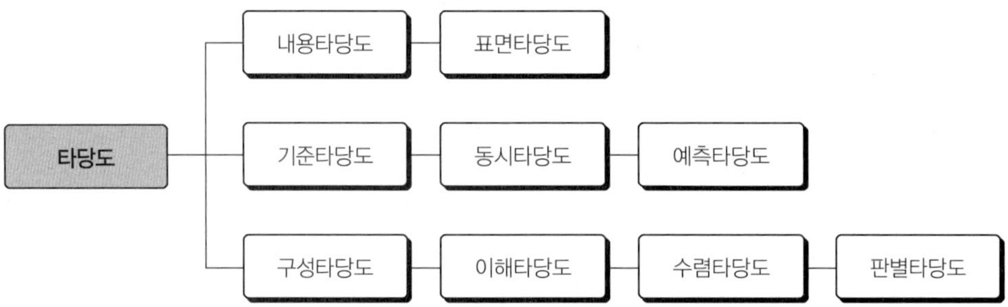

[그림 4.3] 타당도의 분류

(1) 내용타당도/표면타당도

내용타당도(Content Validity)란 일련의 전문가에 의해 주어진 척도가 측정하고자 하는 내용을 담고 있다고 동의할 때 내용타당도가 있다고 한다. 내용타당도를 갖기 위해서는 측정도구가 측정하고자 하였던 개념의 포괄적인 내용을 포함하고 있어야 한다. 예를 들면, 지능을 측정하는 척도는 대상자의 인지력·추리력·수리력·기억력 등을 포함하는 전영역에 걸친 문항을 포함하여야 한다.

표면타당도(Face Validity)란 어떤 전문가가 주어진 척도를 살펴보고 그 척도가 측정하고자 하는 개념을 포함하고 있는 것으로 판단할 때 표면타당도가 있다고 한다. 이는 가장 낮은 수준의 타당도를 확보하는 방법으로 보통 타당도를 확보하는 적절한 방법이라고 보기는 어렵다. 하지만 다른 모든 방법이 가능하지 않을 때 최소한 이 방법을 활용할 수 있다.

(2) 기준타당도

기준타당도(Criterion Validity)는 내용타당도보다 높은 수준의 평가방법으로 경험적인 근거를 통해 타당도를 확인하는 방법으로 실용적 타당도(Pragmatic Validity), 경험적 타당도(Empirical Validity)라고도 부른다. 즉, 기존의 척도를 기준으로 하여 새로운 척도를 사용하여 측정한 결과가 기존의 척도를 사용한 측정결과와 상관관계가 높을 때 새로운 척도가 기준 타당도를 갖는다고 할 수 있다.

기준타당도는 측정과 기준간의 시간적인 관계에 따라 동시타당도(Concurrent Validity)와 예측타당도(Predictive Validity)로 구분된다.

- 동시타당도(Concurrent Validity): 측정도구가 현재의 어떤 속성면에서 상이한 두 대상을 판별해 내는 정도를 말한다. 즉, 어떤 속성면에서 현재의 의미 있는 차이를 가려낼 수 있는지의 문제이다. 예를 들면, 사람들의 정치적 성향을 측정하고자 하는 척도의 경우, 사용하는 척도가 보수적인 집단과 진보적인 집단이라고 알려진 두 집단을 구분해 낸다면 이 척도는 동시 타당도를 가진다.
- 예측타당도(Predictive Validity): 현재의 상태로부터 미래의 차이를 예측해 내는 정도를 말한다. 즉, 현재가 아닌 미래 어느 시점에서 어떤 속성면에서 차이가 날지를 가려낼 수 있는지의 문제이다. 예를 들면, 다가오는 선거에서 어떤 사람이 투표할 것인가를 예측하기 위한 측정에서 얻어진 점수는 실제의 투표 행위와 비교하여 검증이 가능하다. 한 점수가 사람들이 실제로 투표할 것인지 안할 것인지를 정확히 예측했다면 그 척도는 예측타당도를 가진다.

(3) 구성타당도

구성타당도(Construct Validity)는 가장 높은 수준의 평가방법으로 측정하고자 하는 개념 이 여타 관련을 맺고 있는 개념이나 가정을 토대로 하여 그 개념의 전반적인 이론적 틀 속에서 측정도구의 타당성을 경험적으로 평가하는 방법으로 이론적 타당도(Theoretical Validity) 또는 개념적 타당도(Conceptual Validity)라고도 부른다. 즉, 척도가 기대되는 방향이나 노선에 얼마나 잘 구별되느냐에 따라 구성

타당도가 있느냐가 결정된다.

구성타당도를 평가하는 방법으로는 이해타당도(Nomological Validity), 수렴타당도(Convergent Validity), 판별타당도(Discriminant Validity) 등이 있다.

- 이해타당도(Nomological Validity): 특정 개념을 어떻게 이해하고 있는가?

사례 지능 : 창조력, 문제를 푸는 능력, 판단력, 순간적인 대처능력 등으로 다양하게 정의될 수 있다.

- 수렴타당도(Convergent Validity): 동일한 개념을 측정하기 위해 서로 다른 두 가지 방법을 개발하고 측정결과 얻어진 결과들간에 높은 상관관계가 존재한다.

사례 문제 푸는 능력의 측정을 위한 두 가지 도구를 개발했다. 즉, 선생님의 질문에 대답하는 것과 시험 문제지를 통한 측정결과 두 방법의 상관관계가 높게 나왔다면, 수렴타당도가 높다고 말할 수 있다.

- 판별타당도(Discriminant Validity): 서로 다른 개념을 측정했을 때 얻어진 측정치들간에는 상관관계가 낮아야만 한다.

사례 문제 푸는 능력과 창조력이라는 서로 다른 개념을 같은 측정방법으로 측정했을 때 결과의 상관관계수가 낮게 나왔다면 판별타당도가 높다고 말할 수 있다.

- 요인분석(Factor Analysis): 구성타당도를 검증하는 가장 잘 알려진 방법으로 척도의 개별 항목이 통계적으로 서로 연관된 그룹을 만든다. 즉, 척도의 각 항목간에 상관관계가 높은 것을 하나의 요인으로 만들고, 이렇게 하나의 요인으로 만들어진 측정항목들은 하나의 개념을 측정하는 것으로 간주한다. 따라서 요인 내의 항목들은 서로 상관관계가 높으므로 수렴타당도가 있다고 할 수 있는 반면에, 각 요인간에는 상관관계가 매우 낮거나 없으므로 판별타당도가 있다고 할 수 있다.

4) 신뢰도와 타당도의 관계

척도가 신뢰할 만하다는 것은 같은 조건하에서 반복하여 실행하였을 때 같은 결과가 나오게 된다는 것이며, 척도가 타당하다는 것은 측정하고자 하는 것을 정확히 측정하는 것을 의미한다. 신뢰도와 타당도의 관계를 [그림 4.4]에서 유추할 수 있다. 즉, 신뢰도가 높다고 타당도가 반드시 높은 것이 아니며, 타당도가 높은 측정은 반드시 신뢰도가 높다.

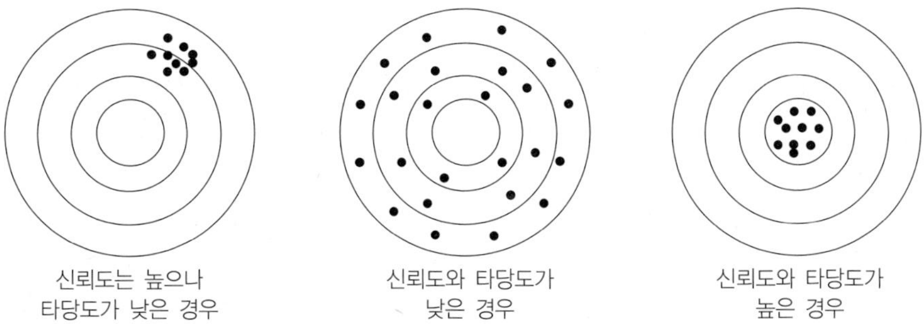

[그림 4.4] 신뢰도와 타당도의 관계

신뢰도와 타당도의 관계를 구체적으로 서술하면 다음과 같다.

- 타당도가 높은 측정은 항상 신뢰도도 높다.
- 타당도가 낮다고 해서 반드시 신뢰도가 낮은 것은 아니다.
- 신뢰도가 높다고 해서 반드시 타당도가 높다는 것을 의미하지 않는다.
- 신뢰도가 낮은 측정은 항상 타당도가 낮다.
- 신뢰도는 높고 타당도가 낮은 측정은 없다.

3 척도

1) 척도의 개념

(1) 척도의 의의

척도(Scale)란 측정을 위한 도구이다. 즉, 일정한 규칙에 따라 관찰된 현상에 대해서 수치나 기호를 부여하기 위해 사용되는 도구이다. 관찰된 현상에 대해 일정한 규칙에 따라 수치나 기호를 부여하는 것을 측정이라 하고, 이 측정을 위한 도구를 척도라고 한다. 결국, 척도는 측정하고자 하는 대상에 부여하는 숫자나 기호들의 체계이다.

척도는 항상 일종의 연속성이 존재한다는 가정에 입각하여 구성되기 때문에, 일반적으로 한 연속선상에서 일정한 규칙에 따라 숫자나 기호를 배열하는 형식으로 이루어져 있다. 척도는 측정대상의 속성을 발견해서 측정대상의 속성에 따라 (1:1)로 상응하도록 숫자나 기호를 배치한다. 따라서 척도는 측정대상의 질적인 속성을 계량적인 변수로 변환시키는 수단이 된다.

자연과학에서는 측정대상이 주로 물질적이기 때문에 척도는 온도계, 체중계, 자, 저울 등이지만, 사회복지와 같은 사회과학에서는 측정대상이 주로 비물질적(非物質的)이기 때문에 주로 논의되는 척도는 특정 변수에 대해 종합적으로 측정하기 위해 논리적이고 경험적으로 연관된 하나 또는 다수의 문항들로 구성되어 있다.

(2) 지수와 척도

지표(指標, Indicator)는 변수의 속성을 나타내는 요소이다. 사회복지의 속성은 삶의 기본요소, 사회경제적 요소, 사회정치적 요소, 사회문화적 요소 등으로 표현된다. 이들 요소 하나하나가 사회복지라는 변수의 지표에 해당한다. 예를 들어, 사람들의 사회경제적 지위(SES:Socio-Economic Status)는 그 사람의 소득, 학력, 직업, 종교 등의 지표를 통해 파악된다.

지수(指數, index): 변수들은 복합적인 성질을 갖고 있기 때문에 개별적인 지표 하나로는, 즉 단순지표로는 변수의 속성을 정확하게 파악하기 어렵다. 따라서 보다 정확한 측정을 위해서는 다의적이고 복합적인 측정치를 사용해야 한다. 이들 복합측정치를 지수(指數, index)라 한다. 지수란 다의적이고 복합적인 특성을 갖고 있는 개념을 양적으로 측정하기 위해서 고안된 다수의 지표들을 하나로 묶어 단일 수치로 표현한 것이다. 예를 들어, 사회지표(Social Indicators), 소비자물가지수(CPI: Consumer Price Index), 생산성 지수, 행복지수 등을 들 수 있다. 지수는 측정대상의 개별적인 속성에 부여한 개별지표점수의 단순한 합으로 또는 개별지표점수에 가중치를 곱해 합산하여 구성된다.

척도는 측정대상의 개별적인 속성들을 종합적으로 측정함으로써 변수와 관련된 여러 차원을 측정하고 각각의 차원에(각각의 지표에) 점수를 할당하여 항목간(지표간)에 서열을 가릴 수 있도록 하여준다. 지수는 지표의 점수를 단순히 합하지만 척도는 측정대상의 속성에 따라 점수를 부여함으로써 강도구조(Intensity Structure)를 포함하고 있다는 장점이 있다.

지수와 척도라는 용어는 구분하는 기준이 명확하지 않아서 혼용하기도 하는데, 경험적으로 쉽게 인식할 수 있는 지표들로 구성된 것을 지수라고 하고, 사람들의 태도 등과 관련된 변수를 측정하기 위한 것은 척도라고 하는 경우들이 많다.

(3) 척도를 사용하는 이유

사회과학에서 기술적으로 좀 더 복잡하고 다양한 기법을 요하는 이러한 척도를 사용하는 데에는 몇 가지 이유가 있다.

- 척도는 하나의 단순지표로서는 제대로 측정해 내기 어려운 복합적인 개념들을 측정할 수 있다.
- 척도는 여러 개의 지표를 하나의 점수로 나타냄으로써 자료의 복잡성을 덜어준다.
- 척도는 변수에 대한 양적인 측정치를 제공함으로써 정확성을 높이고 통제적인 조작이 가능하도록 해준다.

- 측정치나 측정도구의 오류를 줄이고 타당성과 신뢰도를 높인다. 단일 문항보다 여러 개의 문항이 본래 의도한 속성을 정확히 측정하고, 보다 일관성 있는 결과를 제공할 것이다.

2) 척도-지수의 작성과정 및 지수구성

(1) 척도–지수의 작성과정

척도-지수의 작성과정은 [그림 4.5]와 같이 이론적인 개념을 경험적인 변수로 규정하고, 이를 다시 경험적인 지표로 옮긴 다음 이들을 묶어 지수 또는 척도로 만드는 과정이다.

[그림 4.5] 척도–지수의 작성과정

척도-지수의 작성과정을 좀더 상세하게 살펴보면 다음과 같다

- 문제에 관한 속성이나 특성을 인지하고, 이것을 표현하는 이론적 개념을 형성한다.
- 이론적 개념의 내용을 특정화하여 경험적 관찰이 가능한 변수로 전환한다.
- 변수(개념)의 속성을 파악하기 위한 경험적 지표를 선정한다.
- 선정된 지표를 활용하여 지수와 척도를 작성한다.

(2) 지수의 구성절차

지수의 구성은 문항선정, 지수의 점수화, 타당도 검사라는 절차를 통해 구성된다.

❶ 문항들은 표면타당도가 있고, 단일 차원적이며, 대표성을 갖고, 서로 상관관계가 있어야 한다. 지표가 되는 문항은 개념의 구성요소와 주요 측면을 기초로 개발되어야 하며, 이렇게 지표가 만들어질 때 개념이 본래 의미 있는 바를 정확히 측정할 수 있어 표면 타당도를 갖게 된다.

❷ 지수의 점수에 관한 문제이다. 각 문항에서 상호배타적이고 포괄적인 응답 범주를 정하고, 범주에 숫자를 부여한다. 각 문항에 대한 응답지나 선택지의 개수를 적절히 조정한다. 각 문항에 같은 점수를 배정할 것인가 아니면 서로 다른 가중치를 둘 것인지를 결정해야 한다.

❸ 내적-외적 타당도를 검사한다. 지수가 작성되고 난 후, 각 문항과 각 문항을 내포하는 전체 지수간의 상관관계를 산정함으로써 내적 타당도를 검사한다. 또한 지수에 사용된 어떤 문항의 응답과 지수에 포함되지 않은 문항에 대해 응답간의 상관관계를 산정함으로써 외적 타당도를 검사한다.

3) 척도의 종류

(1) 명목척도

명목척도(Nominal Scale)의 구성은 특별한 기법이 없으며, 다만 기본적인 척도 구성의 원칙, 즉 ① 측정의 각 범주들이 상호배타적이고 포괄적이어야 하며, ② 응답범주들이 응답 가능한 상황을 모두 포함하고 있어야 하고, ③ 응답범주들이 논리적 연관성을 가지고 있어야 한다는 원칙만 갖추어지면 된다.

사례1 **단일 차원적 명목척도**

> 당신의 성은 무엇입니까? ① 남자 ② 여자

사례2 **단일 차원적 명목척도**

> 당신의 성과 종교와 직업은 무엇입니까?
> ① 남자-기독교-공무원 ② 남자-불교-공무원 ③ 여자-기독교-공무원 …

이와 같이 하나의 차원만 묻는다면 간단하지만, 다차원적 명목척도에서는 응답 범주를 구성하는 것이 복잡하고 어려워진다. 따라서 가능한 단일 차원적으로 명목척도를 형성하는 것이 바람직하다.

(2) 서열척도

서열척도(Ordinal Scale)는 측정된 값들 사이에 상대적 순서관계를 밝힐 수 있도록 숫자나 기호를 부여하는 과정이다. 사회조사에서 서열척도는 측정, 개념의 조작적 정의, 응답자 편의(偏倚, Bias) 방지라는 3가지의 주요한 기능을 수행한다. 서열척도에는 평정척도(Rating Scale), 총화평정척도(Summated Rating Scale), 리커트 척도(Likert Scale), 거트만 척도(Guttman Scale), 사회적 거리척도(Social Distance Scale) 등이 있다.

❶ **평정척도(Rating Scale)**: 평가자가 측정대상의 연속성을 전제로 하여, 일정한 등급법(Rating Method)에 따라 평가함으로써 대상의 속성을 구별하는 척도로서 "평급척도"라고도 한다. 즉, 평가자 견해에 따라 일정한 점수를 부여하도록 하는 척도이다. 평정척도에는 평가자(Judges), 대상(Subject) 그리고 연속성(Continuum)의 3가지 요소가 있다. 평정척도는 대부분 서열척도이나, 항목간 거의 비슷한 정도의 차이가 있다고 가정하면 등간척도(Interval Scale)로 간주할 수도 있다.

- **도표식 평정척도법**: 평정척도에서 가장 흔히 사용되는 기법이다. 선과 언어를 합하여 구성한 것으로, 선을 긋고 중간 중간에 숫자 또는 해설을 붙여서 평가자로 하여금 대상의 위치 또는 태도를 기호로 표시하도록 하는 방법이다.

사례 | 귀하가 거주하는 지역사회복지관의 사회복지사들은 얼마나 친절합니까?

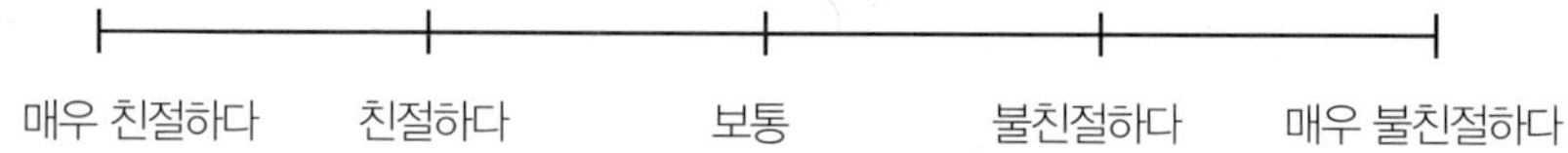

- **범주 평정척도법**: 특정 범주척도는 도표를 사용하지 않고 어떤 속성을 나타내는 문장이나 항목을 그 정도에 따라 범주별로 제시하고 그 가운데에서 가장 적합한 것을 고르게 하는 방법이다.

사례2 귀하가 거주하는 지역사회복지관의 사회복지사들은 얼마나 친절합니까?
(해당 난에 'ㅇ' 표 하십시오)
매우 친절하다 ( )　　친절하다 ( )
보통이다 ( )　　불친절하다 ( )
매우 불친절하다 ( )

- **숫자–언어식 평정척도법**: 측정대상의 특성에 따라 평가자가 일정한 숫자나 언어를 부여하여 평가하는 방법이다.

사례3 귀하가 거주하는 지역사회복지관의 사회복지사들은 얼마나 친절합니까?
(해당 난에 'ㅇ' 표 하십시오)
(1) 매우 친절하다 ( )　　(2) 친절하다 ( )
(3) 보통이다 ( )　　(4) 불친절하다 ( )
(5) 매우 불친절하다 ( )

- **평점방식 평정척도법**: 평점방식에 의한 척도는 조사대상의 속성이나 특성에 대해서 평가자가 그의 의견이나 태도를 수치로 평점하는 것이다. 이 경우 평점의 양극은 0에서 10으로 지정되어 있으나, 이 사이에는 아무런 구분이 명시되어 있지 않다.

사례4 우리 지역의 사회복지관에 근무하는 사회복지사들은 친절하다.

0 ———————————————— 10

평정척도는 작성하기가 쉽다는 장점을 가지고 있어 널리 활용되고 있으나, 다음과 같은 몇 가지 단점을 가지고 있다.

- 다른 척도법과 달리 문항의 애매성, 모호성, 내적 일관성 등을 검증해서 문항의 적절성 여부를 검토해 볼 수 있는 특별한 절차가 없다.
- 같은 평정척도라도 평가하는 사람마다 거기에 쓰인 용어의 해석이 달라서 대답의 신뢰성, 안정성을 확보할 수 없다는 점이다. 즉, 응답자 개개인이 가진 준거틀의 차이로 용어에 대한 해석상의 차이가 있을 수 있다.
- 후광효과, 관용오류, 대조오류가 개입될 여지가 많다. 후광효과(Halo Effect)란 평가하고자 하는 특성이 둘 이상일 때 어느 하나에서 받은 강한 인상이

응답자에게 그대로 남아 나머지 특성도 그와 일관되게 평가하려는 성향을 의미하며, 관용오류는 추천서를 쓰는 사람의 경우처럼 대상의 좋은 점을 과장해서 평가하려는 경향을 의미하고, 대조오류는 학력이 낮은 사람이 고학력과 관련된 사항에 대해 부정적 또는 긍정적 경향을 보이는 것과 같이 응답자 자신의 특성과 대조하는 사항의 평가에 부정적 또는 긍정적인 영향을 미치는 경향을 의미한다.

K. D. Bailey

❷ 종화평정척도(Summated Rating Scale): 응답자가 응답하는 여러 질문문항의 값들을 어떤 방식으로 총합(總合, Summation)하여 계산하는 척도로서 "합산법 척도"라고도 한다. 총화평정척도의 대표적인 예로는 [표 4.1]의 베일리(Kenneth D. Bailey)의 출산율 척도를 들 수 있다.

[표 4.1] 베일리의 출산율 척도

번호	질문내용	응답	
		동의함	동의안함
1	결혼하는 주된 이유 가운데 하나는 아이를 갖는 것이다.	1	0
2	아이가 하나면 형제가 없어 외롭게 성장하기 때문에 하나의 아이를 갖는 것은 잘못이다.	1	0
3	아이를 출산하는 것은 여자로서 가질 수 있는 가장 심오한 경험이다.	1	0
4	동성의 아이들만을 갖는 것 보다 다른 성의 아이를 적어도 하나 갖는 것이 좋다	1	0
5	아이를 갖지 않은 여자는 완전한 성취감을 결코 가질 수 없다.	1	0
7	임신에 이르지 않는 성적행위는 도덕적으로 잘못된 것이다.	1	0
8	결혼하지 않거나, 또는 아이가 없는 결혼한 사람은 아마 동성애자일 것이다.	1	0
9	여자의 첫째 역할책임은 모성이고, 어머니로서의 역할을 방해하지 않을 경우에만 직업을 갖는 것이 옳다.	1	0
10	아이가 없는 결혼한 부부는 가엽다.	1	0

베일리는 10개 항목의 출산율 척도를 구성하고 동의하는 경우는 1로서 부호화하고, 동의하지 않는 경우는 0으로서 부호화하였다. 이 척도에서 척도상 10점은 응답자가 아이를 가져야 할 강한 책임감을 느끼는 경우이다. 반면에 0점을 받은 응답자는 아이를 가질 책임감을 느끼지 않은 경우이다. 이런 척도의 가장 주된 어려움은 모든 질문들이 똑같은 변수를 측정하고 있는지를 확신하지 못한다는 점이다. 모든 질문이 측정될 주제에 매우 적절하여서 표면타당도(Face Validity)를 갖고 있는지도 파악하여야 한다.

R. Likert

❸ 리커트 척도(Likert Scaling): 이 척도는 리커트(Rensis Likert)에 의해 제안된 것으로 척도의 신뢰도와 타당도를 높이기 위해서는 하나의 문항보다는 일련의 수 개의 문항들을 하나의 척도로 사용해야 한다는 논리에 기초하고 있다. 리커트 척도는 다수의 문항을 사용했을 때 나타나는 복잡성 문제를 개선하여 보다 간단하게 변수를 정확히 측정할 수 있도록 척도를 구성하는 것이다. 이 척도는 실용적이기 때문에 사회과학에서 널리 사용된다.

[표 4.2] 일중독에 관한 리커트 척도

척도문항(측정문항)	응답범주(항목)				
	전혀 아니다 1	아니다 2	보통 이다 3	그렇다 4	매우 그렇다 5
1. 일이 없으면 스스로 일을 만든다.					
2. 평균정도의 성과로는 만족하지 않는다.					
3. 휴일에도 자꾸 일이 떠올라 마음 편히 쉬지 못한다.					
4. 일은 나의 가장 큰 보람이다.					
5. 다른 사람에게 일을 맡기면 왠지 불안하다.					
6. 가족보다 일이 우선이라고 생각한다.					
7. 일하는 시간이 점점 길어진다.					

[표 4.2]는 일중독에 관한 리커트 척도의 예를 나타낸 것이며, [표 4.3]은 시설장애아동의 독립성에 관한 리커트 척도의 예를 나타난 것이다.

[표 4.3] 시설장애아동의 독립성에 대한 리커트 척도

척도문항(측정문항)	응답범주(항목)				
	전혀 아니다 1	아니다 2	보통 이다 3	그렇다 4	매우 그렇다 5
1. 숟가락을 사용하여 음식을 흘리지 않고 혼자 먹는다.					
2. 도와주지 않아도 컵으로 물을 흘리지 않고 마신다.					
3. 낮이나 밤이나 대소변을 혼자서 모두 잘 가린다.					
4. 얼굴을 비누와 수건으로 혼자서 잘 닦고 씻는다.					
5. 혼자서 잘 걷는다.					

- 리커트 척도의 구성 절차
  - ⓐ 질문문항 작성: 척도를 구성하는 질문문항을 작성한다. 변수를 평가하거나 차원을 측정하는 것으로 생각하는 다수의 질문문항을 작성한다.
  - ⓑ 응답자 표본 선택: 척도가 사용될 모집단이나 모집단을 대표하는 응답자의 표본을 선택한다.
  - ⓒ 응답범주 결정: 각 문항에 대해 응답범주를 작성한다. 응답범주는 대체로 5점 척도를 많이 사용하고, 가장 긍정적인(적극적인, 호의적인) 항목에서 가장 부정적인(소극적인, 비호의적인) 항목에 이르기까지 균형있게 배치하여, 항목들이 동수가 되도록 한다.
  - ⓓ 응답부호화: 각 응답항목에 점수를 부여한다.
  - ⓔ 응답자에게 적용: 응답자들이 각 문항에 대해 응답범주 내에서 하나의 응답항목을 고르게 한다.
  - ⓕ 응답점수 산정: 각 문항에 대한 응답자의 응답을 점수로 산정하고, 각 문항 점수를 합산하여 총점을 구한다.

ⓖ **문항분석**: 문항간의 내적 일관성과 상관성을 판단한다. 만일 어느 문항이 이들 차별적 문항들과 높은 상관관계를 갖고 있지 않다면, 이들 문항들은 척도로부터 제거된다.

ⓗ **척도점수 산정**: 척도문항으로 타당한 것으로 판명된 문항들에 응답한 응답자의 점수를 합산하여 총점을 구하면 그 점수가 그 사람의 태도에 대한 측정치, 즉 리커트 척도 점수가 된다.

• 리커트 척도의 장점

- 사용이 용이하다.
- 일관성이 있어 신뢰도가 높다.
- 평가자를 사용하지 않기 때문에 평가자와 주관적 개입을 배제할 수 있어 객관적인 측정이 가능하다.
- 단순하다.
- 정밀하다. 다수의 문항을 사용해 척도를 구성하므로 보다 정밀한 응답을 구할 수 있어 타당도가 높다.

• 리커트 척도의 단점

- 서열적 측정치이다.
- 일치성이 부족하다. 동일한 태도를 가진 응답자들이 응답범주 내에서 택한 응답항목이 항상 서로 정확하게 일치한다고 보기 어렵다.
- 개개 문항별로 구분적이지 못하다.
- 척도를 구성함에 있어 대개의 경우 응답자 표본을 선정해야 하는데, 전체 모집단을 대표하는 표본을 선정하기가 쉽지 않다.

L. Guttman

❹ 거트만 척도(Guttman Scale) : 이 척도는 거트만(Louis Guttman)에 의해 제안된 것으로 척도를 구성하는 문항들이 내용의 강도에 따라 일관성 있게 서열을 이루고 있어서, 단일 차원적이고 누적적인 척도(Unidimensional and Cumulative Scale)를 구성하는 대표적인 방법으로서 "척도 도식법(Scalogram Method)"이라고도 부른다. [표 4.4]는 난폭 운전에 관한 거트만 척도의 예를 나타낸 것이다.

[표 4.4] 난폭운전에 관한 거트만 척도

질문 문항
1. 다른 운전자에게 총을 쏜다.
2. 차에서 내려 다른 운전자를 때린다.
3. 차에서 내려 다른 운전자와 언쟁을 한다.
4. 차를 이용해 갑자기 위협적인 자세를 보인다.
5. 주먹으로 폭력을 행사하는 모습을 보여준다.
6. 자신의 차 옆을 지나는 운전자에게 소리내어 욕을 한다.
7. 마음속으로 다른 운전자를 비난한다.

강도

- 거트만 척도의 구성절차
  - ⓐ 척도구성문항을 선정한다. 조사자가 계측하고 싶어하는 개념들에 대한 단일 차원적 척도를 형성하는 문항집단을 선택한다. 이들 문항들은 모두 표면타당도를 가져야 한다. 즉, 이들 문항들은 모두 적어도 해당 개념을 측정하는 것으로 보아야 한다.
  - ⓑ 척도구성문항을 내용의 강도에 따라 순서적으로 누적적으로 배열한다.
  - ⓒ 응답자의 응답을 척도도식 용지에 기입한다. 응답자의 응답을 응답의 분포에 따라 일정한 순서로 배열한다.

ⓓ 오류를 찾는다. 응답자의 응답이 누적적으로 되어 있나를 검토하여 누적적으로 되어 있지 않은 경우를 오류로 간주하고 오류의 수를 파악한다.

ⓔ 재생가능성 계수(CR : Coefficient of Reproducibility)를 구한다. 재생가능성 계수가 1일 때는 완벽한 척도 구성가능성을 갖는다. 보통 재생가능성 계수가 최소한 0.90은 되어야 바람직한 거트만 척도가 된다.

$$CR = 1 - \frac{\text{오류의 수}}{\text{전체 응답의 수}} = 1 - \frac{\text{오류의수}}{(\text{응답자 수}) \times (\text{응답 항목수})}$$

ⓕ 척도구성항목을 조정하여 척도를 구성한다. 오차의 수가 많은 척도구성문항을 제외시키고, 새로운 척도를 만든다.

- 거트만 척도의 장점
  - 예측성이다. 모든 질문문항들이 측정대상 속성의 정도에 따라 누적적으로 되어 있어 응답결과로부터 다른 모든 문항에 대한 응답을 예측할 수 있다.
  - 경험적 관측을 토대로 척도가 구성됨으로써 이론적으로 우월하다.
  - 복잡한 계량적 과정 없이 쉽게 서열적으로 척도화할 수 있다.
  - 단일 차원적이다.

- 거트만 척도의 단점
  - 척도를 구성하는 질문문항의 내용을 강도에 따라 일관성 있게 누적적이 되도록 작성하기가 쉽지 않다.
  - 두 개 이상의 변수를 동시에 측정하는 다차원적 척도로서 사용되기는 거의 불가능하다.

E. S. Bogardus

❺ 사회적 거리척도(Social Distance Scale) : 이 척도는 보가더스(Emory S. Bogardus)가 인종적 편견의 강도를 측정하기 위해 제안한 것이다. 이것은 응답자 자신과 다른 사회적 범주(국적, 인종)

의 구성원간에 인지되는 거리감을 측정하려는 것으로 거트만 척도와 같이 누적적인 항목으로 구성되는 누적적인 척도(Cumulative Scale)이다. [표 4.5]는 보가더스의 사회거리척도의 예를 나타낸 것이다. 응답자가 상이한 집단의 구성원과 갖고 싶어하는 관계의 상호작용적 형태에 따라 측정하는 방법이다. 이 척도는 단순히 사회적 거리의 원근의 순위만을 표시한 것이지 민족간의 친밀한 정도의 크기를 나타내지 않는다. 논리적으로 본다면 혼인해서 인척관계로 받아들이겠다는 사람은 같은 직장에 근무하는 것에 반대하지 않는다. 이 척도는 등간적인 것 같으나 문항간의 거리는 사실상 알 수 없다. 따라서 서열적 측정에 가깝다.

[표 4.5] 보가더스의 사회적 거리척도

점수	범주(관계를 맺을 용의도)	일본인	중국인	필리핀인	미국인
7	혼인해서 인척관계를 가진다.				
6	친구로서 같은 클럽에 소속하겠다.				
5	이웃으로서 같은 동리에 살겠다.				
4	내가 종사하는 직장에서 함께 일하겠다.				
3	우리나라 국민으로 받아들이겠다.				
2	우리나라 방문객으로 받아들이겠다.				
1	우리나라에 들어오지 못하게 하겠다.				

응답요령 : 각 항목에 대한 귀하의 첫 인상적인 반응을 응답에 나타내시오. 각 국민에 대한 귀하의 일반적 생각을 토대로 해당 빈칸에 "ㅇ"표 하십시오.

(3) 등간-비율 척도

등간-비율 척도(Interval-Ratio Scale)는 개별 값들간에 일정한 거리(등간측정)와 절대 영의 기준점을 가지고 비율 측정을 할 수 있는 것으로 주로 써스톤 척도(Thurstone Scale)와 요인 척도(Factor Scale) 등이 사용된다.

❶ 써스톤 척도(Thurstone Scale): 이 척도는 써스톤(Louis L. Thurstone)이 등간척도를 구성하기 위해 고안된 하나의 기법이다. 써스톤 척도는 어떤 사실에 대하여 가장 긍정적인 태도와 가장 부정적인 태도를 나타내는 양 극단을 등간적으로 구분하여 여기에 수치를 부여함으로써 등간척도를 구성하는 방법이다. 써스톤 척도는 등간의 성격을 갖는 척도를 만들기 위해서 문항 평가자들을 통해 사전평가를 시행하고 이 결과를 분석하여 각 문항에 대한 중앙값을 척도치로 부여한다.

- 써스톤 척도의 구성절차

ⓐ 조사 또는 측정하려는 변수나 개념을 발견한다.

ⓑ 개념을 측정하기 위한 여러 가지 조작된 문항을 선택한다.

L. L. Thurstone

ⓒ 각 문항의 적합성 여부를 평가할 문항 평가자를 선출한다. 각 문항 평가자는 각 문항에 대해 11점 척도를 사용하여 적합-부적합 또는 선호-비선호를 평가한다.

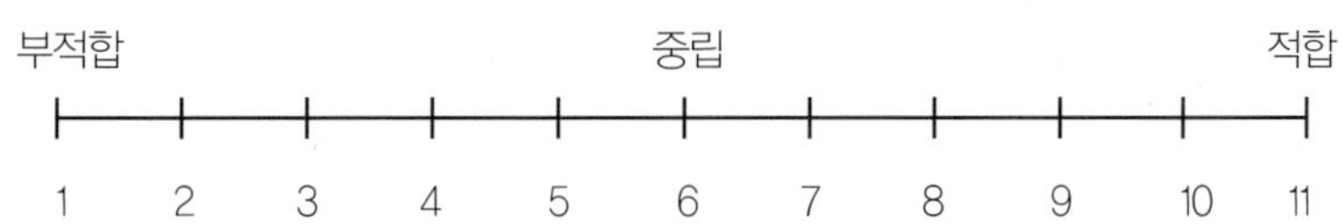

본래의 연구에서 써스톤과 쉐이브(L. L. Thurstone & E. J. Chave)는 130개의 질문문항을 심사하기 위해 300명의 문항 평가자들을 사용하였는데, 각 문항평가자가 130개의 질문문항들을 11점 척도에 따라 순위를 매기는데 평균 45분이 소요되었다. 이 중 일부 문항을 선택하여 척도를 구성하였다.

ⓓ 문항 평가자에 의해 소홀히 평가된 것이라든가 또는 평가된 의견이 너무 엇갈리는 문항은 제거한다. 즉, 어떤 심사원이 잘못해서 또는 그들의 개인적 의견에 따라 질문문항의 적합도를 평가할 수 있다.

ⓔ 각 진술의 중앙치가 척도값으로서 취해진다. 예를 들면, 만약 절반의 문항 평가자들이 99번 문항을 7이상으로 그리고 절반은 7이하로 평가했다면, 중앙치는 7이 되며 그래서 7이 그 문항의 척도치가 된다.

ⓕ 약 22개 문항(또는 본래 범주의 2배수)들을 선택한다. 이들 최종적으로 선택된 문항들은 척도점수에 기초해서 선택된다.

ⓖ 22개의 문항들이 선택된 후, 그 문항들이 최종척도를 형성한다.

ⓗ 조사자가 이 척도를 사용하여 응답자에게 조사를 실행한다.

ⓘ 응답자의 점수는 동의한 항목들의 척도치[ⓔ에서 결정된]의 중앙값이나 평균값을 계산한다.

[표 4.6] 사람들의 이타주의(Altruism)의 평가에 대한 써스톤 척도

문항	척도치	찬성
1. 사회 전체를 위해 개인의 행복을 희생시키는 것으로 옳은 일이다.	4.5	
2. 아동복지시설이 우리 동네에 신축되는 것은 반가운 일이다.	5.4	○
3. 주말에 자원봉사하는 것이 그 시간에 돈 버는 것만큼 즐거운 일이다.	9.2	○
4. 소득이 많을수록 높은 비율의 소득세를 내는 것은 바람직한 일이다.	3.8	
5. 장애인의무고용제도는 사회를 발전시키는데 기여한다.	6.7	○
6. 건강보험 적자 분을 세금으로 메우는 것은 옳은 일이다.	4.2	
7. 농어촌출신 고등학생들의 대학 우선입학제도는 바람직한 일이다.	5.6	

※ 응답자의 이타주의는 찬성한 문항의 척도치를 평균하여 산정한다. 여기서 각 문항의 척도치는 0~10점 사이에 편재되어 있다고 가정하면 척도치는 다음과 같이 계산되고 해석된다.
척도치 = (5.4 + 9.2 + 6.7) / 3 = 7.1따라서 응답자의 이타주의는 높은 편에 속한다고 평가할 수 있다.

❷ **요인척도(Factor Scale)**: 요인분석(Factor Analysis)은 변수들간에 존재하는 상호관계의 유형을 밝히고, 상호간에 밀접하게 연관되어 있는 변수들의 묶음을 발견하고, 이를 보다 적은 수의 가설적 변수, 즉 요인(Factor)들로 축소시키기 위한 통계적 기법이다. [표 4.7]은 선택된 교사 사기항목의 요인분석의 예를 나타낸 것이다.

[표 4.7] 선택된 교사 사기항목에 대한 요인분석

문항	요인 1	요인 2	요인 3
1. 교장은 나의 일을 제대로 평가해준다.	.73	.13	.16
2. 교사간 다툼이 거의 발생하지 않는다.	.19	.76	−.04
3. 가르치는 것이 개인적 만족을 준다.	.18	.03	.75
4. 교사들은 서로 협조를 한다.	.17	.78	.11
5. 가르치는 것을 좋아한다.	.16	−.01	.81
6. 교장은 나의 일을 더 쉽고 더 즐겁게 해준다.	.83	.17	.09
7. 교장은 훌륭한 교수 절차를 인정해준다.	.77	.19	.14
8. 교수진은 즐거이 함께 일한다.	.25	.79	.01
9. 나의 동료들은 잘 준비되어 있다.	.20	.64	.01
10. 나는 문제를 교장과 상의한다.	.80	.07	.14
11. 만일 내가 다시 선택할 수 있다면, 나는 가르치는 일을 택하겠다.	.10	.10	.74
12. 교장은 나에게 흥미를 갖고 있다.	.85	.11	.11
13. 학교에서 교사들은 함께 잘 일한다.	.25	.87	.01

항목 1, 6, 7, 10, 12는 요인 1과 모두 높게 상관되어 있다. 항목 2, 4, 8, 9, 13은 요인 2와 높게 상관되어 있다. 항목 3, 5, 11은 요인 3과 높게 상관되어 있다. 요인 1에 대해 언급된 항목들은 교장과의 상호작용과 관련되어 있고, 요인 2에 언급된 항목들은 교사 동료와 상호작용과 관련되어 있고, 요인 3에 언급된 항목들은 직업으로서 가르치는 것과 관련이 있다.

- 요인척도의 장점
  - 컴퓨터의 통계 프로그램 사용으로 계산이 용이하다.
  - 단일 차원성을 확보해 준다.
  - 각 항목에 가중치를 부여할 수 있다.
  - 최종척도점수가 연속적이다.

- 요인척도의 단점
  - 컴퓨터를 활용하지 않고 직접 손으로 계산하기 어렵다.
  - 요인척도가 갖는 하나의 잠재적 어려움은 조사자가 단순히 많은 항목을 가지고, 그 항목들을 상관시키고, 그리고 어떤 종류의 척도가 나타나는지 보기 위해 그 항목들을 요인 분석함으로써 자료준설(Data Dredging) 절차에 빠지기 쉽다.

(4) 어의적 분화척도

E. S. Bogardus

어의적 분화(SD : Semantic Differential) 또는 어의분별방법은 오스굳(Charles E. Osgood), 쑤시(G. L. Suci) 그리고 태넌보움(P. H. Tannenbaum)이 개발한 것으로, 이들은 고도로 지적이고, 언어적으로 유동적인 주제들에 대해서는 그 개념의 의미에 대해 직접적으로 질문하는 것이 보다 효과적이라고 주장한다.

어의적 분화척도는 리커트 척도와 유사하지만, "강력히 동의한다-강력히 동의하지 않는다가" 아니라, 그 개념에 대한 실험대상자(Subject)의 감정을 표현하는 것으로 생각되는 한 쌍의 반대가 되는 형용사를 사용한다. 주로 사용되는 측정차원으로는 평가차원, 권력차원, 그리고 활동차원을 들 수 있다.

- 평가차원을 정의하는 척도들은 "유쾌한-불유쾌한", "좋은-나쁜", "달콤한-신", "도움이 되는-도움이 안 되는" 등이다.
- 권력차원을 정의하는 척도들은 "큰-작은", "강력한-무력한", "강한-약한", "깊은-얕은" 등이다.
- 활동차원을 정의하는 척도는 "빠른-느린", "살아 있는-죽은", "시끄러운-조용한", "젊은-늙은" 등을 사용한다.

[표 4.8] 사회복지사에 대한 어의적 분화척도의 예

사회복지사

	1	2	3	4	5	6	7	
좋다	1	2	3	4	5	6	7	나쁘다
능동적	1	2	3	4	5	6	7	수동적
유쾌한	1	2	3	4	5	6	7	불쾌한
밝다	1	2	3	4	5	6	7	어둡다
아름다운	1	2	3	4	5	6	7	추한
강하다	1	2	3	4	5	6	7	약하다
안정적	1	2	3	4	5	6	7	불안정한

(5) 기타 척도

❶ 소시오메트리(Sociometry): 집단 내의 선택, 커뮤니케이션 및 상호작용의 패턴에 관한 자료를 수집하고 분석하는 방법이다. 소시오메트리는 집단 내 구성원간의 거리를 측정하는 방법으로 소집단 내에서 누가 누구로부터 배척을 받으며, 누가 누구로부터 환영을 받는 지도자로 부상하고 있는가를 측정할 수 있게 한다. 그러나 소시오메트리 척도는 조사대상인원이 소수인 경우에만 적용할 수 있다는 제한이 있다. 집단 내 개인간의 관계를 측정하는 소시오메트리의 분석방법에는 소시오메트릭 행렬(Sociometric Matrix), 소시오그램(Sociogram), 소시오메트릭 지수(Sociometric Indices) 등이 있다.

- 소시오메트릭 행렬(Sociometric Matrix): 응답결과를 n×n 행렬로 정리하여 분석하는 방법이다. 예를 들면, [표 4.9]와 같이 4인으로 구성된 집단이 구성원들이 그 집단 내에서 가장 선호하는 2인을 선택하는 경우이다. 소시오메트릭 행렬을 통해서 누가 누구를 환영하고, 배척하는지, 또한 누가 선택받은 횟수가 얼마나 되는지를 알 수 있다.

[표 4.9] 소시오메트릭 행렬의 예(1 = 환영, 0 = 배척)

평가받는 자 / 평가하는 자	a	b	c	d
a	–	1	0	1
b	1	–	0	1
c	0	1	–	1
d	1	1	0	–
계	2	3	0	3

- 일방 환영(단순 환영) : c → d, c → b
- 무환영 : c
- 쌍방 환영(상호 환영) : a ↔ b, a ↔ d, b ↔ d
- 가장 많이 환영받은 자 : b, d

- 소시오그램(Sociogram): 집단구성원간의 선택과 배척관계를 기호를 사용하여 그림으로 표시하는 방법으로 방향지시그래프(Directed Graph)라고도 한다.

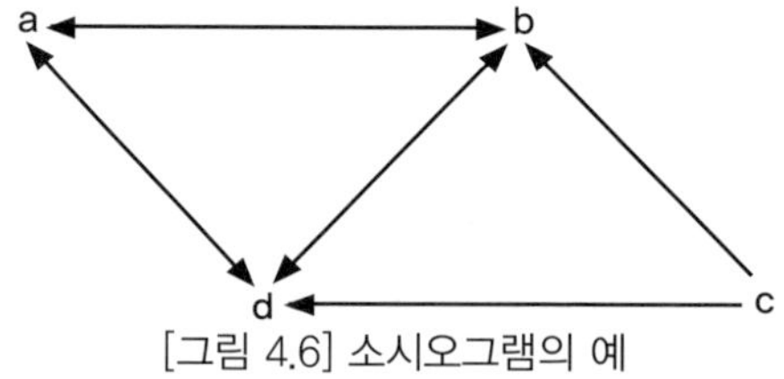

[그림 4.6] 소시오그램의 예

- 소시오메트릭 지수(Sociometric Indices): 일정한 공식에 따라 계산된 지수를 구하여 구성원간의 관계를 분석하는 것으로, 지수산출의 공식으로는 조사내용에 따라 선택지위지수, 집단확장지수 및 집단응집지수가 있다.

❷ Q분류 척도(Q-Sort Scale): 특정자극에 대해 비슷한 태도를 가진 사람이나 대상을 분류하기 위한 방법으로 Q-기법(Q-technique)이라고도 부른다. 응답자로 하여금 특정 기준에 따라 문항들을 분류하게 하여 측정대상을 나누도록 한다. 이는 일종의 투사실험(Projective Test)으로 단 한 사람의 특징이나 또는 단일 현상을 설명하기 위해서 여러 가지 특징이나 요인들을 도출해내는 데 주력하고 있다. Q분류척도는 한 가지 현상을 설명하기 위해서 단일현상을 여러 가지 현상으로 세분하는 방법으로, 이는 여러 사람 또는 여러 가지 현상들을 한 데 묶어 공통된 점을 도출해내는 요인 분석인 R-기법(R-technique)과 차이가 있다. 예를 들면, 어떤 A라는 부모에게 시립아동상담소 상담원이 상담소에서 생활하는 아동들에 관한 50장의 아동학대 사진을 제시하고, 이 사진들을 가장 그러한 것에서 가장 그렇지 않은 것에 이르기까지 [표 4.10]과 같이 11개 등급으로 나누어 분류하였다.

[표 4.10] Q-분류 척도의 구성법

정도의 척도점수 (가장 그렇다 → 가장 그렇지 않다)	1	2	3	4	5	6	7	8	9	10	11
제1항목 : 건강해 보이는 사진 매수	2	4	5	6	7	9	6	5	2	2	2
제2항목 : 명랑해 보이는 사진 매수	2	4	5	6	7	9	6	5	2	2	2
제3항목 : 선량해 보이는 사진 매수	2	4	6	6	9	9	4	5	3	2	1
제4항목 : 희망차 보이는 사진 매수	3	4	5	4	7	10	5	5	4	2	1
제5항목 : 빈곤해 보이는 사진 매수	2	2	5	8	7	9	5	5	3	2	2
제6항목 : 지적으로 보이는 사진 매수	2	3	3	7	6	12	6	3	3	3	2
제7항목 : 학대받은 듯 보이는 사진 매수	1	4	4	6	7	11	7	5	2	2	1

각 항목별로 나타난 척도별 사진 매수를 토대로 [표 4.11]과 같은 요인분석을 실시한다.

[표 4.11] 각 항목별 요인분석

문 항	요인 1	요인 2	요인 3
제1항목 : 건강해 보이는 사진 매수	*		
제2항목 : 명량해 보이는 사진 매수	*		
제3항목 : 선량해 보이는 사진 매수			*
제4항목 : 희망차 보이는 사진 매수	*		
제5항목 : 빈곤해 보이는 사진 매수		*	
제6항목 : 지적으로 보이는 사진 매수			*
제7항목 : 학대받은 듯 보이는 사진 매수		*	

"*" : 상관관계 0.40 이상

조사대상자 A라는 부모의 특징은 제1, 제2, 제4항목이 부분적으로 합쳐져서 형성되는 제1요인과, 제5항목과 제7항목이 부분적으로 합쳐져서 만들어지는 제2요인, 제3항목과 제6항목이 부분적으로 합쳐져서 만들어지는 제3요인으로 설명이 가능하다. Q-분류 척도는 특정 개인 A라는 사람이 가지고 있을 서로 다른 모습을 제시함으로써 그 사람의 특징을 묘사하는 방법이다.

4) 척도의 활용지침

사회복지전문가들은 사회복지정책 환경이나 클라이언트의 욕구 및 문제를 정확하게 기술하고 문제의 변화과정 그리고 전문적 개입의 효과성과 효율성을 상세하게 파악하기 위해 과학적인 척도를 사용한다. 전문적 척도를 선택하기 위한 몇 가지 지침은 다음과 같다.

- 척도는 과학적이어야 한다. 즉, 체계적이고 논리적이어야 한다.
- 척도는 실용적이어야 한다. 사용하기 쉽고 편리하여 응답자가 쉽게 완성할 수 있어야 한다.
- 척도는 변화를 시도하는 욕구나 문제 자체를 측정할 뿐만 아니라 변화의 가능성과 그 결과에 대한 정보를 제공하여야 한다.

- 척도는 신뢰성과 타당성이 있어야 한다.
- 척도는 사회적 요청이나 비정상적인 행위에 지나치게 민감하지 않아야 한다.

가장 많이 활용되는 척도의 유형은 다음과 같이 3가지로 한정될 수 있다.

- 본인의 문제를 자신이 기록-보고하는 척도 또는 지수이다. 이것은 사회복지기관이나 시설이 흔히 다루는 다양한 문제를 측정하기 위해 설계된 것으로 클라이언트를 개별적으로 측정한다. 소위 임상측정 패키지(Clinical Measurement Package)가 이 척도에 해당한다.
- 자신이 규정하는 척도이다. 많은 경우 표준화된 지수나 척도를 사용하는 것이 실질적이지 못하고 그러한 척도가 당면한 문제를 측정함에 유용하지 않은 경우에는 자기 자신이 만드는 척도가 적절할 수도 있다. 이 척도를 구성하는 일은 매우 용이하며 특히 사적인 문제나 고통, 불안, 공포와 같은 관찰할 수 없는 것이나 느낌과 같은 문제의 심각성에 관해 측정할 때에 매우 유용하다.
- 행위 측정이다. 행동의 변화가 조사연구의 목표인 이상 클라이언트의 행위를 정확하게 측정하는 일이 매우 중요하다.

Q 연습문제

서술형

01. 측정이란 무엇이며, 그 역할과 기능에 대해 간략하게 설명하시오.

02. 측정의 2가지 원칙에 대해 예를 들어 설명하시오.

03. 측정의 4가지 수준에 대해 예를 들어 설명하고, 4가지 수준의 차이점을 설명하시오.

04. 조사연구 과정에서 발생 가능한 오류의 발생 원인을 단계별로 간략하게 설명하시오.

05. 체계적인 오류란 무엇이며, 그 유형에 대해 예를 들어 설명하시오.

06. 무작위적 오류란 무엇이며, 그 유형에 대해 예를 들어 설명하고, 무작위적 오류를 줄이는 방법에 대해 설명하시오.

07. 신뢰도란 무엇이며, 신뢰도를 평가하는 방법인 재검사법, 반분법, 대안법, 관찰자 신뢰도, 크론바하 알파에 대해 간략하게 설명하시오.

08. 신뢰도를 높이는 방법에 대해 간략하게 설명하시오.

09. 타당도란 무엇이며, 타당도를 평가하는 방법인 내용 타당도, 표면 타당도, 기준 타당도, 구성 타당도에 대해 간략하게 설명하시오.

10. 신뢰도와 타당도의 관계를 간략하게 설명하시오.

11. 척도란 무엇이며, 척도를 사용하는 이유를 간략하게 설명하시오.

12. 척도-지수의 작성과정을 단계적으로 간략하게 설명하시오.

13. 명목척도란 무엇이며, 예를 들어 간략하게 설명하시오.

14. 서열척도란 무엇이며, 서열척도의 종류인 평정척도, 총화평정척도, 리커트척도, 거트만척도, 사회적 거리 척도를 예를 들어 설명하시오.

15. 등간-비율척도의 종류인 써스톤척도, 요인척도를 예를 들어 설명하시오.

16. 어의적 분화척도란 무엇이며, 예를 들어 설명하시오.

17. 소시오메트리란 무엇이며, 소시오메트리의 분석방법인 소시오메트릭 행렬, 소시오그램, 소시오메트릭 지수에 대해 간략하게 설명하시오.

18. Q분류 척도란 무엇이며, 예를 들어 설명하시오.

19. 척도의 활용 지침에 대해 간략하게 설명하시오.

Q 연습문제

괄호형

01. 속성에 대한 순위를 부여하는 데 순위 사이 간격이 동일한 척도는 (   )척도로 산술적 계산에 사용 될 수 있다.

02. 소득수준의 상, 중, 하로 측정할 때 여기서의 상, 중, 하는 단지(①)만 나타낼 뿐 상과 중, 중과 하의 차이가 같다는 것을 의미하지 않는다. 따라서 소득수준은(②)척도다.

03. 절대 영점이 존재하며 모든 산술적 조작이 가능한 척도는 (   )다.

04. 측정하고자 하는 개념을 얼마나 정확하게 측정하였는지, 즉 측정한 값과 대상의 실제값의 일치 정도를 의미하는 것은 (   )다.

05. 설문문항들이나 관찰 내용들이 측정하려고 하는 속성이나 개념을 얼마나 대표성 있게 포함하고 있는가를 주관적으로 판단하는 것은 (   )을/를 평가하는 것이다. 이러한 평가 방법은 주관적인 판단에 의존할 수밖에 없어 한계가 있다.

06. 측정에서 나타날 수 있는 오류에는 (①)오류와(②)오류가 있다. 이 중(②) 오류는 무작위적 으로 발생하는 오류다.

07. 비체계적 오류를 줄이기 위해서 (   )를 가능한 한 높인다.

08. 척도의 범주를 구성할 때에는 상호배타적이어야 하며, 항목 간의 논리적 연관성이 있어야 하고, (   )적으로 구성하여 가능한 제외되는 범주의 응답이 없어야 한다.

09. (   )은/는 측정을 위한 도구로서 사회과학에는 주로 다수의 문항들로 구성된다.

10. 서열척도 중 하나로 평가자 견해에 따라 일정한 점수를 부여하도록 하는 방식은 (   ) 척도로 도표식, 범주형, 숫자-언어식, 평점방식으로 나눌 수 있다.

11. 신뢰도와 타당도가 높고, 용이성 때문에 사회과학에서 많이 활용되는 (①)척도는 다수의 문항을 하나의 척도로 사용하는 것이다. 이는 하나의 개념을 구성하는 여러 차원의 질문을 포함할 수 있기 때문에 정밀한 응답을 구할 수 있지만, 측정수준이 (②) 수준에 그쳐 다양한 통계 분석을 활용하는 데 한계가 있다.

12. 단일적이고 누적적인 척도를 구성하는 (　　)척도는 척도를 구성하는 문항들이 내용의 강도에 따라 일관성 있게 서열을 이룬 형태다.

해답

1. 등간　2. ①순서 ②서열　3. 비율척도　4. 타당도　5. 내용 타당도
6. ①체계적 ②비체계적　7. 측정항목수　8. 포괄　9. 척도
10. 평정　11. ①리커트 ②서열　12. 거트만

Q 연습문제

진위형

01. 지능지수(IQ)가 100인 학생은 5인 학생보다 머리가 두 배 좋다.

02. 신장, 연령, 성별 등은 비율척도에 해당한다.

03. 학력, 석차 등은 서열척도에 해당한다.

04. 서로 다른 개념을 측정했을 때 얻어진 측정치들 간에는 상관관계가 낮을 경우 판별타당도가 높다고 할 수 있다.

05. 측정자의 기분이나 정신적 피로 혹은 측정 장소나 시간의 선정이 잘못되어 발생할 수 있는 오류는 무작위적 오류, 혹은 비체계적 오류에 해당되며, 이러한 경우에 대비하기 위해서 측정자들의 측정방식이나 태도의 일관성과 신뢰할 수 있는 측정도구의 사용이 요구된다.

06. 응답의 선행효과란 응답자가 고학력일수록 응답문항 중에서 앞쪽에 있는 답을 선택하는 경향을 말한다.

07. 척도는 변수에 대한 양적인 측정치를 제공함으로써 정확성을 높인다.

08. 자수의 대표적인 예에는 소비자 물가지수, 생산성지수, 행복지수 등이 있다.

09. 척도를 구성하는 한 문항에 대해 평가자들이 점수를 매기게 하여 중앙치를 척도값으로 결정하는 방식인 써스톤척도는 서열척도의 한 예다.

10. 보가더스는 인종적 편견의 강도를 측정하기 위해 사회적 거리 척도를 제시했는데, 이는 거트만 척도와 달리 누적적인 항목으로 구성되는 척도다. 이 척도는 등간적인 것 같지만 문항 간 거리는 알 수 없기 때문에 서열적 측정에 더 가깝다고 할 수 있다.

해답

1. X　2. X　3. ○　4. ○　5. ○　6. ○　7. ○　8. ○　9. X　10. X

Q 연습문제

선택형

01. 척도에 관한 설명으로 옳지 않은 것은?

① 비율수준으로 측정된 소득수준은 서열수준으로 변환할 수 있다.
② 운동선수의 등번호는 명목척도이다.
③ 섭씨온도로 측정한 온도는 가감승제가 가능하다.
④ 연령에는 절대 영의 개념이 존재한다.
⑤ 지능지수(IQ) 점수 사이의 간격은 동일하다.

해설 온도(섭씨온도와 화씨온도 모두)는 등간변수이다. 점수 사이의 간격이 동일하며, 덧셈과 빼셈이 가능하다. 그러나 곱셈과 나눗셈은 불가하다.

02. 장애인 고용률(단위: %)에 대한 설명으로 옳지 않은 것은?

① 절대 0이 성립한다.
② 서열척도로 변환할 수 있다.
③ 가장 높은 측정수준의 척도이다.
④ 주로 양적연구에서 사용된다.
⑤ 0과 1 사이의 간격은 81과 82 사이의 간격과 동일하지 않다.

해설 장애인 고용률(단위: %)은 비율변수이다. 비율변수는 하위 측정인 등간변수의 모든 속성을 내포하므로 등간격(측정점수 간 간격이 동일함)이 성립한다. 따라서 장애인 고용률에서 0과 1 사이의 간격은 81과 82 사이의 간격과 동일하다.

03. 측정수준별 변수와 그 예가 옳게 연결된 것을 모두 고른 것은?

ㄱ. 명목변수 - 출석부상의 학생 번호
ㄴ. 서열변수 - 장애 등급
ㄷ. 등간변수 - 사회복지사 1급 자격시험 점수
ㄹ. 비율변수 - 시험 등수

① ㄱ, ㄴ, ㄷ ② ㄴ, ㄷ, ㄹ ③ ㄱ, ㄷ, ㄹ
④ ㄴ, ㄹ ⑤ ㄱ, ㄴ, ㄷ, ㄹ

해설 ㄱ : 출석부상의 학생 번호 – 명목변수
ㄴ : 장애 등급 – 서열변수
ㄷ : 사회복지사 1급 자격시험 점수 – 등간변수
ㄹ : 시험 점수 – 서열변수

04. 측정에 관한 설명으로 옳은 것은?

① 하나의 변수는 하나의 측정수준만을 갖는다.
② 지수(Index)는 척도(Scale)보다 추상적 개념을 측정하는 지표로 구성된다.
③ 등간변수는 변수 값을 질적으로만 처리할 수 있다.
④ 같은 개념을 단일 문항으로 측정하는 것보다는 복수의 문항으로 구성된 척도로 측정하는 것이 신뢰도가 더 높다.
⑤ 서열변수는 비율변수보다 고급 통계분석을 사용할 수 있다.

해설 일반적으로 여러 문항으로 측정하는 것이 단일 문항으로 측정하는 것보다 측정하는 것보다 측정오차가 더 작다. 따라서 같은 개념을 단일 문항으로 측정하는 것보다는 복수의 문항으로 구성된 척도로 측정하는 것이 신뢰도가 더 높고 측정에 안정성이 있다.

05. 측정도구를 구성할 때 고려해야 할 요건으로 옳은 것은?

① 범주는 상호 중복 가능하게 구성해야 한다.
② 다차원상이 확보되어야 한다.
③ 추상적 개념에 대한 척도일수록 단일화 지표로 구성되어야 한다.
④ 가능한 한 최고 수준으로 측정하는 것이 바람직하다.
⑤ 같은 대상을 일관성 있게 측정하는 타당도를 확보해야 한다.

해설 변수의 속성 구조에 따라 가능하면 최고 수준으로 측정하는 것이 바람직하다. 즉, 비율수준의 측정이 가능한 변수를 명확한 이유(예: 비율수준으로 측정하면 무응답이 높아질 것으로 우려되는 민감한 질문인 경우) 없이 서열수주으로 측정하는 것은 좋지 않다.

06. 변수에 관한 설명으로 옳지 않은 것은?

① 지능지수 100은 지능지수 50보다 머리가 두 배 좋다.
② 온도 40도는 온도 20도보다 기온이 20도 더 높다.
③ 수면시간 6시간은 수면시간 3시간보다 3시간 더 많다.
④ 공부시간 4시간은 공부시간 2시간보다 2배 더 많다.
⑤ 월평균 수입 0은 수입이 없는 것이다.

해설 온도나 지능지수는 등간변수(등간척도)이므로 곱셈이나 나눗셈의 연산을 적용할 수 없고, 덧셈과 뺄셈의 연산만 가능하다. 따라서 지능지수 100은 50보다 50이 높다고 할 수는 있지만, 그것을 토대로 머리가 두 배 더 좋다고 말할 수는 없다.

07. 명목척도에 부여되는 숫자의 의미에 관한 설명으로 옳은 것은?

① 덧셈과 뺄셈이 가능하다.
② 계량적 의미를 갖는다.
③ 숫자의 크기에 따라 양이 많고 적음을 말할 수 있다.
④ 단지 숫자가 다르면 대상의 특성이 다름을 의미한다.
⑤ 대상 자체가 갖는 속성의 실제값을 나타낸다.

해설 명목척도에 부여되는 숫자는 계량적 의미를 갖지 못하므로 사칙연산이 불가하다.

08. 서스톤 척도에 관한 설명으로 옳은 것은?

① 가장 일반적으로 사용되는 척도이다.
② 각 문항을 서열적으로 구성한다.
③ 척도개발 과정이 리커트 척도보다 쉽다.
④ 문항마다 서로 다른 척도치를 둔다.
⑤ 한 쌍의 반대되는 형용사를 사용한다.

해설 서스톤 척도의 핵심적인 특징은 문항마다 서로 다른 척도치를 두며, 사전 문항 평가자를 통해 각 문항의 척도치를 정하고, 등간 수준의 척도이다.

09. 총화평정 척도에 관한 설명으로 옳지 않은 것은?

① 리커트 척도는 총화평정 척도에 해당한다.
② 평가자의 주관이 개입될 가능성이 크다.
③ 척도 구성과 활용이 용이하다.
④ 전체 문항에 대한 응답자의 총점이 측정하과 하는 개념의 측정값이 된다.
⑤ 각 항목들이 동일한 개념을 측정한다는 전체하에 여러 항목으로 구성된다.

해설 평가자의 주관이 개입될 가능성이 큰 척도는 총화평정 척도가 아니라 서스톤 척도이다.

10. 리커트 척도의 장점을 모두 고른 것은?

> ㄱ. 엄격하게 등간격이 유지된다.
> ㄴ. 적은 문항으로는 높은 신뢰도와 타당도를 확보할 수 있어 경제적이다.
> ㄷ. 항목의 우호성 또는 비우호성을 평가하기 위해 평가자를 활용하므로 객관적이다.
> ㄹ. 조사대상자의 응답만으로 문항 분석이 가능하다.

① ㄱ, ㄴ, ㄷ　② ㄱ, ㄷ　③ ㄴ, ㄹ
④ ㄹ　⑤ ㄱ, ㄴ, ㄷ, ㄹ

해설 서스톤 척도는 척도 구성을 위해 조사대상자 이전에 사전 문항 평가자들이 필요하고 리커트 척도보다 많은 문항을 필요로 한다. 한편 리커트 척도는 조사대상자의 응답만으로 문항 분석이 가능하고 적은 문항으로도 높은 신뢰도와 타당도를 확보할 수 있어 경제적이라는 장점을 갖는다.

11. 우리나라 근로 연령층 성인 남녀 1,000명을 대상으로 외국인 노동자에 대한 친숙도를 조사하고자 한다. 어떤 척도가 가장 적합할까?

① 소시오메트리　② 총화평정 척도　③ 보가더스 척도
④ 의미분화 처도　⑤ 리커트 척도

해설 서로 다른 민족이나 인종 간 사회적 거리를 측정하기에 적합한 척도는 보가더스의 사회적 거리 척도이다.

12. 응답자 수가 200명, 문항 수가 10개, 오류 응답이 20개인 거트만 척도에서 재생계수는 얼마인가?

① 0.99　② 0.92　③ 0.48　④ 0.88　⑤ 0.79

해설 거트만 척도에서 재생계수를 계산하는 수식은 아래와 같다.

$$\text{재생계수} = 1 - \frac{\text{오류응답}}{\text{문항수} \times \text{대상자수}} = 1 - \frac{20}{10 \times 200} = 0.99$$

13. 소시오메트리 척도의 장점이 아닌 것은?

① 신뢰도와 타당도가 높다.
② 자료수집이 경제적이다.
③ 융통성 있게 자료를 수집할 수 있다.
④ 자료를 계량화시킬 수 있는 가능성이 높다.
⑤ 적용 범위가 넓다.

해설 소시오메트리 척도의 단점 중 하나는 신뢰도와 타당도에 대한 고찰 없이 측정결과를 수용하는 경향이 있다는 것이다.

14. 리커트(Likert) 척도에 관한 설명으로 옳은 것은?

① 비율척도이다.
② 개별 문항의 중요도는 동등하지 않다.
③ 단일 문항으로 측정하는 장점이 있다.
④ 질적조사에서 보편적으로 사용된다.
⑤ 척도나 지수 개발에 용이하다.

해설 리커트 척도는 척도나 지수 개발에 용이하고, 사용이 간편하여 양적조사에서 가장 보편적으로 사용한다.

15. 서스톤 척도에 관한 설명으로 옳지 않은 것은?

① 서스톤 척도에서는 점수 간의 간격이 거의 같은 것으로 본다.
② 모든 항목들에 동등한 가치를 부여한다.
③ 리커트 척도보다 문항이 응답하기가 쉽다.
④ 신뢰도를 높이기 위해 리커트 척도보다 많은 문항 수가 요청된다.
⑤ 척도를 개발하는 데 비용이 많이 든다.

해설 서스톤 척도는 항목마다 서로 다른 척도치를 부여한다.

16. 다음과 같은 질문을 이용하여 집단 내 상호작용을 측정하는 것은?

> 집단 구성원들 중 생일파티에 세 명만 초대한다면 누구를 초대할 것인가?
> 집단 구성원 모두에 대해 '나와의 약속을 잘 지키고 뒤에서 배신하지 않을 것'이라는 믿음의 정도를 다음 기준으로 평가해 보시오.
> 〈기준〉 높은 신뢰(+), 보통 신뢰(0), 신뢰하지 않은(-)

① 보가더스 척도 ② 서스톤 척도 ③ 소시오메트리
④ 의미분화 척도 ⑤ 총화평정 척도

해설 소시오메트리는 각 집단 성원에게 특정 상황에서 함께 행동하거나 같이 있기를 원하는 다른 성원을 선택하게 하거나, 다른 성원에 대한 호오(好惡)감정, 친구로 선택할 용의, 영향력, 인기 등의 정도를 표시하거나 순위를 매기도록 한다. 이러한 방식을 통해 집단 내 성원들 간 사회적 거리를 측정하는 방법이다. 소시오메트리는 개별 성원이 집단 내에서 차지하는 지위와 선택되고 배척되는 상태를 측정해준다.

17. 다음에 제시된 척도에 관한 설명으로 옳은 것을 모두 고른 것은?

사회복지관 A에서는 클라이언트의 서비스 만족도를 측정하는 척도를 개발했다. 같은 대상에 대해 이 척도를 반복적으로 사용했을 때 계속해서 비슷한 결과를 얻었다. 그런데 클라이언트 만족도를 측정하는 표준화된 다른 척도와의 연관성을 확인한 결과 상관관계가 상당히 낮은 것으로 나타났다.

ㄱ. 신뢰도가 높지만 타당도는 낮다.
ㄴ. 기준타당도를 확인하였다.
ㄷ. 검사-재검사법을 사용했다.
ㄹ. 판별타당도가 낮다.

① ㄱ, ㄴ, ㄷ　② ㄱ, ㄴ, ㄹ　③ ㄴ, ㄹ
④ ㄱ, ㄷ　⑤ ㄱ, ㄴ, ㄷ, ㄹ

해설 같은 대상에게 척도를 반복적으로 사용한 결과가 비슷했다면 이는 검사-재검사법에 의해 높은 신뢰도를 학보했음을 나타낸다. 표준화된 다른 척도란 신뢰도와 타당도가 기존에 이미 확인된 척도를 말한다. 새로 개발된 척도가 같은 개념을 측정하는, 이미 타당도가 확인된 표준화된 척도와 비슷한 결과를 보일수록(높은 상관관계를 보일수록) 새로 개발한 척도 또한 타당도가 높다고 판단하는 방법을 동시적 기준타당도(동시타당도)라고 한다. 이 사례에서는 표준화된 척도를 통해 얻은 결과와 상관관계가 약했으므로 동시적 기준타당도가 낮다고 볼 수 있다.

18. 다음에서 제시하는 절차는 무엇을 확보하기 위한 것인가?

개념적·조작적 정의에 근거하여 해당 개념을 측면이나 영역별로 나눈다.
각 영역에 해당하는 지표를 수집하거나 만들어 충분한 수의 지표 항목 목록을 만든다.
해당 개념에 대한 전문가들에게 지표 목록 중 의미상 적합하고 대표적인 문항들이 무엇인지 판단하게 한다.
전문가 사이에 합치도가 가장 높은 지표 항목을 최종적으로 선택한다.

① 수렴타당도
② 이해타당
③ 동시적 기준타당도
④ 내용타당도
⑤ 예측타당도

해설 측정하고자 하는 개념에 대한 전문가의 의견에 기초해 측정의 타당도 여부를 판단하는 방법은 내용타당도이다.

19. 측정되는 개념이 전반적인 이론적 틀 속에서 다른 개념들과 실제적으로나 논리적으로 적절한 관련성을 갖고 있는 정도를 경험적으로 검증하는 방법은?

① 액면타당도
② 기준타당도
③ 동시타당도
④ 예측타당도
⑤ 이해타당도

해설 '이론적 틀' 속에서 개념 측정의 타당도를 검증하는 방식은 '구성체타당도(개념타당도, 구성개념타당도)'이다. 구성체타당도의 하위 영역(이해타당도, 수렴타당도, 판별타당도) 중에서도 측정되는 개념이 전반적인 이론적 틀 속에서 다른 개념들과 실제적으로나 논리적으로 적절한 관련성을 갖고 있는 정도를 경험적으로 검증하는 방법을 '이해타당도'라 한다. 따라서 이 문제의 보기에 구성체타당도가 있었다면 이것고 답이 될 수 있다.

20 (　　) 안에 들어갈 말은?

> 대학수학능력시험의 () 타당도를 확인하기 위해 5년간 학생 개개인의 입학 시 수능 점수와 입학 후 첫 학기 학점 간 상관관계를 분석하였다.

① 내용　　② 동시　　③ 예측　　④ 개념　　⑤ 판별

해설 예측타당도는 어떤 측정도구를 통해 무슨 행위가 일어날 거라고 예측한 것과 실제 대상자에게 나타난 행위 간 상관관계를 통해 해당 측정도구의 타당성을 확인하는 방식이다. 즉, 예측된 현상과 실제 발생한 현상 간 상관관계를 통해 측정 점수가 미래의 행위를 얼마나 잘 예측하고 있는지를 확인하는 방식이다. 수능 점수가 첫 학기 수학 능력의 지표인 학점을 얼마나 잘 예측하는지 조사하기 위해 양자 간 상관관계를 분석하였으므로 이 사례는 예측타장도에 해당한다.

21. 크론바 알파(Cronbach' s alpha)에 관한 설명으로 옳은 것은?

① 척도를 구성하는 전체 문항 조합들의 상관관계 평균값을 계산한 것이다.
② 척도의 문항을 절반으로 나누어 두 부분 간의 상관관계를 계산한 것이다.
③ 복수의 조사자를 통해 측정한 점수를 비교하여 의견 일치도를 평가한 것이다.
④ 비슷한 두 개의 척도로 동일한 대상을 측정한 점수들 간의 상관관계를 계산한 것이다.
⑤ 동일한 척도를 사용하여 동일 대상에게 서로 다른 시점에 측정한 점수 간의 상관관계를 계산한 것이다.

해설 신뢰도 평가를 위해 척도의 문항을 절반으로 나누어 두 부분 간의 상관관계를 계산하는 방식을 반분법이라 하고, 척도의 문항을 절반으로 나누어 가능한 모든 조합들에 대해 상관관계를 구하고 그 상관관계 값들을 평균내어 신뢰도계수를 산출하는 방식을 크론바 알파(Cronbach's alpha)라 한다. 반분법은 문항을 절반으로 나누는 방식에 따라 반분계수(신뢰도계수)가 달라지지만, 크론바 알파는 이와 같은 방식을 통해 단일 신뢰도계수를 산출한다.

22. 신뢰도와 타당도에 관한 설명으로 옳은 것은?

① 체계적 오류는 신뢰도에 문제를 야기한다.
② 타당도 문제는 자료수집 과정에서, 신뢰도 문제는 측정도구 작성 과정에서 발생한다.
③ 복수양식법을 통해 동시 기준타당도를 확인할 수 있다.
④ 신뢰도는 타당도의 필요조건이다.
⑤ 타당도는 신뢰도의 필요조건이다.

해설 신뢰도가 높다고 해서 타당도가 높은 것은 아니다. 즉, 신뢰도를 타당도의 충분조건이라고 볼 수는 없다. 그러나 타당도를 갖추려면 신뢰도가 필요하다. 따라서 신뢰도는 타당도의 필요조건이다.

23. 다음 사례에 관한 설명으로 옳은 것은?

> 사회복지사 A는 사회복지사들의 직무 만족도를 측정하기 위해 복수의 설문 문항을 만들고, 이를 동료 직원들에게 보여서 직무 만족과 관련한 사항이 빠짐없이 다 포함되었는지 확인해달라고 요청하였다.

① 조사자 간 신뢰도를 확보하는 일이다.
② 내용타당도를 확보하는 일이다.
③ 기준타당도를 확보하는 일이다.
④ 이해타당도를 확보하는 일이다.
⑤ 내적타당도를 확보하는 일이다.

해설 측정하고자 하는 내용을 측정도구가 골고루 포함하고 있는지 전문가가 확인하는 방식은 내용타당도를 확보하는 방법이다. 이 사례에서는 타당도 확인을 위해 동료 직원들에게 문항을 검토해달라고 요청했으므로 내용타당도를 확보하기 위한 방법에 속한다.

24. 기준타당도에 관한 설명으로 옳은 것을 모두 고른 것은?

> ㄱ. 미래에 발생한 사건을 잘 예측하면 타당도가 높다고 평가한다.
> ㄴ. 요인분석(Factor Analysis)을 통해 검증할 수 있다.
> ㄷ. 상관계수로 측정하는 것이 보통이다.
> ㄹ. 같은 개념을 측정하는 다른 측정도구끼리는 비슷한 측정 결과가 나와야 한다.

① ㄱ, ㄴ, ㄷ　② ㄱ, ㄷ　③ ㄴ, ㄹ
④ ㄹ　⑤ ㄱ, ㄴ, ㄷ, ㄹ

해설 기준타당도는 기존의 척도와 새로운 척도를 비교하거나(동시적 타당도), 새로운 척도를 통해 미래에 발생할 사건을 잘 예측할 수 있는지 확인하는(예측적 기준타당도) 방식으로 타당도를 검증하며 보통 상관계수로 측정한다.

25. 측정에 관한 설명으로 옳지 않은 것은?

① 크론바 알파는 0에서 1까지의 값을 갖는다.
② 개념타당도는 내용타당도보다 타당도 확보가 비교적 어렵다.
③ 문항 수가 증가할수록 신뢰도는 증가한다.
④ 내용타당도는 비교적 객관적 기준에 근거해 타당도를 확보한다.
⑤ 지능지수(IQ)는 곱셈이 불가능하다.

해설 객관적 기준에 근거해 타당도를 확보하는 것은 기준타당도이다. 내용타당도는 전문가의 주관적 판단에 근거해 타당도를 확보한다.

26. 측정에 관한 설명으로 옳은 것은?

① 가설을 구성하는 개념들을 측정을 통해 개념화한다.
② 일정한 패턴을 가진 고정 응답군(Response Set)은 측정의 타당도를 저해한다.
③ 지능지수(IQ)의 측정점수 사이에는 배수 관계가 성립한다.
④ 서열측정은 범주 사이를 단순히 분류하는 기능만 한다.
⑤ 명목측정의 응답범주들 중 일부 응답자들이 선택할 수 있는 범주가 빠져있다면 상호배타성을 위배한 것이다.

해설 고정응답, 사회적 바람직성, 문화적 차이 등으로 인해 발생하는 편향(Bias)은 측정 과정에서 체계적 오류를 낳고 타당도를 떨어뜨린다.

27. (　　) 안에 들어갈 알맞은 말은?

> 사회복지과 학생의 면접 능력을 측정하는 측정도구(객관식 설문지)를 만드는 경우, 그 측정도구로 평가한 학생들의 점수와 학생들의 면접 기술 역할연기를 촬영한 비디오를 보고 평가한 점수와 상관계수를 계산하여 그 상관계수가 γ=50이상인 경우 타당도가 있다고 판단한다면 이는 (　　) 타당도를 확보하는 방법이다.

① 판별　② 내용　③ 동시　④ 예측　⑤ 개념

해설 면접 능력을 제대로 측정한 도구라면 해당 질문지에 높은 점수를 받아 학생이 역할연기에서도 높은 점수를 받을 것이다(즉, 상관관계가 높을 것이다). 이렇듯 개발한 측정도구의 타당도를 다른 기준이 되는 도구나 방향과 비교하여 판단하는 방식은 동시타당도에 해당한다.

28. 신뢰도를 높이는 방법으로 적합하지 않은 것은?

① 개념적 정의를 명확히 한다.
② 측정하고자 하는 개념을 가능한 한 높은 수준으로 측정한다.
③ 척도를 구성하는 문항의 수를 최소화 한다.
④ 같은 개념을 측정하는 신뢰도와 타당도가 검증된 기존 척도가 있다면 이를 활용한다.
⑤ 지시문을 명확히 이해할 수 있도록 서술한다.

해설 신뢰도를 높이기 위해서는 척도를 구성하는 항목(문항)의 수를 늘리는 것이 좋다.

29. 외국의 연구에서 개발된 척도를 우리나라에서 사용할 때의 유의사항으로 옳은 것은?

① 외국에서 표준화된 척도는 그 타당성이 이미 공인되었으므로 수정하는 일이 없어야 한다.
② 우리나라에서도 신뢰도와 타당도가 적절한지 평가해야 한다.
③ 언어나 용어 해석의 문화적 차이로 발생할 수 있는 비체계적 오류의 가능성을 감안해야 한다.
④ 외국에서 개발된 표준화된 척도를 사용하기보다는 연구자가 나름의 척도를 만들어 사용하는 것이 낫다.
⑤ 일단 우리나라 말로 번역된 척도는 재검토 과정을 거쳐 수정하기보다 통일되게 사용하는 것이 좋다.

해설 외국에서 개발된 척도를 사용할 때는 해당 척도가 우리나라의 문화적 맥락에 잘 어울리는지, 한국적 맥락에서 신뢰도와 타당도가 담보되는지를 평가해볼 필요가 있다.

30. 측정도구 구성에 관한 설명으로 옳지 않은 것은?

① 높은 신뢰도나 타당도를 담보하므로 타당도보다 신뢰도를 확보하는 것이 우선된다.
② 개념의 여러 측면을 고려하여 다양하게 구성한다.
③ 상호배타적이면서 포괄적이어야 한다.
④ 같은 개념을 측정하는 지표들 사이에는 상관관계가 높아야 한다.
⑤ 복수의 지표로 구성하는 것이 좋다.

해설 측정도구의 신뢰도가 높다고 해서 타당도가 반드시 높은 것은 아니다.

31. 척도 개발 절차를 옳게 나열한 것은?

> ㄱ. 개념을 경험적으로 측정 가능한 변수로 전환
> ㄴ. 척도의 구성
> ㄷ. 변수의 속성을 반영하는 경험적 지표의 선정
> ㄹ. 측정하고자 하는 이론적 개념의 의미를 명확히 함

① ㄱ → ㄴ → ㄷ → ㄹ
② ㄷ → ㄱ → ㄹ → ㄴ
③ ㄹ → ㄱ → ㄷ → ㄴ
④ ㄹ → ㄷ → ㄴ → ㄱ
⑤ ㄴ → ㄷ → ㄱ → ㄹ

해설 개념을 분명회 정의한 후(ㄱ), 그 개념을 측정 가능한 변수로 전환한다(ㄱ). 그 후에 해당 변수의 속성을 반영하는 지표를 선정하여(ㄷ) 척도를 최종적으로 구성한다(ㄴ).

32. 우울 감소를 위한 인지행동집단 프로그램을 실시한 후, 참여자들에게 프로그램 만족도를 0-100점 사이 점수로 평가하도록 했더니(높은 점수는 높은 만족도를 의미함), A는 40점을, B는 80점, C는 0점으로 응답했다. 이에 관한 설명으로 옳은 것은?

① B는 A보다 2배 더 프로그램에 만족한다.
② B가 A보다 프로그램 만족도가 높긴 하지만 2배 만족한다고 말할 수는 없다.
③ A, B, C 사이는 만족도는 비교 불가능하다.
④ C의 만족도는 절대적 의미의 0점이다.
⑤ 프로그램 만족도의 측정수준은 단순분류와 대소관계만 성립한다.

해설 프로그램 만족도의 측정수준은 등간수준이다. 등간수준은 곱셈이나 나눗셈의 연산이 불가하므로 배수 개념을 적용할 수 없다. 따라서 B가 A보다 프로그램 만족도가 40점 더 높기는 하지만 2배 만족하다고 말할 수는 없다. 등간수준에서의 0값은 절대적 0이 아니라 임의적 0이며, 등간수준의 측정값은 단순분류, 대소관계를 넘어 점수 간 등간격까지 성립한다.

33. 자녀가 있는 어머니들의 환경의식 수준을 파악하기 위해 다음 4가지 항목에 대해 수행 여부를 응답하게 하였다. 각 항목에 대해 '그렇다' 고 응답하면 1점, '아니다' 라고 응답하면 0점을 측정값으로 부여한 후 전체 4 문항의 측정값을 합산한 값을 응답자의 환경의식 수준 점수로 계산했다. 이때 사용한 척도 유형은?

문항	그렇다	아니다
1. 쓰레기를 철저히 분리수거한다.		
2. 장바구니를 항상 챙겨 다닌다.		
3. 자녀에게 환경보호의 중요성을 강조하고 실천하게 지도한다.		
4. 환경보호운동에 동참한다.		

① 총화평정 척도 ② 리커트 척도 ③ 어의판별 척도
④ 거트만 척도 ⑤ 서스톤 척도

해설 각 문항에 예/아니오, 해당/비해당, 그렇다/아니다 등의 이분범주로 응답하게 한 후 1점과 0점 등으로 점수를 부여(평정, Rating)한 후 전체 문항에 대해 합산하는 방식을 총화평정 척도라 한다.

34. 측정수준에 관한 설명으로 옳지 않은 것은?

① 응답범주 사이에 대소관계가 성립되지 않으면 이는 명목척도이다.
② 등간척도로 측정된 0값은 자의적으로 부여되었으므로 절대적 의미('없다')로 해석할 수 없다.
③ 서열척도의 각 범주에 부여되는 수치는 연산이 가능하지 않다.
④ 태도, 동기, 심리 등은 직접 관찰할 수 없기 때문에 측정할 수 없다.
⑤ 측정수준과 통계분석 방법 사이에는 밀접한 관계가 있다.

해설 사회복지를 포함하여 사회과학 연구에서는 인간의 태도, 동기, 심리 등에 관심을 두는 경우가 많으나 이러한 심리적 변수들은 그 자체를 직접 관찰할 수 없어 측정이 어렵다. 따라서 일반적으로 이러한 변수들은 그 자체를 직접 관찰하고 측정하기보다는 변수의 속성을 드러내 주는 관찰 가능한 지표들을 통해 간접적으로 측정한다. 예를 들면, '우울'을 측정한다면 우울한지 아닌지를 직접 관찰할 수는 없지만, 일반적으로 우울 수준이 높은 사람들에게서 보이는 관찰 가능한 지표들(예: 식용 감퇴, 의욕 저하, 잠을 못 이룸, 무기력함 등)을 통해 우울의 정도를 측정한다. 이러한 관찰 가능한 지표들을 '지표' 혹은 '관찰변수(측정변수)'라 하고, 그것들을 통해 측정하고자 하는 우울과 같은 변수를 '개념' 혹은 '잠재변수'라고 구분해 부른다.

35. 변수의 측정수준에 관한 설명으로 옳지 않은 것은?

① 서열측정에서 연속적 순서에 부여한 숫자 사이의 간격은 동일하지 않다.
② 등간변수는 측정된 값을 질적으로만 처리할 수 있다.
③ 가능한 한 가장 높은 수준으로 측정해야 다양한 통계분석 기법을 적용할 수 있다.
④ 소득의 경우 비율수준의 측정이 가능하지만 무응답률을 줄이기 위해 서열수준으로 측정하는 것이 유용할 수 있다.
⑤ 네 수준 모두에서 측정 가능한 변수가 있는가 하면, 가장 낮은 수준 하나로만 측정 가능한 변수도 있다.

해설 등간변수는 변수 값을 양적으로 처리할 수 있으며, 덧셈과 뺄셈 등의 연산을 적용할 수 있다.

36. 비율측정의 속성으로 옳은 것을 모두 고른 것은?

ㄱ. 임의적 0을 설정한다.
ㄴ. 연속되는 수치 사이의 간격이 동일하다.
ㄷ. 서열수준으로 변환할 수 있다.
ㄹ. 측정값에 대해 2:3과 같은 비율적 비교가 가능하다.

① ㄱ, ㄴ, ㄷ, ㄹ
② ㄱ, ㄴ, ㄷ
③ ㄴ, ㄷ, ㄹ
④ ㄹ
⑤ ㄴ, ㄷ

해설 비율측정은 임의적 0이 아니라 절대적 0을 설정한다. 하위수준으로 변환하여 측정이 가능하고, 하위 측정수준의 속성을 모두 내포한다. 따라서 등간척도의 속성에 해당하는 (ㄴ)은 비율측정에도 해당되는 속성이다. 비율측정은 사칙연산 모두가 가능하며, 변수 값 사이의 비율적 비교가 가능하다.

37. 측정수준에 관한 설명으로 옳지 않은 것은?

① 섭씨온도는 학점(A, B, C, D, F)보다 측정수준이 높다.
② 거주기간을 월 단위로 측정한 경우 0은 실제적 의미를 갖지 않는다.
③ 소득은 다양한 측정수준으로 측정할 수 있다.
④ 현재 재직 중인 회사의 재직기간은 비율수준으로 측정할 수 있다.
⑤ 등간수준에서는 덧셈과 뺄셈이 가능하다.

해설 거주기간을 월 단위로 측정했다면 이는 비율수준의 측정이다. 0이 실제적 의미를 갖는 절대 0이다.

38. 한부모시설 내에 공동취사공간이나 식당을 마련하는 것에 대한 이용자들의 태도를 측정하기 위헤 다음 중 하나를 선택하도록 하였다. 이것은 무슨 척도인가?

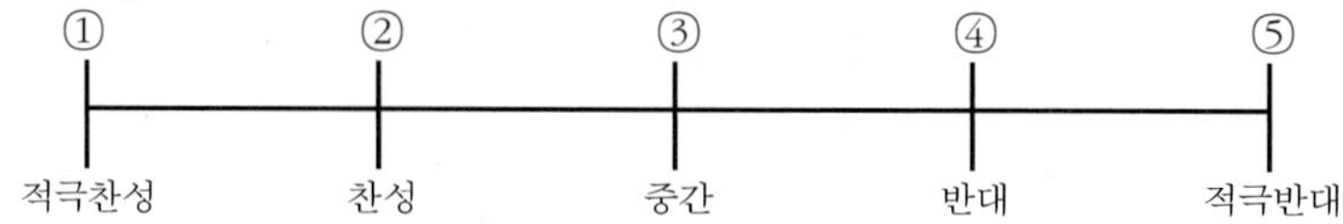

① 명목척도　　② 서열척도　　③ 등간척도
④ 비율척도　　⑤ 거트만 척도

해설 응답의 범주를 5개로 나누었고, 그 범주들 사이에 점수가 높을수록 반대의 정도가 큰 서열관계가 성립하므로 서열척도에 해당한다.

39. 다음 중 측정수준이 나머지와 다른 하나는?

① 남자 - 여자
② 기독교 - 천주교 - 불교 - 기타 종교 - 종교 없음
③ 상 - 중 - 하
④ 국어 - 수학 - 영어
⑤ 수도권 지역 - 중부 지역 - 영남 지역 - 호남 지역

해설 ③은 서열수준이고, 나머지는 명목수준이다.

40. 신뢰도 평가에 해당하는 사례를 모두 고른 것은?

ㄱ. 정신과 의사, 정신보건간호사, 정신보건사회복지사 등이 새로 개발된 우울 척도 우울의 속성을 제대로 반영했는지 검토했다.
ㄴ. 저울에 두 번 올라가 일정한 값이 나오는지를 확인하였다.
ㄷ. 피아노 콩쿠르 참여자의 연주에 대해 복수의 심사자가 평가 점수를 매겼다.
ㄹ. 커플 만족도 검사자에 점수가 높게 나온 커플이 실제로도 연인 사이를 오래 지속하는지를 확인하였다.

① ㄱ, ㄷ, ㄹ　　② ㄴ, ㄷ, ㄹ　　③ ㄴ, ㄷ
④ ㄷ, ㄹ　　⑤ ㄱ, ㄹ

해설 ㄱ. 내용타당도　　ㄴ. 검사-재검사법 신뢰도
ㄷ. 평가자(관찰자) 간 신뢰도　　ㄹ. 예측타당도에 해당하는 사례이다.

해답

1. ③	2. ⑤	3. ①	4. ④	5. ④	6. ①	7. ④	8. ④	9. ②	10. ③
11. ③	12. ①	13. ①	14. ⑤	15. ②	16. ③	17. ①	18. ④	19. ⑤	20. ②
21. ①	22. ④	23. ②	24. ②	25. ④	26. ②	27. ③	28. ③	29. ②	30. ①
31. ③	32. ②	33. ①	34. ④	35. ②	36. ③	37. ②	38. ②	39. ③	40. ③

05 표집(표본추출)

학습목표

1. 표집의 기본개념(정의, 장단점, 기본용어, 표본조사의 설계)에 대해 이해한다.
2. 표집방법의 유형(확률표집법, 비확률표집법)에 대해 이해한다.
3. 대표성, 표본크기 및 표본오차에 대해 이해한다.

1 표집의 기본 개념

1) 표집의 정의

일반적으로 사회과학분야에서는 연구대상으로 삼는 사람, 집단 또는 사건의 전수(全數)를 모두 조사하고 분석하지 않고 전체 대상 가운데 일정한 범주에 속하는 일부를 선택하여 조사를 실시한다. 즉, 전수조사를 실시하지 않고 표본조사를 실시한다. [그림 5.1]에 나타난 것처럼 조사목적을 달성하기 위해서 연구대상 전체인 모집단(母集團, Population)으로부터 모집단을 대표하도록 선택된 일부를 표본(標本, Sample)이라고 한다. 이러한 표본을 선택하는 과정을 표집(標集, Sampling) 또는 표본추출(標本抽出)이라고 하며, 추출된 표본으로부터 모집단의 특성을 추정하는 과정을 추리통계의 과정이라고 한다.

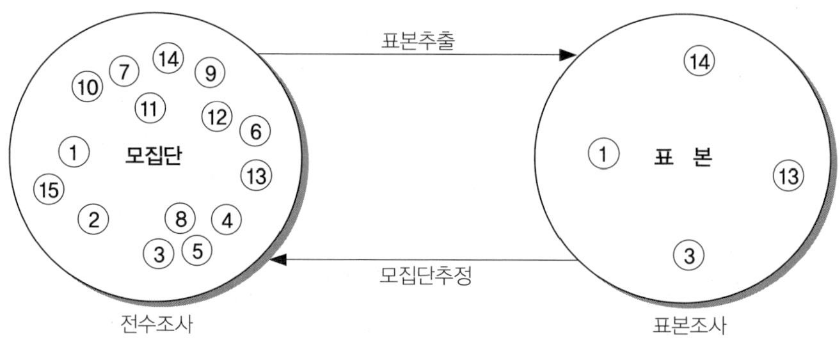

[그림 5.1] 전수조사와 표본조사

2) 표집의 장·단점

(1) 표집의 장점

- 경제성: 전수조사보다 물적·인적 자원이 절약된다.
- 신속성: 시간이 많이 걸리지 않기 때문에 연구가 지체되지 않고 조사기간 동안에 상황이 변할 수 있는 등의 단점을 극복할 수 있다.

- **가능성**: 모집단 전체를 파악할 수 없는 경우가 있고 수가 너무 많아서 조사가 현실적으로 불가능할 수 있으므로 표본을 사용한다.
- **정확성**: 조사량이 많지 않기 때문에 유능한 조사자들에 의해 조사될 수 있으므로 연구대상을 정확히 파악할 수 있다.
- **응답률**: 응답자로부터 높은 응답률과 협조를 받을 수 있다.
- **조직적 반발의 방지**: 표본을 사용함으로써 많은 사람들의 감정을 상하게 하지 않을 수 있으며, 감정이 상한 사람은 똑같은 질문을 접한 다른 응답자의 신원을 모르기 때문에 공통된 관심을 가지고 조직화될 가능성이 적다.
- **신뢰도**: 전수조사를 하기 위해서는 상당수의 면접자 또는 조사자가 필요하기 때문에 조사자간의 신뢰도 문제가 발생할 가능성이 높다.

(2) 표집의 단점

- 모집단을 대표할 수 있는 표본을 찾기 어렵다. 표본은 모집단의 부분집합으로서 대표성을 가져야 하는 데, 대표하지 못할 경우 일반화 가능성이 낮아진다.
- 모집단의 크기가 작은 경우에는 표집의 큰 의미가 없다. 모집단의 크기가 작은 경우에는 모집단 자체를 모두 조사하면 되기 때문에 표본을 추출하여 조사를 실시하는 것이 의미가 없다.
- 표본설계가 복잡한 경우에는 시간과 비용이 더 소요될 수 있고, 표본설계가 잘못된 경우에는 오차가 발생할 수 있다.

3) 표집의 기본 용어

- **표본조사(Sampling Study)**: 표집과정(표본추출과정)을 거쳐 모집단의 일부를 표본으로 선정하고 그 표본에 대해서만 실시되는 조사를 말한다.
- **전수조사(Population Study)**: 연구대상 전체인 모집단을 대상으로 실시되는 조사를 말한다.
- **표집요소(Sampling Element)**: 자료가 수집되는 대상의 단위로서 자료분석의

기초가 되며, 대체로 개인이거나 가족, 집단, 조직과 같은 다른 종류의 단위들도 표집요소가 될 수 있다.

- **전대상(全對象, Universe)**: 연구대상으로 정의된 사람 모두에 대한 이론적·가설적 집합체를 의미한다.

사례 장애인에 대한 비장애인의 태도에 관한 조사연구의 경우, 전체 대상의 범위는 우리나라에 한정하여 장애범주에 해당되지 않는 국민이 된다. 이 용어는 대상을 시간과 공간에 따라 엄격히 배제하지 않기 때문에 현실적으로 유용성이 없다.

- **모집단(母集團, Population)**: 연구대상인 전대상 중에서 실제로 조사할 수 있는 현실적인 연구대상을 말한다. 즉, 시간, 공간, 자격을 구체화시켜 정의한다. 모집단 가운데 표본이 실제로 추출되는 모집단을 연구 모집단(Study Population) 또는 조사 모집단(Survey Population)이라고 한다.

사례
· 장애인에 대한 비장애인의 편견 조사의 경우
· 19세~60세 사이의 장애범주에 있지 않은 성인
· 도시지역에 살고 있는 등록 장애범주에 있지 않은 초등학생

- **표집(標集, Sampling)**: 표본을 선택하는 과정을 말한다. 이는 표본추출이라고도 한다.
- **표집단위(Sampling Unit)**: 표집과정의 각 단계에서 표집대상인 요소들의 단위이다.

사례 전국단위 조사에서 시 · 도를 1차 표집하고, 표집된 시 · 도에서 시 · 군 · 구를 표집하고, 시 · 군 · 구에서 읍 · 면 · 동을 표집하고, 읍 · 면 · 동에서 개인을 표집할 경우, 표집단위는 시 · 도,시 · 군 · 구, 읍 · 면 · 동, 개인이 되는 것이다.

- **표집틀(Sampling Frame)**: 표본이 실제 추출되는 연구대상 모집단 전체의 목록을 말한다. 일반적으로 표집틀을 평가하는 3가지 기준은 포괄성(Comprehensiveness), 추출될 확률(Probability of Selection), 효율성(Efficiency)이다.

사례 한 고등학교 학생들 중 일부를 표본으로 추출한다면 학생들의 출석부나 학생명부 등이 표집틀이 될 수 있다.

· **관찰단위(Observation Unit)와 분석단위(Analysis Unit)**: 자료수집의 단위가 관찰단위이고, 자료수집 내용에서 실제 분석하는 단위가 분석단위이다. 일반적으로 관찰단위와 분석단위는 동일하지만, 동일하지 않는 경우도 있다.

사례 가구주와 면접을 통해 가구구성원에 대한 정보를 수집하는 경우가 있는데, 여기서 관찰단위는 가구주가 되지만, 분석단위는 가구구성원이 된다.

· **변수(Variable)**: 모집단의 요소가 가지는 상호배타적이고 서로 다른 속성을 말한다. 변수는 반드시 변량(變量, Variation)을 가지고 있어야 하며, 반드시 2개 이상의 변수값(Values)을 갖는다.

· **표본(標本, Sample)**: 전체 모집단의 부분집합 또는 부분을 말한다.

· **통계치(Statistics)와 모수치 · 모수 · 모치수(Parameter)**: 조사표본에서 특정변수가 가지고 있는 특성을 요약한 것이 통계치(Statistics)이고, 통계치를 근거로 확률적으로 추정하여 모집단의 특성을 요약하고 묘사한 것이 모수치(Parameter)이다. 즉, 표본조사를 통해서 얻어낸 값(통계치)을 가지고 모집단의 값(모수치)을 추정하는 것이다. 조사연구의 중요한 목적 중에 하나는 표본관찰을 통해서 이러한 모수치를 추정해 내는데 있다.

사례 표본조사에서 나타난 장애인 근로자의 월 평균수입이 100만원이라면 이 값은 통계치이고, 이를 토대로 모집단인 우리나라 장애인 근로자의 월 평균수입이 100만원이라고 추정하면 이것은 모수치이다.

· **표집간격(Sampling Interval)**: 모집단으로부터 표본을 체계적 표집방법(Systematic Sampling)으로 추출할 때 사용하는 용어로서, 추출되는 표본사이의 간격을 의미하며, [모집단의 크기/표본의 크기]로 구해진다.

사례 전국의 150만 국민기초생활보장대상자 가운데 100,000명을 뽑아 실태조사를 실시할 경우 표집간격은 15이다.

· **표집률(Sampling Rate)**: 연구대상 전체인 모집단에서 개별요소 하나가 선택될 비율을 말한다.

사례 전국의 150만 국민기초생활보장대상자 가운데 100,000명을 뽑아 실태조사를 실시할 경우 표집률은 100,000/1,500,000≒0.067≒6.7%이다.

- 표집오차(Sampling Error): 표집과정에서 발생하는 모집단과 표본과의 통계적 차이를 말한다. 표본의 통계치들이 모집단의 모수치와 정확히 일치하지 않고, 그 주위에 분산되어 있는 정도이다. 즉, 통계치가 모수치와 다른 정도이다. 표본조사를 통해 얻은 모수치의 추정값은 전수조사에 의한 모수치 만큼 정확하지는 않다.
- 신뢰수준(Confidence Levels)/신뢰구간(Confidence Interval): 통계치를 가지고 모수치를 추정할 때, 이 추정값은 오차범위를 의미한다. 즉, 신뢰수준 95%라고 하는 경우에 실제 모수치와 추정된 모수치 사이의 오차범위가 ±5%라는 의미이다.

사례 신뢰수준 95%로 통계치의 평균이 100만원이라면, 실제 모수치의 평균은 95만원에서 105만원 사이에 있다.

- 표준오차(Standard Error): 표본들의 분포에서 각 특성의 값 사이의 표준편차를 의미한다. 표준오차는 신뢰수준(신뢰구간)을 계산하는 데 사용한다.

4) 표본조사의 설계

표본조사의 설계는 [그림 5.2]와 같이 연구대상이 되는 모집단을 확정하고, 적당한 표집틀을 선정한 후, 표집방법과 표본의 크기를 결정하고, 실제로 표본을 추출하는 과정을 거친다.

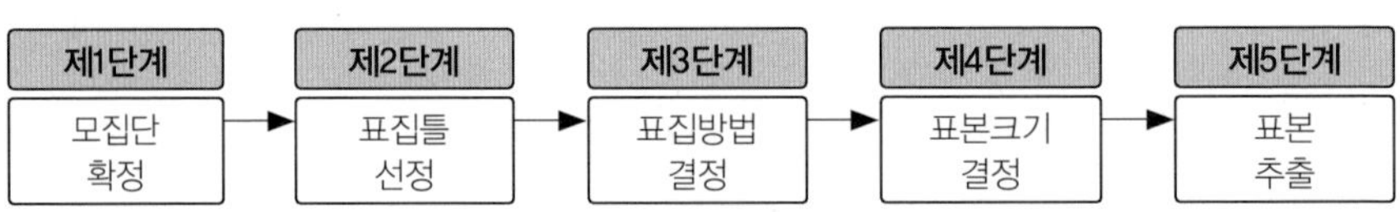

[그림 5.2] 표본조사 설계절차

(1) 모집단 확정

모집단이란 연구대상이 되는 집단으로 연구자가 직접적인 방법이나 통계적 추정에 의하여 정보를 얻으려는 대상집단이다. 연구목적에 부합되는 자료를 얻기 위해서는 가능한 정확한 모집단의 규정이 필요한데 이를 위해서는 연구대상, 표집단위, 범위, 시간의 4가지 요소를 명확히 해야 한다.

(2) 표집틀 선정

표집틀이란 연구대상이나 표본단위가 수록된 목록이며, 이로부터 최종적인 표본이 추출된다. 좋은 표집틀이란 모집단의 구성요소 모두를 포함하면서 어떠한 요소도 이중으로 포함되지는 않는 목록이다.

[사례] 표집틀

연구대상	18세부터 30세까지의 여성
표집단위	18세부터 30세까지의 여성
범위	전국
시간	2010년 6월 1일 ~ 6월 30일

연구대상	S기업에서 생산하는 전자제품
표집단위	백화점, 대형유통업체, 대리점
범위	전국
시간	2010년 6월 1일 ~ 6월 30일

(3) 표집방법 결정

표집틀이 선정되면 어떤 방법으로 모집단을 대표할 수 있는 표본을 확보할 것인지에 대한 검토가 있어야 한다. 표집방법은 크게 확률표집법과 비확률표집법이 있다.

(4) 표본크기 결정

적절한 표본의 크기는 신뢰구간 접근법과 통계적 기법에 의해 결정될 수 있으나, 실제상으로는 표집방법, 모집단의 성격, 시간과 비용, 연구자 및 조사원의 능력 등을 고려하여야 한다.

(5) 표본추출

결정된 표집방법으로 표본을 수집한다.

2 표집방법의 유형

일반적으로 표집방법의 유형은 [그림 5.3]과 같이 크게 확률표집법과 비확률표집법으로 나눈다. 확률표집법에는 단순무작위표집법, 체계적 표집법, 층화표집법, 집락표집법 등이 있고, 비확률표집법에는 임의표집법, 유의표집법, 할당표집법, 전략적 제보자표집법 등이 있다.

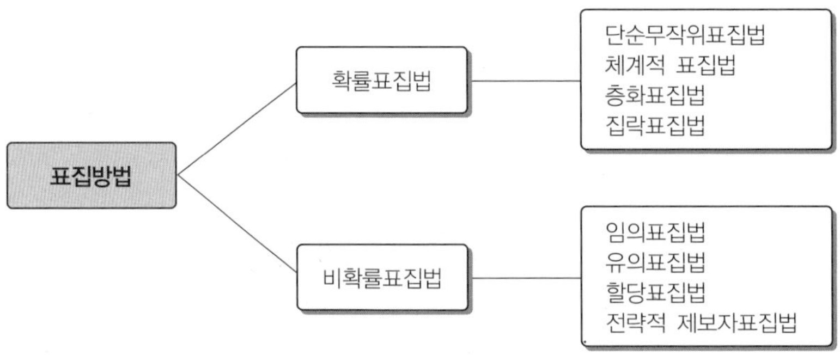

[그림 5.3] 표집방법의 유형

확률표집법(Probability Sampling)과 비확률표집법(Non-Probability Sampling) 간을 비교하면 [표 5.1]과 같다.

[표 5.1] 확률표집법과 비확률표집법의 비교

기 준	확률표집법	비확률표집법
연구대상이 표본으로 추출될 확률	동등함, 알려져 있음	동등하지 않음, 알려져 있지 않음
표집(표본추출)	무작위 표집	인위적(독단적·의도적) 표집
표본의 통계치로 모집단의 모수치 추정	편의(偏倚, Bias)가 없음	편의가 있음
모수치 추정 가능성	추정 가능	추정 불가능

기 준	확률표집법	비확률표집법
오차 측정 가능성	측정 가능	측정 불가능
시간과 비용	많이 소요	절약
모집단의 규모와 성격	명확히 규정	불명확 또는 불가능
종류	단순무작위표집법, 체계적 표집법, 층화표집법, 집락표집법	임의표집법, 유의표집법, 할당표집법, 전략적 제보자표집법

1) 확률표집법

확률표집법(Probability Sampling)은 각각의 사례가 모집단으로부터 표본으로 추출될 확률을 알 수 있는 표집법이다. 즉, 모든 사례가 추출될 확률이 명백한 표집법이다.

예를 들면, 1,000명의 모집단이 있는데, 그 중 100명을 무작위로 추출한다면, 표집확률은 100/1,000=0.1=10%이다. 확률표집법은 비확률표집법에 비해 다음과 같은 장점을 가지고 있다.

- 확률표집법은 비확률표집법에 비해 보다 더 대표성 있는 표본을 얻을 수 있다. 즉, 모집단의 특성을 좀더 잘 대변할 수 있는 표본을 추출할 수 있다.
- 확률표집법에 의한 표본은 조사자로 하여금 신뢰수준에 따른 표본오차, 즉 조사결과의 통계처리에 의해 모집단의 특성을 몇 퍼센트의 확신을 가지고 ± 얼마 정도 오차범위 내에서 예측할 수 있는가를 계산할 수 있다.

(1) 단순무작위표집법

단순무작위표집법(Simple Random Sampling)은 크기가 N인 모집단으로부터 크기가 n인 표본을 균등한 확률로 추출하는 방법을 말한다. 단순무작위표집법에 의해 표본을 추출하기 위해서는 다음과 같은 요건이 필요하다.

- 모집단의 모든 사례가 동등하게 표집될 가능성을 갖기 위해서는 모집단에 대한 목록이 있어야 한다.

- 한 사례를 표집하는 것이 다른 사례의 표집확률에 아무런 영향을 주지 않아야 한다.

- 단순무작위표집법의 표집절차
  ❶ 모든 사례를 명부 또는 목록표(List)에 열거한다.
  ❷ 각 사례에 일련번호를 부여한다.
  ❸ 제비 뽑는 것과 비슷한 기계적인 방법으로 표본을 선택한다. 이 경우 전문가에 의해서 만들어진 난수표(Table of Random Numbers)를 사용하는 것이 편리하다.

- 난수표를 사용한 표집의 예

12	79	73	42	34
67	28	19	83	24
24	64	20	34	25
02	85	54	28	58

난수표에 눈을 감고 연필을 굴렸더니 연필 끝이 왼쪽 끝 "1"을 지적하였다. 그리고 모집단이 350명이고, 이 가운데 70명을 표본으로 선택했다고 가정한다. 모집단이 3자리이기 때문에 연필 끝이 가리킨 왼쪽 맨 위 끝에 있는 "1"이라는 수를 출발점으로 하여 2자리 숫자로 된 세로줄의 첫째 열과 둘째 열의 첫 단위 숫자를 합하여 3자리로 보고 난수표를 따라 내려가면서 3자리의 수가 모집단의 총수인 350보다 같거나 작은 수만 선택하여 필요한 만큼 표본으로 선택한다. 표본의 크기인 70개가 채워질 때까지 이런 절차를 계속한다(127, 246, 028은 350보다 작기 때문에 채택되지만, 672는 350보다 크기 때문에 채택되지 않는다).

- 단순무작위표집법의 장점
  - 모든 요소가 동등하게 추출될 확률을 가지므로 편견이 개입될 확률이 희박하다.
  - 모집단에 대한 사전지식을 필요로 하지 않는다.
  - 표본오차의 계산이 용이하다.

• 단순무작위표집법의 단점

- 조사자가 모집단에 대해 가지고 있는 지식을 충분히 활용할 수 없다.
- 동일한 크기의 표본일 경우 층화표집법보다 표본오차가 크다. 즉, 표본오차는 어느 정도 표본의 이질성 때문에 발생하는데 층화표집법에서의 각 층은 주요 특성에 있어서 단순무작위표집법의 모집단보다 상대적으로 동질적이기 때문이다.
- 모집단에서 그 수가 적은 요소는 표본으로 추출될 보장이 없기 때문에 표본의 규모가 커야 한다.
- 모집단의 목록을 만들고 번호를 부여하는 작업 등 현실적으로 많은 노력이 소요된다.

(2) 체계적 표집법

체계적 표집법(Systematic Sampling)은 표집틀인 모집단 목록에서 일정한 순서에 따라 매 k번째 요소를 표본으로 추출하는 방법으로 "계층적 표집법" 또는 "계통적 표집법"이라고 한다.

체계적 표집법은 [그림 5.4]의 공식에 나타난 것처럼 우선 일련번호를 붙인 표집틀을 마련하고 모집단 총수(모집단의 크기)를 요구되어지는 표본수(표본의 크기)로 나누어 표집간격(k)을 구하면 첫 번째 표집간격 안에 들어 있는 숫자 가운데 하나를 무작위로 선택하여 추출된 최초의 표본으로 삼고, 나머지 표본들은 기계적으로 정해진 표집간격(k)에 따라 추출한다.

$$\text{표집간격}(k) = \frac{\text{모집단의 총수}(N)}{\text{표본수}(n)} = \frac{\text{모집단의 크기}}{\text{표본의 크기}}$$

[그림 5.4] 표집간격의 산출공식

체계적 표집법에서는 표집틀에 편재 유형이 존재하는지를 면밀히 검토하여야 한다. 편재란 비슷한 특성의 사람들이 목록의 일정부분에 몰려있는 현상을 말한다.

• 체계적 표집법의 표집절차

❶ 표집틀을 마련한다.

❷ 표집틀이 마련되면 거기에 포함된 모든 요소에 개별적인 일련번호를 부여한다.

❸ 모집단의 총수를 필요한 표본수로 나누어 표집간격을 결정한다.

❹ 최초의 표집간격 내에서 하나를 무작위로 표본추출을 한다.

❺ 최초의 표집간격 내 무작위로 선택된 숫자에 표집간격을 계속적으로 더해가면서 그 번호에 해당되는 요소를 표본으로 선택한다.

• 체계적 표집법의 사례

모집단의 총수가 400명이고 표본이 80명이라면, 표집간격(k)=모집단의 총수/표본수=400/80=5이다. 표집틀에서 최초의 표집간격인 다섯 사람 가운데 한 사람을 무작위로 뽑는다. 그 후 첫 번째 무작위로 뽑은 표본의 번호에 표집간격만큼을 더한 번호에 해당하는 모집단의 사람을 표본으로 선택한다. 그 후 계속 표집간격만큼 더해가면서 해당 번호의 요소를 표본으로 선정한다.

• 체계적 표집법의 장점

- 단순무작위표집법에 비해 비용과 자원 및 노력을 절약할 수 있다.
- 표본추출이 용이하다.
- 모집단 전체에 걸쳐 보다 공평하게 표본이 추출되므로 모집단을 잘 대표할 수 있다.

• 체계적 표집법의 단점

- 모집단 전체의 명단을 알고 있어야 한다.

- 모집단의 배열이 일정한 주기성 또는 특정 경향성을 가지고 있기 때에는 편견이 개입되어 대표성이 문제된다. 여기서, 주기성이란 날짜를 표집할 때 7일 간격으로 체계적 표집을 하면 특정 요일만이 표본으로 뽑히게 되는 것을 말한다.

(3) 층화표집법

층화표집법(Stratified Sampling)은 모집단을 보다 동질적인 몇 개의 계층으로 나누고, 이러한 각 계층으로부터 단순무작위표집법 또는 체계적 표집법으로 적절한 수의 표본을 추출하는 방법이다. 이때 계층들 내에서는 동질성을 확보해야 하는데, 층화표집법은 동질적인 집단내의 표집오차가 이질적인 집단의 표집오차보다 더 작다는 확률분포논리에 기초하고 있기 때문이다. 층화표집법을 적용할 것인가를 결정함에 있어 고려해야 할 사항은 다음과 같다.

- 자료를 변수에 따라 층화시킬 수 있는가?
- 층화된 계층들이 모집단 전체를 골고루 포함하고 있는가? 즉, 포괄성이 있는가?
- 각 계층들 내에서 동질성을 확보할 수 있는가?
- 각 계층들간에 서로 중복되지 않아 상호배타성을 유지하고 있는가?
- 층화시킴으로 인해 표본크기를 줄이고 자료수집 시간과 비용을 절약시켜 표집 효율성을 높일 수 있는가?

- 층화표집법의 표집절차

❶ 조사대상 모집단을 상호배타적이고 포괄적인 계층들(Strata)로 나눈다.

❷ 각 계층들이 모집단 내에서 차지하는 상대적 비율을 정하고, 각 계층별로 추출할 표본의 수를 정한다.

❸ 각 계층별로 단순무작위표집법이나 체계적 표집법을 사용하여 표본을 추출한다.

• 층화표집법의 사례

어느 대학에서 정교수, 부교수, 조교수, 전임강사와 같이 계급 순으로 되어 있는 계층들에 관해 층화표집법을 실시한다면, 모든 정교수를 함께 하나의 동질적인 계층으로 목록을 만들고, 모든 부교수를 하나의 동질적인 계층으로 목록을 만들고, 모든 조교수를 하나의 동질적인 계층으로 목록으로 만들고, 모든 전임강사를 하나의 동질적인 계층으로 목록을 만든다. 이것이 실행된 이후 단순무작위표집법이나 체계적 표집법으로 각 계층으로부터 표본을 추출한다.

• 층화표집법의 종류

❶ 비율적 층화표집법(Proportional Stratified Sampling) : 모집단에서 각 계층이 정하는 비례에 따라 각 계층의 크기를 할당하여 표본을 추출하는 방법이다. 이 방법을 사용하는 목적은 전체의 대표성을 구하는 데 있다.

[장점] 모집단을 적당하게 대표하는 표본을 잡을 수 있으며, 모집단의 특성을 알기에 좋다.
[단점] 계층이 여러 개 되면 비율적으로 뽑기 어려우며, 각 계층의 비교가 어렵다.

❷ 비비율적 층화표집법(Disproportional Stratified Sampling) : 각 계층에서 각 계층의 크기와는 상관없이 같은 수의 표본을 추출하는 방법이다. 이 방법은 전체 모집단의 특성보다는 각 계층이 대표하는 부분계층의 특성을 보고자 할 때 많이 사용된다.

[장점] 각 계층의 비교가 쉽고, 실험집단과 통제집단을 나눌 때 사용되고, 경제적이다.
[단점] 모집단의 특성을 파악하기 어렵고 현지조사인 경우 같은 크기로 계층을 뽑을 수 없다.

[표 5.2] 비율적 층화표집법과 비비율적 층화표집법의 비교

구 분	학생수	비율적 층화표집법	비비율적 층화표집법
남학생	4,500명	450명	250명
여학생	500명	50명	250명
전 체	5,000명	500명	500명

❸ 가중표집법(Weighted Sampling): 표본의 크기를 각 계층에 할당함에 있어서 통계량의 표본오차가 최소가 되도록 하는 방법으로 "최적 분할 비비율적 층화표집법(Optimum Allocation Disproportional Stratified Sampling)"이라고도 한다. 즉, 일정한 층화 기준에 의해 층화하더라도 어떤 계층은 매우 동질적인데 반해, 다른 어떤 계층은 동질성의 정도가 상대적으로 떨어지기도 한다. 이런 경우 보다 동질적인 계층에서는 적은 규모의 표본이라 해도 그 표본이 모집단을 잘 대표할 수 있지만, 이질적인 계층에서는 많은 표본을 취하지 않으면 표본이 모집단을 잘 대표하기가 어렵다. 이와 같이 어떤 계층의 표본이 모집단을 아무리 잘 대표하고 있어도 다른 계층의 표본이 모집단을 잘 대표하고 있지 못하면 전체적인 정확성이 떨어진다고 할 수 있다. 따라서 보다 동질적인 층은 비교적 적은 수의 표본을 선정하고, 이질적인 계층에서는 보다 많은 수의 표본을 선정함으로써 결과적으로 가장 적은 표본의 크기로써 요구되는 정확성의 수준을 유지할 수 있다.

사례 한 고등학교의 3학년 학생 900명을 성적순에 의해 80점 이상을 상위그룹, 50점 이상 80점 미만을 중위그룹, 50점 미만을 하위그룹으로 분류해 보았더니, 상위그룹의 학생들은 모두 90점 이상이었고, 중위그룹 학생들은 50점에서 79점까지 골고루 분포되어 있었으며, 하위그룹 학생들은 40점에서 49점 사이에 분포되어 있었다. 이 경우 모집단으로부터 90명의 표본을 추출한다면 각 집단에 대해 각각 30명씩 추출하는 것보다 상위그룹에서는 30명보다 적은 수의 표본을 추출하고, 중위그룹에서는 30명보다 많은 수의 표본을 추출하며, 하위그룹에서는 30명 정도의 표본을 추출할 때 표본오차를 최소화할 수 있을 것이다.

- 층화표집법의 장점
  - 중요한 집단을 빼지 않고 표본에 포함시킬 수 있다.
  - 동질적인 표본의 수를 줄이더라도 정확성을 기할 수 있다.
  - 면접자가 직접 표본을 뽑을 경우 할당만 정해주면 쉽게 뽑을 수 있다.
  - 우편조사의 경우에는 회수율이 상당히 높아질 수 있다.
  - 단순무작위표집법보다 지역적으로 더 좁은 지역에서 조사를 집중시킬 수 있으므로 시간, 노력, 경비를 절약시킬 수 있다.

- 층화표집법의 단점
  - 층화 시 모집단에 지식이 요구된다.
  - 무엇에 초점을 두어 층화하는가 하는 문제가 제기된다.
  - 각 계층에 대한 명부가 필요하다.
  - 특히 최적분할 비비율적 층화표집법(가중표집법)은 그 과정이 복잡하다.

(4) 집락표집법

집락표집법(Cluster Sampling)은 모집단을 여러 개의 집락 또는 집단들로 구분하여 이들 집락이나 집단 중 일부를 선택하고, 선택된 집락 또는 집단 안에서만 표본을 무작위 추출하는 방법으로 "군집표집법", "지역표집법"이라고도 한다. 이 방법은 주로 대규모의 조사에서는 상위 집락에서 하위 집락으로 이동하면서 표본단위들을 추출하는 경우가 많고, 행정구역이나 조직체제상 분류된 단위들을 집락으로 많이 사용한다.

- 집락표집법의 표집절차
  ❶ 모집단을 상호배타적인 집락 또는 소집단으로 구분한다.
  ❷ 분류된 소집단 중에서 무작위로 일부 소집단을 선정한다(제1집락 표집).
  ❸ 선정된 각각의 집락 또는 소집단에서 표본을 무작위로 선정한다(제2집락 표집).

- 집락표집법의 사례
  학생들을 연구하고 싶어하는 조사자는 먼저 학급이나 기숙사 방과 같은 학생 집단들 또는 학생집단들을 표집하고 그리고 각 집단들로부터 최종적인 학생 표본을 선택한다.

- 집락표집법의 장점
  - 시간과 비용을 절약할 수 있다.

- 전체 모집단의 목록을 작성하지 않아도 된다. 즉, 뽑힌 집락의 명단만 작성하면 된다.

- 집락표집법의 단점
  - 집락이 동질적이면 오차의 개입성이 높다.
  - 단순무작위표집법보다 특정집단의 특성을 과대 또는 과소하게 나타낼 위험성이 높다.

- 다단계 집락표집법(Multistage Cluster Sampling): 집락 표집이 여러 단계에 걸쳐 실시되는 것을 말한다.

사례 성계층화현상(性階層化現想 : Gender Stratification)을 파악하기 위해 모든 전국의 성인여성을 대상으로 조사하기로 하였다면, 이들 전국 모든 성인여성들을 포함하는 표집틀인 목록을 구할 수 없고, 그렇다고 직접적으로 현장에서 목록을 만드는 것은 엄청난 비용을 필요로 하기 때문에 실용적이지 못하다. 이런 경우 다단계 집락표집법을 사용하면 효율적으로 필요한 표본을 구할 수 있으며, 그 표집절차는 다음과 같다.
① 인구조사 표준지역 일부 표집 ② 도시구획 일부 표집
③ 가구 일부 표집 ④ 성인여성 표집

- 층화집락표집법(Stratified-Cluster Sampling): 계층들(Strata)을 층화표집법으로 선택하고, 각 계층 내에서 집락표집법으로 표본을 추출하는 방법으로 층화표집법과 집락표집법을 결합한 것이다.

사례 성계층화현상의 예를 인용하여 층화집락표집법을 설명하면, 먼저 전국의 광역자치단체(특별시 · 광역시 · 도)들을 계층(Strata)으로 선정하고, 모든 계층(광역자치단체)에 대해서 해당 시 · 군 · 구를 하위계층으로 삼아 이들을 모두 포함하는 목록을 구하고, 모든 시 · 군 · 구 각각에 해당하는 읍–면–동 목록을 구해 이들로부터 일부 읍 · 면 · 동을 표집하고, 표집된 읍 · 면 · 동으로부터 일부 가구들을 표집하고, 표집된 가구로부터 최종적으로 성인여성을 선택한다.

- 층화표집법과 집락표집법의 차이: 층화표집법에서 집단(계층들)은 집단 내에서는 동질적이고 집단간에는 이질적이지만, 집락표집법에서의 집단은 집단 내에서는 이질적이고 집단간에는 동질적이다.

2) 비확률표집법

비확률표집법(Non-Probability Sampling)은 모집단으로부터 선택될 확률이 미리 알려지지 않거나, 모집단이 명료하게 구체화되지 않거나, 구체화하는 데 시간과 비용이 많이 들거나, 모집단에 대한 지식과 정보가 없는 경우에 이용하는 방법이다.

비확률표집법은 각 단위가 표본에 포함될 확률을 알 수 없고, 표집오차를 산정할 수 없는 단점을 가지고 있으나, 표집절차가 복잡하지 않으며, 비용이 훨씬 적게 들고, 통계의 복잡성이 없으며, 활용 가능한 응답자를 즉석에서 활용할 수 있는 장점을 가지고 있다.

그러나 어떤 사람이 선택될 확률이 알려지지 않았기 때문에 표본이 모집단을 대표할 수 있다고 말할 수 없으며, 연구의 일반화에도 제한점을 가지고 있다.

(1) 임의표집법

임의표집법(Accidental Sampling)은 모집단에 대한 정보가 전혀 없는 경우이거나 모집단의 구성요소들간의 차이가 별로 없다고 판단될 때, 표본선정의 편리성에 기준을 두고 조사자 임의대로 확보하기 쉽고 편리한 표집단위를 표본으로 추출하는 방법으로 "편의표집법(Convenience Sampling)", "우발적 표집법(Haphazard Sampling)", "우연적 표집법(Incidental Sampling)", "가용표집법(Availability Sampling)"이라고도 부른다.

- 임의표집법의 사례

  조사자가 30명의 표본을 선정하고자 할 경우, 거리에 나가 제일 먼저 만나는 또는 조사에 쉽게 응해 주는 30명을 선정하여 조사하는 것을 말한다. 이 방법은 텔레비전 인터뷰, 긴급한 사건 등에 대해 견해를 조사할 때 많이 이용된다.

- 임의표집법의 장점

  - 비용과 시간이 가장 효율적이다.
  - 표본추출이 쉽고 편리하다.

• 임의표집법의 단점

- 표본의 대표성이 없어 일반화에 한계가 있다.
- 많은 편견이 개입된다.

(2) 유의표집법

유의표집법은 조사자의 주관적인 판단에 따라 조사목적에 적합한 사람을 의도적으로 표본으로 선정하는 방법으로서 "판단적 표집법(Judgmental Sampling)", "의도적 표집법(Purposive Sampling)"이라고도 부른다. 이 방법은 본 조사를 실시하기 전에 설문지의 내용 및 수준을 검토하고 타당도를 향상시키기 위해 실시하는 예비조사(Pilot Study)에서 주로 사용한다. 즉, 조사자가 모집단에 대한 지식이 많은 경우에 사용할 수 있다.

• 유의표집법의 사례

행동장애아동의 특성에 대해 조사하고자 할 때, 조사자가 오랜 기간 동안에 행동장애아동과 부모를 대상으로 상담과 연구를 통해 그들의 특성에 대해 잘 알고 있을 경우에 다른 표집법보다 유의표집법이 더 적절할 수 있다.

• 유의표집법의 종류

❶ 극단적 사례표집법(Extreme Case Sampling): 특이하고 예외적인 사례를 표본으로 추출하는 방법이다.

사례 특정 프로그램에 참가한 클라이언트들 중에서 프로그램의 효과가 없는 클라이언트들과 효과가 큰 클라이언트들을 표본으로 추출하는 것이다.

❷ 극대화 변이표집법(Maximum Variation Sampling): 모집단으로부터 매우 다양한 특성을 가진 이질적인 표본을 추출하는 방법이다.

사례 특정 프로그램에 참여한 클라이언트들 중에서 매우 다른 특성과 경험을 가지고 있는 사람들을 표본으로 선정하는 것이다.

❸ 전형적 사례표집법(Typical Case Sampling): 전형적인 사례를 표본으로 추출하는 방법이다. 이때 전형적인 사례는 전문가의 도움을 받아서 산정하거나 조사를 통해 나타난 인구학적 배경을 바탕으로 선정한다.

❹ 중요 사례표집법(Critical Case Sampling): 어떤 사항에 대해 극단적인 요점을 제공해 줄 수 있는 사례를 표본으로 추출하는 방법이다.

사례 어떤 집단이 문제를 가지고 있다면, 다른 모든 집단들도 문제를 가지고 있다고 확신할 수 있을 때 그 집단은 중요 사례가 된다.

❺ 기준표집법(Criterion Sampling): 미리 결정된 기준을 충족시키는 모든 사례를 표본으로 선정하는 방법이다.

사례 특정 프로그램에 참여하는 기간이 4~16주라면 16주 이상 참여한 모든 사례들을 표본으로 산정하는 것이다.

- 유의표집법의 장점
  - 조사자가 표본을 선택하는 데 있어 자신의 지식을 활용할 수 있다.
  - 비용과 시간이 적게 들어 경제적이다.
  - 할당표집법이나 임의표집법보다 조사목적을 충족시키는 요소를 정밀하게 고려할 수 있다.

- 유의표집법의 단점
  - 표본의 대표성을 확신할 방법이 없다.
  - 모집단에 대한 상당한 사전지식이 필요하다.
  - 표집오차를 산정하거나 모집단의 분포상에서 표본의 위치를 추정할 수 없다.

(3) 할당표집법

할당표집법(Quota Sampling)은 모집단의 속성을 몇 개의 범주로 구분하고, 각 범주에 해당하는 모집단의 수를 결정하고, 각 범주의 할당량에 비례해서 각 범주로부터 일정 수의 표본을 임의적으로 추출하는 방법이다. 이 방법은 가능한 한 모집단을 대표하는 표본을 얻고자 하는 것이다. 할당표집법은 층화표집법과 유사하지만, 할당된 표본의 수를 무작위 표집이 아닌 임의 표집한다는 점에서 서로 다르다.

- 할당표집법의 사례

  모집단이 연령별로 20대, 30대, 40대, 50대, 60대가 각각 20%, 30%, 25%, 15%, 10%로 구성되어 있는 경우 모집단으로부터 100명을 추출한다면 20대에 20명, 30대에 30명, 40대에 25명, 50대에 15명, 60대에 10명을 할당한 후, 각 집단으로부터 해당 표본수를 임의로 추출한다.

- 할당표집법의 장점

  - 같은 크기의 무작위표집법보다 적은 비용으로 표본을 추출할 수 있다.
  - 신속한 결과를 원할 때 적절하다.
  - 각 집단을 적절히 대표하게 하는 층화의 효과가 있다.

- 할당표집법의 단점

  - 무작위성을 보장하는 수단의 결여로 일반화가 어렵다.
  - 조사자가 접촉하기 쉬운 사람이나 면접하기 쉬운 사람을 선정할 수 있는 가능성이 많아 표본오차가 커질 가능성이 높다.

(4) 전략적 제보자표집법

전략적 제보자표집법(Strategic Informant Sampling)은 연구대상이 되는 특정 집단에 관해 가장 정확하고 우선적인 정보를 많이 가졌다고 간주되는 사람들을 표본으로 추출하는 방법이다. 대표적인 방법에는 눈덩이표집법(Snowball Sampling)과 전문가 선택표집법(Expert Choice Sampling)이 있다.

❶ 눈덩이표집법(Snowball Sampling): 눈덩이를 굴리는 것과 같이 처음에는 연구에 필요한 특성을 갖춘 소수의 표본을 찾고, 그 표본을 통해서 다른 사람을 소개받아 점차로 표본수를 늘려가는 방법으로 "누적 표집법", "연쇄의뢰표집법(Chain-Referral Sampling)"이라고도 부른다. 이 방법은 주로 약물중독, 매매춘, 도박 등과 같이 일탈적인 대상을 연구하거나, 노숙자, 이주노동자, 불법이민자 등 모집단의 구성원을 찾기 어려운 대상을 연구하는 경우에 사용되며, 양적조사보다는 질적조사에 많이 사용된다.

- 눈덩이표집법의 표집절차
  - 필요한 특성을 갖춘 소수의 사람들을 확인한다.
  - 이들을 면접한다.
  - 이들을 통해서 더 많은 사람을 소개받아 면접을 한다.
  - 이와 같은 절차를 반복하여 필요한 수만큼의 표본이 확보될 때까지 조사한다.

- 눈덩이표집법의 장점
  - 하나의 연결망을 가진 사람들의 특성을 파악하고자 할 때 적절한 표본을 추출할 수 있다.
  - 모집단을 파악하기 곤란한 대상을 표본추출할 수 있다.

- 눈덩이표집법의 단점
  - 비확률표집법과 같이 결과의 일반화가 어렵다.
  - 편견이 개입될 소지가 많다.

❷ 전문가 선택표집법(Expert Choice Sampling): 의사, 의료사회사업가, 재활치료사, 변호사, 청소년상담가, 사회복지사 등 전문가라고 인정할 수 있는 사람들로부터 필요한 정보를 제공해 줄 수 있는 정보제공자 또는 제보자(Informant)의 명단을 입수하여 이를 기초로 표본을 추출하는 방법이다.

(5) 기타표집법

- 구조적 표집법(Structural Sampling): 계급제, 사회측정법의 그물, 의사소통의 그물 등과 같은 특정관계 속에 위치하고 있는 사람들을 표집단위로 추출하는 방법이다. 이 방법은 비교적 자생적으로 우연히 형성되는 집단에 관한 연구를 위해서 의사당, 광장, 공원 같은 공공시설, 터미널, 대학교정 같은 곳에서 저절로 자유롭게 형성되는 집단의 표본들을 추출하는 데 주로 사용된다.
- 공간표집법(Spatial Sampling): 어떤 중요 사건이 일어나는 공간을 표집대상으로 삼고, 그 공간 안에서 동시에 몇 명의 조사자가 사람들을 표집하는 방법이다. 이 방법은 모집단 자체가 유동적이고 집단이 생성되었다가 해체되는 등 모집단 자체가 일정하지 않은 사회운동, 군집행동 등의 연구에 주로 사용된다.
- 시간 연속표집법(Time Sequential Sampling): 한 번의 표집에 그치지 않고 두 번 이상 반복하여 시간적으로 연속하여 표집하는 방법이다. 이 방법은 패널조사(Panel Study)나 경향조사(Trend Study)와 같은 종단조사(Longitudinal Study)에서 주로 사용하며, 표본의 크기가 큰 경우에는 적용하기 어렵다.

3 대표성·표본크기·표본오차

1) 대표성

대표성(Representativeness)이란 추출된 표본의 특성이 모집단의 집합적 특성과 일치하는 정도에 의해 평가된다. 만일 추출된 표본이 모집단의 집합적 특성과 거의 동일한 집합적 특성을 갖고 있다면, 그 표본은 모집단에 대해 대표성을 갖는다고 할 수 있다.

확률표집법(Probability Sampling)의 기본논리는 “만일 모집단의 모든 구성원들이 표본으로 선정될 가능성 내지 확률이 동일하도록 표본이 선정된다면, 그 표본은 모집단을 대표할 것"이라는 것이다. 이러한 확률표집법은 다음과 같은 2가지 장점이 있다.

- 확률표본은 비확률 표본보다 대표성을 가진다. 왜냐하면 확률표집법은 표본이 한쪽으로 치우치는 편의(Bias)현상을 방지할 수 있게 해주기 때문이다.
- 확률이론은 우리에게 표본의 대표성, 즉 표본의 정확성을 추정할 수 있도록 해 준다. 바꾸어 말하면 조사자가 추출한 표본이 모집단을 대표하도록 하고 있는지 여부를 정확하게 추정할 수 있도록 해 준다.

표본의 대표성 정도는 표본을 연구한 결과가 모집단 전체를 연구한 결과와 거의 같음을 합리적으로 주장할 수 있는 근거를 제공한다. 표본의 대표성을 갖추기 위해서는 충분한 표본의 크기와 표본설계가 필요하며, 대표성을 갖추기 위한 표본의 크기는 모집단 동질성, 표집방법, 신뢰도 등에 따라 달라진다.

표본이 모집단을 완전하게 대표하는 경우는 매우 드물다. 그러나 표본을 추출할 때 확률표집법(Probability Sampling)을 활용하면 표본의 대표성은 크게 향상될 것이다.

2) 표본크기

표본크기(Sample Size)는 모집단으로부터 추출한 표집단위의 총수이다. 표본의 수는 모집단의 크기와 동질성 여부에 의해 좌우된다. 모집단의 크기가 아주 작을 경우에는 전수조사(Population Study)를 하는 것이 바람직하며, 모집단이 동질적인 개체들로 구성되어 있는 경우에는 어느 개체를 표본으로 하더라도 대표성을 유지하는 데 큰 어려움이 없을 것이다.

단순무작위표집법의 경우 다른 조건이 동일하다면, 모집단이 크고 이질적일수록 표본의 수는 커야 한다. 또한 타당한 표본설계에 따라 선정된 표본이라면, 그 규모가 반드시 크지 않더라도 모집단을 효율적으로 대표할 수 있다.

표본크기를 결정하는 방법으로는 통계적 기법에 의해 최적의 표본크기를 파악하는 이론적 결정요인(내적 결정요인)과 조사의 적절성과 관련된 표본의 크기를 결정하는 데 고려해야 할 실제적 결정요인(외적 결정요인)이 있다.

(1) 표본크기의 이론적 결정요인

표본크기의 이론적 결정요인은 모집단의 분산(分散, Variance)이 알려져 있는 경우에 적용하는 신뢰구간 접근법과 모집단의 분산이 알려져 있지 않는 경우에 적용하는 가설검증 접근법이 있다.

❶ 신뢰구간 접근법 : 신뢰구간의 크기가 표본의 크기와 분산의 정도에 의해 결정되는 점을 역으로 이용하여 표본의 크기를 산정하는 방법이다.

❷ 가설검증 접근법 : 제1종 오류(Type I Error)와 제2종 오류(Type II Error)[표 5.3 참조]의 최대 허용치를 정하고, 이를 통하여 표본의 수를 결정하는 방법이다. 이 방법은 제1종 오류가 나타날 확률(α)과 제2종 오류가 일어날 확률(β)를 정하고 이에 따른 값을 구하고, 모집단의 표준편차를 추정하여 표본의 크기를 결정하게 된다.

[표 5.3] 가설 검증에 수반되는 제1종 오류와 제2종 오류

결정	영가설(귀무가설) : H_0	
	참(True)	거짓(False)
기각	제1종 오류(α오류)	바른 결정
기각하지 않음	바른 결정	제2종 오류(β오류)

제1종 오류 : 영가설이 참인데도 이를 기각하는 오류를 말하며, 이를 비유적으로 말하면 무죄인데 유죄로 판명하는 경우를 말한다.
제2종 오류 : 영가설이 거짓인데도 이를 기각하지 않는 오류를 말하며, 이를 비유적으로 말하면 유죄인데 무죄로 판명하는 경우를 말한다.

(2) 표본크기의 실제적 결정요인

실제상으로 표본크기를 결정함에 있어 표집방법, 모집단의 성격, 시간과 비용, 연구자 및 조사자의 능력 등을 고려하여 결정해야 한다. 표본의 크기를 실제적으로 결정하는 데 고려해야 할 요인들을 살펴보면 다음과 같다.

- **모집단의 동질성 정도**: 모집단의 동질성(Homogeneity)이란 모집단의 구성요소들이 연구자가 연구하고자 하는 어떤 속성들을 유사하게 가지고 있는 정도를 의미한다. 따라서 모집단의 구성요소들이 유사한 속성을 많이 갖고 있다면 표본의 크기는 작아도 되지만, 모집단의 이질성(Heterogeneity)이 크다면 표본의 크기는 커야 한다.
- **표집방법 및 조사방법의 유형**: 표본의 크기는 주로 확률표집법과 관련이 된다. 확률표집법의 구체적인 표집방법에 따라 요구되는 신뢰도와 정확도의 수준이 달라지고, 필요한 표본의 크기도 달라진다. 연구자들이 상대적으로 이질적인 모집단에서 표집하기 보다는 가능한 동질적인 하위 모집단으로 층화시키고 표집하려고 노력하는 이유는 층화를 통해서 각 계층들 내지 소집단들이 좀더 동질적으로 형성되어 다른 확률표집법보다 상대적으로 적은 수의 표본으로도 모집단을 잘 대표하기 위함이다. 같은 크기의 표본일 때는 집락표집법의 대표성이 가장 떨어진다. 또한 조사방법의 유형에 따라서도 요구되는 표본의 크기는 달라진다. 실험조사나 사례조사, 또는 다른 질적조사의 경우 그들이 갖고 있는 속성상 사례수가 작을 수밖에 없는 반면에, 서베이조사에서는 표본의 크기가 대체로 크다.
- **분석범주 및 변수의 수**: 표본수를 결정하려면 한 변수 내에서 분석되는 범주의 수를 고려해야 한다. 한 변수 내의 범주의 수가 많아질수록 각각의 범주에 일정한 수의 표본을 확보해야 하기 때문에 전체 표본의 수는 증가하게 된다. 또한 연구하고자 하는 변수의 수가 증가할수록 표본의 크기는 더욱 커져야 한다. 왜냐하면 각 변수에 일정수의 표본이 있어야 그 변수가 통계적으로 유의미하게 분석되고 분석결과를 신뢰할 수 있기 때문이다.

- **이론과 표본설계**: 표본을 선정할 때 표본 그 자체만을 고려하기보다는 연구문제의 특성, 기존의 연구결과나 검증된 이론 등을 고려하여 표본을 선정하면 비록 작은 크기의 표본일지라도 의미 있는 정보를 충분히 제공할 수 있다. 또한 잘 구성된 표본설계를 통해 표집자 편의(Bias)가 없는 표본을 만들어 낸다면 모집단을 적절히 대표하지 못하는 큰 규모의 표본보다 정확한 정보를 제공할 수 있다.
- **소요되는 비용 · 시간 · 인력**: 표본의 크기를 결정하는 데 실제적으로 가장 큰 영향을 미치는 요인은 표집에 소요되는 시간과 비용과 인력이다. 표본 하나에 대한 소요비용이 일정하다고 간주하면 표본의 크기가 클수록 비용이 증가하게 된다. 대체로 비용·시간·인력 등에 있어 표집과정에 규모의 경제가 발생하기도 한다. 즉, 대규모 표본일수록 소요되는 평균비용·평균시간·평균인력이 줄어든다. 이러한 요인들은 설문지의 길이, 현지조사자의 수, 면접대상자의 지정여부, 조사대상자의 지리적 집중도, 응답거절률, 표집방법, 설문지 적용방법 등에 따라 차이가 있으므로 표본의 크기를 결정할 때 이러한 요인들도 고려하여야 한다.

3) 표본오차

표본오차(Sampling Error)는 모집단의 값과 표본의 값간의 차이를 의미한다. 실제적인 의미에서는 모집단 전체의 값을 알 수 없기 때문에 표본으로부터 얻어진 값을 토대로 연구자가 정한 일정한 신뢰수준(예:95% 또는 99%) 하에서 나타날 수 있는 오차의 범위를 추정하게 된다.

예를 들면, 여론조사 결과에 대한 언론 보도에서 "전국의 성인남녀 1,000명에게 조사한 결과 ○○○당에 대한 지지도는 25%인데, 이 조사의 오차는 신뢰수준 95%에서 ±3%이다"라고 명시되어 있는 경우를 볼 수 있다. 이때의 ±3%는 모집단 전체인 국민의 지지율을 가지고 계산하는 것이 아니라, 표본의 값들을 가지고 추정한 확률적인 의미로서 모집단과 표본이 차이가 날 가능성을 의미하며, 이것이 표본오차이다.

일반적으로 표본오차는 표준오차(Standard Error of Mean)를 계산하여 표준오차에 일정한 신뢰수준에서의 Z값(모집단의 표준편차를 알고 있을 때)이나 t값(모집단의 표준편차를 모르고 있을 때)을 곱해서 추정한다.

표본오차를 추정할 때 영향을 주는 요인은 표본의 크기, 신뢰구간 등이다. 신뢰수준을 높게 잡으면 오차가 커지고, 표본의 크기가 커지면 표본오차는 작아진다. 표본의 크기에 영향을 주는 요인들은 직·간접적으로 표본오차와 관련되어 있다. 즉, 모집단의 동질성 정도, 표집방법 및 조사방법의 유형, 분석범주 및 변수의 수, 이론과 표본설계, 비용·시간·인력 등도 표본오차와 관련이 되어 있다.

(1) 표준오차

표준오차에 대한 개념을 이해하기 위해 분산(Variance) 및 표준편차(Standard Deviation)의 개념을 살펴보자. 분산이란 각 관찰값이 평균으로부터 떨어진 거리를 제곱한 것을 평균한 것이며, 표준편차란 분산을 제곱근한 값이다. 즉, 표준편차란 각 관찰값이 평균으로부터 떨어진 거리를 제곱한 것의 평균에 대한 제곱근이다. 이를 공식으로 나타내면 다음과 같다.

$$S = \sqrt{\frac{\Sigma(X - \overline{X})^2}{N}}$$

S=표본편차, X=각 사례의 관찰값, $\overline{X}$=산술평균, N=총 빈도

사례 모집단 10만명 중 100명을 표본추출해서 설문조사를 한 결과 그들의 점수가 100점 만점에 10점, 15점, 18점, …, 98점이었다면, 그 표본의 산술평균과 표준편차를 구하라.

풀이 산술평균 : $\overline{X} = \dfrac{10+15+18\cdots\cdots+98}{100}$

표준편차 : $s = \sqrt{\dfrac{\Sigma(10-\overline{X})^2+(15-\overline{X})^2+(18-\overline{X})^2+\cdots+(98-\overline{X})^2}{100}}$

표준오차는 N사례의 무작위적인 표본추출을 계속했을 때 그 표본평균들의 표준편차($\sigma_{\overline{X}}$)이다. 즉, 표준오차($\sigma_{\overline{X}}$)란 각 표본평균들($\overline{X}$)이 표본평균들의 평균(X)으로부터 떨어진 거리를 제곱한 것을 더하여 표본들의 수로 나누어 제곱근을 취한 값으로 이를 구하는 공식은 다음과 같다.

$$\sigma_{\overline{X}} = \sqrt{\frac{\Sigma(\overline{X}-\overline{\overline{X}})^2}{N}}$$

$\sigma_{\overline{X}}$ = 표본오차, $\overline{X}$ = 각 표본의 평균, $\overline{\overline{X}}$ = 산술평균, N = 표본평균들의 수

그러나 표준오차($\sigma_{\overline{X}}$)를 구하기 위해서는 무수히 많은 표본들을 전부 조사해서 그들의 평균과 표준편차를 구해야 하는데, 이는 현실적으로 어려운 일이다.
따라서 표준오차는 모집단의 표준편차(σ)를 표본수의 제곱근($\sqrt{N}$)으로 나눈 다음의 공식에 의해 구해진다.

$$\sigma_{\overline{X}} = \frac{\sigma}{\sqrt{N}}$$

$\sigma_{\overline{X}}$ = 표준오차, σ = 모집단의 표준편차, N = 표본수

(2) 비표본오차

비표본오차는 표본추출 과정에서 유발되는 오차가 아니라 설문지나 조사자료의 작성, 또는 인터뷰 과정에서 비롯되는 오류, 분석된 자료의 그릇된 해석, 자료 집계나 자료를 분석하는 도중에 발생되는 요인들, 응답자의 불성실한 태도 등에 의해서 야기되는 오차를 의미한다.

표본의 크기를 크게 하면 표본오차는 감소하지만, 비표본오차의 가능성이 높아진다.

연습문제

서술형

01. 표집이란 무엇이며, 그 장점과 단점을 간략하게 설명하시오.

02. 표집에 관련된 다음의 기본용어에 대해 간략하게 설명하시오.

① 표집요소 ② 전대상 ③ 모집단 ④ 표집단위
⑤ 표집틀 ⑥ 관찰단위 ⑦ 통계치 ⑧ 모수치
⑨ 표집간격 ⑩ 표집률 ⑪ 표집오차 ⑫ 신뢰수준
⑬ 표준오차

03. 표본조사의 설계절차를 단계별로 간략하게 설명하시오.

04. 표집방법의 유형인 확률 표집법과 비확률 표집법을 비교하여 설명하시오.

05. 확률 표집법의 종류인 단순무작위 표집법, 체계적 표집법, 층화 표집법, 집락 표집법에 대한 개념을 예를 들어 설명하고, 각각이 표집법에 대한 장단점을 간략하게 설명하시오.

06. 비확률 표집법의 종류인 임의 표집법, 유의 표집법, 할당 표집법, 전략적 제보자 표집법에 대한 개념을 예를 들어 설명하고, 각각이 표집법에 대한 장단점을 간략하게 설명하시오.

07. 구조적 표집법, 공간 표집법, 시간 연속 표집법에 대해 간략하게 설명하시오.

08. 대표성이란 무엇이며, 표본의 대표성을 갖추기 위한 조건에 대해 간략하게 설명하시오.

09. 가설검증에 수반되는 제1종 오류와 제2종 오류에 대해 간략하게 설명하시오.

10. 표본 크기의 실제적 결정요인에 대해 간략하게 설명하시오.

11. 표본오차란 무엇이며, 표본오차를 추정할 때 영향을 주는 요인에 대해 간략하게 설명하시오.

Q 연습문제

괄호형

01. 표본추출은 전수조사보다 물적 · 인적자원이 절약되며, 신속성의 장점이 있지만, 표본이 모집단을 대표하지 못할 경우 (　　)의 문제가 발생한다.

02. 전체 대상 중 일부를 표본으로 선택하는 표본 조사에서 연구자는 이 표본에 대한 자료를 바탕으로 (　　)의 특성을 추정하고자 한다.

03. 연구대상 중에서 실제 조사를 할 수 있는 현실적인 연구대상을 (　　)이라고 하며, 시간, 공간, 자격을 구체화시켜 정의한다.

04. 연구대사이나 표본단위가 수록된 목록은 (　　)(으)로 이는 표본이 실제 추출되는 연구대상 모집단의 목록이다.

05. 표본추출의 유형은 크게 (①)표집과 (②)표집으로 나눈다. 이 중 모집단의 각 표집단위가 추출될 기회를 다 가지고 있고, 각 단위가 추출될 확률이 확실하고, 어떠한 무작위 방법에 기초하여 표집하면 이는 (①)표집이다.

06. 모집단으로부터 선택될 확률이 미리 알려지지 않은 경우 (　)표집방법을 사용한다. 이 표집방법은 인위적인 표집으로, 표집절차가 복잡하지 않고 비용 측면에서 효율적인 장점이 있는 반면, 표본이 모든 집단을 대표하고 있다고 말할 수 없어 연구의 일반화에 한계가 있다.

07. 추출된 표본의 특성이 모집단의 특성과 일치하는 정도에 따라 표본이 (①)을 띤다고 하며, 표본이(①)을 띠기 위해서는 표본의 (②)가 충분하고, 타당한 표본설계가 필요하다.

08. 표본의 (　　)는 모집단의 동질성, 표집방법이나 조사방법의 유형, 표본설계 등에 의해 결정된다.

09. 설문지나 조사자료의 작성, 인터뷰과정에서 비롯되는 오류, 분석된 자료의 그릇된 해석 등은 (①)(이)라고 하며, 표본의 크기를 크게 할 경우 (①)의 가능성은 높아지나 표본오차는 감소한다.

10. 표집과정에서 발생하는 모집단과 표본과의 통계적 차이를 (①)(이)라고 한다. 즉, 표본의 대표성 정도로 표본의 통계치들이 모수치와 정확하게 일치하지 않고 분산되어 있는 정도를 의미하며, 통계치를 가지고 모수치를 추정할 때 이 추정값의 오차범위가 (②)이다.

해답

1. 일반화	2. 모집화	3. 모집단	4. 표집틀	5. ① 확률 ② 비확률
6. 비확률	7. ① 대표성 ② 크기	8. 크기	9. 비표본오차	10. ① 표본오차 ② 신뢰구간

Q 연습문제

진위형

01. 모집단의 크기가 작은 경우에는 표집이 큰 의미가 없다.

02. 고등학교 학생들 중 일부를 표본으로 추출한다면 출석부나 학생명부가 표집틀이 될 수 있다.

03. 표집단위란 표집과정의 각 단계에서 표집대상이 된 요소들의 단위를 말한다.

04. 아동의 방과후 보육 실태를 조사하기 위해서 서울시 25개구 중 3개구만 선정하고, 선정된 구에서 다시 세 동씩 선정한 후, 선정된 동의 모든 18세 미만 아동을 조사대상으로 하는 표집방법은 군집표집이다.

05. 일탈적인 대상을 연구하거나 불법이주노동자와 같이 모집단의 구성원을 찾기 어려운 대상을 연구하는 경우 주로 눈덩이표집법을 활용한다.

06. 모집단의 크기가 작을 경우에는 표본조사를 하는 것이 좋다.

07. 표본설계가 타당하다면 규모가 크지 않더라도 모집단을 효율적으로 대표할 수 있다.

08. 표본오차는 표준오차로 추정할 수 있으며, 신뢰수준을 높게 잡으면 표본오차는 커진다.

09. 표본오차에 직접적으로 영향을 미치는 것은 자료수집 방법과 표집간격이다.

해답

1. ○ 2. ○ 3. ○ 4. ○ 5. ○
6. X 7. ○ 8. ○ 9. X

Q 연습문제

선택형

01. 표본의 대표성에 관한 설명으로 옳지 않은 것은?

① 표본이 모집단이 지닌 다양한 성격을 골고루 반영하느냐의 문제이다.
② 표본 자료가 계량통계분석기법을 적용해도 적합한 자료인지의 문제이다.
③ 표본의 통계치가 모집단의 모수에 얼마나 근접하는가의 문제이다.
④ 표본을 이용한 분석결과가 모집단 단위까지 일반화될 수 있을지를 결정한다.
⑤ 표본의 대표성은 조사설계의 외적타당도에 영향을 미친다.

해설 계량통계분석 기법을 적용해도 적합한 자료인지의 문제는 표본의 대표성의 아니라 자료의 측정수준과 관련된다.

02. 표본 크기에 관한 설명으로 옳지 않은 것은?

① 사용하려는 통계분석의 성격을 고려하여 표본 크기를 결정한다.
② 단순무작위표집과 층화표집으로 각각 뽑은 동일 크기의 표본은 표집오차가 같다.
③ 표본 크기는 처음 생각보다 다소 크게 잡는 것이 좋다.
④ 요구되는 신뢰수준이 높을수록 표본 크기를 늘린다.
⑤ 허용되는 오차의 정도가 작을수록 표본 크기를 늘린다.

해설 표본 크기는 표집 방법에 따라서도 달라진다. 동일 크기의 표본을 뽑을 경우 확률표집 중에서도 층화 표집의 표집오차가 가장 적고 집락표집의 표집오차가 가장 크다. 또한 층화 표집은 단순무작위표집보다 표집오차를 10~20% 정도까지 줄일 수 있다. 따라서 비슷한 수준의 표집오차를 허용하려 한다면 층화표집을 사용할 때보다 단순무작위표집이나 집락표집을 사용할 때 크기가 커야 한다.

03. 표집오차(Sampling Error)에 관한 설명으로 옳지 않은 것은?

① 확률표집은 비확률표집보다 표집오차가 작으면 표집오차 추정이 가능하다.
② 표본 선정 과정에서 발생하는 오차이므로 전수조사에서는 발생하지 않는다.
③ 모집단 구성이 이질적일수록 커진다.
④ 표본의 통계치와 모수 간의 차이를 말한다.
⑤ 표집오차가 클수록 검정통계량의 통계적 유의성이 증가한다.

해설 표집오차가 크다는 것은 조사대상이 모집단을 그만큼 대표하지 못함을 의미한다. 따라서 표본에서 얻은 결과(검정통계치, 검정통계량)를 신뢰하기 어렵고, 그 결과가 통계적으로 유의미하다고(의미가 있다고, 유의하다고) 판단하기 어려워진다. 즉, 표집오차가 클수록 검정통계량의 통계적 유의성은 낮아지게 된다.

04. 부적절한 표집틀을 사용해 얻은 자료를 바탕으로 어떤 연구가 이루어졌다면 그 연구의 핵심적인 문제는?

① 외적 타당도가 떨어진다.
② 이론적 적절성이 결여된다.
③ 측정의 체계적 오류가 증가한다.
④ 측정의 정확도가 떨어진다.
⑤ 내적 타당도가 떨어진다.

해설 표집틀(Sampling Frame)은 표본을 추출하기 위해 사용되는 모집단의 목록이다. 표집틀에서 가장 중요한 것은 표집틀이 모집단을 잘 대표할 수 있어야 한다는 것이다. 예를 들면, 1936년 미국의 대선 결과를 예측하기 위해 Literary Digest라는 대중 시사잡지 발행 회사에서는 자사 잡지의 애독자 명부 및 자동차 등록 명부에서 1,000명의 유권자를 뽑아 실시한 여론조사 결과를 바탕으로 랜든 후보의 압승을 예측했다. 그러나 실제 대선 결과는 루스벨트의 압승으로 끝났다. 대공황에 시달리던 1930년대에 이 회사에서 유권자를 대표하기 위해 사용한 표집틀(잡지 구독자와 자동차 보유자 명부)은 가난한 계층까지 포괄하지 못하고 부유층에 편향되었다. 이렇게 편향된 표집틀을 사용해 얻은 자료로 포집단에 일반화할 수 있는 결과를 얻기는 어렵다. 즉, 조사 결과의 외적 타당도는 떨어진다.

05. 표집오차(Sampling Error)에 관한 설명으로 옳은 것을 모두 고른 것은?

ㄱ. 표본 크기가 클수록 줄어든다.
ㄴ. 통계치와 모수의 차이이다.
ㄷ. 표준오차로 추정할 수 있다.
ㄹ. 모집단의 분산이 클수록 표집오차는 커진다.

① ㄱ, ㄴ, ㄷ
② ㄴ, ㄷ, ㄹ
③ ㄱ, ㄷ, ㄹ
④ ㄴ, ㄷ
⑤ ㄱ, ㄴ, ㄷ, ㄹ

해설 ㄱ : 표집오차는 표본 크기가 클수록 줄어든다.
ㄴ : 표집오차는 표본의 통계치와 모집단의 모수 간 차이를 말한다.
ㄷ : 표집오차는 통계적으로 표준오차를 구해 추정한다(확률표집인 경우).
ㄹ : 표집오차는 모집단의 분산이 클수록 커진다.

06. 표본 크기를 결정하는 데 영향을 미치는 것을 모두 고른 것은?

ㄱ. 신뢰수준
ㄴ. 조사가설을 구성하는 변수의 수
ㄷ. 표집방법
ㄹ. 모집단의 크기와 동질성

① ㄱ, ㄴ, ㄷ　② ㄱ, ㄷ　③ ㄴ, ㄹ
④ ㄹ　⑤ ㄱ, ㄴ, ㄷ, ㄹ

해설 ㄱ : 신뢰수준을 높게 설정할수록 표본 크기도 커져야 한다.
ㄴ : 조사가설의 내용을 구성하는 변수의 수와 각 변수를 구성하는 범주의 수를 고려하여 가설을 검정하는 데 필요한 적정 크기의 표본을 결정해야 한다.
ㄷ : 동일한 수의 표본을 추출했을 때 어떤 표집 방법을 사용했는가에 따라 표집오차가 다르다. 따라서 표집오차를 줄이기 위해서는 사용하는 표집 방법에 따라 표본 크기를 다르게 고려해야 한다.
ㄹ : 모집단의 크기가 클수록 모집단을 구성하는 요소들이 이질적일수록 표본 크기가 커져야 한다.

07. 표본조사가 전수조사와 비교해 갖는 장점이 아닌 것은?

① 경비가 절감된다.
② 모집단의 규모가 큰 경우 전수보다 조사의 정확도가 높아진다.
③ 표집오차를 줄일 수 있다.
④ 비교적 신속하게 조사 결과를 얻을 수 있다.
⑤ 광범위한 주제에 걸쳐 심도 있는 연구가 가능하다.

해설 표본조사는 여러 가지 장점이 있지만, 전수조사에서는 발생하지 않는 표집오차가 발생한다는 단점을 갖는다. 표집오차는 모집단의 모수와 표본을 통해 얻은 통계치 사이에 불일치 정도를 의미하며, 표집 과정이 필요 없는 전수조사에서는 표집오차가 발생할 일이 없다.

08. 전수조사보다 표본조사가 더 적절한 경우에 해당되지 않는 것은?

① 모집단의 소재 파악이 어려운 경우
② 모집단 규모를 정확히 파악하기 어려운 경우
③ 연구 기간이 촉박한 경우
④ 사용할 수 있는 연구 예산이 많지 않을 경우
⑤ 모집단 규모가 크지 않은 경우

해설 모집단 규모가 작을 경우에는 전수조사를 하는 것이 더 낫다.

09. 다음 사례에 관한 설명으로 옳지 않은 것은?

> A중학교 학생들의 학교폭력 인식을 조사하기 위해 각 학년별로 3개 반을 무작위로 추출한 후 해당 학생 전체를 대상으로 설문조사를 실시했다.

① 층화집락표집이다.
② 관찰단위와 표집단위가 일치하지 않는다.
③ 기술적 조사에 해당한다.
④ 모집단의 명부를 구하기 어려울 때 적절하다.
⑤ 분석단위와 관찰단위가 일치하지 않는다.

해설 학생들을 대상으로 학생들의 인식을 조사하고자 하므로 관찰단위와 분석단위 모두 학생이다. 따라서 이 사례에서 분석단위와 관찰단위는 일치한다.

10. 다음 사례에서 사용된 표집 방법에 관한 설명으로 옳은 것은?

> 서울지역 초등학생 스마트폰 사용 실태를 조사하기 위해 서울지역 5개 구(區)를 무작위로 선정하고 선정된 구에 소재하는 초등학교 중에서 10개 학교를 무작위로 선정하였다. 그리고 최종 선정된 학교의 재학생 전체를 대상으로 설문조사를 실시하였다.

① 비확률표집에 해당한다.
② 집단 간 동질성, 집단 내 이질성을 특징으로 한다.
③ 집단 간 이질성, 집단 내 동질성을 특징으로 한다.
④ 확률표집 중 표집오차가 가장 작다.
⑤ 표집 간격이 2이다.

해설 몇몇 구(區)를 무작위로 선정한 후 그 안에서 다시 몇몇 초등학교를 무작위로 선정했으므로 사용된 표집 방법은 다단계 표집 방법이다. 집락표집은 집단 간 동질성, 집단 내 이질성을 특징으로 한다.

11. 남녀 각각 500명씩 총 1,000명으로 구성된 모집단에서 100명을 표본으로 선정하는 방법에 관한 설명 중 옳은 것은?

① 남녀 각각 50명씩 편의표집으로 뽑으면 비례층화표집이다.
② 체계적 표집에서는 첫 5면 중 한 명만 무작위로 선정한다.
③ 단순무작위표집에서는 100명을 모두 무작위로 선정한다.
④ 층화표집으로 선정한 100명은 집락표집으로 선정한 100명보다 표집오차가 크다.
⑤ 조사의 취지를 설명하고 참여에 동의한 사람을 선착순으로 100명 선정했다면 유의표집이다.

해설 단순무작위표집에서는 표집틀을 구성하는 각 요소에 일련번호를 부여한 후 일정한 유형 없이 단순하게 표본 크기만큼을 무작위로 선정한다.

12. 표집오차(Sampling Error)에 영향을 주는 요인으로 옳은 것만 고른 것은?

ㄱ. 표집방법
ㄴ. 모집단의 특성
ㄷ. 표본 크기
ㄹ. 측정도구

① ㄱ, ㄴ, ㄷ ② ㄱ, ㄴ, ㄹ ③ ㄱ, ㄷ, ㄹ
④ ㄴ, ㄷ, ㄹ ⑤ ㄱ, ㄴ, ㄷ, ㄹ

해설 ㄹ : 측정도구는 표준오차가 아니라 측정오류에 영향을 주는 요인이다.

13. 다음에서 사용된 표집 방법은?

어떤 연구자가 전철역 주변 노숙인에 대한 사람들의 태도를 연구하고자 오전 10시경 서울역과 영등포역을 포함한 5개 전철역에 조사원을 배치하여 전철을 이용하는 사람들 중에서 조사에 협조하는 500명을 조사하였다.

① 단순무작위표집
② 체계적 표집
③ 편의표집
④ 할당표집
⑤ 의도적 표집

해설 편의표집은 표본 선정의 편의성에 기준을 두고 접근하기 쉽고 자료수집이 용이한 조사대상자를 표본으로 추출하는 비확률표집 방법이다. 전철 이용자들을 만나기 쉬운 전철역에 조사원을 배치하여 조사에 협조하는 사람들을 조사했으므로 이 사례는 편의표집에 해당한다.

14. 할당표집(Quota sampling)에 관한 설명으로 옳은 것만 모두 고른 것은?

ㄱ. 일반화가 어렵다.
ㄴ. 표본의 대표성을 확보하기 어렵다.
ㄷ. 표본을 모집단에서의 비율에 근거하여 추출한다.
ㄹ. 비확률표집이지만 확률이론을 적용한 모집단 추정이 가능하다.

① ㄱ, ㄴ, ㄷ ② ㄱ, ㄷ ③ ㄴ, ㄹ
④ ㄹ ⑤ ㄱ, ㄴ, ㄷ, ㄹ

해설
- ㄱ, ㄴ : 할당표집은 비확률표집 방법에 속한다. 따라서 표본의 대표성을 확보하기 어렵고 일반화에 한계가 있다.
- ㄷ : 할당표집은 모집단에서의 비율을 근거로 표본에 포함되는 단위를 추출한다. 그러다 보니 모집단에서 그 비율이 알려져 있지 않은 변수를 기준으로는 나눌 수 없다는 한계가 있다.

15. 눈덩이 표집(Snowball Sampling)에 관한 설명으로 옳지 않은 것은?

① 최초의 표본은 무작위로 추출한다.
② 조사 내용이 민감한 현상일 경우 적절하다.
③ 질적조사나 현장연구에 많이 사용한다.
④ 약물중독자나 비행청소년 연구의 표집 방법으로 유용하다.
⑤ 연결되어 있는 사람들의 특성을 파악하기 용이하다.

해설 눈덩이 표집은 최초의 소수 표본을 의도적으로 혹은 편의적으로 선택하고, 이를 매개로 표본을 점차 확대해가는 방법이다.

16. 층화표집(Stratified Sampling)에 관한 설명으로 옳은 것은?

① 이질적인 집단의 표집오차가 동질적인 집단의 표집오차보다 작다는 확률분포 논리에 기초한다.
② 다른 확률표집 방법들보다 표집오차가 커질 가능성이 높다.
③ 전국적 규모의 조사를 시행할 때 적합한 표집 방법이다.
④ 모집단을 상호배타적이고 포괄적인 소집단으로 나눈 후 소집단별로 표집한다.
⑤ 연구자의 판단과 연구목적에 의해 적절하다고 생각되는 사람들을 표본으로 구성한다.

해설 층화표집은 조사 대상 모집단을 상호배타적이고 포괄적인 소집단으로 나눈 후, 각 소집단들이 모집단 내에서 차지하는 상대적인 비율을 고려하여 추출할 표본의 수를 각 소집단별로 정하여 무작위로 추출하는 방식이다.

17. 표집 방법에 관한 설명으로 옳지 않은 것은?

① 주민센터에 근무하는 사회복지전담공무원이 주민센터를 방문한 사람들을 대상으로 조사했다면 이는 편의표집이다.
② 의도적 표집은 연구자가 모집단 및 요소들에 대해 풍부한 사전 지식을 가진 경우 유용하다.
③ 눈덩이 표집은 질적조사에 적합하다.
④ 300개 초등학교에서 10개 학교를 무작위로 표본 추출한 후, 해당 학교 재학생을 조사했다면 이는 층화표집이다.
⑤ 체계적 표집은 순환성을 보이는 표집틀에서는 사용하지 않는 것이 좋다.

해설 ④는 집락표집에 해당한다.

18. 단순무작위표집(Simple Random Sampling)을 통해 자료를 수집하기 어려운 조사는?

① ○○대학교 재학생들의 전공 만족도
② 국민기초생활보장 수급자들의 소비 특성
③ 지난해 사회복지사 1급 자격시험 합격자들의 취업 현황
④ 국민연금에 대한 중산층의 의식
⑤ ○○구 지역 가구의 쓰레지 분리수거 실태

해설 단순무작위표집은 표집틀에서 곧바로 표본을 추출하기 때문에 표집틀을 확보할 수 있느냐가 매우 중요하다. 따라서 이 문제의 답을 찾으려면 모집단의 명부, 즉 표집틀을 확보하기 어려운 것을 찾아야 한다. 중산층은 그 기준이 모호하므로 중산층의 명부를 작성하는 것 자체가 어렵고, 따라서 단순무작위표집이 어렵다.

19. 비례층화표집의 특징을 가장 잘 설명한 것은?

① 모집단을 몇몇 하위집단으로 층화하여 각 하위 집단에서 표본을 선정할 때 표본 수를 모집단의 하위집단 비율과 같게 한다.
② 한 번 이상의 무작위표집으로 지역단위 및 하위 지역단위를 선정하고 최종 선정된 지역에서 자료를 수집한다.
③ 모집단을 몇몇 하위집단으로 층화하고 각 하위집단에 동일 비율의 표본 수를 할당한다.
④ 표집단위와 관찰단위가 다르다.
⑤ 표본틀에서 한 사례만 문작위로 선정한다.

해설 비례층화표집은 각 하위집단에서 표본을 선정할 때 각 하위집단의 모집단 비율과 동일하게 선정하는 방법이다.

20. 표집 방법에 관한 설명으로 옳은 것은?

① 유의표집은 확률표집이다.
② 비확률표집일수록 외적 타당도가 높다.
③ 표집 시 최소 30명 이상의 자료를 얻어야 정규분포를 이룬다.
④ 층화표집 방법에서는 이질적으로 구성된 소집단으로 층화한다.
⑤ 단순무작위표집은 표본의 대표성을 보장하지 못한다.

해설 모집단이 정규분포를 이루고 있으면 표본 크기에 관계없이 표집분포도 정규분포를 이루며, 모집단이 정규분포를 이루고 있지 않더라도 표본 크기가 증가하면(최소 30 이상) 표집분포는 거의 정규분포를 이룬다. 이러한 원리를 '중심극한정리'라고 한다.

21. 단순무작위표집(Simple Random Sampling)에 관한 설명으로 옳지 않은 것은?

① 표집틀의 각 요소가 표본으로 추출될 확률이 동일하다.
② 표집틀의 요소와 표집단위가 일치하지 않는다.
③ 확률이론을 적용하여 모수를 예측하고 예측의 오차까지 계산할 수 있다.
④ 난수표를 이용하여 단순무작위표집을 할 수 있다.
⑤ 표집틀 전체 목록으로부터 표본이 직접 추출된다.

해설 단순무작위표집의 경우에는 표집틀에서 표본을 곧바로 추출하는 방식이기 때문에 요소와 표집단위가 일치한다.

22. 비확률표집에 관한 설명으로 옳은 것은?

① 일반화가 용이하다.
② 표집 과정에 비용과 시간이 많이 든다.
③ 모수를 추정할 때 편이(Bias)가 발생한다.
④ 표집틀의 각 요소가 표본으로 선정될 확률을 계산할 수 있다.
⑤ 모집단을 대표하는 표본을 산출할 수 있다.

해설 ■ 비확률표집의 특징
· 각 요소가 표본에 포함될 확률은 알 수 없다.
· 표본오차를 추정할 수 없다.
· 모집단에 대한 표본의 대표성이 낮고 일반화에 제한점이 있다(외적 타당도가 떨어진다).
· 모수 추정시 편이(편향, Bias)가 발생한다.
· 표집 절차가 복잡하지 않다.
· 비용이 적게 든다.

23. 할당표집(Quota sampling) 방법에 관한 설명으로 옳은 것을 모두 고른 것은?

ㄱ. 할당량을 결정하여 할당표를 만든다.
ㄴ. 할당된 표본 수만큼 무작위 방법으로 추출한다.
ㄷ. 모집단을 몇 개 카테고리로 나눈다.
ㄹ. 순환성이 보이는 표집틀에서는 사용을 주의해야 한다.

① ㄱ, ㄴ ② ㄱ, ㄷ ③ ㄴ, ㄹ
④ ㄷ, ㄹ ⑤ ㄴ, ㄷ, ㄹ

해설 할당표집에서는 모집단을 몇 개의 범주(카테고리)로 나눈 후, 각 범주별 비율에 따라 표본의 할당량을 정하는 할당표를 만든다. 그리고 각 범주별 할당량만큼을 작위적으로 추출한다.

24. 사회복지학과 재학생들을 대상으로 조사하고자 한다. 모집단을 학년(1-4학년)과 성(여학생, 남학생)으로 구분하여 할당표집을 할 경우 할당표는 총 몇 개의 범주로 나누어지는가?

① 2개 ② 4개 ③ 6개
④ 8개 ⑤ 12개

해설 할당표의 범주의 수 = 4(학년 범주) × 2(성별 범주) = 8개

25. 체계적 표집(Systematic Sampling)에 해당하는 것은?

① 남학생을 5명, 여학생을 5명 표집한다.
② 처음 한 사람만 무작위로 선출하고 출석부 등재 순서에 따라 매 3번째 해당하는 사람을 표집한다.
③ 출석부에 기재된 학생들 중 제비뽑기로 10명을 표집한다.
④ 40개 학교 중 4개 학교를 뽑은 후 재학생들을 모두 조사한다.
⑤ 50명의 학생 등 선착순으로 10명을 모집한다.

해설 체계적 표집의 핵심 특징은 표집 간격이 있다는 것과, 첫 표집 간격에서 한 사례를 무작위로 선출하는 데 있다. ②는 처음 한 사람만 무작위로 선출하고 매 3번째 해당하는 사람을 표집하고 있으므로 표집 간격 3인 체계적 표집이다.

26. 단순무작위표집과 체계적 표집에 관한 설명으로 옳지 않은 것은?

① 단순무작위표집은 표집틀의 모든 요소가 동일한 확률을 가지고 추출된다.
② 체계적 표집에서는 표집틀을 구성하는 요소가 바로 표집단위가 되는 것은 아니다.
③ 단순무작위표집은 확률표집 방법의 가장 기본적인 형태이다.
④ 1,000명 모집단에서 100명의 표본을 체계적 표집으로 추출할 때 표집 간격은 10이다.
⑤ 체계적 표집에서는 한 사람만 무작위로 선정한다.

해설 단순무작위표집과 체계적 표집 둘 다 구성요소와 표집단위가 일치한다.

27. 다음 연구에 관한 설명으로 옳지 않은 것은?

> 서울지역 전체 중학교 중 10개 중학교를 무작위로 표집한 후, 2019년 현재 해당 학교에 재학 중인 1학년 전체 학생을 서베이 조사한 후 2020년, 2021년에 동일한 대상을 다시 조사하였다. 수집한 자료를 토대로 학업스트레스의 변화에 영향을 미치는 요인들을 분석하였다.

① 설명적 조사이다.
② 분석단위는 중학교이다.
③ 종단조사 중 패널조사에 해당한다.
④ 집락표집 방법을 사용했다.
⑤ 종속변수는 학업스트레스의 변화이다.

해설 ■ 이 사례의 표집단위, 관찰단위, 분석단위는 아래와 같다.
- 10개 중학교를 무작위표집 → 표집단위는 중학교
- 중학교 1학년 학생들을 서베이 → 관찰단위는 중학교 1학년 학생들
- 중학교 1학년 학생들의 학업스트레스 변화와 영향 요인을 분석 → 분석단위는 중학교 1학년 학생들

28. 조사의 목적에 부합하는 모집단을 명확히 규정하기 위해 고려해야 할 점으로 옳지 않은 것은?

① 조사대상을 명확히 규정한다.
② 표집단위를 명확히 한다.
③ 모집단의 지역범위를 분명히 한다.
④ 표집방법을 명확히 한다.
⑤ 조사기간을 고려한다.

해설 모집단을 명확히 규정하기 위해서는 조사대상, 표집 단위, 범위, 시간의 4 요소를 분명히 해야 한다. 표집방법은 모집단을 명확히 규정하고 난 이후에 결정한다. 표본을 위해서는 연구하고자 하는 모집단을 명확히 규정한 후, 모집단의 표집틀을 선정한다. 그 이후에 표집방법을 결정하고, 표집방법에 따라 적절한 규모의 표본크기를 정한 후에 표본을 추출한다.

29. 정규분포에 관한 설명으로 옳지 않은 것은?

① 표본의 사례 수와 무관하게 표집분포(Sampling Distribution)는 정규분포를 따른다.
② 표준정규분포의 평균은 0이고, 분산과 표준편차는 동일하다.
③ 정규분포의 모양은 평균과 표준편차에 의해 결정된다.
④ 최빈값과 중위수는 같다.
⑤ 정규분포곡선은 좌우 대칭이며 종 모양이다.

해설 모집단이 정규분포를 이루면 표본 크기와 관계없이 표집분포도 정규분포를 따르지만, 모집단이 정규분포를 이루고 있지 않더라도 표본 크기가 증가하면(최소 30 이상) 표집분포가 거의 정규분포를 이룬다. 달리 말하면, 표집분포의 정규성은 표본의 사례 수(표본 크기)와 관련이 있다.

30. 정규분포에 관한 설명으로 옳은 것은?

① 왜도는 3이다.
② 첨도는 1이다.
③ 평균과 중앙값의 차이는 0이다.
④ 정규분포곡선과 X축 사이의 면적은 표준편차 값에 따라 달라진다.
⑤ 표본 크기가 작을수록 표본평균의 표집분포는 정규분포에 가까워진다.

해설 정규분포에서는 평균, 중앙값, 최빈값이 일치한다. 따라서 이들 값 간의 차이는 항상 0이다.

31. 표본 크기가 200일 때 표준오차(Standard Error)가 2였다. 표본크기를 800으로 늘리면 표준오차는?

① 0 ② 1 ③ 2 ④ 4 ⑤ 8

해설 표본 크기가 4배 증가하면 표준오차는 1/2로 감소한다. 만약 표본 크기가 9배 증가한다면 표준오차는 1/3로 감소한다.

32. 표집유형에 관한 설명으로 옳은 것은?

① 할당표집은 모집단으로부터 표본으로 추출될 확률을 알 수 있다.
② 단순무작위표집에서는 표집오차를 추정할 수 없다.
③ 층화표집과 할당표집은 동질적 집단보다 이질적 집단에서 추출한 표본의 표집오차가 작다는 원리에 기초한다.
④ 확률표집은 표집틀을 구할 수 없을 때 주로 사용한다.
⑤ 표본 크기가 같을 때, 집락표집보다 층화표집의 대표성이 크다.

해설 표본 크기가 같을 때 집락표집은 층화표집, 단순무작위표집, 체계적 표집보다 표집오차가 크므로 상대적으로 대표성이 떨어진다. 따라서 집락표집보다 층화표집의 대표성이 크다.

33. 확률표집에 관한 설명으로 옳지 않은 것은?

① 모집단으로부터 표본으로 추출될 확률을 알 수 있다.
② 무작위방법이 기본 전제이다.
③ 비비례층화(Disproportionnate Stratified) 표집은 확률표집이다.
④ 신뢰수준이 높을수록 표본오차는 감소한다.
⑤ 표본의 수가 증가할수록 표본오차는 감소한다.

해설 통계치를 토대로 모집단의 모수가 위치할 특정 구간을 구하게 되는데 이를 '신뢰구간'이라 하고, 신뢰구간 안에 모집단의 모수가 위치할 가능성을 '신뢰수준'이라 한다. 같은 조사에서 신뢰수준이 높아지면 신뢰구간이 넓어지고 표집오차는 증가한다. 따라서 신뢰수준이 증가하면 표집오차가 증가하기 때문에 표본의 크기를 늘려서 이를 만회해야 한다.

34. 전국에 있는 지역을 크게 대도시, 중소도시, 농어촌의 세 유형으로 구분한 후 각 지역 유형에 소재한 초등학교를 무작위로 각 10개 학교씩을 선정하여 해당 학교 재학생 전체에 대한 설문조사를 실시하였다. 이때 사용된 표집방법은 무엇인가?

① 단순무작위표집
② 체계적 표집
③ 층화표집
④ 집락표집
⑤ 층화집락표집

해설 전체 지역을 대도시, 중소도시, 농어촌으로 층화한 후, 각각의 층화된 지역별로 집락표집(학교를 10개소씩 표본을 표집하여 해당 학교 재학생을 조사)했으므로 층화집락표집에 해당한다.

35. 다음 조사에 관한 설명으로 옳지 않은 것은?

> 초등학생 비만 실태를 파악하고자 서울지역 내 초등학교 중 구별로 3개의 학교를 무작위로 선정하여 2019년 3월 말 현재 해당 학교에 재학 중인 학생 전체를 대상으로 키와 몸무게를 조사하였다.

① 횡단조사이자 양적조사이다.
② 기술적 조사이며 분석단위는 개인이다.
③ 조사에 사용된 변수의 측정값들 사이에는 등간격이 성립한다.
④ 조사에 사용된 변수의 측정값은 사칙연산이 모두 가능하다.
⑤ 비례층화표집을 사용했다.

해설 모집단을 몇 개의 집단으로 층화한 후, 각 집단에서 집락표집을 사용했으므로 이 사례에서 사용된 표집방법은 층화집락표집이다.

해답

1. ②	2. ②	3. ⑤	4. ①	5. ⑤	6. ⑤	7. ③	8. ⑤	9. ⑤	10. ②
11. ③	12. ①	13. ③	14. ①	15. ①	16. ④	17. ④	18. ④	19. ①	20. ③
21. ②	22. ③	23. ②	24. ④	25. ②	26. ②	27. ②	28. ④	29. ①	30. ③
31. ②	32. ⑤	33. ④	34. ⑤	35. ⑤					

06 실험조사

학습목표

1. 실험조사의 기본개념(의의, 종류, 인과관계의 논리, 장단점)에 대해 이해한다.
2. 실험조사설계의 일반사항(개념, 절차, 타당도)에 대해 이해한다..
3. 실험조사설계의 유형(실험조사설계, 준실험조사설계, 전실험조사설계, 비실험조사설계)에 대해 이해한다.

1 실험조사의 기본 개념

1) 실험조사의 의의

실험조사(Experimental Research)란 실험(Experiment)을 통하여 자료를 수집하고 분석하는 연구이다. 실험은 연구자가 하나 이상의 독립변수를 의식적으로 조작(操作, Manipulating)하거나 외생변수(Extraneous Variable)를 통제하여 독립변수들이 종속변수에 미치는 영향을 측정하거나 독립변수로 인한 종속변수의 변화 상태를 관찰하는 것이다.

자연과학에서는 주로 실험실 실험(Laboratory Experiment)이 이루어지지만, 사회과학에서는 실험실 실험보다 자연적인 상황에서 이루어지는 현지 실험(Field Experiment)의 경우가 더 많다.

일반적으로 실험조사는 두 집단으로 나누어 한 집단에는 독립변수를 도입하고(실험집단, Experimental Group), 다른 집단(통제집단, Control Group)에는 독립변수를 도입하지 않은 상태에서 두 집단 사이를 비교함으로써 독립변수가 종속변수에게 주는 효과를 평가한다. 이때, 실험에서 실험집단에게만 독립변수가 발생하도록 하는 것을 조작이라고 한다.

실험조사는 집단이나 프로그램, 지역사회에서 사회복지서비스의 효과를 측정하기 위한 목적으로 조사를 구성할 때 주로 활용한다. 특히, 사회복지기관에서 실시하는 프로그램의 평가, 사회복지정책의 평가, 지역사회개발에 대한 평가 등에 유용하게 적용할 수 있다.

사례 1 **사회복지기관의 프로그램 평가**

T복지관에서 S중학교 40명의 학생을 대상으로 사회사업 프로그램인 "행복한 교실"이 집단응집력에 어떤 영향을 미치는지 알아보려고 한다. 각각 20명씩 실험집단(프로그램 실시)과 통제집단(프로그램 실시하지 않음)에 배치하고 연구자는 행복한 교실이 집단응집력을 향상시킬 것이라고 예측한다.

사례 2 **사회복지정책의 평가**

국민기초생활보장제도의 도입 이후 빈곤층이 도입 이전보다 감소하였는지, 빈곤층의 실질소득이 얼마나 증가하였는지를 실험조사를 활용하여 평가할 수 있다. 그리고 이를 통해 국민기초생활보장정책에 대해 과학적으로 평가할 수 있다.

(1) 실험의 특징

- 실험은 효율적이고 효과적으로 변수를 조작하고 통제하려는 것이다. 즉, 실험은 변수분산을 통제하고, 독립변수의 분산을 최대화하며, 외부변수를 통제하고, 오차분산을 최소화하기 위한 연구이다.
- 실험은 연구대상에 대한 여러 변수간의 원인-결과관계, 즉 인과관계 내지 인과성을 주로 파악한다.
- 실험은 보다 체계적이고 정밀하게 인과관계를 파악하고, 독립변수를 의식적으로 조작한다는 측면에서 실태조사(Survey)와 다르다. 실태조사는 자연적 상황에서 연구대상에 있어 변수를 "있는 그대로" 관찰하는 것인데 반해, 실험은 인위적으로 상황을 엄격하고도 명백하게 조작하여 외생변수를 통제하고 독립변수(실험변수)를 조작함으로써 독립변수가 종속변수에 미치는 영향을 관찰하는 데 목적이 있다.
- 실험은 문헌조사, 경험조사, 사례조사 등과 같은 사후연구(Ex Post Facto Research)와 구별된다. 인과관계 분석 등에 관한 연구라는 측면에서는 유사하지만, 실험은 미래지향적인데 반해, 사후연구는 과거 지향적이다. 즉, 사후연구가 시간적으로 이미 발생한 변수관계에 대한 파악이라면, 실험은 앞으로 일어날 변수관계에 대한 파악이다. 또한 사후연구는 실태조사에 있어서와 마찬가지로 변수를 조작할 수 없다.
- 실험은 실태조사의 성격을 가지면서도 사후연구의 성격을 갖는 현지연구(Field Study)와 구별된다. 현지연구는 자연적인 조건하에서 관찰이 이루어지는 장점이 있으나, 관찰에 있어 변수의 통제가 불가능하다는 단점이 있다. 반면에 실험은 실험조건을 인위적으로 조작한다는 단점이 있으나, 변수의 조작과 통제가 이루어진다는 장점이 있다.

(2) 실험의 목적

실험의 목적은 인과관계를 추론하려는 연구자의 능력을 혼동시킬 수 있는 다른 변수들을 통제하면서 독립변수(실험변수, 설명변수)가 종속변수에 미치는 효과를 측정하는 것이다. 구체적으로 실험은 다음과 같은 목적을 가지고 있다.

- 실험은 순수하고 오염되지 않은 통제된 조건하에서 독립변수(x)와 종속변수(y)간의 관계를 파악한다. 실험자는 x는 y에 영향을 미치는가?, 어떻게, 얼마나 영향을 미치는가?, 그러한 관계를 함수관계[y=f(x)]로까지 나타낼 수 있는가? 등과 같은 관계를 파악하는 데 있다.
- 실험은 기존의 이론이나 연구결과로부터 도출된 명제나 가설에 대한 검증을 시도한다. 때로는 이미 제시된 명제 등에 대한 타당성 여부를 검증하기도 하고 기존의 이론을 지지하거나 반증하기도 한다.
- 실험은 이론체계를 정립하는 데 궁극적인 목적이 있다. 실험은 기존의 이론, 명제 또는 가설 등을 재정의하고 발전시키며, 새로운 가설을 형성함으로써 이론체계를 정립하는 데 기여한다.
- 실험은 새로운 가설이나 연구문제를 발견하는 데 기여한다.

2) 실험조사의 종류

실험조사는 서로 다른 기준에 따라 여러 가지 유형이 있다. 실험 상황에 따라 실험실 실험과 현지 실험으로 구분된다. 실험조작이나 통제의 정도에 따라 실험조사설계, 준실험조사설계, 전실험조사설계, 비실험조사설계 등으로 구분된다.

(1) 실험상황에 따른 분류

❶ 실험실 실험(Laboratory Experiment): 실험자가 실험목적을 위해 인위적으로 연구 상황을 구성하고 실험을 실시하는 것이다. 실험실 실험은 조사문제에 직접적으로 관계되지 않는 모든 외생변수의 영향을 가능한 최소한으로 축소

할 수 있도록 상황을 조작하고 통제하고, 독립변수를 효과적으로 조작함으로써 독립변수가 종속변수에 미치는 영향을 가능한 명확히 관찰하려고 한다.

- 실험실 실험의 특징
  - 실험조사자는 어떤 현상을 연구하기 위하여 인위적으로 연구상황을 조성한다.
  - 실험조사자가 실험대상자를 실험집단과 통제집단에 배정하는 것을 통제한다.
  - 실험조사자가 종속변수에 영향을 미친다고 생각되는 독립변수를 실제로 통제한다.
  - 실험조사자는 하나 또는 몇 개의 관심 있는 독립변수를 조작한다.

- 실험실 실험의 장점
  - 측정의 정확성이다. 실험실에서 측정은 고도로 통제된 상황에서 이루어지기 때문에 다른 조사방법과 비교해서 일반적으로 보다 정확한 측정을 할 수 있게 된다. 이는 측정오차를 최소화하고 동시에 외생변수가 미치는 영향의 정도를 최소화할 수 있기 때문이다.
  - 내적 타당도(Internal Validity)를 높인다. 실험자가 실험집단과 통제집단에 실험대상자를 할당하는 것을 통제함으로써 내적타당도 저해요인을 감소 내지는 제거할 수 있기 때문에 실험실 실험의 결과로부터 인과성을 추론할 수 있게 된다.
  - 외생변수의 통제이다. 실험실 실험은 종속변수에 대해 영향을 주는 외생변수의 개입을 효과적으로 통제할 수 있다.
  - 무작위화(Randomization)할 수 있다. 연구대상을 무작위 표집하고, 무작위로 실험집단과 통제집단에 용이하게 할당할 수 있다.
  - 조작이 용이하다. 조사자가 한 개 이상의 독립변수를 원하는 대로 용이

하게 조작함으로써 독립변수를 정확하고 명백하게 규정할 수 있다. 따라서 그 조작력이 강하여 연구가 정밀하게 이루어진다.

- 재현할 수 있다. 어떤 특정의 연구결과는 차후의 연구에서 반복적으로 다시 그대로 실시할 수 있다.

• 실험실 실험의 단점

- 인위적 상황이다. 실험실 실험의 상황이라는 것은 항상 일정 실험만을 위해서 지나치게 인위적으로 특별히 만들어진 상황이기 때문에, 실험결과를 그와는 다른 실제 상황에 적용하기 어려운 경우가 발생하므로 실험결과를 일반화시키는데 제한적이다. 실험상황이 보다 인위적이기 때문에 실험실 실험은 독립변수의 영향이 현지 실험보다 약하다. 실험상황이 인위적이면 인위적일수록 그 변수의 영향력은 작아진다.
- 계량화에 집착한다. 실험실 실험은 실험결과를 지나치게 계량화시키려고 노력하는 경향이 있다. 이러한 과정에서 신뢰성과 타당성이 있는 측정도구의 개발이 필요하게 된다.
- 지나친 정밀성이다. 실험실 실험은 실험상황을 지나치게 정밀하게 분석하려는 경향이 있다.
- 외적 타당도(External Validity)의 결여이다. 대체로 실험실 실험은 실험결과를 보다 많은 상황과 사람들에게 적용시킬 수 없기 때문에 외적 타당도가 결여되어 일반화의 정도가 약하게 된다.
- 연구 불가능한 현상도 있다. 연구에 따라 실험실 상황에서는 도저히 연구할 수 없는 현상도 있다.
- 조작하기 어려운 변수도 있다. 성별, 학력, 인종, 장애, 출신지역, 지능, 연령, 등 인구통계적 변수나 사회경제적 변수들 가운데 상당수는 실험자가 직접 단기간에 조작할 수 없는 변수들도 많이 있다.
- 윤리적·도덕적으로 어려운 경우도 있다. 실험에서의 조작은 윤리적 도덕적 문제로 인해 수행되기 어려운 경우가 있다.

- 현실성 부족이다. 실험실 상황과 실제 상황은 다를 수 있기 때문에 실험상황과 결과에는 현실성이 결여되어 있다.
- 동시조작에 한계가 있다. 실험실 실험에서는 3개 이상의 독립변수를 동시에 효과적으로 조작하기 어렵다.
- 가식적일 수 있다. 실험실 실험에서 외생변수가 적절히 통제되지 않으면 독립변수가 종속변수에 미치는 영향은 가식적일 수 있다. 현지 상황이 실험실 상황과는 달리 독립변수 이외의 다른 외생변수들이 실험대상자에 영향을 미치고 있다. 따라서 실험조사를 통해 어떤 인과관계가 나타났을지라도, 현지 상황에서는 그와 같은 인과관계가 나타나지 않을 수 있으며, 인과관계가 나타났다 하더라도 독립변수가 종속변수의 변화에 미치는 영향력의 크기는 다를 수 있다.

❷ 현지 실험(Field Experiment): 실제의 자연적 상황에서 현지 사정이 허용하는 한 주의 깊게 실험조건을 통제하고, 하나 이상의 독립변수들을 조작함으로써 종속변수의 변화를 논리적으로 연구하려는 목적을 지닌 연구로서 "현장실험"이라고도 부른다. 현지 실험은 외생변수 통제력에 있어 다소 정도의 차이가 있을 뿐 실험실 실험과 큰 차이가 없다. 실험실 실험은 외생변수의 통제력이 매우 큰 반면에, 현지 실험은 외생변수 통제력은 실험실 실험의 경우보다 작다. 그러나 현지 실험은 실험실내에서는 실험할 수 없는 것을 실험할 수 있다.

- 현지 실험의 특성
  - 조사가 자연적 상황에서 실시된다.
  - 실험자는 하나 이상의 독립변수를 조작하는 동시에 그 외의 외생변수를 가능한 한 통제한다.
  - 그와 같은 조작이 하나 이상의 종속변수에 미치는 영향을 체계적으로 관찰한다.

• 현지 실험의 장점

- 무작위화이다. 현지 실험은 실험대상의 무작위 할당이 가능하다. 실험대상을 무작위적으로 할당하면 외생변수가 종속변수에 미치는 영향을 통제할 수 있다.
- 독립변수의 조작이다. 현지 실험은 독립변수(실험변수)의 조작을 통해 독립변수가 종속변수에 미치는 영향을 측정할 수 있다.
- 독립변수의 영향력이 크다. 현지 실험은 그 독립변수의 영향이 실험실 실험의 경우보다 더 강력하다. 이런 상태는 실험적 상황이 보다 자연적이고 실재적일수록 그들 변수의 영향력은 강해지기 때문이다.
- 외적 타당도가 높다. 현지 실험은 자연적인 실제 상황에서 현장을 연구하기 때문에 유사한 다른 상황에도 일반적으로 적용할 수 있는 가능성이 크게 되므로 연구의 외적 타당도가 실험실 실험보다 더 높다.
- 자연적 상황이다. 현지 실험은 있는 그대로의 자연적 상황에서 전개되는 복잡한 사회적 상호작용, 동태적 상황, 영향관계, 과정, 변화 등을 연구하기에 적합하다.
- 이론체계 형성에 기여한다. 현지 실험은 기존의 이론을 검증하거나, 가설을 검증하고, 자연발생적 변화의 분석에도 응용할 수 있어 현실 적합한 이론체계를 형성하는 데 기여할 수 있다. 또한 사회복지 임상현장에서 다양한 실제 문제를 해결하는 데도 적절히 활용할 수 있다.

• 현지 실험의 단점

- 통제력 부족이다. 현지 실험은 실험실 실험과 같이 실험 상황을 엄격하게 통제하지 못한다. 따라서 독립변수와 종속변수간의 인과관계를 명확하게 주장하기에는 부족하다.
- 조작력 부족이다. 현지 실험도 독립변수의 조작이 가능하기는 하지만, 실험실 실험에 비해 대단히 제약되어 있으며, 실제로 불가능한 경우가 많이 있다.
- 정밀성 부족이다. 연구결과의 정밀성이 실험실 실험에 비해 낮다. 실험실 상

황에서처럼 종속변수의 변화를 정확하게 측정하기가 어렵다.

- 연구자의 편견가능성이다. 실험과정에서 연구자가 불편부당한 입장을 견지하지 못하고 편견을 갖게 되면, 연구자의 이러한 태도는 실험결과에 영향을 미치게 된다.
- 법률적·윤리적 문제이다. 현지 상황에서의 독립변수의 조작이 때로는 법률적 또는 윤리적 문제를 야기할 수 있다.
- 자연성의 손상이다. 실험자가 독립변수에 대해 행한 조작의 강도가 크면 클수록 실제 상황의 자연스러움이 손상되기 쉽다.
- 객관성의 손상이다. 현지 실험에서 조사자가 실험대상과 관련된 조직과 장기적인 접촉을 유지해야만 하는 경우, 조사자의 객관성은 손상되기 쉽다.
- 친밀감 형성이 어렵다. 현지 실험의 경우 실험대상자와 친밀감을 형성하기가 어려우며, 어떤 경우에는 실험대상자가 실험조치를 거부하는 경우도 있다.
- 연구대상자의 불만이다. 현지 실험의 실험조치가 어떤 이익을 가져다 줄 경우, 실험조치가 행해지지 않는 통제집단 구성원들은 불만을 갖게 되는 경우가 있다. 반대로 현지 실험의 실험조치가 불이익을 가져오는 경우, 실험집단이 불만을 갖게 되는 경우가 있다.
- 상호작용에 따른 문제이다. 실험조치를 행한 실험집단 구성원과 실험조치를 행하지 않은 통제집단 구성원들간에 의사소통이나 상호작용이 있게 되면 실험조치(독립변수)가 종속변수의 변화에 미치는 순수한 효과를 산정하기가 어렵게 된다.

❸ 실험실 실험과 현지 실험의 비교

실험실 실험과 현지 실험을 타당도, 비용, 시간의 측면에서 비교해 보면 [표 6.1]과 같다.

[표 6.1] 실험실 실험과 현지 실험의 비교

요인 \ 실험	실험실 실험	현지 실험
내적 타당도	높음	낮음
외적 타당도	낮음	높음
비용	적게 소요됨	많이 소요됨
시간	적게 소요됨	많이 소요됨

(2) 실험조작이나 통제의 정도에 따른 분류

실험조사에 있어서 독립변수의 조작가능의 정도와 다른 변수나 조건의 통제 정도에 따라 실험조사설계를 4가지로 구분할 수 있다. 이 4가지는 실험조사설계, 준실험조사설계, 전실험조사설계, 비실험조사설계이다. 이들 종류에 대해서 3에서 자세히 설명하기로 한다.

(3) 실험조사와 서베이 조사의 비교

실험조사	서베이 조사
의식적으로 하나 이상의 독립변수를 조작하여 일정한 연구 집단을 노출시킴으로써 종속변수의 변화 상태를 관찰하는 방법	설문지, 면접, 전화 등을 이용하여 조사문제와 관련된 질문에 답하게 하여 실증적인 자료를 수집-분석하는 방법
변수들간의 인과관계를 밝히기 위하여 변수를 조작하고 외생 변수를 통제한다.	변수의 조작이나 통제가 불가능하므로 변수들간의 관계규명에 내적 타당성이 결여될 가능성이 있다.
인과관계를 탐색하기 위해 미래적 상황을 사전적으로 탐색하는 연구이며 변수간의 발생순서나 독립변수의 영향을 명확히 규정할 수 있다.	인과관계를 탐색하기 위해 사후적 연구(결과를 관찰하고 원인을 탐색)를 수행하기 때문에 변수간의 관계를 명확히 규정할 수 없다.
연구대상자의 수가 적어 양적으로 많은 정보를 얻기 어렵다.	많은 사람들로부터 양적으로 많은 정보를 얻을 수 있다.
장기간에 걸쳐 수행될 수 있으므로 시계열적인 자료의 획득이 가능하다.	횡단조사를 시행하고 종료하기 때문에 시계열적인 정보를 얻기 어렵다.

실험조사	서베이 조사
실험실 실험의 경우 현실성이 부족하지만 현지 실험은 현실을 적절히 반영할 수 있다.	현실적인 상황 하에 이루어지기 때문에 현실을 반영하는 자료를 제공할 수 있다.
한 번에 3개 이상의 독립변수를 조작하기 어렵기 때문에 다양한 변수에 관한 자료를 얻기 어렵고 연구주제도 단편적이다.	연관성 있는 여러 변수들에 관한 자료를 한 번의 조사를 통해서 얻을 수 있고 다양한 주제에 대해 연구할 수 있다.

3) 인과관계의 논리

사회복지조사는 대부분 인과관계의 검증을 통하여 이루어진다고 볼 수 있다. 사회적 현상과 사회구성원의 문제를 발견하고, 그 원인과 결과 관계를 규명함으로써 사회복지조사의 목적인 정책수립 내지 실천이론이 형성되는 것이다.

사회과학에서 사용하는 인과관계는 일반적인 의미의 인과관계와는 다소 차이가 있다. 일반적으로 인과관계란 "X라는 원인이 Y라는 결과를 발생시킨다"고 결정론적으로 표현된다. 그러나 사회과학의 인과관계는 결정론적으로 표현하지 않고, "X라는 원인이 Y라는 결과를 발생시킬 수 있다"고 확률적으로 표현된다. 그 이유는 종속변수에 영향을 미칠 수 있는 독립변수는 특정한 것 이외에도 여러 가지가 있을 수 있으며, 더욱이 이러한 독립변수들의 영향을 통제할 수도 없으므로 인과관계를 명확하고도 결정론적으로 밝히기 어렵기 때문이다.

(1) 인과관계의 개념

인과관계(因果關係, Causability, Casual Relation, Causation)란 어떤 요인 X가 있을 때, 이 요인 X가 언제든지 다른 요인 Y를 선행하며, 항상 요인 Y를 예측가능하게 하는 경우를 말한다. 상관관계의 경우는 인과관계와는 달리 요인 X가 반드시 요인 Y를 선행해야 되는 것도 아니고, 요인 X가 항상 요인 Y를 예측가능하게 하는 것도 아니다. 사회과학적 입장에서 인과관계의 개념을 한정해 보면 다음과 같다.

- 원인으로 추정되는 변수와 결과로 추정되는 변수가 동시에 존재하며 상호연관성을 가지고 변화해야 한다.

사례 가설 : 고학력일수록 소득이 높다.
교육수준의 변화가 있을 때, 반드시 소득수준의 변화도 일어나야 한다.

- 원인이 결과보다 시간적으로 우선해야 한다.

사례 가설 : 날씨가 더워지면 아이스크림이 잘 팔린다.
날씨가 더워지는 것이 원인이라면 아이스크림이 잘 팔리는 것보다 시간적으로 앞서야 한다.

- 사회과학에서 인과관계는 미시매개체 수준을 전제로 하지 않는다. 즉, 아주 미시적인 변수 사이의 관계에 대한 연구는 사회과학에서는 그리 중요한 문제는 아니다.

사례 가설 : 광고가 기업의 판매에 영향을 주는가?
"어떤 내용의 광고가 판매에 영향을 준다"는 식으로 어느 정도의 연구범위를 설정할 수밖에 없다.

- 사회현상은 통제된 조건의 폐쇄시스템이라기보다는 개방시스템을 전제로 할 수밖에 없어서 어떤 원인에 노출된 실험대상이 다른 사회현상과도 접촉을 해서 결과에 영향을 미친다.
- 사회과학에서는 사회현상을 연구하는 것이기 때문에 개방시스템을 전제로 한다. 따라서, 결과를 발생시키는 원인은 여러 가지가 있다.

사례 어떤 학생의 학업성적이 향상된 원인을 연구했다. 그 원인은 평소보다 열심히 공부하였거나, 수업분위기가 좋아졌다거나, 학교선생님이 바뀌었다거나 … 등 여러 가지이다.

- 사회과학의 연구가 개방된 시스템에서 이루어지고 외생변수가 존재하기 때문에 여러 가지 원인이 작용하여 확률적일 수밖에 없다.

사례 머리가 좋으면 공부를 잘한다.
머리가 좋으면 공부를 잘하는 것이 통계적으로 검증이 되었더라도 100% 맞다고 볼 수는 없다.

- 사회과학에서는 많은 외생변수가 존재하므로 가능하면 원인과 결과 사이에 작용하는 다른 변수(외생변수)들을 모두 일정하게 하고 한 가지만을 변화시킨 후 결과의 변화를 관찰하여야 한다.
- 사회과학에서 인과관계는 원인을 조작 가능할 때, 보다 이론의 가치가 높아진다.

사례 암을 치료할 수 있는 방법이 이론적으로 존재하는 경우에도 이에 대한 조작이 불가능하면 이러한 치료방법은 인간의 생명을 구하는 데 도움이 되지 않는다.

(2) 인과관계의 기초

인과관계의 기초는 필요조건과 충분조건에 관련되어 있다. 그러나 이 두 조건을 동시에 갖춘 완벽한 필요충분조건을 사회복지분야나 다른 사회과학분야에서 찾아보기는 어렵다. 따라서 제3의 조건으로 기여조건, 부수조건 또는 대립조건을 지니게 된다.

❶ 필요조건(Necessary Condition) : 독립변수(원인변수) X가 종속변수(결과변수) Y의 필요조건인 경우는 X가 없이는 Y는 존재하지 않지만, X의 존재가 항상 Y를 존재하게 하는 것을 의미하지 않는 경우이다.

사례 [그림 6.1]과 같이 마약경험은 마약중독의 필요조건이다. 왜냐하면, 마약경험 없이는 마약중독이란 있을 수 없지만, 마약경험이 있다고 해서 항상 마약중독이 되는 것은 아니다. 따라서 마약경험은 마약중독을 유발하는 부분적인 원인에 불과하다. 이런 경우 마약경험은 마약중독의 필요조건이다. 여기서, 마약경험자가 음주를 하는 경우 마약중독이 될 가능성은 더 높아진다. 이때 음주는 마약경험자가 마약중독자가 될 가능성을 높이는데 기여하는 기여조건이다.

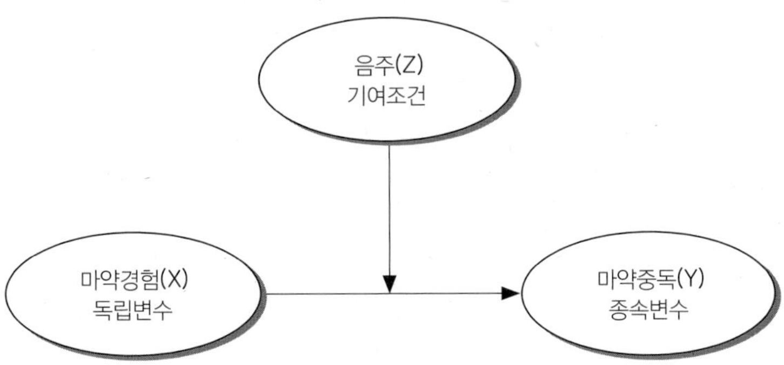

[그림 6.1] 필요조건과 기여조건

❷ 충분조건(Sufficient Condition) : X의 존재는 Y의 발생에 영향을 미치지만, Y는 X가 없어도 발생할 수 있을 때, X는 Y의 충분조건이다.

사례 [그림 6.2]와 같이 흡연(X_1)은 폐암(Y)의 충분조건이다. 흡연은 폐암의 원인이 된다. 그러나 흡연자만이 폐암에 걸리는 것은 아니다. 광산근무와 같이 폐암을 유발하는 다른 제2(X_2), 제3의 원인(X_3)들이 존재한다. 따라서 흡연은 폐암을 유발하는 부분적인 원인에 불과하다. 폐암은 흡연자가 아니더라도 발병할 수 있다. 이런 경우 흡연은 폐암의 충분조건이다. 여기서, 광산근무(X_2), 공해산업주변거주(X_3)는 흡연(X_1)과 동일한 수준에서 독립적으로 종속변수(Y, 폐암)가 발생하는 데 충분한 조건이 되는 대체원인이 되는 변수이다. 이러한 대체원인이 존재를 대립조건이라 한다.

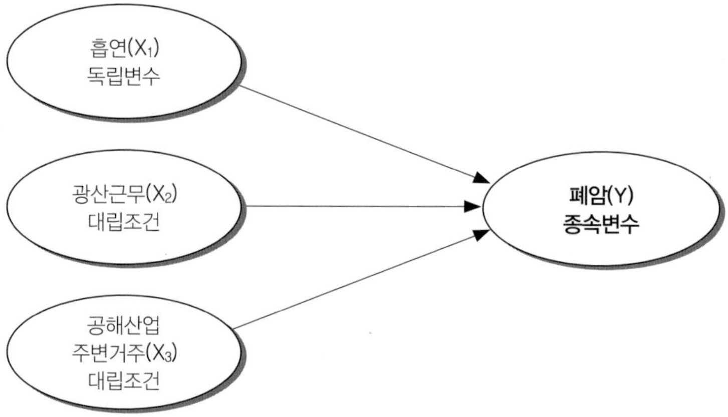

[그림 6.2] 충분조건과 대립조건

❸ 필요충분조건 : X가 일어나지 않으면 Y는 절대 일어나지 않으며, X가 일어나면 Y가 언제나 일어날 때 X는 Y의 필요충분조건이다. 즉, X는 Y의 유일한 원인이고, 어떠한 대체원인이나 기여원인이 존재하지 않으므로 X 또는 Y가 단독으로 일어나는 경우란 있을 수 없다. 사회복지분야나 다른 사회과학분야에서 필요충분조건에 해당하는 실제 사례는 찾아보기 어렵다.

사례 만일 흡연이 폐암에 필요충분조건이라면, 모든 흡연자는 폐암에 걸려야 하고, 비흡연자는 폐암에 걸리지 않을 것이다.

(3) 인과관계의 추리근거

인과관계를 입증하는데 논리적인 근거를 제시하는 방법에는 일치법, 공변법, 시간적 선행성, 가식적 관계의 배제, 통계적 관계성, 개입-반응 효과, 기존 연구와의 일치성, 생물학적 타당성, 관련성의 특이성 등이 있으며, 구체적인 내용은 다음과 같다.

❶ **일치법**: 주어진 현상에 관한 두 개 또는 그 이상의 사례들이 공통된 하나의 조건을 가졌을 때, 그 조건을 현상의 원인 또는 결과로 간주하는 방법이다.

> 상황 X의 구성요소(A B C)가 Z를 발생시킨다.
>
> 상황 Y의 구성요소(C D E)가 Z를 발생시킨다.
>
> 그러므로 C는 Z를 발생시킨다. 즉, C는 원인인 독립변수이고 Z는 결과인 종속변수이다.

❷ **공변법**: 어떤 현상이 특정한 방식으로 변할 때마다 다른 현상도 특정한 방식으로 변화하면, 이들 두 현상은 인과적으로 관련되어 있다고 간주하는 방법이다.

> A BC → a bc
>
> (A+)BD → (a+)bd
>
> (A−)BC → (a−)bc (+는 증가, −는 감소)
>
> 그러므로 A와 a는 인과관계가 있다. A, B, C, D의 상황이 a, b, c, d의 상황보다 시간적으로 선행하기 때문에 A는 원인인 독립변수이고, a는 결과인 종속변수가 된다.

❸ **차이법**: 둘 이상의 사례에서 한 가지 조건에만 차이가 있고, 다른 조건들을 공통적으로 포함하고 있는데, 두 사례에 결과의 차이가 나타난다면 그것은 두 사례에서 차이가 나는 하나의 요소로 인한 것으로 간주할 수 있다.

> 상황 X의 구성요소(A B C)가 Z를 발생시킨다.
>
> 상황 Y의 구성요소(A B E)가 Z를 발생시키지 않는다.
>
> C는 원인인 독립변수이고 Z는 결과인 종속변수이다.

❹ 잔여법(잉여법): 어떤 현상의 일부에 대해서 다른 선행조건이나 원인이 밝혀졌다면, 그 현상의 나머지 부분(잔여부분)은 나머지 조건이나 사실의 원인이 될 수 있다.

> ABC → abc
>
> B는 b의 원인임이 밝혀졌고, C는 c의 원인임이 밝혀졌다.
>
> 그러므로 남은 A는 a의 원인이라고 추론할 수 있다.

❺ 시간적 선행성: 한 사건이 다른 사건의 원인이 되기 위해서는 다른 사건보다 시간적으로 먼저 발생하거나 거의 동시에 발생하여야 한다. 즉, 원인적 요인의 발생은 결과적 요인의 발생보다 시간적으로 선행되거나 거의 동시에 일어나야 한다.

❻ 가식적 관계의 배제: 두 개의 변수간의 관계에 영향을 줄 가능성이 있는 원인적 요소들이 미칠 수 있는 영향을 통제하거나 배제함으로써 특정 변수가 원인이 되는 독립변수임을 입증하는 방식이다. 즉, 두 변수의 관계가 제3의 변수로 설명되는 가식적 관계가 되지 않도록 제3의 변수를 통제하거나 미칠 영향을 배제해야 한다.

❼ 통계적 관계성: 추정되는 두 변수간의 인과관계가 통계적으로 의미가 있다면, 그 관계가 직접적인 인과관계인가를 경험적으로 확인하여야 한다. 통계적 유의미성은 경험적 인과관계를 의미하는 것이 아니다. 가설설정은 주로 기존의 이론에 근거하여 이루어지기 때문에 통계적으로 의미 있는 가설적 인과관계를 경험적으로 확인할 필요가 있다.

❽ 개입-반응 효과: 원인으로 추정되는 요인의 양과 빈도수를 증가시킴에 따라 표적문제의 양태가 일관적으로 심한 변화를 일으킨다면 양자간에 인과관계가 있다고 판단할 수 있다.

❾ 기존의 연구와 일치성: 두 변수간의 관계에 대한 관찰의 결과가 기존의 연구결과에서 나타난 인과관계와 일치한다면 인과관계는 신뢰성을 얻게 된다.

⑩ 생물학적 타당성:두 변수간에 추정되는 인과관계가 생물학적인 지식에 의해 적절히 부합되는 것으로 나타난다면, 이러한 정보는 두 변수간에 인과관계가 있다고 규정하는 데 도움이 된다. 특히 아동의 성장과 노인의 노화와 같은 분야에서의 인과관계 추정에 있어서 생물학적 타당성은 도움이 된다.

⑪ 관련성의 특이성:조사 중인 원인요인이 오직 하나의 현상이나 집단에만 관련이 있고 다른 현상이나 집단에는 관련이 없다면 인과관계는 추정될 수 있다. 예를 들면, 고혈압 집단에는 치매발생률이 높은 반면, 정상혈압집단에서는 치매발생률이 극히 낮다면 고혈압과 치매발병간에는 인과관계가 있는 것으로 추정된다.

4) 실험조사의 장·단점

(1) 실험조사의 장점

- 명확한 인과관계 규명:연구자의 의도에 따라 독립변수를 조작하면서 효과를 관찰할 수 있다.
- 통제:순수실험의 경우 최대한의 통제를 행하기 때문에 신뢰할 수 있다.
- 종단적 분석 가능:장기간에 걸친 연구를 가능하게 해준다.
- 연구방향 조정 가능:실험조건을 연구자가 임의로 조작하여 원하는 방향으로 진행시킬 수 있다.
- 반복적 연구 가능:실험상황을 다시 조성하게 되면 반복적으로 동일하거나 유사한 연구를 다시 수행할 수 있어 연구의 보편성과 일반성을 높일 수 있다.

(2) 실험조사의 단점

- 인위적인 환경:실험환경이 인위적이므로 현실성이 결여될 수 있다.
- 실험자 효과:대상자가 실험자의 기대에 따라 의도적으로 행동함으로써 실험결과에 영향을 미칠 수 있다.

- 표본의 크기: 사회과학은 주로 집단을 대상으로 하기 때문에 집단의 크기가 클수록 실험실 연구는 어렵고 그만큼 외생변수의 영향도 많이 받게 된다.
- 표본의 비대표성: 표집된 연구대상이 모집단의 특성과 이질적인 경우가 많다.
- 과중한 비용: 다른 연구에 비해 비용이 많이 든다.
- 가치–윤리 문제: 가치-윤리적 문제를 제대로 다룰 수 없기 때문에 인간행태 문제와 관련된 실험의 연구결과는 항상 제한이 있다.
- 적용범위의 제한: 엄격한 실험적 상황의 수립으로 인한 변수의 통제와 조작이 불가능한 대상이 많다.
- 적용가능성의 문제: 복잡한 사회문제를 실험이라는 방법으로 규명하는 데 한계가 있다.
- 과학성의 우려: 자연과학분야에서 이루어지는 고도의 과학성을 사회과학 분야에도 확보할 수 있는가의 문제이다.

2 실험조사설계의 일반

1) 실험조사설계의 개념

(1) 실험조사설계의 의의

사회과학에서의 실험은 자연과학에서의 실험의 원리를 도입하여 사회현상에서의 인과관계를 과학적으로 탐구하는 조사방법이다. 사회과학에서의 실험은 실험실 내에서 실험실 실험으로 이루어지는 경우도 있지만, 주로 자연 상황의 현지에서 현지 실험으로 이루어진다.

실험조사설계는 조사자가 어떤 방법으로 자료를 수집하고, 어떻게 분석할 것인가를 가르쳐줌으로써 실험을 효과적으로 효율적으로 수행하기 위한 기본설계도면이자 안내서이다. 실험조사설계는 관찰을 통하여 현상 내에 존재하는 원인(독립변수)과 결과(종속변수)를 구분하고, 외생변수를 엄격히 통제하여, 그들간의 인과관계를 체계적으로 규명함으로써 조사문제를 해결하는데 필요한 자료를 획득하는 과학적 조사설계이다.

실험조사설계는 실천적인 조사방법이다. 실험조사설계는 연구문제에 대한 구체적인 해답을 얻기 위하여 설정된 가설을 검증하기 위한 실제적인 실천계획이다. 즉, 독립변수를 조작하여 변수간의 관계를 조사하고 외생변수를 통제함으로써 연구의 타당성을 높이기 위한 실천적인 방법이다.

실험조사설계는 가장 과학적인 조사설계로서 다른 조사방법보다 요구되는 조건들이 많고 엄격할 뿐만 아니라 매우 정교한 기술이 요구된다. 특히 사회복지분야에서 실험조사설계를 가장 활발하게 사용하는 경우는 서비스나 실천방법의 효과성을 평가하는 경우이다.

(2) 실험조사설계의 기본요소

실험조사설계는 기본적으로 3가지 조건이 만족되어야 한다. 즉, 독립변수(실험변수)의 조작, 외생변수의 통제, 실험대상의 무작위화이다.

❶ 독립변수(실험변수)의 조작: 연구의 초점이 되는 현상 가운데 원인이 되는 변수인 독립변수를 실험자가 인위적으로 변화시키는 것을 말한다. 즉, 실험자가 의도적으로 독립변수의 종류 및 변화의 강도를 조절하여 실험대상에 가함으로써 독립변수의 변화가 결과인 종속변수(결과변수)에 미치는 영향을 관찰하는 것을 의미한다.

사례 **장애아동 미술치료 프로그램을 실시하는 것과 실시하지 않는 것**
장애아동 미술치료 프로그램에서 미술활동이 장애아동들의 심리상태에 어떠한 영향을 미치는가를 알아보고자 할 때, 실험자는 장애아동을 두 집단으로 나누고 한 집단에는 미술 프로그램을 실시하고, 다른 집단에게는 미술 프로그램을 실시하지 않고, 양 집단간의 심리상태를 비교하게 된다. 이때 미술 프로그램이 독립변수가 되고 실험자가 미술 프로그램을 실시하거나 실시하지 않는 것이 독립변수의 조작이다.

❷ 외생변수의 통제: 외생변수란 연구대상이 되는 현상 가운데 원인이 되는 독립변수와 결과인 종속변수 이외의 기타 변수들로서 종속변수에 영향을 미칠 수 있는 변수들을 말한다. 이러한 외생변수가 종속변수에 미치는 영향을 제거하지 못하면 독립변수와 종속변수 사이의 인과관계를 정확히 파악하는데 문제가 생기게 된다. 실험이 외생변수의 영향을 체계적으로 예방하거나 제거할 수 있도록 설계되어 질 때, 실험은 가장 과학적이고 정밀한 조사방법이 될 수 있다. 따라서 실험조사설계를 통해서 이러한 외생변수들의 영향을 예방하거나 제거함으로써 관련 변수들간의 인과관계를 명확히 규명할 수 있어야 한다.

❸ 실험대상의 무작위화: 무작위 표집과 무작위 할당(무작위 배치)으로 구분된다.

- 무작위 표집은 실험대상을 확률표집법에 의거 무작위적으로 실험대상을 모집단으로부터 추출하는 것을 말한다. 무작위 표집은 실험결과를 보다 많은 상황과 사람들에게 적용시킬 수 있는 정도, 즉 일반화 가능성을 증가시킴으로써 외적 타당도를 향상시킨다.
- 무작위 할당(배치)은 연구대상자들을 실험집단 및 통제집단에 무작위적으로 배치하는 방법이다. 무작위 할당은 특정 속성을 가진 표본이 어느 한 집단에 집중됨으로써 발생하는 표집자 편의현상을 방지함으로써 내적 타당도를 저해하는 외적 요인을 통제할 수 있다.

(3) 인과관계 증명을 위한 기본요소

실험조사설계는 독립변수와 종속변수간의 인과관계를 밝히기 위한 것이다. 변수들간의 인과관계를 규명하기 위한 형식적인 기본요소들로는 변수, 가설, 변수들간의 상호작용, 변수에 대한 조작적 정의, 측정, 실험조사설계 모형, 내적 타당도, 외적 타당도 등이 있다.

두 변수간에 인과관계가 존재하기 위해서는 다음과 같은 3가지 필수조건을 충족해야 한다.

- 시간적 우선성이다. 원인이 결과보다 시간적으로 우선한다.
- 상관성이다. 두 변수가 경험적으로 서로 상관관계가 있어야 한다.
- 비가식적 관계이다. 두 변수간의 관찰된 경험적 상관관계가 두 변수 모두의 원인이 되는 어떤 제3의 변수의 영향 때문에 존재하는 것으로서 설명되어서는 안 된다는 것이다. 즉, 두 변수간의 관계가 가식적 관계여서는 안 된다.

독립변수와 종속변수간에 인과관계가 있음을 증명하기 위해 실질적으로 필요한 실험조사설계의 기본요소로는 비교(Comparison), 조작(Manipulation), 통제(Control) 3가지가 있다. 비교는 상관관계를 확인시켜주고, 조작은 시간적 우선성을 밝혀주며, 통제는 가식적 관계여부를 확인시켜 준다.

- 비교(Comparison): 실험조치를 실시한 집단과 실시하지 않은 집단간에 종속변수를 비교하거나, 특정집단의 사람들에게 실험을 실행하기 전과 실행한 후의 종속변수에 차이가 있는지 알아보는 것이다. 비교의 방법을 통하여 두 변수간에 상관관계가 있는지를 확인할 수 있다.
- 조작(Manipulation): 독립변수(실험조치)를 의도적으로 특정 시기에 도입하거나 실행시킨 후 종속변수의 변화를 관찰함으로써 독립변수의 도입 이전과 이후의 관계를 파악하는 것이다. 즉, 독립변수의 도입이 종속변수의 변화보다 시간적으로 선행함을 보여주기 위해서는 독립변수의 의도적인 조작이 필수적인 요소가 된다.
- 통제(Control): 실험조사설계의 목적을 달성하기 위해서는 실험의 타당도를 저해하는 요인들을 파악한 후, 이러한 요인들을 예방하거나 제거할 수 있도록 실험을 설계하여야 한다. 실험의 타당도를 저해하는 요인으로는 내적 타당도 저해요인과 외적 타당도 저해요인이 있다. 이러한 요인들은 각기 다른 통제방법을 갖고 있다.

2) 실험조사설계의 절차

실험조사설계는 일반적으로 다음과 같은 기본적인 절차[그림 6.3 참조]를 통해 수행된다.

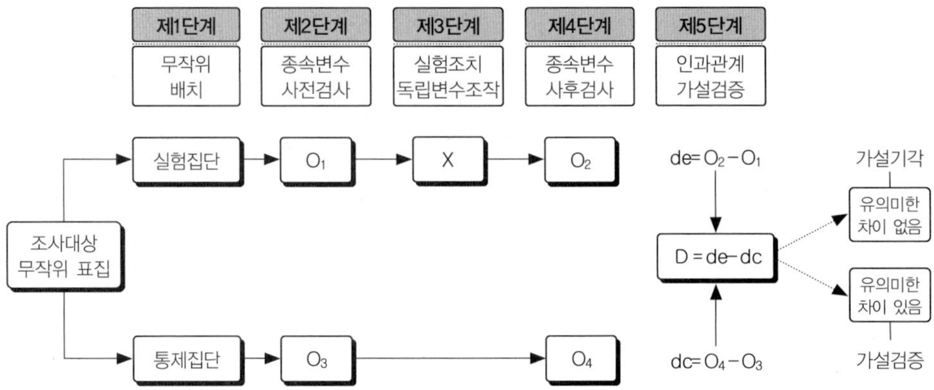

· Oi(Obsevation=1, 2, 3, 4;··) : 관찰값
· de: 실험집단에 있어서의 사전-사후검사 측정치 차이
· dc: 통제집단에 있어서의 사전-사후집단 측정치 차이
· D : 실험집단과 통제집단에 사전-사후검사 측정치 차이

[그림 6.3] 실험조사설계의 기본절차

❶ 대상 선정: 조사대상을 선정한다.

❷ 실험환경 선정: 실험을 실시할 환경(실험실 또는 현장)을 선정한다.

❸ 무작위 표집: 조사대상자를 무작위적으로 표집한다.

❹ 무작위 할당: 조사대상자로 추출된 표본을 무작위적으로 실험집단과 통제집단에 배치한다.

❺ 사전검사: 조사대상자의 특성인 종속변수에 대한 사전검사를 실험집단과 통제집단에 실시한다.

❻ 실험조치: 실험집단에 대해서만 실험조치(독립변수, 실험변수)를 실시하고, 통제집단에 대해서는 실험조치를 실시하지 않는다.

❼ 사후검사: 조사대상자의 특성인 종속변수에 대한 사후검사를 실험집단과 통제집단에 대해 실시한다.

❽ 비교-검증: 사후검사와 사전검사를 실시했을 때, 실험집단과 통제집단의 종속변수간에 통계적으로 의미 있는 변화가 있었는지를 비교·검토한다. 만약 유의미한 차이가 있으면 독립변수와 종속변수간에 인과관계를 갖는다는 가설은 수용이 되고, 유의미한 차이가 없으면 그 가설은 기각이 된다.

3) 실험조사설계의 타당도

내적 타당도(Internal Validity)란 연구결과가 독립변수(실험변수)의 변화 때문에 발생했는지의 여부를 정확하게 기술하고 있다고 확신하는 정도를 의미한다. 즉, 독립변수의 변화가 실제로 종속변수의 변화를 야기하는 정도 또는 실험적 조작이 유의할 만한 차이를 가져오는 정도를 말한다.

외적 타당도(External Validity)는 어떤 연구에서 기술된 인과관계가 그 연구조건을 넘어서서 일반화될 수 있는 정도를 의미한다. 즉, 조사의 결과를 보다 많은 상황과 사람들에게 적용시킬 수 있는 정도를 말한다. 외적 타당도와 내적 타당도 가운데 우선적으로 내적 타당도를 높이기 위해 노력하여야 한다.

(1) 내적 타당도 저해요인

어떤 연구의 내적 타당도를 확인하는 것은 그 연구가 내적 타당도에 대한 다양한 저해요인들을 얼마나 잘 통제했다고 생각하는가에 대해 판단을 내리는 것이다. 먼저 내적 타당도 저해요인을 살펴보고, 이를 통제하는 방법을 강구하기로 한다.

❶ 내적 요인

- 우연한 사건(History): 사전검사와 사후검사 사이에 발생하는 통제 불가능한 사건을 말한다.

  사례 집단활동 프로그램을 실시하면 청소년들의 학업스트레스가 줄어들 것이라는 가설을 검증하기 위해 무작위화로 실험집단과 통제집단으로 나누고 실험집단에만 프로그램 활동을 6개월 실시한 결과 실험집단 청소년들의 학업스트레스가 현격히 줄어들었다. 이 효과는 실험조치인 집단활동의 영향일 수도 있지만, 이 기간 동안 실시한 교내예술제의 영향일 수도 있다. 교내예술제는 우연한 사건으로써 독립변수(집단활동)의 영향을 흐리게 하고 종속변수에도 작용할 수 있는 것이다.

- 성숙 또는 시간적 경과(Maturation or the passage of time): 연구기간 중에 개인의 신체적 및 심리적 성숙을 의미한다.

  사례 초등학교 학생들에 대한 농구교실이 아동의 신장에 미치는 효과는 농구교실의 효과일 수도 있지만 그 기간 동안 아동이 자연성장한 결과일 수도 있다.

- 검사(Testing): 사전검사가 사후검사에 영향을 미치게 되어 종속변수에 변화를 초래하는 경우를 말한다.

사례 실직자 재훈련과정이 실직자들의 자격증취득 시험점수를 향상시키는데 도움이 되는지 알아보기 위해 실시 전후에 유사한 시험을 실시하였다. 그 결과 훈련 후 시험성적이 향상된 것으로 나왔다면 훈련의 결과일 수도 있지만, 시험 문제에 익숙해진 결과일 수도 있기 때문에 훈련 없이 시험만 두 번 치른 사람은 훈련에 참가하지 않고도 높은 점수를 얻을 수도 있다.

- 도구사용(Instrumentation): 사전검사와 사후검사시 서로 다른 검사도구(척도)를 사용하거나, 동일한 검사도구를 사용하더라도 신뢰도가 낮은 검사도구를 사용한다면, 사후검사시 종속변수에 변화가 있더라도 이것이 독립변수(실험조치) 때문이라고 주장할 수 없다. 사용할 경우 전-후의 차이가 진정한 변화인지 알 수 없다.

사례 실직자 재훈련과정이 실직자들의 자격증취득 시험점수를 향상시키는데 도움이 되는지 알아보기 위해 실시 전후에 유사한 시험을 실시하였다. 사전검사에서는 난이도가 높은 문제를 출제하고 사후검사에서는 난이도가 낮은 문제를 출제하면 시험점수의 향상은 검사도구 때문인지 훈련참여 때문인지 판단하기 어렵다.

- 통계적 회귀(Statistical Regression): 종속변수의 값이 가장 높거나 가장 낮은 극단적인 사람들을 실험집단으로 선택했을 경우 다음 검사에는 독립변수의 효과가 없더라도 높은 집단은 낮아지고 낮은 집단은 높아지는 현상이 나타난다.

사례 초등학교 방과후 교실에서 학업성적이 지극히 낮은 학습부진아만을 선택하여 방과후 교실 프로그램을 실시하였다면, 사후검사에서 나타난 학업성적의 향상은 프로그램의 실시 영향일 수도 있지만, 더 이상 학업성적이 낮아질 수 없는 극단의 아동들을 실험집단으로 선택하였기 때문일 가능성이 있다.

- 실험대상자 상실(Experimental Mortality): 실험과정에서 일부 실험대상자가 이사, 사망, 질병, 기타 이유 등으로 탈락하는 경우 조사대상의 표본의 숫자가 줄어들면서 잘못된 실험결과가 될 수 있는 경우를 말한다.

> **사례** 어떤 프로그램의 효과성을 알기 위해 개입을 받는 집단과 개입을 받지 않는 집단으로 나누어 연구를 진행했을 때, 만일 실험집단에서 개입을 받았지만 자신의 문제가 전혀 개선되지 않았다고 느껴서 중도에 프로그램 참여를 중단한 사람들이 발생한다면 실험집단에는 프로그램이 효과가 있다고 느끼는 사람들만 남을 것이다. 이때 사후검사에서 두 집단의 차이가 정말 독립변수에 의한 것인지는 정확하지 않다.

- **선택과의 상호작용**: 선택의 편의(치우침)가 있을 때, 잘못된 선택과 역사 또는 성장과 상호작용이 문제되기도 한다.

> **사례** 아동들 가운데 남아를 통제집단으로 여아를 실험집단으로 구분하여 조기영어 프로그램을 실시한 후 사후검사를 하였을 때 여아들이 더 효과가 높은 것으로 나타났다면 이는 상대적으로, 선천적으로 언어습득능력이 높은 여아들을 선택한 결과일 수도 있다

- **인과관계 방향의 모호성(Ambiguity about the direction of causal influence)**: 독립변수와 종속변수의 관계에서 인과관계의 방향을 결정하기가 곤란한 경우가 있다.

> **사례** 약물남용 치료 프로그램을 마친 클라이언트가 중도에 포기한 클라이언트보다 약물남용을 할 가능성이 낮다는 것을 발견했다. 이때 치료 프로그램을 완수해서 약물남용을 하지 않도록 했는지, 약물을 남용하지 않아서 치료 프로그램을 완수했는지 방향이 모호할 수 있다.

- **개입(치료)의 확산 또는 모방(Diffusion or imitation of treatment)**: 실험집단에서 실시한 프로그램이나 특정한 자극들에 의해서 실험집단의 사람들이 효과를 얻게 되고, 그 효과들이 다른 집단의 사람들(통제집단)에게 전파되어 두 집단간의 차이가 약해져서 비교가 어려워질 수 있다.

> **사례** 한 복지관에서 전혀 색다른 노인 여가선용 프로그램을 개발하여 이를 몇 년간에 걸쳐 실시하였다. 최근에 이 프로그램이 생활만족도에 미치는 효과성을 알아보기 위해 다른 복지관의 노인집단과 비교해 보았는데, 조사결과 다른 복지관의 노인들과 별 차이가 없게 나타났다. 이때 다른 복지관들도 새로운 프로그램을 뒤따라 도입해서 확산 또는 모방의 효과로 인해 두 집단의 차이가 줄어들었을 가능성이 높다.

❷ 외적 요인

- **선택의 편의(Selection biases)**: 실험조사설계의 실행과정과 관계없는 요인으

로 실험을 시작하기 전 실험대상자를 실험집단과 통제집단으로 나눌 때 이미 발생하는 타당도 저해요인이다. 선택의 편의 현상이란 실험집단이나 통제집단의 대상자 선정에 있어 종속변수에 영향을 미칠 요인을 가진 사람이 한 집단에 선택된 경우이다. 또한 자기 선택에 의해서 실험집단에 속하게 되는 경우에도 특정한 속성이 실험집단에서 크게 나타날 수 있다.

사례 아동학대방지 프로그램의 효과성을 알아보기 위해서 자발적으로 프로그램에 참여한 사람들 집단과 참여하지 않은 사람들의 집단을 비교해 보았다고 하자. 프로그램 참여자들의 학대 관련 점수의 개선이 더 많이 나타났다고 해도 이것은 프로그램의 효과라고 할 수 없다. 이것은 원래 프로그램에 참여한 사람들이 학대에 대한 의식이 높아서 개선의 정도가 다르게 나타났다고 볼 수 있다.

(2) 외적 타당도 저해요인

- 표본의 대표성(Representiveness): 연구가 실제 상황에 일반화될 수 있으려면 연구대상은 모집단을 대표할 수 있어야 한다. 표본뿐 아니라 연구의 환경이나 절차들도 모집단의 일반적인 상황과 유사해야 실험 결과를 일반 상황에도 적용시킬 수 있다.

사례 시설에 수용중인 중증장애인의 직업재활 프로그램의 효과성을 평가하는 연구는 외적 타당도를 갖기 위해 재가장애인이나 경중장애인에게까지 일반화되어야 할 필요는 없다. 연구는 속성을 얼마나 좁게 정의하든 대표하고자 하는 속성을 대표해야 할 따름이다.

- 실험조사에 대한 반응성(Reactivity): 조사대상자가 자신이 실험에 참여하고 있다는 것을 의식해서 자연적인 평소의 상황과는 다른 행동과 반응을 보인다면 일반 연구에서는 나타나지 않는 결과가 나타날 수 있다. 이렇게 실험이 수행되는 동안에 피실험자들이 자신에게 기울이는 특별한 관찰과 관심에 대해 반응하는 것을 반응효과/반동형성(Reactive Effect) 또는 호손효과(Hawthorne Effect)라고 하고, 이는 내적 타당도와 외적 타당도를 위협하는 요소이다. 반응의 또 다른 형태는 일반적으로 가실험효과/위약효과(Placebo Effect)라고 하는 현상이다. 이는 특정 개입이나 실험이 이루어지지 않았거

나 변화를 일으키지 않는 것이었음에도 연구대상이 어떤 특별한 치료나 특별한 관심을 받고 있다고 인식하면 스스로 심리적으로 반응해서 변화를 불러일으키는 것이다.

(3) 내적 타당도를 높이는 방법

❶ 내적 타당도를 저해하는 내적 요인의 통제방법은 우연한 사건, 성숙, 검사, 도구사용, 통계적 회귀, 실험대상자 상실 등과 같이 내부적으로 나타나는 다양한 현상들에 의해 실험조치(독립변수)의 효과가 불명확하게 되는 것을 통제하는 방법이다. 대부분의 내적 요인들의 통제는 실험집단에 병행하여 통제집단을 적절히 활용함으로써 가능하다. 실험집단과 통제집단은 모두 무작위 할당 방법으로 선택된 것이므로 두 집단은 모든 조건에 있어서 동일한 것으로 간주된다. 즉, 실험집단에만 독립변수를 도입하고, 통제집단에는 독립변수를 도입하지 않는 것을 제외하고는 두 집단간에 모든 조건이 같게 된다. 따라서 우연한 사건, 성숙, 검사, 도구사용, 통계적 회귀, 실험대상자 상실 등의 영향은 같은 정도로 실험집단과 통제집단에 작용하게 되므로 내부적으로 나타나는 요인들에 의해 독립변수가 종속변수에 미치는 순수한 영향이 저해되는 것을 통제할 수 있다. 즉, 내적 타당도를 저해하는 내적 요인을 실험집단과 더불어 통제집단에 사용함으로써 효과적으로 통제할 수 있다.

❷ 내적 타당도를 저해하는 외적 요인의 통제방법은 배합(Matching), 무작위 할당(Random Assignment), 통계적 통제(Statistical Control) 등이 있다.

- 배합(Matching): 설정된 가설상의 독립변수와 종속변수에 영향을 미칠 것이라고 조사자가 사전에 알고 있는 외생변수를 실험집단과 통제집단에 동등하게 배치하여 외생변수의 영향을 동등하게 함으로써 실험집단과 통제집단을 동일하게 만드는 방법이다. 이 방법은 정밀 배합방법(Precision Matching)과 빈도분포 배합방법(Frequency Distribution Matching)으로 나눌 수 있는데, 정밀배합은 한 가지 이상의 변수(특성)에 있어서 같은 값을 가지는 연구대상

을 두개씩 골라서, 하나는 실험집단에 다른 하나는 통제집단에 배치함으로써 특정변수의 영향을 같게 하는 것이고, 빈도분포 배합방법은 실험집단과 통제집단이 통제하려는 변수값의 평균에 있어 두 집단이 같도록 만드는 방법이다. 배합은 무작위화와 병행해서 사용될 경우 실험의 정도를 더욱 높일 수 있다.

사례 연구대상이 중학생 10명, 고등학생 10명이며 중학생 중에는 남학생이 4명 여학생이 6명이고, 고등학생 중에는 남학생이 6명, 여학생이 4명이라고 하자. 20명 전체를 무작위 확률표집법(제비뽑기, 난수표 사용 등)으로 실험집단과 통제집단으로 나눌 수도 있지만 중 · 고생, 남 · 여라는 속성이 보다 고르게 가기 위해서는 [그림 6.4]와 같이 연구와 관련 있는 특성들로 구성한 할당 행렬(Quota Matrix)을 만들고 각 특성이 동일한 사람들을 무작위로 두 집단에 배정할 수도 있다.

구 분	남학생	여학생
중 학 생	4	6
고등학생	6	4

[그림 6.4] 할당 행렬의 예 •

- **무작위 할당(Random Assignment)** : 연구대상자들을 실험집단과 통제집단에 무작위적으로 배치하는 방법으로서 두 집단이 동질적인 집단이 될 가능성을 가장 높이는, 즉 외생변수들을 가장 효과적으로 통제하는 방법이다. 무작위 할당은 연구대상이 모집단을 대표하도록 보증하기보다는, 실험집단의 연구대상이 통제집단의 연구대상을 대표하도록 만들어 준다.
- **통계적 통제(Statistical Control)**: 일종의 사후통제방법으로 실험이 이루어진

후에 통제를 시도한다. 통제해야 할 변수들을 독립변수로 간주하여 실험조사설계에 포함시키고, 실험을 실시한 후, 결과를 분석함에 있어 통계적으로 그 영향을 통제한다.내적 타당도를 저해하는 외적 요인을 통제하는 방법 가운데 어느 방법을 사용할 것인가를 결정함에 있어서의 무작위 할당 > 배합 > 통계적 통제 순으로 우선적으로 사용하는 것이 바람직하다.

(4) 외적 타당도를 높이는 방법

- 표본의 대표성을 높이는 것이다. 표본의 대표성을 높임으로써 외적 타당도를 향상시킬 수 있는 방법은 가능하면 조사대상을 확률표집법 또는 무작위표집법으로 선정하는 것이다.
- 민감하지 않도록 하는 것이다. 조사대상자가 조사문제나 조사상황에 민감하지 않도록 하는 방법으로는 조사대상자가 그러한 문제행동에 대해 좀더 깨닫게 함으로써 결과적으로 그러한 문제행동을 해결하는데 좀더 주의를 기울이도록 하거나 가실험 효과(Placebo Effect)를 사용하는 것이다. 가실험 효과는 특정 개입의 특별한 속성에 의해 변화가 야기되는 것이 아니라, 조사대상자가 어떤 특별한 것을 받고 있다고 느끼도록 하는 어느 개입 또는 조사절차의 특별하지 않은 속성에 의해 야기되는 변화를 말한다.

3 실험조사설계의 유형

실험조사설계는 독립변수의 조작, 외생변수의 통제, 실험대상의 무작위화라는 실험설계의 기본조건을 어느 정도 충족하느냐에 따라 [그림 6.5]와 같이 실험조사설계(Experimental Research Design), 준실험조사설계(Quasi-Experimental Research Design), 전실험조사설계(Pre-Experimental Research Design), 비실험조사설계(Non-Experimental Research Design)로 분류된다.

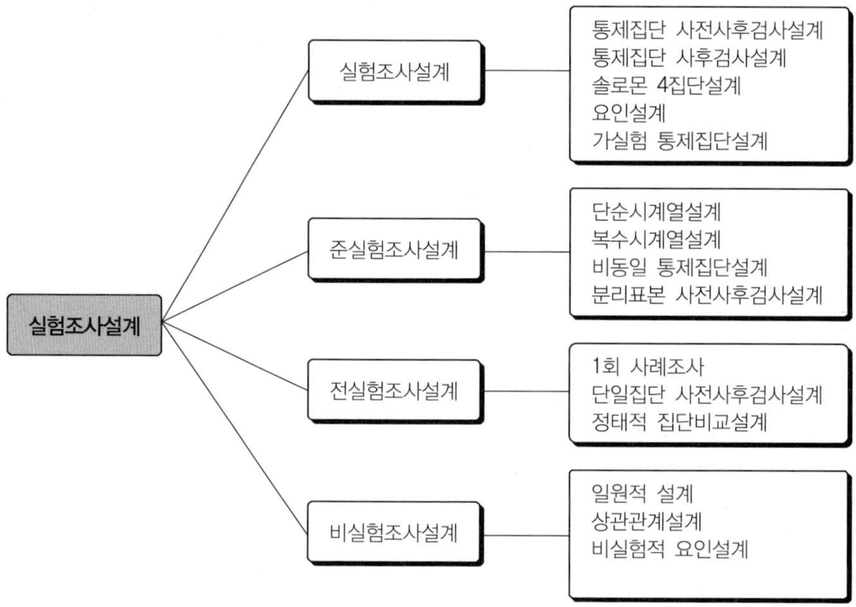

[그림 6.5] 실험조사설계의 유형

실험조사설계는 다음과 같이 크게 3가지의 실험효과들이 있다.

❶ 시험효과(Testing Effect)가 있다. 시험효과는 사전검사와 직접 관계되는 효과로서 주시험효과(Main Testing Effect)와 상호작용시험효과(Interaction Testing Effect)로 구분된다.

사례

실험집단 R	O_1	X	O_2
통제집단 R	O_3		O_4

- 주시험효과: 독립변수(실험변수) X와 관계없이 동일한 측정을 반복하게 됨으로써 일어나는 현상이다. 즉, 사전검사가 사후검사에 미치는 영향이다(사례에서 $O_1 \rightarrow O_2$, $O_3 \rightarrow O_4$).

- 상호작용시험효과: 실험조치(독립변수)를 가하기 전에 실시한 사전검사가 실험변수에 영향을 미치게 되어 일어나는 현상이다. 즉, 실험대상자에 사전검사를 하지 않은 경우보다 사전검사를 실시한 경우 실험변수의 효과가 더 강하게 작용하는 경우이다(사례에서 $O_1 \rightarrow X$).

- 주효과(Main Effect) 또는 순수실험효과이다. 종속변수(Y)에 대한 독립변수(X) 개개의 독립적인 효과이다(X→Y, 여기서는 X→O이다. 왜냐하면 O는 종속변수에 대한 관찰값 내지 측정값이기 때문이다).

❸ 상호작용효과(Interaction Effect)이다. 두 개 이상의 독립변수들(X_1, X_2)이 결합되어 종속변수(Y)에 미치는 효과이다(X_1X_2→Y, 여기서는 X_1X_2→O).

1) 실험조사설계

실험조사설계는 "순수실험조사설계(Pure Experimental Research Design)" 또는 "진실실험조사설계(True Experimental Research Design)"라고도 부르며, 다음과 같은 특징을 가지고 있다.

- 실험조사설계는 내적 타당도를 저해하는 요인들을 최대한 통제한 설계이다.
- 실험조사설계는 연구대상자를 무작위로 실험집단과 통제집단에 배치하고, 독립변수를 실험집단에만 도입하고, 통제집단에는 도입하지 않으며, 실험집단과 통제집단에 있어서의 특성을 비교하는 것이다.
- 실험조사설계의 4가지 기본요소는 통제집단, 무작위 할당, 독립변수(실험조치)의 조작, 사전사후검사이다.
- 실험조사설계의 유형은 통제집단 사전사후검사설계, 통제집단 사후검사설계, 솔로몬 4집단비교설계, 요인설계, 가실험 통제집단설계가 있다.

(1) 통제집단 사전사후검사설계

통제집단 사전사후검사설계(Pretest-Posttest Control Group Design)는 인과관계를 추정하기 위한 가장 전형적인 설계로서 그 표기는 [그림 6.6]과 같다.

실험집단	R	O_1	X	O_2	$de = O_2 - O_1$
					$D = de - dc$
통제집단	R	O_3		O_4	$dc = O_4 - O_3$

R : 실험대상자를 두 집단으로 나눌 때 무작위로 할당했다는 의미한다(Random).
X : 독립변수를 발생시킨 것을 의미한다(eXperiment).
O : 종속변수의 관찰을 의미한다(Observation).
O_1 은 독립변수(X) 발생 이전의 종속변수값이고, O_2는 독립변수(X) 발생 이후의 종속변수값이다. 즉, de(O_2-O_1)는 실험집단에서 독립변수가 발생한 전후에 종속변수가 얼마나 변했는가를 의미한다. 그런데 de(O_2-O_1)가 모두 독립변수에 의한 것인가는 불명확하다. 따라서 통제집단을 설정해서 외생변수에 의한 변화량 dc(O_4-O_3)를 계산하여 빼준다.

[그림 6.6] 통제집단 사전사후검사설계의 표기

- 연구대상자를 실험집단과 통제집단에 무작위적으로 배치하고, 실험집단에 독립변수를 실험처치하기 전에 양 집단을 사전검사(O_1, O_3)하고, 실험처치를 한 후 양 집단을 다시 사후검사(O_2, O_4)하여 사전검사의 결과와 사후검사간의 차이를 비교하는 설계이다.
- D = de－dc(실험집단의 전후 측정값의 차－통제집단의 전후 측정값의 차)가 통계적으로 유의미한가를 판단함으로써 독립변수와 종속변수간의 인과관계를 검증한다.
- 전반적으로 내적 타당도를 저해요인을 통제할 수 있어 내적 타당도가 높다고 볼 수 있지만, 사전검사와 실험처치가 상호작용(O_1→X)을 일으켜서 생기는 상호작용시험효과를 제거할 수 없으므로 실험의 결과를 그 상황에만 특수한 것으로 만들어 외적 타당도는 낮다.

(2) 통제집단 사후검사설계

통제집단 사후검사설계(Posttest-Only Control Group Design)는 사전검사를 실시하지 않는 방법으로 그 표기는 [그림 6.7]과 같다.

실험집단	R	X	O_1	
				$D = O_1 - O_2$
통제집단	R		O_2	

[그림 6.7] 통제집단사후검사설계의 표기

- 연구대상에 대한 무작위 할당이 이미 실험집단과 통제집단을 동질화시킬 수 있다고 가정하고 사후검사만을 통해서 집단간의 차이를 발견한다.
- 사전검사를 실시하지 않으므로 주시험효과와 상호작용시험효과가 존재하지 않으므로 외적 타당도는 높다고 할 수 있다.
- 실험집단과 통제집단을 사용함으로써 동일한 외적인 상황을 경험하고 같은 정도로 성숙되어 가기 때문에 내적 타당도 저해요인도 제거할 수 있다.
- 두 단의 무작위 할당으로 선택의 편의도 통제할 수 있다.
- 만일 두 집단이 완전하게 동일하다면 이론적으로 우수한 설계이나 사전검사를 하지 않음으로써 최초의 상태를 정확히 파악할 수 없는 단점이 있다.

(3) 솔로몬 4집단설계

솔로몬 4집단설계(Solomon Four Group Design)는 통제집단 사전사후검사설계의 단점인 사전검사로 인한 영향을 통제하기 위하여 통제집단 사전사후검사설계에 사전검사를 실시하지 않는 또 다른 실험집단과 통제집단을 추가한 방법으로 그 표기는 [그림 6.8]과 같다.

실험집단 A	R	$\underline{O_1 \ X \ O_2}$	$de_1 = O_2 - O_1$	$D = de_1 - dc_1 - I$
실험집단 B	R	$\underline{O_3 \quad O_4}$	$dc_1 = O_4 - O_3$	$I = de_1 - (dc_1 + de_2 - dc_2)$
실험집단 C	R	$\underline{X \ O_5}$	$de_2 = O_5 - (O_1 + O_3)/2$	
통제집단	R	O_6	$dc_2 = O_6 - (O_1 + O_3)/2$	

[그림 6.8] 솔로몬 4집단설계의 표기

- 통제집단 사전사후검사설계와 통제집단 사후검사설계를 결합한 설계이다.
- 주효과, 주시험효과, 상호작용시험효과, 기타 외생변수를 완전히 분리해낼 수 있는 큰 장점이 있다.
- 4개의 집단을 무작위로 선정하는 어려움과 복잡성이 있고, 비용이 많이 들어 현실적으로 이용하는데 문제가 많으며, 집단선정 및 검사절차 등에 관련된

어려움과 노력에 비하면 실질적으로 얻는 이점은 크지 못하여 사회복지조사에서는 거의 사용하지 않는다.

(4) 요인설계

요인설계(Factorial Design)는 독립변수가 두 개 이상일 때 적용되는 설계이다. 독립변수가 두 개 이상인 경우에는 이들 독립변수의 속성에 따라 할당행렬(Quota Matrix)을 만들고, 행렬상의 각 범주에 따라 실험집단과 통제집단을 설정하고 개별독립변수와 종속변수간의, 그리고 두 개 이상의 독립변수가 상호작용하여 종속변수와 갖게 되는 인과관계를 검증하기 위한 설계이다.

• 사례

"청소년들에게 도예 프로그램(A)과 음악 프로그램(B)을 실시하면, 청소년들의 감성지수는 향상된다"는 가설을 검증하기로 하자. 두 프로그램은 두 개의 독립변수(실험변수)에 해당한다.

① 두 개의 변수의 속성을 고려해 할당행렬을 만든다. 두 개의 프로그램 참여여부에 따라 4개의 범주가 만들어지고, 각 범주에 따라 4개의 집단(G_1, G_2, G_3, G_4)이 생긴다.

		도예 프로그램	
		참여(A_1)	불참(A_0)
음악 프로그램	참여(B_1)	G_1	G_3
	불참(B_0)	G_2	G_4

② 조사대상자들을 각 집단에 무작위로 배치한다.

③ 할당행렬상의 범주의 특성에 맞게 실험집단(G_1, G_2, G_3)에 대해 해당하는 실험처치(실험변수, 독립변수)를 실시한다.

④ 두 프로그램 모두에 불참하는 집단(G_4)을 통제집단으로 선정한다.

⑤ 실험처치 후 사후검사를 통해 각 집단간의 종속변수의 변화를 파악하고 비교한다.

⑥ 가설을 검증한다.

G_1 = 도예 프로그램 참여 & 음악 프로그램 참여 = $A_1B_1 = X_1$: 실험집단

G_2 = 도예 프로그램 참여 & 음악 프로그램 불참 = $A_1B_0 = X_2$: 실험집단

G_3 = 도예 프로그램 불참 & 음악 프로그램 참여 = $A_0B_1 = X_3$: 실험집단

G_4 = 도예 프로그램 불참 & 음악 프로그램 불참 = $A_0B_0 = X_4$: 통제집단

실험집단 R	$\underline{X_1 \quad O_1}$	도예 프로그램의 효과 = $O_2 - O_4$
실험집단 R	$\underline{X_2 \quad O_2}$	음악 프로그램의 효과 = $O_3 - O_4$
실험집단 R	$\underline{X_3 \quad O_3}$	상 호 작 용 효 과 = $O_1 - O_4$
통제집단 R	$X_4 \quad O_4$	

[그림 6.9] 요인설계의 표기

- 요인설계에서 각 집단간의 차이는 변량분석(ANOVA)과 같은 통계적 기법을 활용하여 통계적 유의도를 파악한다.
- 요인설계는 두 개 이상의 독립변수가 상호작용하면서 종속변수에 미치는 영향을 파악할 수 있고, 조사결과의 일반화(외적 타당도)는 높은 장점이 있다.
- 요인설계는 고려해야 할 독립변수가 많은 경우, 많은 범주가 생기게 되고, 그에 따라 많은 실험집단이 만들어지게 되어 복잡하고 시간, 비용과 인력이 많이 들게 되는 단점이 있다.

(5) 가실험 통제집단설계

가실험 통제집단설계(Placebo Control Group Design)는 통제집단 사전사후검사설계나 통제집단사후검사설계에 가실험 효과(Placebo Effect) 내지 위약(가짜약) 효과를 측정할 수 있는 한 집단을 추가로 결합해 만든 설계이다. 즉, 하나의 전형적인 실험집단과 하나의 전형적인 통제집단에 가실험 통제집단을 합하여 만들어진 설계로서 그 표기는 [그림 6.10]과 같다.

실험집단	R	X	O_1	
통제집단	R		O_2	
가실험집단	R	Xp	O_3	(X = 실험처치, Xp = 가실험처치)

[그림 6.10] 가실험통제집단설계의 표기

- 가실험(Placebo) 내지 위약이란 실제적인 내용은 없으나 실험처치를 받는

것처럼 만들어진 실험처치이다.

- 실험 효과(E)는 $O_1 - O_2$이고, 가실험 효과(Ep)는 $Ep = O_3 - O_2$이다. 따라서 가실험 효과(Ep)를 제거한 순수실험 효과는 $E - Ep = (O_1 - O_2) - (O_3 - O_2) = O_1 - O_3$이 된다.

2) 준실험조사설계

준실험조사설계(Quasi-Experimental Research Design)는 "의사실험조사설계", "유사실험조사설계", "반실험조사설계"라고도 부르며, 다음과 같은 특징을 가지고 있다.

- 준실험조사설계는 실험조사설계의 기본 요소인 통제집단, 무작위 할당, 독립변수의 조작, 사전사후검사 중에 한 두 요소가 결여된 설계이다.
- 준실험조사설계는 내적 타당도에서 실험조사설계보다는 조금 떨어지지만, 실험조사설계가 현실적으로 인위적인 통제와 조작이 어렵다는 한계를 가지고 있기 때문에 실제 연구에서는 준실험조사설계가 더 많이 이용되고 있다.
- 준실험조사설계의 유형은 단순시계열설계, 복수시계열설계, 비동일통제집단설계, 분리표본사전사후검사설계가 있다.

(1) 단순시계열설계

단순시계열설계(Simple Time-Series Design)는 실험변수를 노출시키기 전후에 일정한 기간을 두고 정기적으로 몇 차례(보통 3회 이상)의 결과변수에 대한 측정을 하는 방법이다. 즉, 통제집단을 설정하기 곤란한 경우에 한 집단을 선택해서 독립변수의 조작이나 독립변수의 노출 전에 여러 번 관찰하고 독립변수 도입 후에 다시 여러 번 관찰하여 전후의 점수 또는 경향을 비교하는 것으로 그 표기는 [그림 6.11]과 같다.

O_1 O_2 O_3 O_4 X O_5 O_6 O_7 O_8

[그림 6.11] 단순시계열설계의 표기

- 통제집단을 별도로 갖지 않고, 그 대신 실험처치로 인한 효과를 확인하기 위해서 동일집단 내에서 여러 번에 걸쳐 실시된 사전검사를 통해서 확인한다.
- 독립변수 도입 전후 상태를 비교한 결과, 양자간에 의미 있을 만큼 차이가 있다면 독립변수와 종속변수간의 인과관계가 있음을 입증하게 된다. 양자간의 차이는 사전검사 측정치의 합과 사후검사 측정치의 절대값의 합을 비교하거나 평균값을 비교하여 산정한다.
  - 절대값의 합의 차이 : $D = (O_5+O_6+O_7+O_8) - (O_1+O_2+O_3+O_4)$
  - 평균값의 차이 : $D = \{(O_5+O_6+O_7+O_8)/4\} - \{(O_1 +O_2+O_3+O_4)/4\}$
- 비교적 높은 내적 타당성을 가지고 있지만, 통제집단을 사용하지 않기 때문에 우연한 사건들의 영향일 가능성을 배제하지 못한다. 또한 검사도구 효과로 인한 외적 타당도가 저해될 가능성이 있다. 실천현장에서 종종 사용된다.

사례

장애인근로자 전용공장인 "자립공장"에 근무하는 장애인근로자 가운데 임의로 15명을 선택하여 장애인근로자의 직장적응을 위한 사회기술훈련을 실시하고 훈련실시전 4회(1~4주), 훈련실시후 4회(5~8주) 관찰하였다. 관찰값은 매번 관찰할 때마다 장애인근로자 15명의 평균치로 기록하였다. 훈련실시 전에 비해 장애인근로자의 직장만족도는 현격히 향상되었다. 따라서 사회기술훈련(독립변수)은 장애인근로자의 직장만족도(종속변수)를 증가시킨다고 말할 수 있다.

(2) 복수시계열설계

복수시계열설계(Multiple Time-Series Design)는 단순시계열설계의 우연한 사건 등에 의한 내적 타당도의 문제점을 개선하기 위해 단순시계열설계에 통제집단을 추가한 것으로서 그 표기는 [그림 6.12]와 같다.

실험집단	O_1	O_2	O_3	O_4	X	O_5	O_6	O_7	O_8
통제집단	O_9	O_{10}	O_{11}	O_{12}		O_{13}	O_{14}	O_{15}	O_{16}

[그림 6.12] 복수시계열설계의 표기

- 비슷한 특성을 지닌 두 집단을 선택하여 실험집단에 대해서는 실험변수를 도입하기 전에 여러 번 관찰을 하고, 실험변수를 도입한 후 다시 여러 번 관찰을 한다. 통제집단에 대해서는 실험변수를 도입하지 않고 실험집단의 측정 시기에 맞추어 계속 관찰하여 종속변수의 변화 상태를 비교하는 것이다.
  - 절대값의 합의 차이 : $D = [(O_5+O_6+O_7+O_8)-(O_1+O_2+O_3+O_4)]-[(O_{13}+O_{14}+O_{15}+O_{16})-(O_9+O_{10}+O_{11}+O_{12})]$
  - 여기서, 실험처치 전후의 집단간의 관찰시점($O_1 = O_9 \cdots O_4=O_{12} \cdots O_9 = O_{16}$)은 동일하다.
- 통제집단을 사용함으로써 내적 타당도 저해요인을 크게 감소시킬 수 있으나, 무작위 할당이 이루어지지 않으므로 실험집단과 통제집단이 이질적일 가능성이 크다.
- 실험집단의 경우 반복된 사전검사를 실시함으로써 검사와 독립변수간의 상호작용효과가 발생할 수 있다.
- 무작위 할당에 의하여 집단이 선정되지 않음으로 인해 선택의 편의와 독립변수간의 상호작용이 발생함으로써 외적 타당도가 저해되기도 한다.
- **사례**

  장애인근로자 전용공장인 "자립공장"에 근무하는 장애인근로자 가운데 임의로 15명을 선택하여 실험집단에 배치하고, 다른 15명을 뽑아 통제집단에 배치하였다. 실험집단에는 사회기술훈련을 실시하고 통제집단에 대해서는 실시하지 않았다. 사회기술훈련을 실시하기 전후 4회씩 양집단에 대해 직장만족도를 관찰한 결과 훈련을 받은 실험집단의 직장만족도가 현저히 높게 나타났다.

(3) 비동일 통제집단설계

비동일 통제집단설계(Nonequivalent Control Group Design)는 실험조사설계의 통제집단사전사후검사설계와 유사하지만, 단지 무작위 할당에 의해 실험집단과 통제집단이 선택되지 않고 임의적인 방법으로 양 집단을 선정한 것이 다르며, 사전사후검사를 실시하여 종속변수의 변화를 비교하는 것으로 그 표기는 [그림 6.13]과 같다.

실험집단 $\underline{O_1 \quad X \quad O_2}$		$de = O_2 - O_1$
		$D = de - dc$
통제집단 $O_3 \qquad O_4$		$dc = O_4 - O_3$

[그림 6.13] 비동일 통제집단설계의 표기

- 탐색적인 목적으로 실험을 실시하는 경우, 또는 이미 모집단이 동질적인 것으로 확인된 경우에는 적절히 사용될 수 있으며, 특히 프로그램이나 정책대안의 효과성을 평가하는 경우에 많이 사용된다.
- 실험집단과 함께 통제집단이 사용되었으므로 내적 타당도 저해요인을 통제할 수 있다.
- 사전검사를 실시함으로써 사전검사와 독립변수의 상호작용시험효과가 발생할 수 있다.
- 임의적 할당으로 선택의 편의와 독립변수의 상호작용, 실험상황에 민감성 등으로 인하여 외적 타당도가 상당히 저해될 소지가 있다.

(4) 분리표본 사전사후검사설계

분리표본 사전사후검사설계(Separate-Sample Pretest-Posttest Design)는 실험집단과 통제집단에 사전사후검사를 동시에 실시할 수 없어서 통제집단에 사전검사후 독립변수가 도입되는 것을 배제할 수 없는 상황에서 채택되는 설계로서 그 표기는 [그림 6.14]와 같다.

통제집단	R	$\underline{O_1 \quad (X)}$		
				$D = O_2 - O_1$
실험집단	R	X	O_2	

[그림 6.14] 분리표본 사전사후검사설계의 표기

- 분리표본 사전사후검사설계에서는 실험집단에 대해 사전검사를 실시하지 않고 독립변수를 도입한 후 사후검사를 실시한다. 통제집단에 대해서는 사전검사만 실시한다.
- 무작위화 방법으로 두 집단을 나누었지만, 사전검사나 사후검사가 동시에 이루어지지 않고 통제집단에서 독립변수를 연구자가 의식적으로 배제할 수 없는 점 등이 실험조사설계와 다르다

3) 전실험조사설계

전실험조사설계(Pre-Experimental Research Design)는 "선실험조사설계", "원시실험조사설계"라고도 부르며, 다음과 같은 특징을 가지고 있다.

- 전실험조사설계는 무작위화에 의하여 연구대상자를 나누지 않고, 비교집단이 선정되지 않거나 동질성이 없으며, 독립변수의 조작에 의한 변화의 관찰이 한두 번 정도로 제한되어 있는 설계로서 내적·외적 타당도 저해요인을 거의 통제하지 못한다.
- 전실험조사설계는 변수간의 관계를 인과적인 것으로 타당화시킬 수 있는 구조를 갖추고 있지 못하므로 신빙성이 대단히 낮다.
- 전실험조사설계의 유형은 1회 사례조사, 단일집단사전사후검사설계, 정태적 집단비교설계가 있다.

(1) 1회 사례조사

1회 사례조사(One-Shot Case Study)는 어떤 단일집단에 실험처치를 하고, 그 후

에 그 집단의 종속변수의 특성을 검사하여 결과를 평가하는 방법으로 그 표기는 [그림 6.15]와 같다.

X	O_1

[그림 6.15] 1회 사례조사의 표기

- 비교 관찰도 없이 단 한번으로 독립변수의 효과를 판단해야 하므로 인과관계를 추론하는데 문제가 있다.
- 1회 사례연구는 탐색적 목적으로 수행되는 경우에는 유용할 수 있다.
- 사례

장애인의 취업능력을 증진시키기 위한 목적의 서비스가 실행되었다. 후에 그 서비스의 효과를 알아보기 위해서비스를 받은 장애인들을 대상으로 취업능력에 관한 테스트를 실시하였다고 하자. 그 결과 그들의 취업능력에 관한 점수가 도출되었다. 이 경우에 대상 장애인들의 취업능력이 과연 높아졌는지 아니면 변화가 없었는지, 혹은 높아졌다면 얼마나 높아졌는지 등을 알아보기 위한 경험적 비교기준은 이 조사설계 자체에서 제공하지 않는다. 이 경우 일반적으로 알려져 있는 장애인들의 취업능력 정도를 근거로 하여 현재의 결과를 평가해 보는 방법을 사용할 수밖에 없다.

(2) 단일집단 사전사후검사설계

단일집단 사전사후검사설계(One-Group Pretest-Posttest Design)는 조사대상자에 대해서 사전검사를 실시하고 독립변수를 도입한 후 사후검사를 실시하여 인과관계를 추정하려는 것으로 그 표기는 [그림 6.16]과 같다.

O_1 X O_2	$D = O_2 - O_1$

[그림 6.16] 단일집단 사전사후검사설계의 표기

- 내적 타당도 및 외적 타당도 저해요인들이 작용할 수 있기 때문에, 독립변수

와 종속변수간의 인과관계를 추론하거나, 다른 상황에까지 일반화시키려는 데는 많은 어려움이 있다.

- 사례

특정한 수업방식이 학생들의 발표능력 향상에 효과적인지를 알아보는 조사가 있다. 단일집단사전사후검사설계를 선택했으며, 학기 시작 전(O_1)과 학기를 마친 후(O_2)에 각기 발표능력에 대한 검사를 실시했다. 일차적으로는 (O_2 − O_1)을 하여 사전검사 결과에 비해 사후검사의 결과가 어떻게 달라졌는지를 알아보려 한다. 점수가 향상되었으면 수업방식이 좋았기 때문이라고 하고 싶다.

(3) 정태적 집단비교설계

정태적 집단비교설계(Static-Group Comparison Design)는 실험집단과 통제집단을 임의적으로 선정하고 실험집단은 독립변수를 도입한 후 사후검사를, 통제집단은 독립변수를 도입하지 않고 사후검사를 실시한 후 양 집단간의 사후검사 결과를 비교하는 방법으로 그 표기는 [그림 6.17]과 같다.

실험집단	$\underline{X \quad O_1}$	
		$D = O_1 - O_2$
통제집단	O_2	

[그림 6.17] 정태적 집단비교설계의 표기

- 이 방법은 통제집단 사후검사설계에서 무작위 할당만 제외된 형태이다.
- 실험집단과 통제집단이 무작위로 할당된 것이 아니라 배합 등의 방법에 의해서 특성이 비슷한 집단을 선정하거나 또는 이미 형성된 비슷한 특성의 집단으로 선정된다.
- 무작위 할당이 이루어지지 않아 양 집단의 최초상태가 동일한지 여부는 명확히 파악될 수 없어 선택의 편의가 발생할 수 있다.
- 종속변수의 변화는 처음부터 다른 이질적인 두 집단의 특성 차이에 의한 것인지 아니면 실험처치(독립변수)에 의한 것인지를 판단하기가 어렵다.

- 선택의 편의가 독립변수의 조작과 상호작용을 할 경우, 내적 타당도와 외적 타당도가 낮아진다.
- 사례

사회성 강화 프로그램을 진행하는 한 서비스 기관이 있다. 프로그램에 대한 효과성을 측정하기 위해, 서비스를 받은 집단과 서비스를 받지 못한 집단을 비교해 보는 것이 좋겠다는 결정을 내렸다. 그런데 사전에 특정한 집단을 둘로 나누어서 절반은 프로그램에 들어가게 하고, 나머지 절반은 그냥 있게 하는 등과 같은 실험조작은 연구기관이 아닌 실천서비스 기관에서 수행되기가 어렵다. 그래서 그에 대한 대안으로 프로그램이 끝난 후에 서비스를 받은 집단과 받지 못한 집단을 구분해서 사회성의 차이가 있는지를 확인해 보았다. 그 결과 프로그램에 참여했던 사람들의 집단에서 나타나는 사회성 측정값이 비참여 집단의 값에 비해 높게 나타났다. 그러면 이것으로 프로그램의 효과성을 말할 수 있겠는가?

4) 비실험조사설계

비실험조사설계(Non-Experimental Research Design)는 실험적인 연구방법을 사용할 수 없는 상황에서, 즉 독립변수의 조작도 불가능하고 실험대상의 무작위화도 불가능할 경우에 적용되는 실험조사설계로서 다음과 같은 특징을 가지고 있다.

- 현실적인 한계와 용이성 때문에 사회과학 전반에 있어 실제로 비실험조사설계가 많이 이용되고 있다.
- 비실험조사설계는 독립변수를 조작할 수 없는 점, 실험대상을 무작위화할 수 없는 점, 부적절한 해석을 하게 될 위험성이 있는 점 등의 단점이 있다.
- 비실험조사설계의 유형은 일원적 설계, 상관관계설계, 비실험적인 요인설계, 종단적 실험조사설계가 있다.

(1) 일원적 설계

일원적 설계(Univariate Design)는 특정 사건이나 현상의 발생, 인구집단의 특성, 개인적-집단적 경험 등을 기술하려고 할 때 사용되는 방법으로 그 표기는 [그림 6.18]과 같다.

O_1

[그림 6.18] 일원적 설계의 표기

- 독립변수의 조작도 없으며, 단지 한 번의 관찰로서 조사하여 개개 변수들의 관찰값의 분포를 파악하는데 이용된다.
- 두 개 이상의 변수간의 인과관계나 상관관계를 추론하는 데는 적합하지 않다.
- 대표적인 사례 : 사회복지관의 지역사회욕구조사

(2) 상관관계설계

상관관계 설계(Correlational Design)는 독립변수로 간주될 수 있는 하나의 변수와 종속변수로 간주될 수 있는 하나의 변수의 속성을 분류하거나 교차시켜 통계적 기법을 통하여 상관관계를 추정하려는 방법으로 그 표기는 [그림 6.19]와 같다.

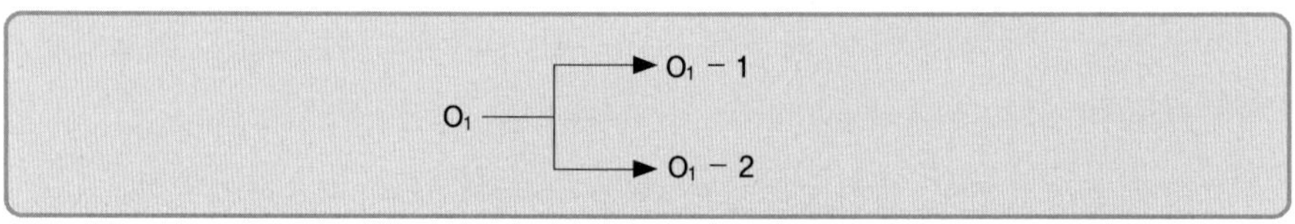

[그림 6.19] 상관관계 설계의 표기

- 상관관계설계는 서베이에서 많이 이용되는 것으로서 "교차분석설계(Cross-Sectional Design)"이라고도 부른다.
- 통계적 기법에 의해 O_1-1(독립변수로 간주되는 변수가 도입된 집단)과 O_1-2(독립변수로 간주되는 변수가 도입되지 않은 집단)를 구분하여 결과를 비교분석한다.

• 사례

> 아동의 행동장애에 대해 부모와 아동간의 부조화를 원인으로 규정하는 조사가 있다고 하자. 이 조사에서 상관관계 설계를 선택하여 자료수집을 한다면, 동일한 시점에서 두 가지 자료를 얻어야 한다. 하나는 부모와 아동의 부조화 관련 자료일 것이고, 또 하나는 아동의 행동장애에 관한 것이다. 만약 이 두 가지 측정 자료들 사이에 높은 상관관계가 있다면, 즉 부모와 아동이 부조화인 경우들에서 행동장애의 빈발성이 더 높게 나타났다면, 부모와 아동의 부조화가 아동의 행동장애를 유발하는 조건이 된다고 결론지을 것이다.

(3) 비실험적 요인설계

비실험적 요인설계(Non-Experimental Factorial Design)는 실험조사설계와 요인설계에서 무작위 할당을 실시하지 않는 것을 제외하고는 거의 유사한 방법으로 두 가지 이상의 독립변수와 하나의 종속변수의 관계 및 독립변수간의 상호작용관계를 교차분석을 통하여 확인하려는 것이다.

- 두 개 이상의 독립변수가 각각의 독립적인 효과인 주효과와 두 개 이상의 독립변수가 결합되어 생기는 상호작용효과를 동시에 알 수 있어 독립변수들의 종속변수에 대한 영향의 정도를 보다 명확히 알 수 있다.

• 사례

> 청소년들의 도덕지수 향상에 종교활동과 자원봉사활동 경험의 관계가 있다면 다음과 같은 분석틀에 의해 요인설계가 될 수 있다. 관찰에 의해 4집단으로 나누고 종속변수인 도덕지수와 각각의 개별적인 독립변수가 독립적으로, 그리고 상호작용하여 어떻게 종속변수에 영향을 미치는지를 파악한다.

2×2의 분석틀

		종교활동	
		참여	비참여
자원봉사활동	있음	A	B
	없음	C	D

2×2의 요인설계

표본추출	O_1
(A집단) 참여, 있음	O_1-1
(B집단) 비참여, 있음	O_1-2
(C집단) 참여, 없음	O_1-3
(D집단) 비참여, 없음	O_1-4

O_1 —
- $O_1 - 1$(상호작용효과 : 종교참여 × 봉사유경험)
- $O_1 - 2$(주효과 : 봉사경험)
- $O_1 - 3$(주효과 : 종교활동)
- $O_1 - 4$(없음 : 통제집단에 상응하는 집단임)

(4) 종단적 실험조사설계

일원적 설계, 상관관계설계 및 비실험적 요인설계는 관찰의 시간적 차원에 있어서 특정 한 시점에서 관찰하는 횡단적 실험조사설계(Cross-Sectional Experimental Research Design)이며, 종단적 실험조사설계(Longitudinal Experimental Research Design)는 여러 시점에 걸쳐 관찰하는 것으로서 경향조사설계(Trend Study Design), 동년배집단조사설계(Cohort Study Design), 패널조사설계(Panel Study Design)가 있다.

- 경향조사설계(Trend Study Design) : 동일 모집단 내에서 매번 다른 표본을 선정하여 시간 간격을 두고 관찰하는 방법이다.
- 동년배집단조사설계(Cohort Study Design) : 일정한 연령범위의 동년배집단을 모집단으로 설정하고 일정한 시간간격을 두고 같은 모집단에서 각각 다른 표본을 선정하여 관찰하는 방법이다.
- 패널조사설계(Panel Study Design) : 동일 모집단에서 동일한 표본을 일정한 시간간격을 두고 계속적으로 조사하는 방법이다.

Q 연습문제

서술형

01. 실험조사란 무엇이며, 사회복지분야에서 어 떠한 목적으로 활용되는지를 예를 들어 설명하시오.

02. 실험의 특징과 그 목적을 간략하게 설명하시오.

03. 실험실 실험과 현지 실험을 비교하여 설명하고, 각각의 장단점을 간략하게 설명하시오.

04. 실험조사와 서베이조사를 비교하여 설명하시오.

05. 사회과학적 입장에서 인과관계란 무엇인지를 간략하게 설명하시오.

06. 인과관계의 기초적인 필요조건, 충분조건, 필요충분조건에 대해 예를 들어 설명하시오.

07. 인과관계의 추리근거를 제시하는 방법인 일치법, 공변법, 차이법, 잔여법, 시간적 선행성, 가식적 관계의 배제, 통계적 관계성, 개입-반응 효과, 기존의 연구와 타당성, 관련성의 특이성에 대해 간략하게 설명하시오.

08. 실험조사의 장단점을 간략하게 설명하시오.

09. 실험조사설계란 무엇인지를 설명하고, 기본적인 3가지 조건을 간략하게 설명하시오.

10. 실험조사설계의 기본적인 절차를 간략하게 설명하시오.

11. 실험조사설계의 내적 타당도와 외적 타당도에 대해 간략하게 설명하시오.

12. 내적 타당도를 저해하는 요인에 대해 간략하게 설명하시오.

13. 외적 타당도를 저해하는 요인에 대해 간략하게 설명하시오.

14. 내적 타당도를 높이는 방법에 대해 간략하게 설명하시오.

15. 외적 타당도를 높이는 방법에 대해 간략하게 설명하시오.

16. 실험조사설계의 3가지 효과에 대해 간략하게 설명하시오.

17. 실험조사설계의 유형인 통제집단사전사후검사설계, 통제집단사후검사설계, 솔로몬 4집단비교설계, 요인설계, 가실험통제집단설계의 개념 및 특징에 대해 설명하시오.

18. 준실험조사설계의 유형인 단순시계열설계, 복수시계열설계, 비동일통제집단설계, 분리표본사전사후검사설계의 개념 및 특징에 대해 설명하시오.

19. 전실험조사설계의 유형인 1회 사례조사, 단일집단사전사후검사설계, 정태적 집단비교설계의 개념 및 특징에 대해 설명하시오.

20. 비실험조사설계의 유형인 일원적 설계, 상관관계설계, 비실험적 요인설계, 종단적 실험조사설계의 개념 및 특징에 대해 설명하시오.

Q 연습문제

괄호형

01. (　　)은/는 다른 변수를 통제하면서 독립변수가 종속변수에 미치는 영향, 즉 인과관계를 파악하는데 목적이 있다.

02. 실험조사연구와 서베이조사의 차이점 중 하나는 실험조사연구는 변수들간의 인과관계를 밝히기 위해 변수를 조작하고 (　　)을/를 통제하지만, 서베이조사는 변수의 조작이 불가능하므로 변수들 간 관계규명에 내적 타당성이 결여될 가능성이 있다.

03. 실험조사연구의 단점 중에서 대상자가 실험자의 기대에 따라 의도적으로 행동함으로써 실험결과에 영향을 미치는 것을 (　　)라고 한다.

04. 실험의 기본 구성은 (①)집단과 (②)집단에 실험대상을 무작위로 배정하고, (①)집단에 독립변수를 도입한 후 두 집단 간 종속변수에서 보이는 차이를 비교한다.

05. 실험설계는 우선 대상을 선정한 후 무작위 표집으로 통제집단은 가능한 한 집단의 차이가 적을수록 실험의 내적 타당도가 높아진다. 따라서 두 집단의 차이를 줄이기 위해(　　) 할당이 이루어진다.

06. 실험조사설계는 우선 대상을 선정한 후 무작위 표집으로 표본을 추출한 후, 무작위 할당으로 추출된 표본을 실험집단과 통제집단으로 나누어 배치한다. 그리고 나서 종속변수에 대한 (　　)를 실시한 후 실험조치에 들어간다. 실험조치 후에는 사후검사를 통해 변수들 간 유의미한 변화가 있는지 비교 검증하는 과정으로 이루어진다.

07. (　　)은/는 인간관계 추정을 위한 대표적인 방법으로 연구대상을 실험집단과 통제집단에 무작위로 배치하고, 실험집단에 독립변수를 실험하기 전에 양 집단에 사전검사한다.

08. 통제집단 사전사후검사 설계와 통제집단 사후검사 설계를 결합한 실험설계로 외생변수를 분리할 수는 있지만, 4개의 집단을 무작위로 선정하는 현실적인 어려움이 있는 것은 (　　)이다.

09. (　　)은/는 실험설계의 기본적인 요소들 한두 가지가 충족되지 않는 설계다. 내적 타당도는 실험설계보다 떨어지지만, 현실적으로는 많이 이용되고 있다.

10. (　　)은/는 단순시계열 설계에 통제집단을 추가한 것이다.

해답

1. 실험　2. 외생변수　3. 실험자효과　4. ①실험 ②통제　5. 무작위
6. 사전검사　7. 통제집단사전사후검사설계　8. 솔로몬4집단설계　9. 유사실험설계　10. 복수시계열설계

Q 연습문제

진위형

01. 자연과학에서의 실험은 주로 실험실 내에서 이루어지지만, 사회과학은 현지실험일 경우가 더 많다.

02. 실험조사연구는 연구대상자의 수가 적어 양적으로 많은 정보를 얻기 어렵다.

03. 실험조사연구는 복잡한 사회문제를 실험이라는 방법으로 규명하는 데 한계가 있다.

04. 실험집단과 통제집단의 가장 큰 차이는 검사 여부의 차이다.

05. 외생변수의 영향을 제거하지 못하면 독립변수와 종속변수 사이의 인과관계를 정확히 파악하는데 문제가 생기게 된다.

06. 무작위 할당은 확률표집방법에 의해 실험대상을 모집단으로부터 추출하는 것이다.

07. 통제집단 사후검사 설계는 통제집단 사전사후검사 설계에서 사전검사를 실시하지 않는 방법이다.

08. 사전검사가 사후검사에 미치는 영향을 상호작용시험효과라고 한다.

09. 비동일 통제집단 설계는 무작위 할당에 의해 실험집단과 통제집단이 선택되지 않는다는 점이 통제집단 사전사후검사 설계와 다르다.

10. 단순식열 설계는 실험변수를 노출시키기 전후에 일정한 기간을 두고 정ㄱ적으로 결과변수에 대한 측정을 하는 방법이다.

11. 순수실험설계를 포기하고 유사실험설계를 해야 하는 경우는 독립변수를 조직하지 못하거나 통제집단 설정이 어려운 경우이다.

해답

1. ○ 2. ○ 3. ○ 4. X 5. ○ 6. X 7. ○ 8. X 9. X 10. ○
11. ○

Q 연습문제

선택형

01. 다음 내용에 기초해 '무릎이 쑤시는 어르신 비율'과 '비 올 확률' 사이에 인과관계가 있다고 추리했을 때 간과한 인과관계의 요건은?

> 무릎이 쑤신다고 하는 노인의 비율이 증가하면 뒤이어 비가 올 확률이 높아진다.

① 공변성
② 시간적 우선성
③ 외생변수의 통제
④ 통계적 회귀
⑤ 성숙 요인의 통제

해설 무릎이 쑤시는 비율과 비 올 확률 사이의 인과관계를 추리하기 위해서는 공변성, 시간적 우선성, 외생변수의 통제라는 3대 요소를 충족해야 한다. 제시된 상황에서는 공변성과 시간적 우선성이 충족되고 있다. 따라서 비 올 확률에 영향을 미치는 외생변수(예: 기압)를 고려하여 통제해야 더 정확한 인과관계 추리가 가능하다.

02. 실험설계가 적합한 경우를 모두 고른 것은?

> ㄱ. 아동양육시설 퇴소 아동의 사회적응 과정에 대한 연구
> ㄴ. 시도별 아동학대 발생률 비교 연구
> ㄷ. 사회복지학과 재학생 학업 만족도의 학년별 변화에 대한 연구
> ㄹ. 양육 방식의 차이가 자녀의 심리적 안정감에 미치는 영향 연구

① ㄱ, ㄴ, ㄷ　② ㄴ　③ ㄴ, ㄷ, ㄹ
④ ㄹ　⑤ ㄱ, ㄴ, ㄷ, ㄹ

해설 실험설계는 독립변수와 종속변수 사이의 인과관계를 검증하는 설명적 조사에 적합하다. (ㄹ)만 설명적 조사이고, 나머지는 기술적 조사이다.

03. 실험설계에서 인과관계 분석을 어렵게 만드는 요인이 아닌 것은?

① 사전검사의 영향
② 사후검사의 영향
③ 성숙효과
④ 특정 시간의 발생
⑤ 실험대상의 중도탈락 문제

해설 인과관계 분석을 어렵게 만드는 요인은 곧 '내적타당도 저해 요인'을 말한다. 성숙, 특정사건의 발생(역사 요인, 외부사건 요인), 실험대상의 중도 탈락 문제는 모두 내적 타당도를 저해하는 요인이다. 사전검사와 사후검사가 동일할 때 사전검사가 사후검사에 미치는 영향을 미쳐 발생하는 검사효과 또한 내적 타당도를 저해하는데, 이러한 검사효과를 달리 표현하면 '사전검사의 영향'이다.

04. 배합(Matching)에 관한 설명으로 옳은 것은?

① 일종의 사후적인 통제 방법이다.
② 내적 타당도 저해요인을 통제하는 가장 효과적인 방법이다.
③ 종속변수에 영향을 미칠 것이라고 연구자가 사전에 생각한 외생변수를 통제한다.
④ 외생변수를 독립변수로 간주하여 조사설계에 포함시킨다.
⑤ 자료수집 과정이 아니라 자료분석 과정에서 외생병수를 통제한다.

해설 배합은 자료수집 과정에서 외생변수(내적 타당도 저해요인)를 통제하는 방법이며, 종속변수에 영향을 미칠 것이라고 연구자가 사전에 생각한 외생변수를 통제하는 방법이다.

05. 내적 타당도 저해요인 통제 방법들 중 통제해야 할 변수를 모르거나 너무 많은 경우 가장 효과적인 통제 방법은?

① 무작위 할당
② 정밀 배합
③ 빈도 분포 배합
④ 통계분석을 통한 통제
⑤ 임의적인 할당

해설 통제해야 할 변수가 너무 많거나 미리 예상하기 어려운 변수의 영향력까지 통제하고 싶을 때는 무작위 할당이 가장 효과적이다.

06. 내적 타당도를 저해하는 요인이 아닌 것은?

① 자료수집 과정에서 발생한 독립변수 이외의 다른 사건
② 조사기간 동안 인위적인 실험과 무관하게 발생한 자연스러운 대상자의 변화
③ 측정도구의 불안정성
④ 실험집단과 통제집단 중 실험집단에만 선별적으로 처치된 독립변수
⑤ 서로 다른 도구로 측정된 사전 • 사후검사

해설 실험집단과 통제집단 중 실험집단에만 선별적으로 독립변수를 처치하는 것을 '독립변수의 조작'이라고 한다. 독립변수의 조작은 내적 타당도를 높이기 위한 실험의 핵심 요건 중 하나이다.

07. 매우 건강한 90대 남성 노인들에게 건강 서비스를 1년 동안 제공한 후 건강 상태를 측정한 결과, 이들의 상태가 나빠졌고 통제집단인 여성 노인들에 비해서도 낮게 나타났다. 이 연구에서 영향을 미칠 수 있는 내적 타당도 저해 요인을 모두 고른 것은?

ㄱ. 성숙 효과　　　　ㄴ. 선택(Selection)과의 상호작용
ㄷ. 통계적　　　　ㄹ. 위약(Placebo)효과

① ㄱ, ㄴ, ㄷ　　② ㄱ, ㄷ　　③ ㄴ, ㄹ
④ ㄹ　　⑤ ㄱ, ㄴ, ㄷ, ㄹ

해설 이 사례에서 실험집단은 남성, 통제집단은 여성으로 설정되어 있으므로 '편향된 선별'과 '선택과의 상호작용'이 내적 타당도 저해 요인으로 작용한다. 또한 노인의 건강상 변화가 1년이라는 시간에 영향을 받기 때문에 '성숙효과'가, 매우 건강한 노인들을 대상으로 했기 때문에 '통계적 회귀'가 내적 타당도를 저해할 수 있다.

08. 조사설계의 타당도에 관해 옳은 것을 모두 고른 것은?

ㄱ. 통계적 회귀는 외적 타당도를 떨어뜨린다.
ㄴ. 조사대상자의 반응성은 외적 타당도를 떨어뜨린다.
ㄷ. 실험을 엄격히 수행할수록 외적 타당도가 높아진다.
ㄹ. 편향된 선별은 실험과정에서 시험효과와 상호작용하기도 한다.

① ㄱ, ㄴ　　② ㄷ, ㄹ　　③ ㄴ, ㄹ
④ ㄴ, ㄷ, ㄹ　　⑤ ㄱ, ㄴ, ㄷ, ㄹ

해설 ㄴ : 조사대상자의 반응성(혹은 호손효과), 대표성이 떨어지는 표본, 플라시보 효과, 일반성이 떨어지는 엄격한 실험 등은 외적 타당도를 떨어뜨리는 요인이 된다.
ㄹ : 편향된 선별은 실험 과정에서 다른 내적 타당도 저해 요인들과 상호작용하여 내적 타당도를 저해하기도 한다.

09. 비슷한 규모의 조사대상에 대해 실험실 내에서 실험하는 방법과 비교하여 현지 실험이 가지는 장점은?

① 내적 타당도
② 외적 타당도
③ 기준 타당도
④ 신뢰도
⑤ 인과적 순서의 명확한 확인

해설 실험실 실험은 내적 타당도가 높은 반면, 일반적인 현실에 실험 결과를 일반화시키기 어려워 외적 타당도는 오히려 떨어지는 경향이 있다. 이에 반해 현지 실험은 실험실 실험에 비해 내적 타당도가 낮지만 외적 타당도는 높다.

10. 조사설계에서 고려할 요소가 아닌 것은?

① 어떻게 자료를 분석할 것인가?
② 어떤 개념적 틀 속에서 조사를 시행할 것인가?
③ 누구에게서 자료를 수집할 것인가?
④ 연구가설을 어떻게 설정할 것인가?
⑤ 어떻게 자료를 수집할 것인가?

해설 연구가설은 조사설계 단계 이전에 설정해야 한다.

11. 조사설계의 타당도에 관한 설명으로 옳은 것을 모두 고른 것은?

ㄱ. 표본 크기가 커지면 외적 타당도가 증가한다.
ㄴ. 위약효과(Placebo Effect)가 개입되면 외적 타당도가 감소한다.
ㄷ. 통계적 회귀가 개입되면 외적 타당도가 감소한다.
ㄹ. 내적 타당도를 높이기 위해 대안적인 설명을 통제해야 한다.

① ㄱ, ㄴ, ㄷ
② ㄱ, ㄴ, ㄹ
③ ㄱ, ㄷ, ㄹ
④ ㄴ, ㄷ, ㄹ
⑤ ㄱ, ㄴ, ㄷ, ㄹ

해설 통계적 회귀가 개입되면 내적 타당도가 감소한다.

12. 다음 사례에서 타당도에 관한 설명으로 옳은 것은?

노인의 사회활동 참여를 활성화시키기 위한 프로그램을 진행하던 중 일부 성원 사이에 언쟁이 있었고, 그 뒤 프로그램에 참여하는 성원의 수가 줄어들었다.

① 피험자의 탈락이 외적 타당도를 떨어뜨린다.
② 성숙효과로 인해 프로그램의 효과를 판단하기 어렵다.
③ 역사 요인이 내적 타당도를 떨어뜨린다.
④ 조사에 대한 반응성이 문제가 되고 있다.
⑤ 선택과의 상호작용이 내적 타당도를 떨어뜨린다.

해설 역사 요인(외부 사건)은 실험 도중 발생한 독립변수 이외의 사건이 종속변수의 변화에 영향을 미치는 것을 말한다. 이 사례에서는 일부 성원 사이의 언쟁이 역사 요인에 해당한다.

13. 다음 사례에서 내적 타당도 저해 요인은?

학교사회복지사가 학급 단위의 연대감 증진 프로그램을 실시하고 관찰을 통해 프로그램 실시 전후의 변화를 조사하여 비교하였다. 사전검사는 학교사회복지사가, 사후검사는 담임선생님이 관찰을 담당하였다.

① 성숙 ② 역사적 사건 ③ 측정효과
④ 대상자 선정의 오류 ⑤ 측정도구 효과

해설 이 사례는 관찰자가 사전•사후검사에서 서로 달라 내적 타당도가 저해되는 경우이며, 측정도구 효과가 작용했다.

14. 조사설계의 외적 타당도를 높이는 방법으로 적절한 것은?

① 사전조사와 사후조사의 시간간격을 넓힌다.
② 사전조사와 사후조사의 시간간격을 좁힌다.
③ 표본의 수를 감소시킨다.
④ 표본의 수를 증가시킨다.
⑤ 실험조건을 엄격히 한다.

해설 외적 타당도를 높이기 위해서는 무엇보다 조사대상이나 상황이 모집단 및 일반상황에 대한 대표성을 갖는 것이 중요하다. 조사대상(표본)의 대표성을 높이기 위해서는 확률표집 방법을 사용하거나 표본의 수를 늘리는 방법을 쓸 수 있다.

15. 다음 사례에서 내적 타당도를 저해하는 요인을 모두 고른 것은?

> 극심한 무력감을 호소하는 가정폭력 피해여성을 대상으로 총 8회기로 구성된 역량강화 프로그램을 2개월 동안 실시하고 동일한 척도로 측정한 사전사후 점수를 비교하여 프로그램 효과성을 평가하였다. 처음 프로그램을 시작할 때에는 15명으로 시작하였지만 마지막 회기까지 이수한 사람은 10명이었다.
> ㄱ. 검사　　　　　　　　ㄴ. 통계적 회귀
> ㄷ. 대상자 변동　　　　ㄹ. 선택과의 상호작용

① ㄱ, ㄴ, ㄷ
② ㄱ, ㄷ
③ ㄴ, ㄹ
④ ㄹ
⑤ ㄱ, ㄴ, ㄷ, ㄹ

해설 ㄹ : 선택과의 상호작용은 실험집단과 통제집단을 선정하는 과정에서 발생하는 다른 내적 타당도 저해 요인들과 상호작용하여 내적 타당도를 저해하는 것을 말하는데, 이 사례에는 해당하지 않는다.

16. 8개 반으로 구성된 A초등학교 3학년 재학생들 중 무작위로 선택된 4개 반 학생들을 대상으로 한 학기 동안 학교폭력 예방 프로그램을 실시하고, 프로그램을 실시하지 않은 나머지 4개 반 학생들과 사전-사후 점수 변화 점수 정도를 비교하여 프로그램의 효과를 평가하고자 한다. 이 때 내적 타당도에 영향을 미치는 요인이 아닌 것을 모두 고른 것은?

> ㄱ. 사전검사의 실시
> ㄴ. 편향된 선별
> ㄷ. 한 학기 동안 교내에서 발생한 다른 주요 사건(들)
> ㄹ. 프로그램 효과의 확산이나 모방

① ㄱ, ㄴ　　② ㄱ, ㄷ　　③ ㄱ
④ ㄴ　　⑤ ㄹ

해설 내적 타당도 저해요인 중 사전검사의 실시는 검사(시험) 요인에, 한 학기 동안 교내에서 발생한 다른 주요 사건(들)은 역하 요인에 해당한다. 같은 학교 내에 실험집단과 통제집단이 공존하고 있으므로 이 사례에서는 확산이나 모방 역시 내적 타당도를 저해하는 요인이 될 수 있다. 그러나 학교의 반 편성이 무작위로 이루어지고 프로그램 대상자 선정을 위한 실험집단 선정 시에도 무작위로 4개 반을 선정하였으므로(무작위 할당에 해당) 이 사례에서 편향된 선별은 내적 타당도 저해요인에 해당되지 않는다.

17. 다음 내용에 관한 설명으로 옳지 않은 것은?

> A가 변화하면 뒤이어 B도 달라지는 것을 보고 A와 B의 사이에 인과관계가 성립할 것이라고 가설을 세웠다. 그런데 변수 C의 조건이 일정할 때 A와 B 사이의 관계를 확인해보니 A가 달라져도 B에는 차이가 없음을 확인할 수 있었다.

① 설명적 조사이다.
② A와 B는 가식적 관계이다.
③ A와 B 사이에는 공변성과 시간적 우선성이 성립한다.
④ C는 통제변수이다.
⑤ 인과관계 요건을 모두 만족하므로 A와 B 사이에는 인과관계가 성립한다.

해설 인과관계의 요건들 중 공변성과 시간적 우선성 요인은 충족하지만, 통제성(통제변수 C를 통제해도 두 변수 간 관계가 유효해야 한다는 요건)은 충족하지 못하므로 두 변수 사이에 인과관계가 성립한다고 볼 수 없다. C를 통제하기 전에 나타난 A와 B 사이의 관계는 실제 인과관계가 아니라 인과관계처럼 보이는 가식적 관계이다. 변수 사이의 인과관계에 대한 조사는 설명적 조사이다.

18. 다음 사례에 개입된 내적 타당도 저해요인에 해당되지 않는 것은?

> 사전검사에서 우울점수가 지나치게 높은 남녀노인 각 10명 중 여성노인에게는 6개우러 동안 우울감소 프로그램을 실시하고, 같은 기간 동안 남성노인에게는 프로그램을 실시하지 않았다. 사전검사와 같은 사후검사 도구를 이용해 우울점수의 변화를 비교한 결과 여성노인들이 남성노인들보다 우울점수가 더 크게 낮아진 것으로 나타났다.

① 검사요인
② 통계적 회귀
③ 편향된 선별
④ 선택과의 상호작용
⑤ 역사요인

해설 우울점수가 지나치게 높은: 통계적 회귀
여성노인이 실험집단, 남성노인이 통제집단: 편향된 선별
사전검사와 같은 사후검사 도구를 이용: 검사요인
6개월이라는 기간 동안 시간의 영향(성숙효과), 검사효과 등이 남녀 두 집단에서 다르게 작용할 수 있음: 선택과의 상호작용

19. 인과관계를 검증하는데 가장 적합한 조사설계는?

① 단일사례 설계
② 단일집단 사전사후비교 설계
③ 패널조사 설계
④ 통제집단 사후비교 설계
⑤ 비동일 통제집단 비교 설계

해설 인과관계 검증력이 가장 좋은 조사설계는 순수실험설계(④) 〉 유사실험설계(①, ⑤) 〉 선실험설계(②) 〉 비실험설계(③) 순서이다. 제시된 보기 중 순수실험설계에 해당하는 것은 ④의 통제집단 사후비교 설계이다.

20. 다음에서 설명하는 조사설계 유형은?

> 내적 타당도 저해 요인을 통제하지 못한다.
> 시간적 우선성만 파악할 수 있다.
> 공변성이 성립하지 않는다.

① 통제집단 사후검사 설계
② 단일집단 사전사후검사 설계
③ 일회사례 설계
④ 비동일 통제집단 설계
⑤ 단순 시계열 설계

해설 원시실험 설계(선실험 설계)에 속하는 조사설계 유형들은 내적 타당도 저해요인을 통제하지 못한다. 그 중 인과관계의 3대 요건(공변성, 시간적 우선성, 통제성) 중 시간적 우선성만을 파악할 수 있는 조사설계는 일회사례 설계이다. 일회사례 설계는 종속변수를 비교할 기준이 존재하지 않으므로 종속변수의 변화 자체를 파악할 수 없어 독립변수의 변화에 따라 종속변수가 변화하는지를 알 수 없으므로 공변성 요건이 성립하지 않는다.

21. 통제집단 사전사후검사 설계와 솔로몬 4집단 설계의 공통점이 아닌 것은?

① 무작위 할당
② 사전검사의 실시
③ 종속변수의 비교
④ 검사효과의 통제
⑤ 독립변수의 조작

해설 두 설계 모두 사전검사를 실시하지만, 그로 인해 발생하는 검사효과(시험효과, 주시험효과)를 통제집단 사전사후검사 설계에서는 통제하지 못하는 것과 달리 솔로몬 4집단 설계에서는 통제할 수 있다는 차이가 있다.

22. 다음 사례에서 플라시보 효과를 제거한 개입의 효과는?

> 사회복지사 K는 자존감 증진 프로그램의 효과성을 확인하고자, 통제집단 사후검사 설계에 플라시보 집단을 추가하는 방식으로 플라시보 통제집단 설계를 실시했다. 자존감에 대한 사후검사 점수는 실험집단이 75점, 통제집단이 50점, 플라시보 집단이 65점이었다.

① 5점 ② 10점 ③ 15점
④ 20점 ⑤ 25점

해설 이 사례에서 실험집단과 통제집단의 점수 차이는 25점이었다. 그러나 이 중에는 프로그램에 참여하는 사람들의 심리적 반응에 해당하는 플라시보 효과가 개입되어 있을 수 있으므로 플라시보 효과를 계산하여 빼주어야 한다. 플라시보 집단과 통제집단의 점수 차이(65점 − 50점)인 15점이다. 따라서 플라시보 효과를 제거한 개입의 효과는 10점(25점 − 15점)이다.

23. 조사설계 유형의 특징을 잘못 연결한 것은?

① 일회사례 설계 - 시간적 우선성을 확인할 수 없다.
② 단일집단 사전사후검사 설계 - 비교의 기준이 존재한다.
③ 시계열 설계 - 검사와 개입 간 상호작용 효과를 통제하기 어렵다.
④ 솔로몬 4집단 설계 - 사전검사의 영향과 관련된 효과들을 제거할 수 있다.
⑤ 제집단 사후검사 설계 - 검사와 개입의 상호작용이 강하게 의심되는 경우 사용하기 적절하다.

해설 일회사례 설계는 인과관계 성립 요건 중 기간적 우선성만을 확보한 형태의 설계이다.

24. 실험설계의 요건을 모두 갖추고 있는 설계만을 옳게 묶은 것은?

> ㄱ. 솔로몬 4개 집단 설계
> ㄴ. 시계열 설계
> ㄷ. 플라시보 통제집단 설계
> ㄹ. 비동일 비교집단 설계

① ㄱ, ㄴ, ㄷ ② ㄱ, ㄷ ③ ㄴ, ㄹ
④ ㄱ, ㄹ ⑤ ㄱ, ㄴ, ㄷ, ㄹ

해설 실험설계의 기본 요건은 무작위 할당을 통한 외생변수 통제, 종속변수 비교, 독립변수 조작 등이다. 이러한 3대 요소를 모두 갖춘 설계는 순수실험 설계에 속하는 설계 유형들이다. 솔로몬 4집단 설계, 플라시보 통제집단 설계는 순수실험 설계에 속한다.

25. 다음 사례에 관한 설명으로 옳은 것은?

> 조사대상자를 성별에 따른 두 집단으로 나눈 후 여성 집단에 대해서만 2개월간 자존감 향상 프로그램을 실시했다. 동일한 척도로 사전-사후검사를 수행한 결과 여성 집단의 자존감은 15점에서 24점으로, 남성집단의 자존감은 14점에서 18점으로 변화하였다.

① 상호작용시험효과를 통제할 수 있다.
② 사전검사가 자존감 변화에 미치는 영향을 통제할 수 있다.
③ 주효과는 9점이다.
④ 선택과의 상호작용이 내적 타당도를 저해할 수 있다.
⑤ 통제집단 사전사후검사 설계이다.

해설 실험집단과 통제집단을 무작위로 할당하지 않고 성별에 따라 나누었으므로 선택의 편향, 선택과의 상호작용이 내적 타당도를 저해할 수 있다.

26. 솔로몬 4집단 설계의 특징으로 옳은 것을 모두 고른 것은?

> ㄱ. 검사와 개입의 상호작용효과를 통제할 수 있다.
> ㄴ. 사전검사를 실시하면서도 검사효과를 통제할 수 있다.
> ㄷ. 4개 집단은 무작위 할당르로 구성되어야 하며, 집단 간 교류는 엄격히 통제된다.
> ㄹ. 통제집단 사전사후 설계보다 내적 타당도가 높다.

① ㄱ, ㄴ, ㄷ
② ㄱ, ㄷ
③ ㄴ, ㄹ
④ ㄹ
⑤ ㄱ, ㄴ, ㄷ, ㄹ

해설 솔로몬 4집단 설계에서는 사전검사를 실시하면서도 검사효과를 통제할 수 있다. 또한 통제집단 사전사후 설계에 포함한 다른 어떤 설계들보다 내적 타당도가 높으며, 4개의 집단은 무작위 할당으로 구성되며, 각 집단에 해당하는 처치의 차이를 제외하고는 모든 조건들이 동일해야 한다. 이를 위해 지단 간 교류는 엄격히 통제된다.

27. 통제집단 사후비교 설계가 통제집단 사전사후비교 설계에 비해 좋은 점은?

① 검사효과로 인해 발생하는 내적 타당도 문제를 줄여준다.
② 무작위 할당을 할 수 있다.
③ 종속변수의 변화에 대한 비교 근거가 명확하다.
④ 조사대상자의 대표성이 높다.
⑤ 독립변수를 조작한다.

해설 통제집단 사후비교 설계에서는 사전검사가 사후검사에 미치는 검사효과를 방지하기 위해 사전검사를 생략하고 사후검사만 하여 실험집단과 통제집단의 사후검사 점수를 비교한다. 따라서 검사효과(시험효과)와 상호작용시험효과를 통제할 수 있다.

28. 내적 타당도가 높은 조사설계부터 순서대로 옳게 나열한 것은?

ㄱ. 통제집단 사후검사 설계
ㄴ. 단일집단 사전사후검사 설계
ㄷ. 경향조사 설계
ㄹ. 비동일 통제집단 설계

① ㄱ → ㄴ → ㄷ → ㄹ
② ㄴ → ㄱ → ㄹ → ㄷ
③ ㄱ → ㄹ → ㄴ → ㄷ
④ ㄱ → ㄹ → ㄷ → ㄴ
⑤ ㄹ → ㄱ → ㄴ → ㄷ

해설 내적 타당도가 높은 순서는 순수실험설계, 유사실험설계, 원시실험설계, 비실험설계 순서이다.
ㄱ : 순수실험설계
ㄴ : 원시실험설계
ㄷ : 비실험설계
ㄹ : 유사실험설계

29. 조사설계의 유형과 설명의 연결이 옳지 않은 것은?

① 플라시보 통제집단 설계 - 무작위로 세 집단을 할당한다.
② 통제집단 사전사후검사 설계 - 검사효과(Testing Effect)를 통제할 수 있다.
③ 요인설계 - 집단비교를 위해 분산분석(ANOVA)을 사용할 수 있다.
④ 단순시계열 설계 - 역사 요인과 검사 요인을 통제하기 어렵다.
⑤ 단일집단 사전사후검사 설계 - 시간적 우선성과 비교 기준이 존재한다.

해설 통제집단 사전사후검사 설계는 사전-사후검사를 실시하기 때문에 사전검사가 사후검사 점수에 영향을 미칠 수 있다. 즉, 검사효과를 통제할 수 없다.

30. 다음 사례의 조사설계에 관한 설명으로 옳은 것은?

> 장애인에 대한 태도에 시청각자료가 미치는 영향을 조사하기 위해 실험 대상자에게 시청각 자료를 보여주기 전 장애인에 대한 태도를 측정하고 시청각 자료를 보여준 후 다시 한 번 태도를 측정하여 그 값을 비교했다.

① 통계적 회귀가 외적 타당도를 저해한다.
② 일회사례 설계이다.
③ 내적 타당도 저해 요인을 통제할 수 없다.
④ 종속변수를 비교할 기준이 없다.
⑤ 검사와 개입의 상호작용이 개입되지 않는다.

해설 이 사례에서 독립변수는 '시청각 자료 시청'이고 종속변수는 '장애인에 대한 태도'이다. 시청각 자료를 보여주기 전후에 각각 태도(종속변수)를 측정하여 비교하였고, 별도의 비교집단(혹은 통제집단)이 설정되지 않았으므로 단일집단 사전사후검사 설계(혹은 단일집단 전후비교 설계)이다. 단일집단 사전사후검사 설계는 내적 타당도 저해요인을 통제할 수 없다.

31. 다음 조사설계에 관한 설명으로 옳지 않은 것은?

집단구분	할당방식	사전검사	개입여부	사후검사
집단1	무작위 할당	30	개입 실시	50
집단2	무작위 할당	30	없음	35
집단3	무작위 할당	없음	개입 실시	40
집단4	무작위 할당	없음	없음	32

① 주효과는 8이다.
② 상호작용시험효과는 7이다.
③ 주시험효과는 3이다.
④ 검사효과를 통제할 수 있다.
⑤ 통제집단 사전사후검사 설계보다 내적 타당도가 낮다.

해설 제시된 사례는 솔로몬 4집단 설계로 검사효과(주시험효과), 검사와 개입의 상호작용효과(상호시험효과)를 통제할 수 있어 통제집단 사전사후검사 설계보다 내적 타당도가 높다.
종속변수 변량에 대한 주시험효과, 상호작용시험효과, 주효과는 아래와 같이 계산한다.
집단1의 종속변수 변화(D_1): 50 − 30 = 20
집단2의 종속변수 변화(D_2): 35 − 30 = 5
집단3의 종속변수 변화(D_3): 40 − (30 + 30) / 2 = 40 − 30 = 10
집단4의 종속변수 변화(D_4): 32 − (30 + 30) / 2 = 32 − 30 = 2
주시험 효과 = $D_2 - D_4$ = 5 − 2 = 3
상호작용시험효과: ($D_1 - D_3$) − 주시험효과 = (20 − 10) − 3 = 7
주효과 = $D_1 - D_2$ − 상호작용시험효과 = 20 − 5 − 7 = 8

32. 시계열 설계에 관한 설명으로 옳은 것을 모두 고른 것은?

ㄱ. 개입 후 측정 점수들은 통제집단의 역할을 한다.
ㄴ. 단일집단 사전사후 설계보다 내적 타당도가 높다.
ㄷ. 우연한 사건을 통제할 수 있다.
ㄹ. 연구 목적과 성격에 따라 자료수집 시점과 횟수는 달자질 수 있다.

① ㄱ, ㄴ, ㄷ　② ㄱ, ㄷ, ㄹ　③ ㄴ, ㄹ
④ ㄱ, ㄴ, ㄹ　⑤ ㄱ, ㄴ, ㄷ, ㄹ

해설 ㄴ : 유사실험 설계에 속하는 시계열 설계는 원시실험설계(선실험설계, 전실험썰계)에 속하는 단일집단 사전사후 설계보다 내적 타당도가 높다.
ㄹ : 연구의 목적과 성격에 따라 자료수집 시점과 횟수는 달라질 수 있는데, 변화를 충분히 확인할 수 있을 만큼 충분한 수의 자료수집 시점이 확보되어야 한다.
ㄴ : 유사실험 설계에 속하는 시계열 설계는 원시실험설계(선실험설계, 전실험썰계)에 속하는 단일집단 사전사후 설계보다 내적 타당도가 높다.
ㄹ : 연구의 목적과 성격에 따라 자료수집 시점과 횟수는 달라질 수 있는데, 변화를 충분히 확인할 수 있을 만큼 충분한 수의 자료수집 시점이 확보되어야 한다.

33. 다음 조사설계에 관한 설명으로 옳은 것을 모두 고른 것은?

조사대상을 두 집단으로 무작위로 할당한 후 같은 기간 동안 한 집단에만 실험요인을 개입했다. 개입 후 동일 시점에서 사후검사를 실시한 결과 실험요인을 개입한 집단은 14.1점, 개입하지 않은 집단은 7.8점이었다.
ㄱ. 순수실험 설계이다.
ㄴ. 검사효과를 통제하였다.
ㄷ. 솔로몬 4집단 설계보다 내적 타당도가 낮다.
ㄹ. 비동일 통제집단 설계보다 내적 타당도가 높다.

① ㄱ, ㄴ, ㄷ
② ㄴ, ㄷ, ㄹ
③ ㄱ, ㄹ
④ ㄴ, ㄷ
⑤ ㄱ, ㄴ, ㄷ, ㄹ

해설 사례에서 제시된 조사설계는 통제집단 사후검사 설계이다. 이것은 순수실험설계에 속하며, 통제집단 사전사후검사 설계와 달리 사전검사의 영향(검사효과)을 통제한다. 사전검사를 실시하지 않아 인과관계를 판정하기 위해 사용되는 종속변수 점수의 비교기준이 취약하다는 점에서 솔로몬 4집단 설계보다 내적 타당도는 떨어진다. 그러나 유사실험설계에 속하는 비동일 통제집단 설계보다는 내적 타당도가 높다.

34. 단순 시계열(Simple Time-series) 설계에 관한 설명으로 옳은 것은?

① 실험효과를 파악하기 위해 개입 이후에는 1회만 관찰한다.
② 검사(Test)와 개입의 상호작용효과에 대한 통제가 용이하다.
③ 선실험(Pre-experimental) 설계 중 하나다.
④ 통제집단을 포함하여 비교한다.
⑤ 종속변수의 변화를 추적 • 비교할 수 있다.

해설 시계열 설계는 유사실험 설계에 해당한다. 단순 시계열 설계는 통제집단을 두지 않는 대신 종속변수에 대한 '반복 측정'을 통해 통제의 기능을 대체한다. 개입 전후 최소 3번씩(특히 변화의 파동이 클수록 측정 횟수를 늘림) 종속변수를 측정하기 때문에 종속변수의 변화를 추적 • 비교할 수 있다.

35. 조사설계에 관한 설명으로 옳은 것은?

① 유사실험 설계에 속하는 조사설계는 모두 무작위 할당 요건을 충족하지 못한다.
② 시계열 설계는 독립변수의 반복 관찰을 통해 외생변수를 통제한다.
③ 패널조사는 전실험 설계에 속한다.
④ 요인 설계는 실헌대상을 4개의 집단으로 무작위 할당해야 한다.
⑤ 단일사례 설계는 유사실험 설계의 한 유형이다.

해설 단일사례 설계는 한 사례에 대해 유사실험 설계에 속하는 단순 시계열 설계를 적용한 형태의 조사설계 유형이다.

해답

1. ③	2. ④	3. ②	4. ③	5. ①	6. ④	7. ①	8. ③	9. ②	10. ④
11. ②	12. ③	13. ⑤	14. ④	15. ①	16. ④	17. ⑤	18. ⑤	19. ④	20. ③
21. ④	22. ②	23. ①	24. ②	25. ④	26. ⑤	27. ①	28. ③	29. ②	30. ③
31. ⑤	32. ③	33. ⑤	34. ⑤	35. ⑤					

07 단일사례조사

학습목표

1. 단일사례조사(의의, 과정, 구조)에 대해 이해한다.
2. 단일사례조사의 유형(AB 조사, ABA 조사, ABAB 조사, BAB 조사, ABCD 조사, 복수기초선 조사)에 대해 이해한다.
3. 단일사례조사의 분석(개입과 평가, 자료기록방법)에 대해 이해한다.

1 단일사례조사의 개념

1) 단일사례조사의 의의

단일사례조사(Single Case Study)는 개인 및 가족, 소집단 등을 대상으로 문제를 해결하기 위한 개입의 효과를 과학적으로 입증하는 것이다. 여기서, 개입(Intervention)이란 문제가 되는 조사 대상자의 표적 행동을 변화시키기 위한 프로그램 자극, 환경변화, 행사 등을 의미한다. 조사자에게 실천가의 개입은 독립변수, 실험변수, 실험자극에 해당되고, 조사대상자의 표적 행동은 종속변수 또는 결과변수에 해당된다.

사회복지분야에서 단일사례조사는 주로 임상사회사업에서 개인-가족-소집단들의 심리사회적 기능을 유지하거나 향상시키고 이론적·실천적 발전의 근거를 마련하기 위해 사용되고 있다. 단일사례조사에서 표본의 크기, 분석단위(개인, 가족, 지역사회 또는 조직 등), 표집요소 등은 모두 1이다. 따라서 단일사례조사는 외적 타당도가 낮아 일반화시킬 수 있는 가능성이 낮다.

(1) 단일사례조사와 집단조사의 비교

단일사례조사와 집단조사는 상호보완적인 관계([표 7.1] 참조)로서 집단조사는 확률표본을 이용하고 가설을 검증하고 이론의 일반화에 기여하지만, 개별적인 행태는 간과하게 된다. 단일사례조사는 가설검증이나 이론형성에는 기여하지 않지만, 개인이나 소집단의 개별적인 속성을 심리적인 측면에서 깊이 연구할 수 있다.

[표 7.1] 단일사례조사와 집단조사의 비교

구분	단일사례조사	집단조사
연구대상	개인, 가족, 소집단	모집단으로부터 무작위 표본추출
연구목적	표적 행동에 대한 개입의 효과 규명	가설의 검증
실험처치	하나의 사례를 반복 측정함으로써 실험집단과 통제집단과 같은 집단비교의 효과를 갖는다.	실험집단과 통제집단으로 나누어 사전사후검사 값을 비교하여 실험처치의 효과를 평가한다.

(2) 단일사례조사의 특징

- 개입효과의 규명: 단일사례조사의 1차적인 목적은 가설의 검증에 있는 것이 아니라, 어떤 표적 행동에 대한 개입의 효과성을 규명하는데 있다.
- 단일사례(Single Case): 하나의 대상 또는 사례를 가지고 반복적으로 관찰하여 개입의 효과를 평가한다(표본의 크기=1, 분석단위=1개인, 표집요소=1).
- 조사대상이 개인 또는 집단: 가족이나 집단도 대상이 될 수 있지만 이 경우 집단전체를 하나의 사례로 취급한다. 집단구성원들의 정보는 개별적으로 취급되는 것이 아니라 집단 전체의 평균이나 전체 빈도 등으로 요약되어 하나의 사례로 취급된다.
- 반복 측정: 단일사례조사는 경향과 변화를 알 수 있도록 반복적인 관찰을 한다. 통제집단을 가지고 있지 않고 하나의 사례를 반복적으로 측정함으로써 개입의 효과를 파악한다.
- 즉각적인 환류: 반복적이고 연속적으로 자료를 수집하기 때문에 개입으로 인한 조사 대상의 변화를 주기적으로 파악할 수 있고 사례를 진행하는 도중에 도출되는 정보는 환류-수정의 반복적인 과정을 통해 새로운 개입방법을 수립하거나 개입방법을 수정함으로써 개입 효과를 높인다.

2) 단일사례조사의 과정

단일사례조사를 수행하는 과정은 집단조사의 경우와 달리 가설을 설정하고, 가설상의 관계성을 검증하는 것과 관련된 과정이 생략되어 있다. 단일사례조사를 수행하는 일반적인 과정은 다음과 같다.

(1) 문제의 확인-규정

조사대상이 가지고 있는 문제로서 조사대상자 자신, 가족, 이웃 등 관련 인물들에 의해 확인될 수 있다. 문제가 확인되면 명확히 규정해야 한다.

(2) 변수의 선정

문제가 규명되면 문제를 경험적으로 인식할 수 있는 실험에 사용될 변수를 선정해야 한다. 또한, 실험에 사용될 변수는 문제를 합리적으로 대표할 수 있는 타당한 지표여야 한다.

(3) 측정대상의 결정

선정된 변수의 속성 중 어느 측면을 측정할 것인지 결정한다. 측정대상은 반복관찰이 가능해야 하므로 정기적으로 측정하기에 충분히 자주 나타나야 한다.

(4) 개입목표의 설정

문제의 원인을 제거할 것인가? 문제 자체를 완전히 해결할 것인가? 등 개입 목표를 설정하되 구체적이고 명확할수록 문제해결이 용이하다.

(5) 조사설계

조사설계에 포함될 내용은 구체적인 설계 형태(AB, ABA, ABAB, ABCD형 등), 관찰시기 및 횟수, 자료의 출처, 자료수집방법(관찰, 면접), 자료기록방법(시간간격, 빈도, 지속시간, 정도 등)에 관한 전략을 수립한다.

(6) 조사실시

조사설계 형태에 따라 개입을 하기 전과 개입 도중에 자료를 수집한다. 수집된 자료는 그래프로 표시하고 그래프에 나타난 변화 추세를 정리한다. 조사실시 과정에서 측정대상에 대해 측정할 때 가능한 다각적 측정을 행하는 것이 바람직하다.

(7) 개입의 평가(자료분석)

자료수집이 완료되고 그래프가 완성되면 변화의 파동, 경향, 수준 등을 검토하여 개입의 효과성을 평가한다.

3) 단일사례조사의 구조

단일사례조사는 두 가지의 기본적인 단계가 있다. 하나는 개입전의 기초선 단계이고, 다른 하나는 개입의 단계이다.

(1) 기초선 단계

기초선 단계(또는 기초선 국면, Baseline Phase)는 개입하기 전의 단계이다. 기초선(Baseline)이란 연구자가 개입하기 전에 클라이언트 표적 행동의 정도를 파악하고 어떤 경향을 보이는지 상태를 관찰하는 기간을 의미하며, 일반적으로 "A"로 표시된다.

기초선 단계를 설정하는 목적은 개입을 하기 전에 클라이언트의 표적문제의 정도를 파악하고, 이러한 문제가 외생요인에 기인한 것인지, 아울러 어떠한 경향을 보이고 있는지를 파악하기 위해서이다.

단일사례조사의 논리는 개입을 시작할 때 클라이언트 환경의 변화와 같은 외생요인들이 표적문제 개선의 원인이 되지 않는다는 것을 보여주기 위해 충분한 반복적인 측정이 필요하다는 것이다. 또한 이러한 논리는 성숙이나 통계적 회귀와 같은 외생요인을 통제하기 위해서 반복적인 측정과정에서 확인된 경향을 비교하여야 한다는 것이다. 일반적으로 기초선 단계에서는 다음과 같은 내용을 파악하여야 한다.

- 충분히 관찰이 이루어질 때 단일사례조사의 내적 타당도가 향상된다. 약 5~10번 정도의 기초선 측정을 계획하는 것이 합리적이다. 더 많은 측정점들을 가질 때 안정된 경향을 발견할 수 있다.
- 기초선의 전반적인 경향([그림 7.1] 참조)은 그래프에 시간순서대로 측정점을 표시하고 측정점을 줄로 연결한 후 전체적인 유형이 명백히 증감추세, 같은 형태의 반복 등을 관찰하여 확인한다.

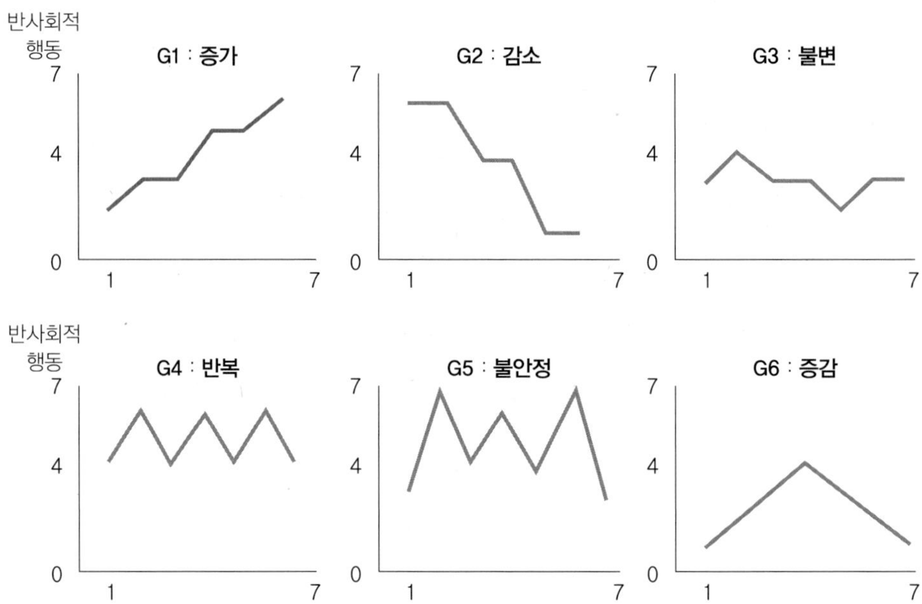

[그림 7.1] 기초선 경향의 유형

- 기초선의 증감추세는 표적 문제의 조작적 정의에 달려 있는데 표적문제의 조작적 정의가 바람직하다면 증가는 개선을, 감소는 악화를 나타낸다.

(2) 개입단계

개입단계(또는 개입국면, Intervention Phase)는 표적 행동에 대한 개입이 이루어지는 기간이다. 이 기간 동안 표적 행동의 상태에 대한 관찰이 병행되어야 한다. 관찰의 횟수나 기간은 기초선과 같은 정도로 하는 것이 바람직하며, 개입단계는 “B”, “C”, “D”로 표시한다.

2 단일사례조사의 유형

단일사례조사의 유형은 A와 B의 결합의 순서에 따라 다르게 나타난다. 즉 AB 조사, ABA 조사, ABAB 조사, BAB 조사, ABCD 조사, 복수기초선 조사 등이 있다. 일반적으로 개입 없이 관찰만 하는 기초선 단계를 "A", 개입단계를 "B"라고 표시한다.

1) AB 조사

AB 조사(기초선 단계→개입 단계)는 준실험조사설계의 단일시계열설계를 단일대상에 적용한 "기본단일사례조사설계(Basic Single Case Study Design)"라고도 부르며, 가장 간단한 단일사례조사로서 다음과 같은 특징을 가지고 있다.

- 하나의 기초선 단계(A)와 개입 단계(B)로 구성된다.
- A단계에서는 단순히 표적 행동의 빈도 등에 관한 관찰만 이루어진다.
- B단계에서는 표적 행동에 대한 개입활동이 이루어지고 변화에 대한 관찰이 이루어진다.
- AB 조사란 A, B의 순서로 이루어진 설계구조의 형태를 말하며, 관찰결과와 관찰점을 연결하여 그래프([그림 7.2] 참조)로 표시한다.
- AB 조사는 최소한 3개 이상의 관찰점, 측정점이 필요하며, 관찰점간에 차이가 심하면 보다 많은 관찰점이 필요하다.
- 반복적으로 관찰하지만 외생변수에 대한 통제가 없어, 개입이 표적 행동의 변화에 미치는 효과의 신뢰도가 낮다.

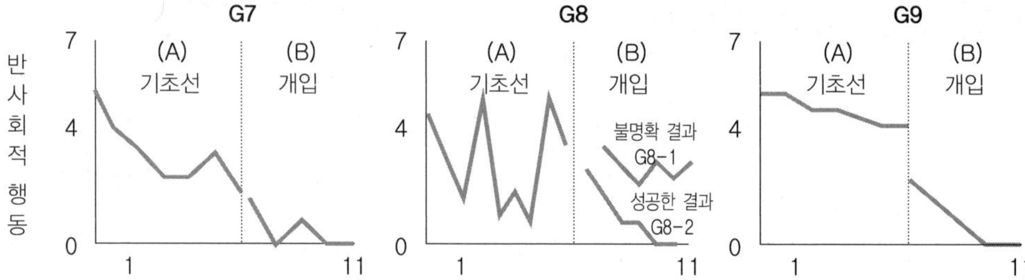

G7 : 기초선이 개선되는 경향인 도중에 개입되어 개입효과가 있다고 평가하기 어려운 경우
G8 : 기초선이 불안정한 가운데 개입이 효과가 있는지 불명확한 경우(G8-1)와 개입이 효과가 있다고 평가되는 경우(G8-2)
G9 : 기초선이 크게 개선 가능성이 없는 경향인 반면, 개입 이후 급격히 개선된 경우로 개입이 매우 효과적임을 보여주는 경우

[그림 7.2] AB 조사의 사례

2) ABA 조사

ABA 조사(기초선 단계→개입 단계→제2기초선 단계)는 AB 조사에 개입 이후 또 하나의 기초선 A를 추가한 방법([그림 7.3] 참조)이다. 즉, AB 조사에 개입을 일정기간 실시하고 나서 개입을 중단한 후 표적 행동을 관찰하는 것으로 다음과 같은 특징을 가지고 있다.

- 첫 번째 기초선 단계 A에서 문제가 되는 표적 행동의 빈도가 일관되게 높게 관찰되고, 개입단계 B에서 개입이후 표적 행동의 빈도가 현격히 낮게 관찰되었다가, 개입을 종료한 후 다시 관찰(A)해 본 결과 표적 행동이 빈도가 처음과 같이 높게 나타났다면, 개입단계에서 표적 행동의 빈도가 현격히 감소한 것은 개입이 효과적이었다고 추정할 수 있다. 여기서, 두 번째 기초선 기간(A)을 "반전기간" 또는 "제2기초선"이라고 한다.
- ABA 조사의 장점은 AB 조사가 갖고 있는 단점인 개입효과에 대한 낮은 신뢰성 문제를 제2기초선을 추가하여 AB 조사의 낮은 신뢰도 문제를 극복한 것이다.

- ABA 조사의 단점은 윤리적인 문제로서 개입의 효과를 평가하기 위한 목적으로 개입을 중단하는 것은 윤리적 문제를 일으킨다.
- 또한 제2기초선 동안에 문제가 악화되지 않으면 개입 이외의 다른 외생적인 요인들이 영향을 미친 결과인지 개입의 효과가 지속되고 있는지 알 수가 없다.

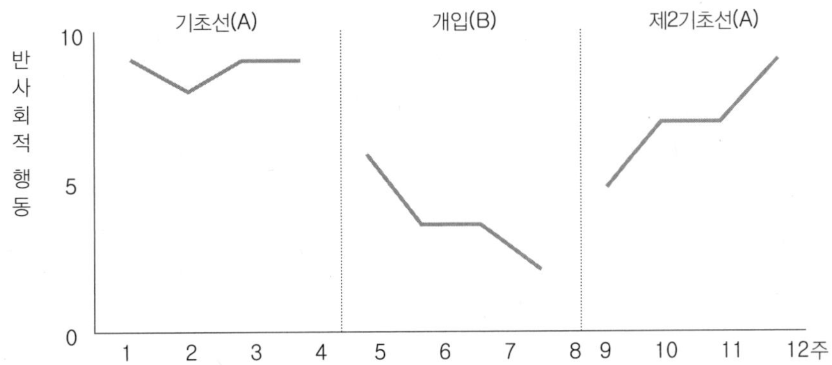

[그림 7.3] ABA 조사의 사례

3) ABAB 조사

ABAB 조사(기초선 단계→개입 단계→제2기초선 단계→개입 단계)는 AB 조사에 또 하나의 AB 조사를 추가한 방법([그림 7.4 참조])이다. 즉, 외생변수를 보다 효과적으로 통제하기 위해 제2기초선(A)과 제2개입 단계(B)를 추가하는 것으로 "철회·반전조사(Withdrawal/Reverse Study)"라고도 부르며, 다음과 같은 특징을 가지고 있다.

- 기초선(A) 측정 후 일정기간 동안 개입(B)을 하고 일정기간 동안 중단(A)한 후 다시 개입(B)을 하는 것이다.

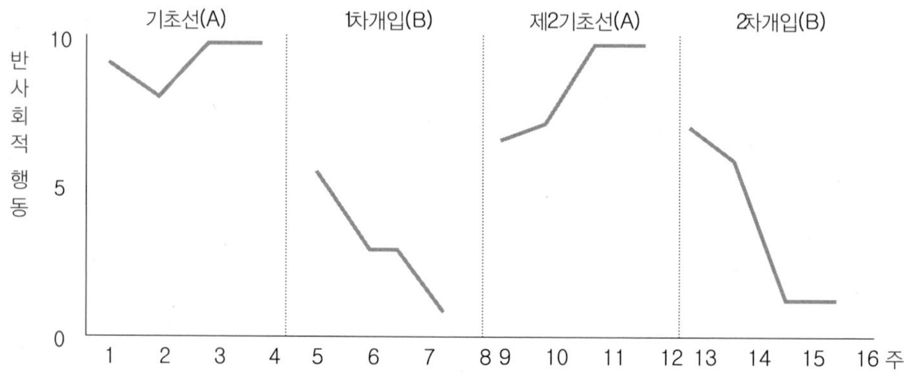

[그림 7.4] ABAB 조사의 사례

- 제2기초선 단계에서 표적 행동이 개입 이전의 제1기초선 단계의 표적 행동 상태와 유사하다면 개입이 표적 행동에 효과가 있다고 추정할 수 있다.
- 두 번째 개입 이후, 표적 행동상태가 제2기초선 단계와 비교해 현격한 변화를 보인다면 개입의 효과를 더욱 신뢰할 수 있으며, ABA 조사의 외생변수의 요인을 통제할 수 있다.
- 개입의 효과를 가장 높이 확신할 수 있기 때문에 실천현장에서 유용한 설계이다.
- 제1단계에서 효과가 있음에도 불구하고 연구목적을 위하여 개입을 중단하고 일정기간 관찰한 후 다시 개입을 재개하는 것은 윤리적인 문제를 일으키며, 만일 제2기초선 단계와 제2개입 단계의 표적 행동의 상태가 매우 유사한 경우 원인을 찾는데 어려움이 있다.

4) BAB 조사

BAB 조사(개입 단계→기초선 단계→개입 단계)는 처음에 기초선 기간을 설정하지 않고 바로 개입단계(B)로 들어가고, 다시 개입을 중단하는 기초선 단계(A)를 가지고 다시 개입을 재개하는 단계(B)를 갖는 방법([그림 7.5] 참조)으로 다음과 같은 장단점을 가지고 있다.

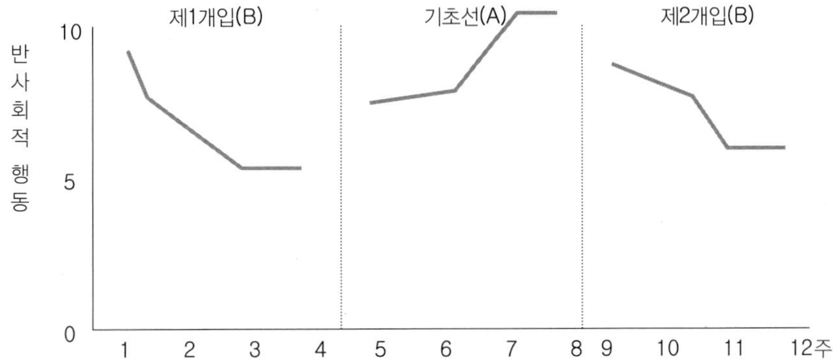

[그림 7.5] BAB 조사의 사례

- 장점 : 반복된 개입을 통해 개입의 효과를 가져올 수 있고, 바로 개입단계에 들어감으로써 조속한 개입에 유용하다.
- 단점 : 외생요인을 통제하기 어려운 것과 개입의 효과가 지속적인 경우 기초선 단계와 제2개입에서 표적 행동의 상태가 유사하므로 개입효과를 평가하기 어렵다.

5) ABCD 조사

ABCD 조사(기초선 단계→서로 다른 개입방법 사용 단계)는 하나의 기초선 자료에 대해서 여러 개의 각기 다른 방법(BCD)을 개입하는 방법으로 "다중요소설계(Multiple-Component Design)"라고도 하며, 다음과 같은 특징을 가지고 있다.

- 클라이언트에게 도움이 되지 않는 개입을 수정하거나 실제로 표적문제에 변화를 가져오는지 설명하고자 할 때 유용하다.
- ABCD 설계는 융통성이 있어서 연속적인 단계에서 옳다고 입증된 대로 개입계획을 변경할 수 있다.
- 단점은 이월효과(Carry-Over Effect), 순서효과(Order Effect), 우연한 사건(History)과 관련된 제한점들이 있다.

• ABCD 설계의 사례([그림 7.6] 참조)

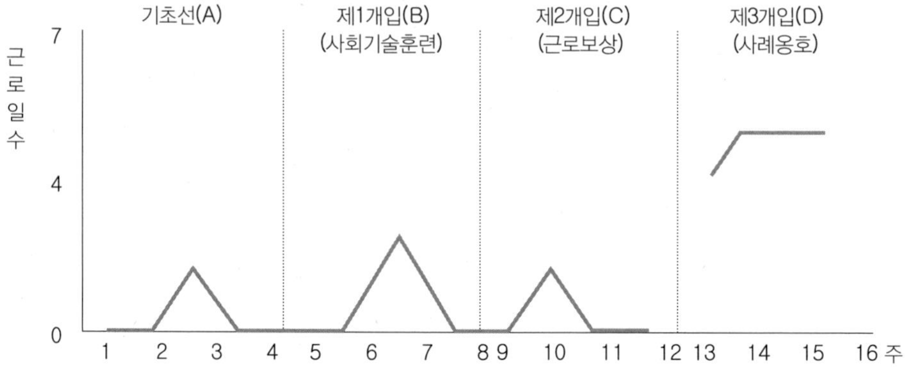

[그림 7.6] ABCD 조사의 사례 : 장애인근로자 고용안정

• 장애인근로자의 고용안정을 위한 프로그램의 효과 측정:ABCD 조사의 과정
  - [A:기초선]:개입이 없는 상태에서 장애인근로자의 근로일수(표적 행동)를 관찰한다.
  - [B:제1개입]:그런 후 표적 행동의 변화를 위해서 사회기술훈련을 도입했으나 표적 행동에 변화가 없었다.
  - [C:제2개입]:그래서 새로운 프로그램인 근로보상을 도입했으나 표적 행동에 변화가 없다.
  - [D:제3개입]:다시 새로운 프로그램인 사례옹호를 도입하였더니 표적 행동이 크게 변했다.

• 장애인 근로자의 고용안정을 위한 프로그램의 효과 측정:ABCD 조사의 제한점
  - 이월효과(Carry-Over Effect):사례옹호(D:제3개입)만 효과가 있는 것으로 나타났으므로 이전에 도입한 사회기술훈련(B:제1개입), 근로보상(C:제2개입)은 필요하지 않다고 선부른 결론을 내리는 것은 위험하다. 사회기술훈련(B:제1개입)의 효과가 사례옹호(D:제3개입) 단계로 이월되어 나타난 것일 수 있다. 사회기술훈련(B:제1개입)에 의해 장애인근로자가 원만

한 직장생활을 할 수 있다고 고용주를 설득할 정도로 향상되지 않았더라면 고용주를 설득하는 사례옹호도 효과가 없었을지도 모르기 때문이다.

- 순서효과(Order Effect): 만일 D단계의 사례옹호를 B나 C단계와 순서를 바꾸었다면 사례옹호는 개입효과가 없는 것으로 나타날지도 모른다. 순서가 ABCD로 되었기 때문에 D단계가 효과를 보였을지 모른다.
- 우연한 사건(History): D단계의 사례옹호가 효과를 나타낸 것은 사례옹호를 하기 직전 또는 과정에서 장애인고용과 관련된 외부환경의 변화와 같은 외생요인이 개입되어 사례옹호가 효과를 나타냈을 가능성도 있다.

6) 복수기초선 조사

복수기초선 조사(Multiple-Baseline Study)는 하나의 동일한 개입방법(AB 조사)을 여러 문제, 여러 상황, 여러 사람들에게 적용하여 같은 효과를 얻음으로써 표적행동에 대한 개입효과를 추정하는데 신빙성을 높이려는 것이다.

둘 이상의 기초선을 사용하는데 복수기초선 조사에서는 개입을 중단하는 대신에 동시에 개입을 시작한다. 둘 이상의 개입단계를 사용하지만 개입은 각 기초선의 서로 다른 관찰점에서도 도입된다.

복수기초선 조사는 적용대상에 따라 문제간 복수기초선 조사, 상황간 복수기초선 조사, 대상자간 복수기초선 조사로 구분할 수 있다.

- 문제간 복수기초선 조사: 하나의 특수한 개입방법이 같은 상황에서 같은 대상자의 다른 문제해결에 효과가 있는지를 평가하기 위한 것이다.
- 상황간 복수기초선 조사: 하나의 특수한 개입방법이 같은 대상자의 같은 문제를 두 가지 이상의 다른 상황에서 치료하는 데도 효과가 있는지를 평가하기 위한 것이다.
- 대상자간 복수기초선 조사: 특정 개입방법이 같은 상황에서 같은 문제를 가진 두 명 이상의 다른 대상자에게 적용될 때 개입방법의 효과를 평가하는 방법이다.

3 단일사례조사의 분석

1) 개입의 평가

(1) 개입평가기준

개입평가기준은 개입을 평가함에 있어서 기본적으로 고려해야 할 일종의 준거틀이다. 개입결과를 평가하기 위한 준거틀로는 변화의 파동, 변화의 경향, 변화의 수준을 기본적으로 고려해야 한다.

- 변화의 파동(Variability): 관찰된 표적 행동의 특성이 시간의 경과에 따라 파동을 일으키며 변화되는 정도를 말한다. 파동이 심한 경우 관찰의 횟수가 많아야 변화의 일정한 유형을 판단할 수 있고, 파동이 적은 경우 관찰의 횟수를 어떤 안정적인 유형이 나타날 때까지 증가시키는 것이 바람직하다.
- 변화의 경향(Trend): 기초선 변화의 경향을 개입기간 변화의 경향과 연결시켜 검토하는 준거틀이다. 기초선 기간과 개입기간 동안 경향의 방향이 일치되면 개입영향을 판단하기 어렵고, 상반되면 개입영향의 판단이 쉽다.
- 변화의 수준(Level): 관찰된 행동 특성의 점수의 위치를 말하는 것으로 기초선 점수 수준과 개입기간 점수수준 사이에 차이가 클수록 개입의 효과에 대한 확신이 높아진다.

(2) 개입의 유의성 분석

단일사례조사에서 개입결과를 분석하면서 제기되는 개입의 유의성 문제에는 시각적 유의성, 통계적 유의성, 실질적 유의성이 있다.

- 시각적 유의성(Visual Significance): 개입이 도입되거나 중단된 후에만 표적 행동의 수준과 경향의 변화가 그래프에서 시각적으로 나타나 있는가를 분석한다. 기초선의 수준과 개입선의 변화들을 시각적으로 분석한다.
- 통계적 유의성(Statistical Significance): 개입단계 동안 관찰된 자료가 기초선

을 연장하고 개입을 도입하지 않아도 일어날 것이라고 예상되는 파동과 어떻게 다른가를 통계적으로 분석한다. 평균비교(기초선 단계와 개입단계의 평균비교)나 경향선(기초선 단계에서 자연스럽게 진행될 것으로 예상되는 선)접근 등을 분석한다.

- 실질적 유의성: 개입으로 인한 표적 행동의 변화 양이 실질적이거나 임상적 관점에서 판단하여 실천적 의미를 분석한다.

2) 자료기록방법

(1) 자료기록의 준비

- 행동관찰규정 준비: 피험자의 행동은 표준화된 양식, 즉 행동관찰규정에 의해 관찰되고 기록되어야 한다. 행동관찰규정이란 표적 행동에 관한 구체적인 판단기준과 자료기록에 관한 규정으로 표적 행동에 대한 조작적 정의, 기록원칙, 기록의 예 등이 포함되는데 조사가 시작되기 전에 준비되어야 한다.
- 관찰기록자의 선정: 실천현장에서 활동하는 사람들이나 연구자가 관찰하고 기록하는 것이 바람직하다. 표적 행동의 직접적인 관찰에 의해서 기록되어야 한다.

(2) 자료관찰 및 기록방법

- 시간간격 기록: 일정한 관찰기간을 같은 간격의 짧은 시간으로 나누어 표적 행동을 직접 관찰-기록하는 방법인데 시간이 짧을수록 더 정확히 관찰된다.
- 빈도 기록: 정해진 관찰기간 동안에 일어난 표적 행동의 빈도를 기록하는 방법이다.
- 지속기간 기록: 정해진 관찰기간 동안에 일어난 모든 단위행동의 지속시간을 직접 관찰하여 기록하는 방법이다.
- 정도 기록: 정해진 관찰기간 내에 발생한 표적 행동의 양, 수준, 정도를 관찰

하여 미리 설정한 정도측정 척도에 의해 판단하여 정도를 나타내는 수치를 기록하는 것이다.

- **간헐점검 기록**:간헐적으로 특정의 관찰시간을 정하여 관찰하는 순간에 표적 행동을 하고 있는지 아닌지 기록하는 것이다.
- **영구적 생산물 기록**:반드시 직접관찰을 요하지 않으며 표적 행동에 의해 만들어진 것을 관찰하여 표적 행동이 일어났음을 확인함으로써 이루어진다.

Q 연습문제

서술형

01. 단일사례조사란 무엇이며, 어떠한 특징을 가지고 있는지 설명하시오.

02. 단일사례조사와 집단조사를 비교하여 설명하시오.

03. 단일사례조사를 수행하는 과정을 단계별로 간략하게 설명하시오.

04. 단일사례조사의 기초선 단계와 개입 단계에 대해 간략하게 설명하시오.

05. AB조사란 무엇이며, 어떠한 특징을 가지고 있는지를 설명하시오.

06. ABA조사란 무엇이며, 어떠한 특징을 가지고 있는지를 설명하시오.

07. ABAB조사란 무엇이며, 어떠한 특징을 가지고 있는지를 설명하시오.

08. BAB조사란 무엇이며, 어떠한 특징을 가지고 있는지를 설명하시오.

09. ABCD조사란 무엇이며, 어떠한 특징을 가지고 있는지를 설명하시오.

10. 복수기초선 조사란 무엇이며, 적용대상에 따라 문제간 복수기초선 조사, 상황간 복수기초선 조사, 대상자간 복수기초선 조사로 구분되는데, 이들을 간략하게 설명하시오.

11. 단일사례조사의 개입의 3가지 평가기준과 개입의 3가지 유의성 분석에 대해 간략하게 설명하시오.

12. 단일사례조사의 자료관찰 및 기록방법에 대해 간략하게 설명하시오.

Q 연습문제

괄호형

01. (　　)은/는 개인 및 가족, 소집단 등 하나의 사례를 대상으로 문제를 해결하기 위하 기 위한 개입의 효과를 과학적으로 입증하는 것이다.

02. (　　)(이)란 연구자가 개입하기 전에 클라이언트 표적행동의 정도를 파악하고 어떤 경향을 보이는지 상태를 관찰하는 기간을 말한다.

03. (①)단계란 표적행동에 대한 (①)이 이루어지는 기간이다.

04. 개입의 평가 기준에서 변화의 (　　)은/는 관찰된 행동 특성의 점수의 위치를 말한다.

05. 단일사례연구의 자료기록방법 중에서 정해진 관찰기간 동안에 일어난 모든 단위행동의 지속시간을 직접 관찰하여 기록하는 방법을 (　　)이라고 한다.

해답

1. 단일사례설계　2. 기초선단계　3. ① 개입　4. 파동　5. 지속시간 기록

Q 연습문제

진위형

01. 단일사례연구의 1차적인 목적은 가설의 검증에 있다.

02. 표적문제의 조작적 정의가 바람직하다면, 기초선의 증가는 약화를, 감소는 개선을 나타낸다.

03. 기초선기간과 개입기간 동안 경향의 방향이 일치되면 개입영향을 판단하기 쉽고, 상반되면 개입 영향의 판단이 어렵다.

04. 단일사례연구에서 피형자의 행동은 표준화된 양식에 의해 관찰되고 기록되어야 한다.

해답

1. X 2. X 3. X 4. ○

Q 연습문제

선택형

01. 단일사례 연구의 특징으로 옳지 않은 것을 모두 고른 것은?

ㄱ. 가설 검증과 이론 개발을 위해 주로 사용한다.
ㄴ. 개입의 효과를 판단하기 위한 설계이다.
ㄷ. 조사결과를 일반화하기 좋다.
ㄹ. 통제집단을 사용할 수 없는 경우에 사용한다.

① ㄱ, ㄴ
② ㄱ, ㄷ
③ ㄴ, ㄷ
④ ㄱ, ㄷ, ㄹ
⑤ ㄱ, ㄴ, ㄷ, ㄹ

해설 ㄱ : 단일사례연구 설계는 가설검증이나 이론 개발 자체보다는 실천 개입의 효과성을 평가하기 위해 사용하는 설계이다.
ㄷ : 표본 크기가 하나이기 때문에 외적 타당도, 즉 일반화 가능성에 문제가 발생할 수 있다.

02. 단일사례 연구에 관한 설명으로 옳지 않은 것은?

① 가설검증보다 어떤 표적행동에 대한 개입의 효과성을 분석하는 것이 목적이다.
② 하나의 대상 또는 사례를 반복적으로 관찰한다.
③ 조사대상은 개인, 가족, 소집단 모두가 될 수 있다.
④ 모집단으로부터 무작위표본추출이 필요하다.
⑤ 표본의 크기, 분석단위, 표집요소 등은 대개 1인 경우가 많다.

해설 단일사례연구는 한 개인이나 한 가족, 한 집단을 대상으로 하므로 본질적으로는 사람에 대한 개입을 평가하는 연구이며, 개입 과정에서 클라이언트와 함께 피드백을 주고받는다는 특징이 있으므로 비반응적 연구라고 볼 수 없다. 물론 표적 행동의 변화를 측정하기 위해 영구적 생산물 기록과 같이 비관여적이고 간접적인 관찰을 실시할 수는 있다.

03. 단일사례설계에 관한 설명으로 옳은 것을 모두 고른 것은?

> ㄱ. 표적 행동은 반드시 직접 관찰을 통해 측정되어야 한다.
> ㄴ. 단일사례설계는 사례가 하나이므로 통계분석을 적용할 수 있다.
> ㄷ. 실험실 설계에 속하는 유형이다.
> ㄹ. 개입 도중 자료를 검토하여 개입 방법을 수정하는 것이 가능하다.

① ㄱ, ㄴ, ㄷ ② ㄱ, ㄷ, ㄹ ③ ㄴ, ㄹ
④ ㄹ ⑤ ㄱ, ㄴ, ㄷ, ㄹ

해설 단일사례설계에서는 개입 도중 개입 방법을 수정하는 것이 가능하다.

04. 단일사례설계의 평가 방법에 관한 설명으로 옳은 것은?

① 변화의 파동이 심할수록 관찰 횟수를 줄여야 한다.
② 변화의 파동이 적고 관찰 횟수가 많을수록 개입의 효과를 확실히 알 수 있다.
③ 개입 국면에서 변화의 경향이 기초선에서의 변화 경향과 일치할수록 개입의 효과를 확신할 수 있다.
④ 변화의 시점, 변화의 파동, 변화의 순서를 중심으로 그래프를 파악한다.
⑤ 기초선에서의 점수 수준과 개입 기간에서의 점수 수준 간 차이가 적을수록 개입의 효과를 확신할 수 있다.

해설 변화의 파동이 적고 관찰 횟수가 많을수록 변화의 유형을 판단하기 수월하므로 개입의 효과를 보다 확실히 알 수 있다.

05. 단일사례설계에 관한 설명으로 옳지 않은 것은?

① 의도적 개입이 표적 행동에 효과를 나타냈는지를 평가하기 위한 설계이다.
② 개입 도중 효과가 없다고 판단되더라도 개입 효과를 엄밀히 평가하기 위해 개입 방법을 변경해서는 안 된다.
③ 먼저 클라이언트의 문제 행동을 표적 행동으로 명확히 규정해야 한다.
④ '친구들을 때리는 횟수를 현재 수준에서 1/3 정도로 줄이는 것'이라는 개입 목표는 단일사례설계를 적용하기에 적합한 개입 목표이다.
⑤ 표적 행동의 자료와 관련된 자료를 수집하는 원천은 클라이언트 자신뿐 아니라 클라이언트 주변 제3자도 될 수 있다.

해설 단일사례설계에서는 개입 도중 자료를 검토하여 필요하다면 클라이언트와 합의하여 개입 방향을 수정하여 개입할 수도 있고, 개입을 계속하거나 사후 계획을 세울 수도 있다.

06. 단일사례설계의 기초선 국면에 관한 설명으로 옳은 것은?

① 개입이 없는 상태에서 문제 정도를 파악하기 위해 설정한다.
② 다섯 번 이상의 관찰이 필요하다.
③ 개입 전 표적 행동의 변화가 안정적이면 변화의 파동이 클 때까지 관찰 횟수를 증가시켜야 한다.
④ 기호로는 B로 표시한다.
⑤ 기초선 기간의 관찰 횟수는 개입 국면보다 많아야 한다.

해설 기초선 국면은 개입이 없는 상태에서 문제 정도를 파악하기 위해 설정하며, 통제집단과 유사한 역할을 수행한다.

07. 단일사례설계에 관한 설명으로 옳지 않은 것은?

① 하나의 사례를 분석하여 독립변수와 종속변수의 인과관계를 추론한다.
② 단일사례설계를 적용하는 것은 사회복지실천과 연구조사를 접목하는 효과를 갖는다.
③ 내적 타당도와 외적 타당도 모두 우수하다.
④ 자료수집 방법을 고려할 때는 반응성 문제의 해결을 우선적 기준으로 삼아야 한다.
⑤ 표적 행동은 기초선과 개입 국면에서 보통 최소 3회 이상 관찰한다.

해설 단일사례설계에서 내적 타당도는 어느 정도 보장되지만, 하나의 사례에 적용하는 설계이기 때문에 일반화 가능성, 즉 외적 타당도는 떨어진다는 것이 단점이다.

08. 단일사례설계의 한계로 옳지 않은 것은?

① 하나의 사례만을 관찰하기 때문에 연구자의 편견이 개입될 여지도 많고 결론에 오류가 있을 가능성이 있다.
② 내적 타당도를 높이기 위해 반전 설계를 하는 경우 윤리적으로 바람직하지 못할 때가 있다.
③ 기초선 경향을 충분히 파악하기 위해 개입을 지연시키는 경우 윤리적 문제가 발생한다.
④ 인과관계 검증을 강조하다 보니 사회복지실천에 적용하는데 무리가 있다.
⑤ 반복 측정이 조사대상자의 반응성 문제를 야기할 수 있다.

해설 단일사례설계는 사회복지실천가와 클라이언트가 문제를 점검하여 피드백을 주고받을 수 있고, 개입과 관찰된 변화 사이의 관계를 점검하기에 유용하다. 이러한 장점으로 인해 사회복지실천의 효과성을 평가하는데 가장 많이 사용되는 설계이다.

09. 단일사례설계에 관한 진술로 옳은 것을 모두 고른 것은?

ㄱ. 자료 기록은 대개 외부 관찰자가 수행하지만 대상자가 스스로 작성할 수도 있다.
ㄴ. 임상사회복지의 이론과 실천을 잇는 유용한 설계이다.
ㄷ. 시계열적인 반복 관찰이 특징이다.
ㄹ. 단일사례설계를 통해서는 인과적 추론을 할 수 없다.

① ㄱ, ㄴ, ㄷ ② ㄱ, ㄷ, ㄹ ③ ㄴ, ㄷ
④ ㄱ, ㄹ ⑤ ㄱ, ㄴ, ㄷ, ㄹ

해설 ㄹ: 단일사례설계는 유사실험설계의 한 유형으로 개입(독립변수)과 표적 행동(종속변수) 사이의 인과관계를 비교적 잘 추론할 수 있다.

10. 다음 사례에서 사용된 단일사례설계의 유형에 관한 설명으로 옳은 것은?

정신장애인 취업 증진을 위해 기초선을 측정한 후 일정 기간 동안 사회기술훈련을 실시하였다. 그러나 클라이언트의 취업이 그다지 증진되지 않아 이를 그만두고 보상 방법을 적용했다. 또한 효과가 없어 잠정적 장애고용업체의 고용주를 찾아가 정신장애인 고용을 호소하고 설득하는 옹호 방법을 사용하였다.

① 기초선 기간을 그래프마다 달리 설정한다.
② 우연한 외부적 사건의 개입 가능성을 통제할 수 있다.
③ 실천현장의 응급 상황에 적합하다.
④ 여러 개입 방법들 사이의 상호작용효과를 통제할 수 있다.
⑤ 다중요소 설계에 해당한다.

해설 개입 방법이 효과를 내지 못할 때 새로운 개입 방법을 적용하는 설계는 ABCD설계 또는 복수요소설계(다중요소 설계)이다.

11. 단일사례설계의 과정에 해당하지 않는 절차는?

① 표적 문제를 확인하고 구체적으로 정의한다.
② 구체적인 개입 계획을 수립한다.
③ 무작위 할당을 통해 조사대상을 나눈다.
④ 구체적인 설계 유형을 결정한다.
⑤ 변화의 파동, 수준, 경향 등을 보며 개입을 평가한다.

해설 단일사례설계는 단일 대상에 대해 이루어지는 단순 시계열 설계로 무작위로 할당하는 집단 배정은 불필요하다.

12. 단일사례설계에 관한 설명으로 옳은 것은?

① 표적 행동은 독립변수, 개입은 종속변수이다.
② 기초선에 뚜렷한 경향이 나타나기 전에 개입을 도입해야 한다.
③ 기록 시점 간 표적 행동의 변화가 심할수록 더 많은 기록점이 필요하다.
④ ABA 설계는 AB 설계보다 내적 타당도가 낮다.
⑤ 단일사례설계는 항상 기초선(A)부터 시작한다.

해설 기록 시점 간 표적 행동의 변화가 심할수록 더 많은 기록점이 필요하다.

13. 약 복용을 자주 잊어버리는 클라이언트에 대한 개입을 평가하기 위해 AB 설계를 적용하였더니 다음과 같은 양상을 보였다. 이 설계에서 표적 행동의 기록 방법은?

제1일 아침 약	제1일 점심 약	제1일 저녁 약	제2일 아침 약	제2일 점심 약	제2일 저녁 약	…
		✓	✓		✓	

① 등간기록　② 간헐적 점검기록　③ 빈도기록
④ 정도기록　⑤ 영구적 생산물기록

해설 등간기록은 시간간격기록이라고도 하며, 일정한 관찰 기간을 같은 시간 간격으로 나누고 각 시간간격 내에서 표적 행동이 일어났는지 그렇지 않은지의 여부에 대한 기록이다. 이 사례는 해당 시간간격 내에서 약물 복용 행위가 발생했는지 그렇지 않은지에 대한 기록이므로 등간기록에 해당한다.

14. 다음에서 설명하는 단일사례설계 유형에서 개입의 효과를 판단하는데 문제가 되는 것으로 옳은 것을 모두 고른 것은?

기초선 측정 후 일정 기간 동안 개입하고 일정 기간 동안은 개입을 중단한 후 다시 개입한다.
반전 설계 혹은 철회 설계라고도 한다.

ㄱ. 순서 효과(Order Effect)　ㄴ. 개입의 지속성 문제
ㄷ. 외부 사건　ㄹ. 윤리적인 문제

① ㄱ, ㄴ, ㄷ　② ㄱ, ㄷ　③ ㄴ, ㄹ
④ ㄹ　⑤ ㄱ, ㄴ, ㄷ, ㄹ

해설 기초선(A) → 개입(B) → 개입 중단(A) → 재개입(B) 절차를 따르는 설계는 ABAB 설계이다. ABAB 설계에서 효과성을 검증하는데 가장 큰 문제가 되는 것은 개입의 지속성 문제[개입을 중단하는 반전 단계(두번째 A)에서도 개입의 효과가 지속되는 것]와 윤리적인 문제(효과성 평가를 위해 호환되고 있는 클라이언트에 대한 개입을 잠정 중단하는 것이다.

15. 자해 가능성이 있어 신속한 개입을 요하는 클라이언트가 의뢰되었다. 개입의 효과를 평가하기 위해 단일사례설계를 사용한다면 어떤 설계가 가장 적절한가?

① AB 설계
② ABA 설계
③ ABAB 설계
④ BAB 설계
⑤ ABC 설계

해설 의뢰 즉시 신속하게 개입해야 하므로 기초선 없이 시작되는 BA 설계나 BAB 설계가 적합하다.

16. 관찰값들이 증가하거나 감소하는 특정 경향이 나타나지 않는 기초선 A에서 관찰값들의 평균이 6, 표준편차가 2였다. 다음 각 수가 개입단계 B의 관찰값 평균이라고 할 때, 이들 중 개입단계 B의 관찰값 평균이 기초선에서의 관찰값 평균과 통계적으로 유의미한 차이가 있다고 판단할 수 있는 경우는?

① 1 ② 3 ③ 5 ④ 7 ⑤ 9

해설 표준편차 2단위 방법(평균비교 방법)에 의하면, 개입단계의 관찰값들이 통계적으로 기초선의 관찰값보다 유의미하게 높거나 낮으려면 B의 평균이 (기초선 A에서의 관찰값 평균) ± 2 × (기초선 A의 관찰값 표준편차)를 벗어나 위치해야 한다. 이 공식에 기초선 관찰값들의 평균과 표준편차을 대입하면, 개입단계의 관찰값들이 6 ± 2 × 2, 즉 6 ± 4 범위를 벗어나 위치해야 기초선 관찰값들과 통계적으로 유의미한 차이를 보인다고 할 수 있다. 다시 말해, 개입 단계 관찰값들의 평균이 2에서 10 사이를 벗어나 있어야 한다는 것이다.

17. 단일사례설계 각 유형의 특징으로 옳지 않은 것은?

① AB 설계 – 설계가 간단하여 쉽게 적용할 수 있다.
② ABA 설계 – 개입의 효과를 평가하기 위하여 개입을 중단하는 것에 윤리적인 문제가 따른다.
③ ABCD 설계 – 우연한 사건의 개입 가능성을 통제하기가 어렵다.
④ ABAB 설계 – 제2기초선 단계와 제2개입 단계의 표적 행동이 매우 유사한 경우 그 원인을 찾는데 어려움이 있다.
⑤ BAB 설계 – 신속한 개입을 요하는 실천상황에 적용하기가 어렵다.

해설 BAB 설계는 기초선 없이 바로 개입단계에 들어가기 때문에 신속한 개입을 요하는 위기개입 사례에 적용하기 유용하다.

18. 단일사례 연구에 대한 설명으로 옳지 않은 것은?

① 개인과 집단뿐만 아니라 조직이나 지역사회도 연구대상이 될 수 있다.
② 외적 타당도가 높다.
③ 개입의 효과에 대한 즉각적인 피드백이 가능하다.
④ 조사연구 과정과 실천 과정이 통합될 수 있다.
⑤ 반복 측정으로 통제집단 효과를 볼 수 있다.

해설 단일사례 연구의 대상은 그것이 개인이든, 가족이든, 집단이나 조직이든 관계없이 '한 사례'이다. 한 사례에서 얻은 결과를 다른 사례에 일반화시키는 데는 한계가 있으므로 단일사례 연구가 가장 큰 약점은 외적 타당도가 떨어진다는 것이다.

19. 단일사례설계 중 다중기초선 설계에 관한 설명으로 옳지 않은 것은?

① 내적 타당도 저해요인을 통제하기 위한 주요 수단으로 개입의 철회를 사용한다.
② 일부 연구대상자에게 개입의 제공이 지연되는 문제를 갖는다.
③ 연구대상자의 수가 증가할수록 내적 타당도는 증가한다.
④ 동일한 개입을 특정 연구대상자의 여러 표적행동에 적용하여 개입의 효과를 평가할 수 있다.
⑤ 수집된 자료의 분석을 위해 통계적 방법이 사용되기도 한다.

해설 내적 타당도 저해요인을 통제하기 위한 주요 수단으로 개입의 철회를 사용하는 단일사례설계 유형은 ABA 설계 혹은 ABAB 설계이다.

20. 단일사례설계의 개입효과에 관한 설명으로 옳지 않은 것은?

① 개입 후 변화의 파동이 심하면 효과 판단이 어렵다.
② 기초선이 불안정할 경우 기초선 경향선을 이용하여 통계적으로 개입효과를 판단한다.
③ 기초선에서 개입기간까지 경향선을 통해 시각적으로 개입효과를 판단한다.
④ 기초선과 개입기간 두 평균값의 통계적 검증을 통해 개입효과를 판단한다.
⑤ 개입 후 상당한 기간이 지나 최초의 변화가 발생할 경우 개입효과가 있다고 판단한다.

해설 최초의 변화가 개입 후 상당한 기간이 지나 발생할 경우 그것이 개입으로 인한 변화인지 다른 요인으로 인한 변화인지 판단하기가 애매모호해져 개입효과의 판단이 어려워진다.

해답

1. ②	2. ⑤	3. ④	4. ②	5. ②	6. ①	7. ③	8. ④	9. ①	10. ⑤
11. ③	12. ③	13. ①	14. ③	15. ④	16. ①	17. ⑤	18. ②	19. ①	20. ⑤

08 설문조사

학습목표

1. 설문조사(자료수집방법, 설문지 작성법, 서베이 조사)에 대해 이해한다.
2. 설문조사의 유형(관찰조사, 우편조사, 면접조사, 온라인조사, 인터넷조사)에 대해 이해한다.
3. 내용분석법(개념, 범주 및 분석단위, 절차)에 대해 이해한다.

1 설문조사의 개념

1) 자료수집방법

(1) 자료수집방법의 개념

자료수집(Data Collection)이란 설계된 조사를 실행에 옮기기 전에 조사설계과정에서 결정된 조사방법론에 따라 자료를 수집하는 과정이다. 자료는 수집방법에 따라 [그림 8.1]과 같이 1차 자료(Original Data)와 2차 자료(Secondary Data)로 구분된다. 1차 자료는 조사자가 조사목적을 위해 직접 수집하거나 작성한 것이고, 2차 자료는 기존의 사례기록물, 상담일지, 실태조사서, 정부자료, 기관의 간행물, 발표논문 및 기타 조사목적을 달성하는데 도움이 되는 자료들을 의미한다.

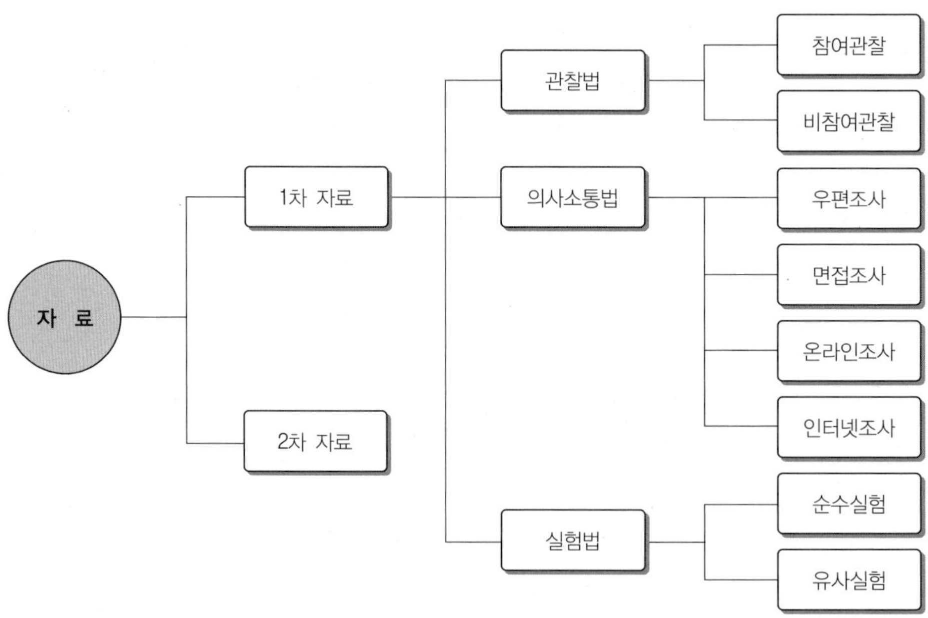

[그림 8.1] 자료 분류 및 수집방법

1차 자료의 수집방법은 자료가 수집되는 방법에 따라 크게 관찰법, 의사소통법, 실험법으로 구분된다. 의사소통법은 자료를 설문지나 대화를 통해 얻는 방법을 말한다.

의사소통법은 체계화의 정도, 공개 정도, 의사소통수단에 따라 구분된다. 체계화의 정도란 자료수집과정이 표준화된 정도를 말한다. 즉, 질문할 내용과 응답의 형식이나 내용이 미리 결정되어 있는 경우에는 체계적이라 할 수 있다. 공개 정도란 응답자가 설문지에 응답을 할 때 조사자의 조사목적을 얼마나 알 수 있는가의 정도로서 위장 정도(Degree of Disguise)라고도 한다. 공개적 설문은 응답자가 조사자의 조사목적을 명확히 알 수 있는 설문이며, 비공개적 설문은 조사자의 조사목적이 응답자에게 노출되지 않는 설문을 말한다. 의사소통법은 체계화의 정도와 공개정도에 따라 [표 8.1]과 같이 분류할 수 있다.

[표 8.1] 체계화–공개 정도에 의한 분류

구 분	체계적	비체계적
공 개 적	일반적 설문조사	집중집단면접법, 심층면접법
비공개적	객관적 형태조사	통각시험법, 역할행동법, 만화완성법, 문장완성법, 단어연상법

- 집중집단면접법(Focus Group Interview): 조사자가 같은 경험을 한 소수로 구성된 응답자들을 한 자리에 모아 놓고 특정 주제에 대해 토론형식으로 자유롭게 표현하게 하고, 이들의 토론 내용을 분석함으로써 필요한 정보를 얻는 방법이다.
- 심층면접법(Depth Interview): 어떤 주제에 대해 응답자가 느낌이나 생각을 자세히 심도있게 그리고 질문의 형식이나 순서에 구애받지 않고 자유롭게 표현하는 방법으로 내면적인 생각이나 느낌을 발견하는 것이다.
- 통각시험법(Thematic Apperception Test): 어떤 주제나 사건 등에 관해 만화나

그림을 보여주고, 그것에 대해 어떤 감정을 가지고 있는가를 알아내는 방법이다.

- 역할행동법(Role Playing): 응답자에게 어떤 상황을 제시하고 만약 사람들이 그런 상황에 직면했을 때 어떤 느낌을 받을 것인지, 그리고 또 어떤 행동을 취할 것인지를 표현하게 함으로써 응답자 개인의 생각과 느낌을 투사하게 하는 방법이다.
- 만화완성법(Cartoon Completion): 조사자가 어떤 주제와 관련된 만화를 보여주고 그 만화들이 담고 있는 내용을 표현하게 할 수도 있고, 만화퍼즐링처럼 각 부분을 연결하게 할 수도 있으며, 만화만 그려 놓고 빈칸으로 남겨둔 대화란에 응답자로 하여금 무언가를 적어 넣게 하여 그 내용을 분석함으로써 응답자의 심리상태를 읽어내는 방법이다.
- 문장완성법(Sentence Completion): 조사자가 완성되지 않은 문장을 제시하면 응답자는 그 문장을 완성시키게 된다. 이때 조사자는 문장의 빈 부분에 채워진 개념으로 응답자의 태도나 생각을 알아내는 방법이다.
- 단어연상법(Word Association): 어떤 주제와 관련하여 연상되는 단어를 열거하거나, 아니면 열거된 단어를 보고 가장 먼저 떠오르는 단어를 표현하게 함으로써 응답자가 무었을 생각하는지를 알아내는 방법이다. 이때 조사자는 어떤 단어가 주로 언급되는지, 그리고 얼마나 자주 언급되는지를 분석하여 응답자의 생각이나 느낌을 파악해 내는 방법이다.

(2) 자료수집방법의 선택기준

조사자는 조사목적을 가장 잘 달성하고, 필요한 모든 정보를 제공해 줄 수 있으며, 경제적이고, 객관적이고 정확한 자료를 수집할 수 있는 방법을 선택해야 한다. 이러한 측면에서 자료수집방법의 선택기준은 다음과 같다.

- 포괄성이다. 자료수집방법이 조사목적상 요구되는 자료의 다양한 측면의 정보를 얼마나 포괄적으로 제공해 줄 수 있느냐하는 것이다.

- 효율성이다. 자료 한 단위를 수집하는데 소요되는 시간, 비용, 인력 등을 말한다.
- 객관성이다. 조사자가 바뀌거나 시간이나 상황이 달라져도 동일한 자료가 나와야 함을 말한다.
- 정확성이다. 조사 분석절차에서 요구되는 자료의 정확도를 말한다.
- 효과성이다. 목적달성의 정도를 말하는 것으로 선택된 자료수집방법이 본래 의도한 목적을 얼마만큼 잘 달성할 수 있느냐는 중요한 선택기준이 된다. 가끔 효과성과 효율성간에 상충되는 경우가 발생되는데, 이때에 우선적으로 효과성이 먼저 고려되는 것이 일반적이다.
- 편리성이다. 자료수집방법이 다른 기준에서 아무리 월등하다 하더라도 실제 조사현장에서 조사자가 손쉽게 사용할 수 있어야 한다. 특히 조사자의 전문성이나 자료수집능력이 부족한 경우 편리성은 의미 있는 선택기준이 된다.
- 용이성이다. 자료수집방법은 조사대상이 되는 설문작성하거나 피면접자가 쉽게 응답할 수 있도록 구성되어야 한다.

2) 설문지 작성법

설문지(Questionnaire)는 서베이 조사 등에서 자료수집을 위해 사용하는 방법이다. 설문지와 면접조사표는 모두 언어적 표현을 통해 응답자에게 질문을 하기 위한 도구로서 비슷하지만, 양자간에는 차이도 있다. 설문지는 응답자에게 전달되어 그들 자신이 조사자의 도움없이 기입·작성하는 것이다. 이에 비해 응답자에게 직접 주어지지 않고 응답자에게 질문을 읽어주고 그 답을 면접자나 관찰자가 기입·작성하는 것을 조사표(Schedule)라 한다. 면접자가 기입·작성하는 것을 면접조사표(Interview Schedule)라 하고, 관찰자가 기입-작성하는 것을 관찰조사표(Observation Schedule)라 한다.

(1) 설문지를 이용하는 이유

- 조사결과의 비교가능성을 높일 수 있다. 모든 응답자에게 동일한 내용을 동일한 방식으로 질문을 하게 되므로 측정도구의 변화에 따른 측정의 오류를 최소화할 수 있다.
- 빠른 시간 안에 핵심적인 정보만 선별하여 객관적이고 정확한 정보를 얻을 수 있다.
- 불필요한 내용은 설문지에서 삭제할 수 있고, 응답자가 무기명으로 응답을 기록하는 경우 솔직한 응답이 가능하며, 응답의 용이성과 정확성을 높일 수 있다.

(2) 설문지의 구성요소

- 응답자에 대한 협조요청이다 이 부분에서는 조사자나 조사기관의 소개, 조사취지 설명, 개인적 응답항목에 대한 비밀보장을 확신시켜 준다.
- 식별자료이다. 각 설문지를 구분하기 위한 일련번호, 응답자의 이름, 조사자의 이름, 조사일시 등이다.
- 지시사항이다. 우편조사의 경우 응답자가 혼자서 전체 설문지를 완성시킬 수 있도록 상세한 작성법을 기록한다. 지시사항에는 일반적인 지시사항과 문항별 응답요령을 알려주는 구체적 지시사항이 있다.
- 필요한 정보를 획득하기 위한 문항이다. 이 부분은 설문지에서 가장 중요한 부분으로 조사목적에 필요한 대부분의 자료가 수집되는 부분이다.
- 응답자의 분류를 위한 자료이다. 이는 응답자의 특성을 파악하기 위한 자료이다. 학력, 연령, 성별, 주거, 종교, 직업, 소득 등과 같은 인구통계학적 내지 사회경제적 변수들을 질문하게 된다. 질문을 할 때는 응답자의 인격이나 프라이버시가 침해되지 않도록 주의한다.

(3) 설문지 작성과정

❶ 설문지 작성 목적과 적용범위의 확정: 설문지를 작성하여 궁극적으로 얻고자 하는 것이 무엇인가 하는 설문지 작성 목적을 확정하여야 한다. 또한 주어진 연구목적을 어떻게 하면 가장 효과적이고 효율적으로 달성할 수 있겠는가, 설문지를 어디에 또 어떻게 적용할 것인가를 설문지 작성 이전에 충분히 검토하여야 한다.

❷ 질문내용 결정: 연구목적이나 범위에 비추어 조사항목을 선정하는 등 연구주제와 관련된 질문의 내용을 구체적으로 결정해야 한다. 설문지에 포함될 질문내용을 요약하면 다음과 같다.

- 사실을 알아내기 위한 질문: 응답자의 인구통계학적 특징, 사회경제학적 특징 또는 사건이나 현상의 경험에 관한 질문이다.

  사례 연령, 교육, 종교, 소득, 직업, 결혼관계, 성격, 주거, 취미, 사건, 현상, 환경 등 : 수집된 사실은 신뢰성이 있는지를 항상 평가하여야 한다.

- 의견과 태도에 관한 질문: 태도는 어떤 특정 주제에 대한 개인의 총체적인 경향, 신념, 편견, 두려움 등을 의미하고, 의견은 이러한 태도를 말로 나타낸 것이다. 태도는 보통 여러 개의 진술로 구성되는 태도척도에 의해 측정되며, 의견은 하나의 진술에 대한 응답자의 동의 정도를 평가함으로써 측정된다.
- 감정이나 느낌에 대한 질문: 사람의 행동을 이해함에 있어서는 그의 감정에 대한 지식이 최소한 그의 믿음에 대한 지식만큼 효과적이다. 설문지를 통해서 감정을 조사하는 가장 일반적인 방법은 다양한 정서적 반응(공포, 불신, 혐오, 동정, 열망 등)을 직접적으로 나타내는 문항을 포함시키는 것이다.
- 행위의 표준에 대한 질문: 다양한 사회적 상황에서 어떤 행위가 적절한 것인가에 대한 개인의 규정은 여론의 지배적 분위기를 반영하는 것으로서, 그리고 그러한 상황 하에서 일으킬 개인의 행동을 예측하는 기초로서 관심의 대상이 된다.

- 현재 또는 과거의 행위에 대한 질문: 한 개인의 현재나 과거의 행위에 대한 정보는 그 개인의 미래행위를 예측함에 있어 가치가 있는 지식이다. 이 행위에 대해 질문을 할 때에는 일반적인 것보다 구체적인 것이 타당한 대답을 얻는데 효과적이다.
- 믿음, 감정, 행동, 방침에 대한 의식적 이유를 묻는 질문: "왜"라는 이유에 대한 충분한 답을 얻기 위해서는 조사하려는 믿음, 감정, 행동, 방침 등에 영향을 미치는 다양한 요인들을 고려해야 하고, 이들 요인 각각에 대해서 여러 가지 질문을 해야 한다. 이유를 결정함에 관련된 고려사항을 대체로 나누어 보면 행위의 역사, 반응을 유발한 실체의 특성, 특정한 실체에 대한 믿음이나 방침 등을 지원하고 있는 것, 특정한 반응에 포함된 개인적 욕망·동기·가치 또는 관심, 반응이 일어난 구체적 상황 등이다.

❸ 질문 형태와 응답범주형식의 선정: 질문내용이 결정되면 질문의 내용별로 질문의 형태와 방법을 선정한다. 즉, 어떠한 형태 또는 어떠한 문구를 사용하여 질문을 구성하는 것이 가장 적합한 것인가를 결정하는 것이다. 이는 질문을 어떠한 형식으로 제시하고, 요구하는 응답형식을 어떻게 표현하는가에 따라 응답의 질문과 내용이 달라질 수 있기 때문이다.

ⓐ 질문 형태

구분	개방형(Open-Ended) 질문
정의	·응답범주가 상세히 구체화되지 않은 채 질문만 던지는 형태이다.
장점	·어떤 상황에 대한 기본적 쟁점이 무엇인지 탐색하려고 할 때 유용하다. ·응답자의 감정을 개인적으로 진술하는데 압력을 가하지 않는다.
단점	·응답률이 낮다는 것과 외적 타당도의 감소 : 개방형 질문이 많으면 설문지가 길어지고 대답할 용기를 잃게 한다. ·응답자에게 심리적 부담을 준다. 글로써 표현할 능력을 요구하기 때문에 심리적 부담을 준다. ·측정오차의 문제인 내적 타당도의 문제 : 한 가지 질문에 대한 여러 가지 답이 동일한 범주에 속하는지 여부를 판단하는 과정에서 오류발생 가능성을 배제하지 못한다.

구분	폐쇄형(Closed-Ended) 질문
정의	·질문문항과 미리 범주화된 일정한 수의 응답범주를 제시하여 응답자로 하여금 선택하도록 하는 질문이다. ·예, 아니오 또는 찬성의 정도, 응답범주 목록에서 선택 등의 형식이다.
장점	·신뢰성 있는 응답의 확보 가능 ·소득수준과 같이 구체적으로 밝히기 어려워하는 질문에 유용하다.
단점	·컴퓨터 프로그램 패키지에는 적합하지 못하다. ·응답을 범주로 묶음으로써 중요한 자료를 얻지 못하게 된다.

ⓑ 응답범주의 형식

이분형 질문과 이분형 응답방식
·폐쇄형 질문의 한 형태로서 "예-아니오", "찬성한다-반대한다"와 같이 간단한 찬반양론을 묻는 질문에 적당한 방법이다. ·때로는 두 선택지 사이에 "차이가 없다"는 중간응답이 필요한 경우가 있다. ·의견이 없거나 찬반이 아닌 의견을 가질 수 있기 때문에 "모르겠다", "의견없다" 등의 응답지를 제공해야 한다.

선다형 질문과 선다형 응답방식
·3개 이상의 응답범주 가운데 하나를 선택하도록 하는 질문으로 보통 3~5개의 선택항목으로 구성된다. "기타"라는 범주도 포함시켜야 하는데 "기타"란에도 구체적으로 답을 기입하도록 하는 것이 좋다. ·[사례] 절대빈곤을 타파하기 위한 책임은 누구에게 있다고 생각하십니까? 1.정부 2.종교기관 3.기업 4.지역사회 5.기타(　)

척도법
·양적이고 연속성을 가진 내용으로 구성된 선다형 응답방식이다. 가능한 한 동일한 영역에서 연속성을 갖도록 하고 높은 것에서 낮은 것으로, 좋은 것에서 나쁜 것으로 또는 그와 반대로 질서 있게 열거한다. ·[사례] 당신은 귀사의 장애인 편의시설에 어느 정도 만족하고 계십니까?(┌하십시오) +3 크게 만족 / +2 대체로 만족 / +1 만족 / 0 모르겠다 / −1 불안 / −2 대체로 불만 / −3 크게 불만

서열형 질문

· 일련의 응답 카테고리들에 대한 중요성, 선호나 우선순위 등에 따른 순서에 따라 응답하도록 하는 질문이다.
· [사례] 교회의 사명 가운데 가장 중요하다고 생각하는 우선순위를 표시하십시오.
(1=가장 중요, 3=보통 중요, 5=가장 중요하지 않음)
전도( ) 예배( ) 교육( ) 봉사( ) 친교( )

평정형 질문

· 강도를 달리하여 서열화된 응답 카테고리들 중 하나를 선택하게 하는 것이다.
· [사례] 산재보험을 민영화하는 것에 대해 어떻게 생각하십니까?
1. 적극 찬성 2. 중립 3. 절대 반대

행렬식 질문

· 동일한 응답항목을 가진 질문들을 체계적으로 묶어서 하나의 질문세트를 만드는 것으로 평정형 질문의 응용형태이다.
· [사례] 장애인근로자 직장 만족도에 관한 조사에서 귀하가 근무하는 직장은 어떻습니까?

	매우 그렇다	그렇다	중 립	그렇지 않다	전혀 그렇지 않다
1. 일한 만큼 임금을 지급한다.					
2. 상사는 고충을 잘 해결해 준다.					
3. 편의시설이 잘 되어 있다.					

어의차형 질문(Semantic Differential Question)

· 사물이나 개념에 대한 응답자의 반응을 평가한다는 점에서 평정형 질문의 유형이다.
· 서로 반대되는 형용사 어의를 양극단에 두고 이 사이에 5~7개 단계의 어의차 척도로 응답범주를 제시하여 어떤 대상이나 개념에 대한 응답자의 반응을 측정한다.
· [사례] M노인복지회관에 근무하는 사회복지사들이 노인들을 대하는 태도가 어떠하다고 생각하십니까?

	3	2	1	0	-1	-2	-3	
친절한	____	____	____	____	____	____	____	불친절한
신속한	____	____	____	____	____	____	____	느린
명랑한	____	____	____	____	____	____	____	우울한
적극적	____	____	____	____	____	____	____	소극적

여과질문과 부수질문

- 여과질문은 조사대상자의 일부를 거르는 질문으로 일부 응답자에게만 해당되는 질문으로 폐쇄형 질문이다.
- [사례] 장애인 의무고용제도에 대해서 어떻게 생각하십니까?(여과질문)

  1. 찬성　　　　2. 반대

  반대하신다면 그 이유는 무엇이라고 생각하십니까?(부수질문)

  ____

❹ **질문의 어구 구성**: 질문의 형식이 결정되면 실제로 질문을 작성하게 되는데, 질문에 사용하는 말은 무엇보다도 그 개념이 오해를 일으키지 않도록 명백해야 한다. 또한 가능한 한 보편적이고 상용적인 언어를 사용하고, 가치중립적인 용어를 사용하여야 한다. 설문지 속의 질문문하에 있어 가장 중요한 부분은 어구 구성이다.

- 문항은 명확해야 한다. 한 문항에 두 가지 이상의 질문이 포함되어 애매모호함을 가중시키는 쌍열질문은 피해야 한다. 일정 수준 이상의 교육이 필요한 사람만이 이해할 수 있거나 사투리와 같은 특수한 언어의 사용에도 주의한다.
- 가급적 짧게 질문한다. 긴 질문은 무응답의 가능성이 높다. 금방 이해할 수 있도록 짧고 쉬운 문장으로 질문한다.
- 언어구성을 적절한 수준에서 유지한다. 용어의 난이도, 언어의 형식, 속어, 구어의 사용 등 응답자의 능력과 특성을 고려하여 적절하게 구성하고 유지한다.
- 사실적인 질문이어야 한다. 개념과 응답범주가 명확하도록 질문을 구체적이고 경험적인 용어로 사용한다.
- 유도질문을 조심한다. 확률을 인위적으로 높이려는 의도는 없애거나 최소화해야 한다.
- 직접질문과 간접질문을 적절히 사용한다. 사실적 내용을 알기 위한 질문은 직접 질문으로 응답자의 가치, 의식, 과거의 경험 등 밝히기 꺼리는 질

문은 간접질문이 효과적이다.

- 부정적 문항은 피한다. 예를 들면, "정부는 의료보험을 통합해서는 안 된다" → "정부는 의료보험을 통합해야 한다."

❺ 질문의 문항배열

- 응답하기 쉬운 질문을 먼저 한다.
- 민감한 질문이나 개방형 질문은 뒷부분에 배치한다.
- 질문을 논리적으로 배열한다.
- 일정한 유형의 응답경향이 조성되지 않도록 문항을 배치한다.
- 신뢰도를 검사하는 질문은 서로 떨어져 있어야 한다.
- 일반적인 것을 먼저 묻고 특수한 것을 뒤에 묻는다.
- 설문지에는 표지, 응답지침, 사전부호화 등이 포함된다.

설문의 문항배열에서 신뢰도를 검사하기 위해 유사한 질문을 반복하여 물어보는 경우, 이 문항들은 반드시 서로 떨어져 있어야 한다.

❻ 설문지의 외형 결정 : 자발적 협조를 할 수 있도록 질문지의 형태를 결정한다. 연구실시기관의 이름과 연구취지를 첫 장에 밝히고, 질문지의 종이질과 인쇄에도 신경을 써야 한다. 질문지의 크기가 작을수록 응답자에게 질문 작성이 쉬울 것이라는 인상을 준다. 사람들에게 익숙하고 관리에도 용이한 것을 사용한다. 주로 A4용지를 사용한다.

❼ 사전검사(pre-test) : 본 조사를 수행하기 전에 동일한 절차와 방법으로 일정한 수의 사람들을 대상으로 질문지가 잘 구성되었는지 시험하는 것이다. 사전검사는 반드시 한 번 이상 해야 하고 연구할 표집대상을 제외한 다른 사람으로 구성하되 20~50명 정도가 적절하다.

- 예비조사(Pilot Study)와 차이점은 다음과 같다.
  - 예비조사는 탐색적 조사의 성격을 띤 현지조사이다.
  - 예비조사는 질문지 작성의 사전 단계에서 이루어진다.

- 사전검사는 예비조사보다 훨씬 잘 갖추어진 형식이다.
- 모든 절차가 본 조사 때와 똑같은 방법으로 진행된다.

❽ **인쇄 및 편집**:사전검사를 통해 필요시 질문지를 수정하고 모든 것이 순조롭다고 확인되면 비로소 설문지를 인쇄한다. 이때 인쇄된 질문지가 응답자에게 호감을 주고 중요한 것이라는 인식이 들도록 크기, 용지, 활자, 표지, 공간, 번호, 부호 등 여러 가지를 세밀히 검토해야 한다.

3) 서베이 조사

자료수집방법으로서 서베이 조사(Survey Study)는 설문지, 면접, 전화 등을 이용하여 응답자로 하여금 연구주제와 관련된 질문에 답하게 함으로써 체계적이고 계획적으로 실증적인 자료를 수집·분석하는 조사방법이다. 서베이 조사는 궁극적으로 모집단 전체를 연구의 대상으로 하고 있지만, 시간과 비용의 제약으로 인해 일반적으로 모집단에서 추출된 표본을 대상으로 분석한 후 그것을 기초로 전체 모집단에 대하여 추론하게 된다. 자료를 얻는 방법에 따라 서베이 조사는 우편설문조사, 개인면접조사, 전화면접조사로 분류할 수 있다.

(1) 서베이 조사의 장점

- 대규모 모집단으로부터 적은 비용으로 정보를 얻을 수 있다. 규모가 큰 모집단의 특성을 묘사하는데 유용하다.
- 현실상황에서 이루어지기 때문에 현실의 상태를 정확하게 반영하는 자료를 획득할 수 있다.
- 표본오차가 있기는 하지만 비교적 타당도가 높은 정보를 얻을 수 있다.
- 동일한 자료를 이용하여 다양한 주제에 대해 연구할 수 있다.
- 자료의 범위가 넓어 일반화의 수준이 높다.
- 일괄적인 설문지를 사용함으로써 객관적으로 측정할 수 있다.
- 공간에 구애받지 않고 사용할 수 있다.

(2) 서베이 조사의 단점

- 응답자의 심리적인 상태를 알 수 없으므로 피상적인 결과가 나타나기 쉽다.
- 외생변수의 통제가 불가능하기 때문에 타당성이 결여될 수 있다.
- 한 시점에서 끝나는 경우가 많아 시계열적인 정보를 얻기 어렵다.
- 고도의 조사지식과 기술을 요한다.
- 표본오차를 갖게 된다.
- 설문지는 모든 응답자를 대상으로 구성하기 때문에 특수한 집단을 대상으로 하는 질문은 누락될 수 있다
- 분석단위가 개인이기 때문에 광범위한 사회적 맥락을 다루기 어렵다.
- 조사설계를 변경하지 않고 유지하기 때문에 현장연구에 비해 유연하지 못하다.
- 서베이 조사로는 사회적 행동을 측정하지 못한다.
- 태도를 측정한다는 것 자체가 태도에 영향을 미칠 수 있다.

2 설문조사의 유형

1) 관찰조사

(1) 관찰조사의 개념

관찰조사는 자료수집방법으로서 응답자가 행동을 통해 나타내는 태도나 의견 등을 조사하고 분석하는 것이다. 조사대상의 특성, 언어적 또는 비언어적 행동 등을 지켜보는 방법으로 현장조사(Field Research)라고 불린다. 관찰조사는 사물의 현상이나 인간의 행위와 같은 외면적 조사에는 적절할 수 있으나, 인간의 심리상태나 행동의 동기와 같은 내면적 조사에는 부족한 점이 있다. 관찰조사는 다음의 4가지 문제에 유의해야 한다.

- 무엇이 관찰되어야 하는가?
- 관찰결과는 어떻게 기록되어야 하는가?
- 관찰의 정확성을 어떻게 확보해야 하는가?
- 관찰자와 피관찰자와의 관계는 어떤 것이어야 하며, 어떻게 형성할 수 있는가?

❶ 관찰조사의 장점

- 비언어적 행동에 관한 자료 수집이 뛰어나다. 직접 관찰을 통해 응답자의 비언어적 행동을 파악하는데 서베이 조사, 실험, 문서조사보다 훨씬 뛰어나다.
- 관찰은 다른 조사방법에 비해 덜 반응적이다. 자연적 환경에서 일어나는 자연스러운 행동에 관한 자료수집이 용이하기 때문에 다른 조사방법에 비해 덜 반응적이다.
- 종단적 분석이 가능하다. 면접이나 실험은 시간에 의존하지만 관찰은 자연적 상태에서 조사를 수행하기 때문에 장기간에 걸쳐 조사가 가능하다.
- 응답자의 행위가 일어나는 현장에서 즉시에 사실을 포착할 수 있고, 보다 진실된 모습을 포착할 수 있다. 즉, 조사의 현장성 및 즉시성이 뛰어나다.
- 응답자의 태도나 선호정도, 협력하는 정도에 따라 조사에 영향을 받지 않고 행동으로 나타난 것을 관찰하기 때문에 응답과정의 오류를 줄일 수 있다.
- 연구대상의 태도가 모호한 경우에 유용하다. 특정 질문에 대한 응답자가 자신의 태도나 감정을 정확히 모르거나 질문에 대한 정확한 인지가 없을 때 효과적이다.
- 연구대상의 무의식적 행동의 측정에 용이하다. 응답자에게 일상적이거나 의례적이어서 무의식적으로 이루어지는 행동에 대한 측정이 매우 용이하다.
- 연구대상이 비협조적일 경우에 유용하다. 면접을 거부하거나 비협조적일 때에도 관찰을 통해 자료를 수집할 수 있다.

- 개인이나 집단의 정보를 얻는 방법으로 적절하다. 가족이나 집단구성원 간 의사소통의 형태를 연구하는 방법으로 적절하다.
- 응답자가 자신의 느낌을 언어적으로 표현해야 하는 노력이 줄어든다.

❷ 관찰 조사의 단점

- 통제의 부족이다. 자연적 환경에서 조사하기 때문에 외생변수에 대해 거의 통제할 수 없다.
- 계량화의 곤란이다. 관찰 조사는 관찰자의 비계량화된 인식의 형태를 취하기 때문에 어떤 특성을 미리 열거하고 측정할 척도를 미리 준비하기보다는 사건이 발생될 때 단순히 관찰하고 기록한다. 백분율 정도가 가능하다.
- 표본의 크기가 작다. 관찰에서 표본은 실험보다는 크지만 서베이 조사보다는 훨씬 작다. 관찰조사는 주관적이고 둘 이상의 관찰자가 수집한 자료는 쉽게 비교될 수 없으며, 비계량적이므로 신뢰성을 쉽게 검증할 수 없다.
- 현장진입이 어렵다. 대부분의 관찰은 현장조사인데 사실상 응답자로부터 조사를 승낙 받기가 어렵다.
- 익명성의 결여이다. 관찰조사에서는 응답자의 익명성을 유지하기 어렵기 때문에 서베이 조사보다 신뢰성이 떨어진다. 익명성이 결여되어 있으므로 관찰을 꺼리는 범죄행위나 낙태, 부부관계 등 예민한 이슈들은 조사하기 어렵다.
- 시간과 경비가 많이 소요된다. 관찰의 대상이 되는 행위를 포착하기 위해서 현장을 찾아다니거나 많이 기다려야 한다.
- 관찰자 주관이나 편견이 개입될 여지가 있다. 조사과정에서 관찰자의 추리나 주관이 개입되어 얻어진 자료는 신뢰성과 타당도가 낮기 때문에 다른 자료수집방법과 병행하는 것이 좋다.
- 관찰당하고 있음을 느낄 때, 같은 상황에서 평소와 다른 행동을 보일 수 있다.

- 인간행동의 다변성이다. 행동양식은 태도나 신념에 비해 쉽게 변할 수 있으므로 조사결과가 일시적인 것이 될 수 있으므로 일반화에 제약이 따른다.

(2) 관찰조사의 유형

관찰조사는 관심 있는 어떤 상황을 측정하거나 또는 응답자의 특정 행동이나 사건 등을 기록하는 방법이다. 이 방법에서 자료를 얻는 과정이 얼마나 체계적인가, 자신이 관찰되고 있다는 사실을 응답자가 알고 있는가, 측정할 때의 상황이 인위적인가, 언제 발생한 상황을 측정하는가, 어떤 도구를 이용하여 측정하는가에 따라 세부적으로 분류된다.

❶ 조직적 관찰과 비조직적 관찰

- **조직적 관찰**: 일상적인 환경에서 일어나는 자연적 행동을 관찰하는 방법으로 조사 결과의 일반화가 용이하지만 행동이 일어나는 시점까지 기다려야 하는 단점이 있다.
- **비조직적 관찰**: 인공적으로 행동을 유발시켜 관찰하는 방법으로 기계 등을 이용한 관찰이 가능하고 실험효과의 측정이 가능하며 시간이 절약될 수 있다는 장점이 있다.

사례 음료수의 선호도 조사
- 조직적 관찰 : 일반 슈퍼에서 불특정 소비자의 음료수 구매를 관찰
- 비조직적 관찰 : 슈퍼와 비슷한 매장을 만들어 표본으로 뽑은 소비자의 음료수 구매를 관찰

❷ 참여관찰, 준참여관찰과 비참여관찰

- **참여관찰**: 조사자가 자신의 신분을 밝히지 않고 관찰대상인 집단의 일부가 되어 사회적 과정에 완전히 참여하면서 동시에 관찰하는 방법이다. 이 방법은 어떤 특수한 행위의 동기나 미묘한 감정관계 등 외부에 나타나지 않는 사실까지 직접 경험할 수 있고, 관찰대상을 자연적인 상태에서 파악할 수 있는 장점이 있다. 참여 관찰은 질적 방법이기 때문에 탐색적, 기술적 수준의 지식을 생산하는데 유리하다.

- 준참여관찰 : 참여관찰처럼 조사대상의 생활 전부에 참여하는 것이 아니라 생활의 일부에 참여하는 방법이다.

  사례 사회복지학과 학생들이 사회복지현장실습을 사회복지시설에서 받으면서 그 시설에 근무하는 사회복지사의 직무만족도를 관찰하는 경우

- 비참여관찰 : 조사자라는 신분을 밝히고 관찰하는 방법으로 주로 조직적인 관찰이 많이 사용된다.
- 참여관찰자의 유형
  - 완전참여자(Complete Participant) : 조사자가 조사대상으로 설정된 집단, 조직 또는 지역 등에서 관찰자로서의 자신의 신분을 노출시키지 않고, 실제로 특정 역할을 담당하거나 또는 담당하는 것처럼 처신하면서 관찰조사를 실시하는 방법
  - 완전관찰자(Complete Observer) : 조사자가 조사대상으로 삼고 있는 사람들에게 자신의 신분을 노출시키지 않을 뿐만 아니라, 이들과 어떠한 접촉도 갖지 않고 또 어떠한 역할도 맡지 않으면서, 오로지 관찰만 수행하는 유형이다.
  - 참여관찰자(Observer-as-Participant) : 연구대상에 속하는 사람들에게 자신이 관찰자라는 사실을 알려주고, 조사대상집단의 특정한 사회적 역할을 직접 담당하면서, 관찰을 수행하는 경우이다.
  - 관찰참여자(Participant-as-Observer) : 조사자가 조사대상에게 자신의 신분을 알려주나 조사대상의 특정한 사회적 역할을 맡지 않은 상태에서 관찰을 수행하는 경우이다.

❸ 직접 관찰과 간접 관찰

- 직접 관찰 : 조사대상자를 직접 보고 관찰하는 방법으로 행동이 실제로 일어난 때에 관찰하는 방법이므로 시간과 비용이 많이 드는 단점이 있다.
- 간접 관찰 : 과거 행동의 결과로 나타난 문헌이나 물리적인 흔적을 관찰하는 방법으로 적은 비용으로 손쉽게 자료를 수집할 수 있다.

사례 음료수의 선호도 조사
- 직접 관찰 : 소비자들이 음료수를 선택하는 순간을 관찰하여 선호도 조사
- 간접 관찰 : 팔린 양이나 남은 재고를 파악해서 선호도 조사

❹ 공개적 관찰과 비공개적 관찰

- 공개적 관찰 : 응답자가 자신이 관찰되고 있는 사실을 아는 상태에서 조사하는 방법으로 응답자에게 미리 알려주고 관찰하므로 관찰자 효과가 나타날 수 있다.
- 비공개적 관찰 : 응답자가 자신이 관찰되고 있는 사실을 모르는 상태에서 조사하는 방법으로 완전히 모르게 한다는 것에 한계가 있으며 윤리적인 측면에서 문제가 될 수 있다.

❺ 인간의 관찰과 기계의 관찰

관찰 도구가 무엇인가에 따라 구분되는 방법으로 조사가 요구하는 자료의 특성이나 상황에 따라 관찰도구가 결정된다. 즉, 관찰이 고도의 정확도를 요구한다든가 인간이 하기 힘든 관찰이거나 인간이 관찰하는 것보다 비용이 덜 드는 경우에는 기계를 통하여 관찰하게 된다. 기계를 통한 관찰도구로는 MIDCRS(Minnesota Interaction Data Coding and Reduction System), 일반 녹음기, 동작영상카메라(Motion Picture Camera), 오디메터(Audimeter), 동공카메라(Eye Camera), 퓨필로메터(Pupilometer), 싸이코겔버노메터(Psychogalvanometer) 등이 있다.

(3) 관찰의 내용

한 대상을 관찰할 때 관찰해야 할 것이 무엇인지를 선택해야 한다. 이를 위해 관찰목록과 관찰 패러다임을 마련하고, 관찰단위의 크기 및 관찰시점을 결정한다. 그리고 관찰한 것을 기록하는 것도 매우 중요하다.

❶ 관찰목록

모든 사회적 상황의 주요 구성요소를 기초로 하여 관찰목록을 작성한다. 조사자는 관찰목록에 따라 관찰함으로써 관찰방향을 결정하고 관찰내용을 계획한다. 관찰목록의 내용은 상황에 따라 다르지만 일반적으로 다음과 같다.

- 참여자이다. 관찰대상에 참여하고 있는 사람의 인구통계학적, 사회경제적 특징들을 알아볼 필요가 있다.
- 환경적 배경이다. 어떤 종류의 행위를 격려하고 허용하며, 반대로 어떤 행위는 억제하고 금지해야 하는지를 알게 해준다.
- 목적이다. 참여목적이 무엇이고, 그 목적은 긍정적인가, 부정적인가, 공식적 목적 외에 비공식적인 목적이 있는가 등이다.
- 사회적 행위이다. 참여자는 무엇을 해야 하고, 어떻게 하고, 누구와 그리고 무엇을 가지고 하는가 등이다.
- 빈도와 지속도이다. 언제 얼마나 자주 일어났으며, 얼마나 계속되었는가 등이다.

❷ 관찰 패러다임

관찰 패러다임(Observation Paradigm)이란 상세하게 구조화된 관찰의 틀을 가지고 관찰할 수 있는 내용을 말한다. 관찰 패러다임은 언어적 지표, 언어 외적 지표, 신체적 움직임의 지표, 공간적 지표가 있다.

Robert F. Bales

- **언어적 지표**: 사회 및 행동과학은 조직적 언어관찰법을 개발해 왔다. 가장 유명한 구조화된 조사의 예는 집단상호작용을 조사하기 위한 베일(Robert F. Bales)의 방법이다. 베일은 의사결정이나 문제해결에 관련된 집단들은 그들의 상호작용을 함에 있어서 충분히 예견할 수 있을 만큼 변함이 없는 공통적인 요소를 갖고 있다고 가정한다. 베일은 상호작용과정분석표(Interaction Process Analysis Scheme/IPA Scheme)를 개발하였는데, 이는

언어적 표현을 관찰함으로써 집단내의 대인상호작용을 범주화할 수 있는 틀을 마련한 것이다.

- 언어 외적 지표: 사람의 감정상태를 식별하는 언어 외적 지표는 보통 4가지 유형의 측정패러다임을 가지고 있다.
  - 소리의 차원으로 음조, 소리의 크기, 음색 등이다.
  - 시간적 차원으로서 말하는 속도, 지속시간, 리듬 등이다.
  - 상호작용적 차원으로서 말하는 도중에 주저함, 중단, 말의 실수, 반복, 말더듬기, 알을 수 없는 발음 등을 말한다.
  - 언어양식 차원이다. 단어, 발음, 사투리, 표현 등이다.
- 신체적 움직임의 지표: 신체의 움직임은 사람의 감정을 파악해 낼 수 있는 근거를 제공한다.
  - 얼굴의 상반부분은 부정적 감정을 구분해내는 믿을 만한 단서를 제공하고, 하반부분은 긍정적 감정을 구분해 내는 단서를 제공한다.
  - 머리와 얼굴은 감정의 유형에 대한 정보를 알려주는 한편, 몸가짐은 감정의 정도에 대한 정보를 알려준다.
  - 서로 좋아하는 사람 사이에는 자세가 일치하고, 서로가 싫어하는 사람들 사이에는 자세가 일치하지 않는다.
- 공간적 지표: 인간은 자기의 영역을 구축하고자 하는 욕구를 가지고 있어서 다른 사람과의 거리를 유지함에 어떤 유형을 가진다. 공간적 관계는 단순히 거리라는 면에서 측정될 수 있음과 동시에 공간적 행위는 문화적, 사회심리적, 그리고 사회구조적 중요성을 지닌다. 예를 들면, 인구밀도는 청소년범죄율과 관계가 있다.

❸ 관찰단위의 크기: 조사자는 관찰대상을 관찰할 때 관찰단위의 크기를 결정해야 한다. 일반적으로 관찰대상을 설화형식으로 서술하거나 척도에 맞추어 등급을 매길 때에는 보다 큰 단위를 사용하는 한편, 범주세계를 이용하는 경

우는 보다 작은 단위에 기초한다. 집단의 리더십을 기술하는 경우는 행위의 큰 단위를 사용하고, 지도자의 행위를 서술하는 경우는 행위의 작은 단위를 사용한다. 언어적 상호작용을 관찰함에 있어서도 큰 단위와 작은 단위 양쪽 모두를 사용할 수 있다.

❹ 관찰시점: 조사자는 관찰대상을 관찰할 때 관찰시점도 미리 결정해야 한다. 즉, 시간표집의 구체적인 내용을 결정해야 한다. 시간표집(Time Sampling)은 언제, 얼마나 오래, 얼마나 자주 관찰할 것인가를 정해야 하는 문제이다. 시간표집방법에는 시점표집, 간격표집, 초점개인표집이 있다.

- 시점표집(Time-Point Sampling): 관찰의 단위시간이 끝나는 순간에 특정한 내용의 행위, 사건, 현상이 일어나는가를 관찰하는 방법이다.
- 간격표집(Time-Interval Sampling): 일정한 시간적 간격동안 계속 관찰하는 방법이다.
- 초점개인표집(Focus Individual Sampling): 같은 시간에 특정 개인의 행위를 집중적으로 관찰할 다수의 관찰자를 활용하는 방법이다.

❺ 관찰의 기록: 무엇을 관찰할 것인가도 중요하지만, 관찰한 것을 어떻게 기록할 것인가도 매우 중요하다. 관찰기록방법의 선택은 대체로 관찰이 어떻게 조직화되어 있느냐에 달려 있다. 조직화된 관찰에 있어서는 관찰과 기록이 거의 동시에 이루어진다. 언제 기록할 것인가 하는 문제는 일반적으로 관찰이 끝난 직후 현장에서 기록하는 것이 상례이다. 조사자가 결정해야 할 또 하나의 문제는 관찰한 바를 기록할 때 누구의 관점을 택하느냐와 관찰자에게 얼마만큼 추리를 허용할 것이냐이다. 추리의 정도는 관찰자로 하여금 정확한 동작이나 행동이 일어난 그대로 정확하게 기록하게 함으로써 최소화될 수 있다. 대부분의 경우 관찰자로 하여금 제3자의 관점을 택하도록 되어 있으며, 추리도 중간정도만 하는 것이 좋다고 한다. 관찰도구로 사람을 사용하

지만, 관찰한 바를 기록하기 위해서 기계를 사용하기도 한다. 사용되는 기계에는 여러 가지가 있다.

- 동작영상카메라(Motion Picture Camera): 영상카메라를 이용하여 소비자의 행동을 기록할 수 있으므로 정확한 측정이 가능하며 반복하여 볼 수 있다는 장점이 있다.
- 오디메터(Audimeter): 라디오나 TV 등을 켜면 같이 동작하여 시청자의 시청 프로그램, 시청시간 등을 자동적으로 기록하는 것이다.
- 싸이코갤버노메터(Psychogalvanometer): 어떤 사람에게 말, 그림 등과 같은 자극이 주어졌을 때 그 사람의 감정상태를 측정하기 위해 땀 흘리는 정도를 측정하는 것이다.
- 동공카메라(Eye Camera): 눈동자의 움직임을 측정한다. 즉 신문, TV 등을 볼 때 어느 순서로 보고 얼마 동안 보는가를 관측하여 관심이 있는 것이 무엇인가를 측정한다.
- 퓨필로메터(Pupilometer): 눈동자 동공의 크기를 측정하는 것이다. 동공의 크기변화에 따라 응답자의 반응을 측정한다.
- MIDCRS(Minnesota Interaction Data Coding and Reduction System): 녹음용 카세트에 목소리의 높낮음 기록과 부호화의 채점, 시간조절, 삭제 등을 위한 누름단추를 10개나 부착한 기계이다.
- 일반녹음기: 지나간 사건을 재검토하고 기록을 영구히 보존·활용할 수 있어 유리하다.

(4) 관찰조사의 타당도와 신뢰도

관찰의 타당도(Validity)란 본래 관찰하려고 한 것을 제대로 관찰하였는가의 문제이며, 관찰의 신뢰도(Reliability)는 관찰대상을 여러 번 관찰했을 때 일관된 결과가 나오는 정도를 말한다.

관찰의 타당도와 신뢰도를 저해하는 요인으로는 관찰대상, 관찰기구, 관찰자 등이 있다. 관찰대상이 지속적이고 반복되게 관찰되면, 이는 고정된 요인으로 간주될 수 있고 반복측정시 신뢰도는 높게 된다. 관찰틀, 기록틀, 부호화의 틀에서 지정하는 범주체계와 적용규칙이 모호하거나 불분명하게 된 경우 타당도와 신뢰도는 떨어진다. 또한 관찰대상의 수가 적을수록, 관찰범위가 좁을수록 반복측정시 일관성을 유지하기 용이하므로 신뢰도는 높아진다. 관찰자의 피로, 긴장, 권태, 예상 밖의 상황전개에 대한 놀라움, 관찰자의 개인적 욕구, 가치관, 과거 경험 등이 관찰의 타당도와 신뢰도를 저해할 수 있다.

신뢰도와 타당도를 높이기 위해서는 관찰도구이기도 한 관찰자의 감각기관이 관찰을 함에 있어 장애가 없어야 한다. 신뢰도와 타당도는 관찰자 개인의 특성과 많은 관련을 갖고 있다. 관찰의 경우 관찰자 개인의 추리에 의한 기록과 해석이 타당도를 저해할 수 있으므로 관찰자에 대한 훈련을 통하거나 다른 자료수집방법을 병행하면 추리의 여지를 줄일 수 있게 된다.

신뢰도는 관찰자의 질과도 밀접히 관련되어 있다. 관찰자의 질이란 관찰의 경험이나 훈련 등의 숙련정도를 말한다. 신뢰도를 향상시키기 위해서는 무엇보다 관찰자의 질이 향상되어야 한다. 또한 하나의 관찰대상에 대하여 여러 사람이 동시에 관찰한 후 그 결과를 서로 비교해 보고 편견을 끄집어냄으로써 관찰의 신뢰성을 유지할 수 있다.

관찰의 객관성을 높이기 위해 관찰 및 기록에 있어서 실제적 사건과 이에 대한 해석을 명백히 구분해야 한다. 관찰자가 관찰내용에 대한 기록에 있어서 지나친 해석을 삽입하게 되면 그 관찰결과는 신뢰도와 타당도가 손상되게 된다. 또한 관찰된 것을 선별적으로 기록하는 것이 아니라 완전하게 기록하는 것은 조사자가 객관성을 유지할 수 있는 방안이 된다. 관찰자는 관찰대상자에 대해 감정적 편견을 갖지 않고 항상 중립적인 평상심을 유지할 수 있도록 노력해야 한다.

(5) 관찰과 오류

전체 오류(Total Error)란 추정되는 모집단의 특성과 조사추정치간의 차이를 말한다. 조사과정의 전체 오류는 [그림 8.2]와 같이 크게 표집 오류와 비표집 오류로 구분된다. 표집 오류는 다시 선택 오류와 추정 오류로 세분된다. 비표집 오류는 관찰 오류와 비관찰 오류로 나뉘어지고, 관찰 오류는 다시 과도 적용범위, 측정 오류, 처리 오류로 세분되고, 비표집 오류는 과소 적용범위, 무응답으로 나뉜다.

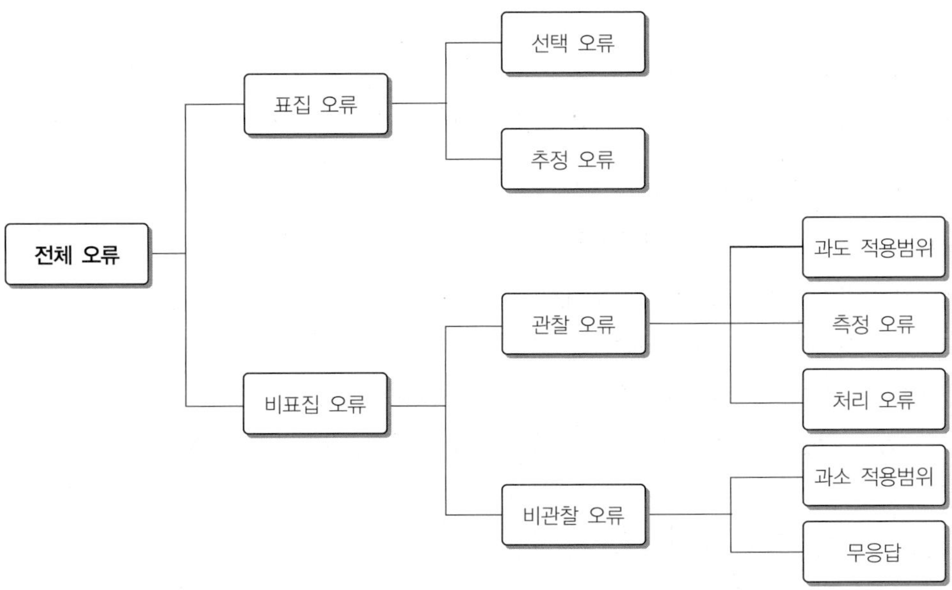

[그림 8.2] 오류의 분류

❶ **표집 오류**(Sampling Error): 표본의 선정에서 발생하는 오류이다. 이 오류는 추정치가 표본에 모집단 전체 목록에 기초하는 것이 아니라 표본에 의존하기 때문에 발생한다.

- **선택 오류**(Selection Error): 잘못된 선택확률이 사용될 때에 발생한다.
- **추정 오류**(Estimation Error): 무작위 선택절차에 기초한 표본을 사용함으로써 발생하는 효과를 의미한다.

❷ **비표집 오류**(Non-Sampling Error): 질문에 대한 응답을 기록하는 과정에서 발생하는 오류이다.

- 관찰 오류(Observation Error): 응답을 얻고 기록하는 과정에서 발생하는 오류이다.
  - 과도 적용범위(Over-coverage): 표적모집단에 속하지 않은 표집요소가 표본조사에 포함되는 것을 의미한다.
  - 측정 오류: 응답자가 질문을 이해하지 못하거나 진실된 응답을 제공하지 않으려 할 때, 또는 면접자가 응답을 기록함에 있어 오류를 범했을 때 발생한다.
  - 처리 오류(Processing Error): 자료입력 등과 같은 자료처리과정에 발생한다.
- 비관찰 오류(Non-Observation Error): 의도한 측정이 이루어질 수 없기 때문에 발생하는 오류이다.
  - 과소 적용범위(Under-coverage): 표적 모집단의 표집요소들이 표집틀에서 나타나지 않을 때 발생한다.
  - 무응답(Non-Response): 표본에 선정된 사람들이 필요한 정보를 제공하지 않는 현상을 말한다.

2) 우편조사

(1) 우편조사의 개념

우편조사(Mail Survey)란 우편설문방법이다. 우편조사는 설문지를 우편으로 우송한 후 응답을 받는 조사방법이다. 우편조사는 조사자와 응답자간의 비대면적 관계를 통해 자료를 수집하는 방법이다.

❶ 우편조사의 장점

- 비용 절약: 설문지 작성과 복사, 발송, 반송, 처리 분석에 따른 비용이 상대적으로 적으며 최소의 노력과 경비로 광범위한 지역과 대상을 표본으로 삼을 수 있다.

- 시간의 절약: 우편 설문은 동시에 모든 응답자들에게 보낼 수 있고 응답의 대부분을 약 일주일 내에 회수할 수 있다.
- 응답자의 편의: 응답자가 편리할 때 설문지를 완성할 수 있다.
- 익명성의 보장: 응답자가 자신의 신분을 알리는 면접이 없기 때문에 공개하기 어려운 응답도 기꺼이 솔직히 응답을 제공한다.
- 표준화된 어법의 사용: 모든 응답자들이 똑같은 어법에 노출되기 때문에 응답을 보다 쉽게 비교할 수 있다.
- 면접자의 편견과 배제: 면접자가 응답자에 대해 편견을 가질 기회가 없다.
- 정보의 확보: 우편조사는 응답자가 자신의 기록을 참고하거나 동료에게 물어보거나 응답하기 전에 미리 관련된 조사를 허용하기 때문에 정확한 정보를 제공할 수 있다.
- 접근성: 지리적으로 널리 퍼져 있는 응답자들을 우표값으로 모두 접근할 수 있다.

❷ 우편조사의 단점

- 융통성의 결여: 응답자가 질문을 잘못 이해하고 있더라도 교정될 수 없다.
- 낮은 회수율: 이동이 심한 사람으로부터 응답을 받을 수 없으며 글로 응답하는 것을 더 부담스러워 할 수 있어서 회수율이 낮다.
- 비언어적 행동의 조사는 불가능: 언어적 행동만 조사가 가능하다.
- 환경에 대한 토제 불능: 응답자 자신이 직접 하지 않고 다른 사람이 대신 했거나 등의 경우가 있으므로 응답을 확신할 수 없다.
- 많은 질문들이 응답되지 않는다: 응답자가 질문지 일부에 응답을 하지 않아도 통제할 수가 없다.
- 무의식적인 의견에 대한 정보가 없다: 응답자가 무의식적으로 응답을 하고 다시 고칠 경우 처음의 무의식적 응답은 알 수가 없다.
- 응답날짜에 대한 통제 불능: 설문지가 완성되는 시간에 대해 통제할 수 없다.

(2) 우편조사에 영향을 미치는 요인

우편조사에 영향을 미치는 요인들로는 설문지의 후원, 설문지 구성의 매력성, 설문지의 길이, 겉표지, 설문지 응답과 회신의 용이성, 응답 유인책, 설문지를 받는 사람의 성격, 우편발송유형, 설문지 발송시점, 사후독촉의 성격 등이 있다.

- 설문지의 후원: 후원은 조사의 합리성과 가치에 관해 응답자를 확신시킴으로써 응답자가 기꺼이 우편설문지를 발송하고자 하는 자발성에 영향을 미친다. 왜냐하면 후원자의 위상이나 권력이 응답자로 하여금 응답하도록 강요하기 때문이다.
- 설문지 구성의 매력성: 설문지가 어떻게 구성되었고 어떠한 색깔로 되어 있는지에 관한 문제로서 설문지의 응답률에 영향을 주고 있다. 왜냐하면 응답자는 대체로 더 짧은 설문지를 선호하기 때문이다.
- 설문지의 길이: 설문지의 길이가 응답률에 중요한 영향을 미치는 것으로 알려지고 이다.
- 겉표지: 모든 우편설문지들은 연구프로젝트의 목적과 성격을 설명하고 응답자의 협력을 구하는 표지를 갖고 있다. 편지는 길이, 호소의 성격 그리고 분리된 페이지에 있는지, 아니면 설문지의 부분으로서 복사되어 있는지 여부에 있어서 차이가 있다.
- 설문지 응답과 회신의 용이성: 우편설문지는 완성하기 손쉬워야 한다. 부실한 설문지는 설문지 작성에 관한 설명서가 없거나 부적절하게 되어 있으며, 응답범주가 불명확하고, 개방형 질문이 너무 많거나 질문이 너무 긴 경우이다. 회신의 용이성도 응답률에 영향을 미친다.
- 응답 유인책: 최선의 응답 유인책은 단순히 응답자에게 조사가 가치가 있고, 협력이 중요하다는 것을 확신시키는 것이다. 다른 전략은 응답자의 착한 사마리아인 본능(Good Samaritan Instincts)에 호소하여 응답자에게 도움이 필요하다고 말하는 것이다. 또 하나의 수단은 사전언질(事前言質, Prior Commitment)을 주는 것이다. 사전언질은 설문지가 발송되기 전에 협조를 구하는 것이다. 등기

우편의 경우도 응답률을 높이는데 긍정적으로 기여하는 것으로 나타났다.

- **설문지를 받는 사람의 성격**: 응답자의 성격도 우편조사에 영향을 미친다. 집단의 구성원들은 일반적으로 좋은 응답자이다. 대체로 학력이 낮은 사람들은 무응답이 많다.
- **편발송유형**: 우편의 등급은 회신에 영향을 미친다. 보다 비싼 우표를 사용한 경우 일반적으로 회신하도록 더 자극한다.
- **설문지 발송시점**: 설문지 발송은 휴가기간, 학기초, 학기말은 가능한 피하는 것이 좋다. 최적 발송시간에 대한 기존 연구에 의하면, 일주일 가운데 후반부에 설문지를 받았을 때 응답률이 높은 것으로 나타났다. 월별로는 2월이 가장 낮고, 그 다음 4월이 낮았으며, 3월이 가장 높은 것으로 나타났다.
- **사후독촉의 성격**: 응답률은 사후독촉을 통해 상당히 향상될 수 있으며, 거의 모든 우편조사에서 사후독촉을 표준적인 운영절차로 사용하고 있다. 사후독촉이 없을 때는 응답률이 50~60%정도 기대되는 반면, 사후독촉이 있을 때는 70~80% 이상의 응답률을 기대할 수 있다.

(3) 우편조사의 타당도와 신뢰도

- **타당도**: 우편설문지 자료의 타당도는 우편설문지로부터 발견된 것들을 이미 알려진 사실과 비교함으로써 평가되어진다. 이것은 기준 타당도(Criterion Validity)에 해당한다. 또한 개별적인 질문들은 설문지에 포함하기 전에 표면 타당도(Face Validity)를 가져야 하며, 사전검사를 통해서 표면 타당도가 없는 질문들은 찾아내서 제거해야 한다.
- **신뢰도**: 반분법 신뢰도(Split-Half Reliability) 절차를 전체 설문지에 대해 시행하는 것은 불가능하지는 않지만, 어려운 일이다. 그러나 검사-재검사(Test-Retest) 절차는 우편조사에서도 가능하다. 기존 연구에 따르면, 우편조사와 면접조사는 모두 신뢰도가 있는 것으로 나타났지만, 민감한 질문을 조사하는 데는 우편조사가 좀 더 나은 것으로 나타났다.

3) 면접조사

(1) 면접조사의 개념

면접조사(Interview Study)란 연구에 필요한 자료를 얻기 위해 면접자와 피면접자가 질문과 응답의 대화를 통해 자료를 수집하는 방법이다. 면접은 변수를 확인하고 가설을 도출하기 위한 탐색적 조사나 관찰이나 설문지 등 다른 자료수집방법의 타당성 여부를 검토하거나 예견하지 못한 결과를 추적하는데 사용하기도 한다.

면접조사는 면접자가 피면접자로부터 정보를 찾는 것이어서 양자간의 직접적 상호작용을 의미한다. 면접조사의 성패 여부는 이 상호작용의 어떤 면을 고려하느냐에 달려 있다.

- **상호작용과 응답자의 열성**: 면접은 대화를 통한 상호작용을 의미하는 것으로 피면접자의 열성이 연구 목적에 기여한다.
- **면접자–피면접자는 질문과 응답의 의미를 명확히 파악해야 한다**: 상대방의 행동이나 질문이 무엇을 의미하는지 인식할 수 있는 능력이 있어야 한다.
- **융통성 있는 면접의 운영**: 면접의 흐름을 중단하지 않는 범위에서 질문 순서 등은 융통성 있게 변경될 수 있다.
- **피면접자의 동화**: 면접과정에서 일정 시점이 지나면 피면접자의 경계나 의심이 자연스럽게 풀리고 동화된다.

❶ 면접조사의 장점

- **융통성**: 응답자의 면접 분위기에 맞춰 정확한 답변을 얻을 수 있다. 재 질문이나 추가질문도 가능하다.
- **응답률**: 면접은 회수가 필요 없고 문맹자의 경우도 쉽게 가능하며 서면보다 구두로 대답하는 것을 선호한다는 점에서 질문지에 비해 높은 응답률을 나타낸다.

- 타당도: 면접 중의 관찰은 비언어적 행위도 가능하므로 응답의 타당성을 평가할 수 있다.
- 환경의 통제: 면접은 면접자-응답자간에 비밀스럽게 수행되고 면접환경을 표준화 할 수 있다.
- 질문순서의 통제: 응답자가 규칙을 벗어나거나 질문 구조를 훼손하는 것을 막을 수 있다.
- 무의식적인 응답의 기록: 무의식적인 응답을 기록할 수 있으며 이는 더 많은 정보를 제공한다.
- 복잡한 질문의 사용: 면접은 보다 복잡한 질문을 사용할 수 있도록 한다.

❷ 면접조사의 단점

- 비용의 소요: 면접요원의 훈련과 감독, 자료의 정리에 많은 비용이 투자된다.
- 시간적 소요: 경우에 따라 면접자가 장거리 여행을 할 수 있으며 자료 정리, 분류, 부호화하는 데 시간이 많이 소요된다.
- 면접자의 편의 발생: 면접자가 응답자의 응답을 잘 이해하지 못하거나 오기(誤記)할 가능성이 있다. 면접자의 왜곡은 질문 오류, 캐묻는 오류, 기록 오류, 속임수 등으로 분류할 수 있다.
- 기록을 참고할 기회가 없다: 일반적인 조사나 기록, 대답을 곰곰이 생각할 시간을 주지 않는다.
- 불편함: 응답자가 피곤해하거나 다른 요인들로 인해서 응답에 집중하지 못할 수 있다.
- 익명성의 부족: 면접자의 성명을 비롯하여 인적사항을 모두 알고 있으므로 응답자에게 익명성의 보장이 부담이 된다.
- 표준화된 질문어법의 부족: 응답을 캐묻거나 응답자에 따라 질문을 다르게 표현하는 것과 같이 융통성은 있으나, 표준화된 질문어법이 부족하여 응답자의 해답을 비교하는 것을 어렵게 한다.

• 낮은 접근성: 응답자가 여러 지역에 퍼져있는 경우 이들의 면접에 애로사항이 있다.

(2) 면접조사의 종류

❶ 구조화에 따른 분류: 구조화된 면접, 반구조화된 면접, 비구조화된 면접

• 구조화된 면접

의미	·면접조사표가 질문 문항, 질문의 순서, 어조까지 정확히 제시한다. ·임의로 질문을 바꾸거나 새로운 문제를 도입하는 등의 수정을 할 수 없다. ·표준화된 면접이라고 한다.
장점	·부호화가 용이하다. ·면접결과가 비교 가능하다. ·일관성과 신뢰성이 있다. ·질문의 언어구성에서 오는 오류를 최소화할 수 있다. ·비교적 훈련이 덜 된 면접자에게 활용할 수 있다.
단점	·피면접자의 특성이나 분위기에 따라 면접이 융통성 있게 수행되지 못한다. ·응답을 확대하거나 탐색할 수 있는 면접자의 자율성이 없다. ·시간과 경비가 많이 소요된다.

• 반구조화된 면접

의미	·구조화 면접과 비구조화 면접의 장점을 살리고 단점을 보완한 방법 ·일정한 수의 주요한 질문은 구조화 면접으로 나머지는 비구조화 면접으로 실시 ·면접조사표 대신 면접 지침을 사용한다. ·구조화된 면접보다 더 숙련된 면접자를 필요로 한다. ·어느 정도 융통성을 발휘하며 면접하는 방법이다. ·부수질문과 같은 방법을 흔히 사용한다.

• 비구조화된 면접

의미	·연구할 문제의 범위만 결정하고 질문의 순서나 내용은 미리 정하지 않는다. ·개방형의 질문이 많으며 응답자의 내적 감정과 생각을 밝히는 데 사용한다. ·숙련된 면접자를 필요로 한다. ·면접조사표나 면접지침을 사용하지 않는다. ·비지시적, 비표준화된 면접이라고도 한다.

장점	·융통성이 있다. ·의미의 동일한 달성(의미의 표준화가 가능하다) ·높은 타당도(형식에 얽매이지 않으므로 보다 많은 자료를 얻을 수 있다)
단점	·면접결과의 정리와 분류, 부호화에 시간, 인력, 비용이 소요 ·비일관성(동일한 내용의 질문이 반복되면 응답내용이 달라질 수 있다) ·가설검증이나 인과관계 규명은 부적당하다.

❷ 전화면접조사

전화를 통하여 면접을 수행하는 방법으로 장점은 신속성, 저비용, 면접자의 영향을 받지 않으면서 응답할 수 있다는 점과, 민감한 이슈에 대해서도 솔직한 답변을 들을 수 있으며, 대인면접에 비해 익명성이 존재한다는 점이다. 단점으로는 첫째, 표집의 문제로서 어떤 집에는 전화가 없고 어떤 번호는 전화번호부에 기재되지 않았거나 오기되었을 경우와 둘째, 응답자의 동기가 약한 점으로 언제든지 수화기를 놓을 수 있다는 점, 셋째 응답자가 상황을 통제할 수 없는 점 등이다.

❸ 집단면접조사

의도적으로 조성된 집단에서 발생하는 역동성을 집단구성원들이 보여주는 다양한 모습들에 관해 자료를 수집하는 방법이다. 비구조화된 면접조사방법을 주로 사용한다.

❹ 아동과의 면접

아동과의 면접일 경우 언어적 표현이 불충분하므로 장난감이나 인형을 통한 놀이, 그림 등을 이용하는 방법이 있으며 면접자는 중립적인 역할을 유지하면서, 아동은 상상력이 크기 때문에 어떠한 암시도 주어서는 안 된다.

❺ 투사법

인형놀이, 그림해석 등 투사적 자료수집방법은 응답자의 내적인 감정을 끌어내려는 수단으로 직접적인 질문이 부적절하거나 조사의 참된 목적이 드러날 수 없을 때 유용하다. 간접적인 자료 수집에 속한다.

(3) 면접을 위한 일반원칙

- 외모나 품행이 간소하며 깨끗하고 단정해야 한다. 면접자의 태도는 적어도 응답자를 기분 좋게 만들어야 하며, 진정으로 응답자에 대해 관심을 갖고 있다는 것을 보여주어야 한다.
- 설문지를 숙지해야 한다.
- 설문지의 어법을 정확하게 따라야 한다. 설문지의 어법을 조금만 변화시키더라도 응답은 크게 바뀔 수 있다.
- 응답을 정확히 기록해야 한다. 요약하고 의역하거나 문법을 고치는 등의 어떠한 시도도 해서는 안 된다.
- 응답에 대해 면밀히 조사한다. 응답자가 부적절한 대답을 하는 경우 적절한 대답을 하도록 이끌어내야 한다. 심층규명은 어떤 식으로든 이어지는 응답의 성격과 내용에 영향을 미치지 않아야 한다.

4) 온라인조사

(1) 온라인조사의 개념

온라인조사(On-Line Survey)란 네트워크, 인터넷, PC통신 등에 컴퓨터가 연결된 상태에서 이루어지는 조사이다. 온라인조사는 일반면접보다 시간적, 공간적으로 비용절감의 효과가 있다. 온라인조사는 응답자가 웹브라우저(Web Browser), 전자우편, 전자설문포럼 등을 통하여 질문에 응답한 내용이 조사기관의 서버 컴퓨터에 전달되어 체계적으로 기록되는 과정을 거치게 된다.

온라인조사와 인터넷조사는 시간과 비용의 절약 같은 장점도 있지만 표본의 대표성은 상당히 취약하다.

(2) 온라인조사의 유형

유형	표집틀	통지방법	설문지 형태	질문길이	응답편향	연결망
회원조사	회원 DB	전자우편 (전화)	웹문서	20분 정도	보통	인터넷
방문자 조사	토털사이트 방문자	전자우편 게시판	웹문서 전자설문	10분 정도	높음	인터넷
전자우편 조사	e-mail list	전자우편	텍스트문서 일반문서	30분 정도	중간	인터넷
전자설문 조사	가입자 DB	전자우편 (전화)	전자설문 (텍스트)	보통	보통	인터넷

❶ **회원조사**: 사전에 회원 DB를 가지고 있는 경우 전자우편이나 전화 등으로 조사 참여를 공지하고 웹문서 형식의 질문을 통해 조사하는 방법이다. 회원조사의 성패는 회원 DB의 포괄성과 충실성으로 이용자들의 실제적인 특성을 대변할 수 있는 포괄적인 DB가 구축되어 있어야 가능하다. 이 조사의 장점은 응답자에 대한 정확한 신분의 확인이 가능하며 비응답자에 대한 자세한 분석이 이루어질 수 있지만 단점은 가입자 DB가 방대할 경우 시간과 비용이 소요되고 다량 이용자층이 과잉대표가 될 가능성이 높아져서 모집단의 특성을 대표하고 있다고 보기는 어려울 수 있다.

❷ **방문자 조사**: 인터넷 상에 특정한 사이트를 개설하고 설문지를 게시하여 광고를 통해 방문자를 모집하여 자발적으로 설문지 사이트를 방문한 사람을 대상으로 조사하는 방법이다. 질문의 길이가 짧을수록 관심이 큰 이슈일수록 의사가 뚜렷한 사람이 응답할 가능성이 높은 반면 중복응답자에 대한 식별이 어려워 신뢰성 있는 통계를 얻기가 쉽지 않다.

❸ **전자우편조사**: 설문지를 전자우편 형태로 작성하여 다수의 사용자들에게 발송하고 응답자들이 다시 완성된 설문지를 전자우편으로 보내주는 방법이다.

문자중심이기 때문에 설문지 작성이 용이하고 단순하지만 반면 온라인상에 가능한 다양한 기법을 제대로 활용하지 못한다는 한계를 가지고 있다.

❹ 전자설문조사: 회원조사와 방문자조사의 중간유형으로 가입자 DB에 있는 사람을 대상으로 하는 것은 회원조사와 비슷하고 설문지를 게시하여 응답자를 모으는 것은 방문조사와 비슷하다.

(3) 온라인조사의 특징

❶ 조사의 실행적 요인

비용	비용 면에서 효율적인 조사연구방법이다.
수집기간	수집기간은 다른 방법에 비하면 단기적이다.
정리기간	자료의 정리기간은 매우 단축적이다.
표본의 지리적 분포	대도시 중심적이다.

❷ 설문지 요인

설문지 구성	설문지의 길이는 15~30분 내에 마무리될 수 있도록 한다.
문항의 복잡성	질문을 내용에 따라 구역화, 분할형 질문을 효과적으로 사용함으로써 응답
질문형태 및 내용	개방형 질문의 사용이 좋은 결과를 얻을 수 있다.
보조자료의 활용	시각적 자료의 활용(그림, 사진, 동영상 등)

❸ 자료의 질적 요인

표본	표집틀이 갖추어야 할 조건인 표집요소의 표집확률의 계산 가능성, 효율성 등을 확보하는 것이 불가능하기 때문에 표집틀 편의현상이 나타날 수 있다.
응 답 률	응답률의 정확한 계산이 어렵다.
응답편의	응답편의는 다른 조사에 비해 가능성이 높은데 주로 응답자의 기술적 특성에 의해 생겨난다.
보조 자료의 활용	시각적 자료의 활용(그림, 사진, 동영상 등)

(4) 컴퓨터보조 조사정보수집

컴퓨터보조 조사정보수집(CASIC, Computer Assisted Survey Information Collection) 방법은 다음과 같이 빠른 속도로 발달하였다.

❶ 컴퓨터보조 전화면접(CATI : Computer Assisted Telephone Interviewing) : 1970년대, CATI의 최초 시도로서 컴퓨터를 이용한 전화조사이다.

❷ 컴퓨터 보조 개인면접(CAPI : Computer Assisted Personal Interviewing) : 1980년대, 면접조사원으로 인한 오차를 줄이고 비용절감 차원에서 휴대용 컴퓨터를 휴대하고 응답자를 방문해서 개인적으로 민감한 사항에 대해 응답자들이 컴퓨터에서 설문을 읽고 응답하는 조사이다.

❸ 컴퓨터 보조 자기면접(CASI : Compute Assisted Self-Interviewing) : 응답자의 대답내용에 따라 질문의 순서를 통제하거나 응답내용을 컴퓨터가 점검하여 자료의 질을 향상시킬 수 있는 방법으로 응답자의 조사내용이나 질문을 전자메일식으로 전달받아 응답하여 다시 조사기관에 우송하는 방식이다.

❹ 컴퓨터 자계식 자료수집(CSADC : Computerized Self-Administered Data Collection) : 면접과정을 디스켓에 저장하여 조사대상자에게 전달하면 조사대상자는 자신의 pc에 설치하여 프로그램에 따라 응답한 내용을 디스켓으로 조사기관에 우송하는 방법이다.

❺ 전화자료입력(TDE : Touchtone Data Entry) : 무료전화번호를 이용하여 컴퓨터가 설문을 읽어주면 응답자는 전화기의 번호를 누름으로써 응답, 컴퓨터와 대화를 통해 반복적인 질문이나 민감한 사항을 조사할 수 있다.

❻ 음성인식입력(VRE : Voice Recognition Entry) : TDE와 유사하나 입력을 전화기 다이얼로 하는 대신 음성으로 응답하는 방법이다.

5) 인터넷조사

(1) 인터넷조사의 개념

1990년대 WWW의 사용이 확대되면서 여러 가지 인터넷조사방법이 연구되기 시작했다. 인터넷조사(Internet Survey)는 인터넷 상에서 이루어지는 통계조사의 총칭으로 인터넷의 공간적, 시간적 제한이 없다는 점에서 장점이 있다. 인터넷조사의 적합성 여부는 다음과 같은 측면에서 검토되어야 한다.

- 모집단을 대표하는 표본 추출이 가능한가?
- Web에 사용할 질문과 자료들이 비밀사항은 아닌가?
- 조사과정이 복잡하고 장시간이 소요되지 않는가?

(2) 인터넷조사의 장점

- 표본수가 많아져도 추가비용이 들지 않는다.
- 고수입집단이나 고도의 기술전문가 집단에 쉽게 접근할 수 있다.
- 인터뷰 비용 없이 사용자와 상호작용할 수 있다.
- 설문에 대한 응답을 빨리 회수할 수 있다.
- 설문응답이 편리하다.
- 24시간 조사가 가능하다.

(3) 인터넷조사의 단점

- 인터넷 사용 인구에 한해서만 조사할 수 있다.
- 주된 조사방법론이 아니다.
- 인터넷 표본은 전체인구를 대표하지 못한다.
- 자기선택의 편의를 범할 수 있다.
- 설문응답자에게 어떤 인센티브를 얼마나 지불해야 하는지 잘 모른다.
- 설문조사시스템을 일단 설치해야 하므로 고정비용이 많이 든다.
- 응답자의 프라이버시를 사이버 정크나 스팸 메일 등으로 침해할 수 있다.

3 내용분석법

1) 내용분석법의 개념

내용분석법(Content Analysis)은 질적인 내용을 양적인 자료로 전환하는 방법인데, 연구의 목적에 따라 변수를 측정할 수 있도록 의사전달의 내용을 객관적이며 계량적으로 전환하는 연구방법이다. 예를 들어, 어떤 사회복지정책에 대한 언론의 태도를 알기 위해, 각 언론사가 일정 기간 동안 보도한 자료들에서 긍정적인 기사의 양과 부정적인 기사의 양을 비교한다거나, 대통령이 사회복지에 대해 중요도를 얼마나 부여하는가를 알기 위해, 대통령의 연설문에서 사회복지가 언급된 횟수, 언급된 위치 등을 조사하여 분석하는 경우가 내용분석법에 의한 연구라고 할 수 있다.

(1) 내용분석법의 목적

내용분석법의 목적은 크게 다음의 3가지로 나누어 볼 수 있다.

- 내용분석법은 의사전달의 특징에 대한 추론을 위해 사용된다. 의사전달의 특징에 대한 추론은 둘 혹은 그 이상의 주체들의 의사소통을 비교하거나, 한 주체의 의사소통을 시간적 흐름에 따라 비교하거나, 동일 내용에서 변수들 간의 관계를 살펴보는 등의 방법을 통해 추론할 수 있다.

  사례 사회복지관의 사회복지사와 병원의 의료사회복지사의 업무 내용을 범주화하여 비교한다면, 이는 두 주체들의 의사소통을 비교하는 것이고, 특정 사회복지관의 과거 10년 동안의 업무내용 일지를 범주화하여 분석하는 것은 한 주체의 의사소통을 시간적 흐름에 따라 비교하는 내용분석법이 될 것이다.

- 내용분석법은 의사전달의 원인에 대한 추론을 위해 사용된다.

  사례 클라이언트의 인성, 태도, 동기와 같은 심리적 특징의 원인에 대한 추론을 위해 클라이언트의 일기, 자서전 또는 편지 등을 가지고 내용분석을 하는 경우이다.

- 내용분석법은 의사전달의 효과에 대한 추론을 위해 사용된다.

  사례 사회복지사가 특정 개입방법이 클라이언트의 우울증에 미친 영향을 파악하기 위해 클라이언트에 대한 기록을 내용분석을 통해 추론할 수 있다.

(2) 내용분석법의 특징

- 의사전달의 내용(메시지)이 분석 대상이다. 어떤 메시지를 누가, 언제, 무엇을, 왜, 어떻게 의사전달을 했느냐의 문제에 대해 답을 찾아가는 연구방법이다.
- 문헌연구의 일종이다. 문헌이란 문자로 기록된 자료로서 방송, 영화, 그림, 사진, 만화 등도 내용분석의 대상이 될 수 있다.
- 메시지의 현재적인 내용뿐만 아니라 잠재적인 내용도 분석의 대상이 된다. 현재적인 내용이란 분명하게 파악할 수 있는 내용을 말하고 잠재적인 내용이란 메시지의 내부에 숨어 있는 표면적인 의미를 말한다.
- 객관성, 체계성, 일반성 등 과학적 연구방법의 요건을 갖추어야 한다. 객관성이란 연구자의 개인적인 특성이나 편견이 개입되어서는 안 되며 다른 연구자가 반복해 연구를 하여도 같은 결과가 나와야 한다는 것이다. 체계성이란 분석 대상을 선정하고 평가하는 과정에서 적절한 절차와 동일한 방식을 적용하여야 한다는 것이다. 일반성이란 연구 결과가 이론적인 관계성을 가져야 한다는 의미이다.
- 내용분석은 양적인 분석방법과 질적인 분석방법 모두를 사용하고 있다.

(3) 내용분석법의 장점

- 가치, 태도, 창의성, 권위주의, 인간성 등 다양한 심리적 변수를 효과적으로 측정할 수 있다.
- 다른 관찰 또는 측정방법에 대한 타당성 여부에 대한 조사를 위해서도 사용될 수 있다.
- 다른 조사방법과 함께 사용이 가능하다. 실험조사의 결과라든가 또는 개방형 질문의 응답내용 등에 대한 내용분석이 가능하다.
- 내용분석의 소재인 기존자료들은 일반적인 연구방법에 있어서는 흔히 무시되고 있으나, 내용분석에 있어서는 중요한 정보를 제공한다.
- 안정성과 융통성이 있고 장기간에 걸쳐 일어난 과정의 연구할 수 있으며, 자료의 수정 및 반복이 가능하다.

- 비관여적인 장점, 즉 연구자가 연구대상에 영향을 미치지 않고, 조사 자체에 대한 반응이 없다.
- 직접적으로 자료를 수집하는 방법에 비해 시간과 비용 면에서 경제적이다.

(4) 내용분석법의 단점

- 내용분석을 수행하는데 시간, 비용, 인력이 많이 들어 비효율적이다.
- 기록된 의사전달 자료에만 의존해야 한다.
- 자료수집상의 타당도는 확보할 수 있지만, 실제적인 타당도를 확보하기 어렵다.
- 자료를 구하는데 제한이 많은 경우가 있다.

2) 내용분석법의 범주 및 분석단위

(1) 내용분석법의 범주

분석 내용의 범주는 분석하고자 하는 내용의 전체를 분석하고자 하는 기준 또는 분류 기준을 말한다. 예를 들어, 대통령의 연설문을 분류하고 연구하는데 있어 "경제성장"과 "사회복지"를 범주로 두어 어떤 주제나 내용을 가진 연설은 "경제성장", 어떤 것은 "사회복지" 범주로 분류하여 각 범주별로 양적·질적 차이를 연구할 수 있다. 또는 신문 기사를 분석하고자 할 때, 어떤 주제나 내용들을 가진 기사는 "복지증진에 대해 찬성하는 기사", 어떤 것은 "복지증진에 대해 중립적인 기사", "복지증진에 대해 반대하는 기사" 등으로 유형을 정해 기사들을 각 유형별로 분류할 수 있다.

내용분석법의 범주 설정시 유의해야 할 점은 분석내용의 범주는 연구목적에 적합하게 되어야 하고, 포괄적이어야 하고 상호 배타적이어야 한다. 또한 적절한 범주 설정을 위해서는 문헌 주제에 대한 사전지식이 중요하다.

Ole R. Holsti

홀스티(Ole R. Holsti)가 제시한 "무엇을 전하고 있는가?"와 "어떻게 전하는가?"의 분석 범주는 다음과 같다.

- "무엇을 전하고 있는가?(What is said)"의 분석 범주
  - 주제 : 의사전달의 주요 내용
  - 방향 : 내용을 어떻게 다루는가(긍정적/부정적, 호의적/악의적, 강한가?/약한가? 등)
  - 표준(기준) : 내용의 방향 판단에 근거가 되는 기준
  - 가치 : 가치, 욕망, 목표 등의 표출
  - 방법 : 목표달성을 위해 사용된 방법
  - 특성 : 사람들의 묘사에 사용된 특성들
  - 행위자 : 특정 행위를 하는 사람
  - 권위자 : 누구의 이름으로 그러한 말을 했는가?
  - 원천 : 의사전달의 기원, 소식통, 정보의 원천
  - 장소 : 행위가 일어난 장소
  - 갈등 : 갈등이 있다면 그 원인과 수준
  - 종결 : 갈등의 종결이 비극적인가, 불분명한가, 행복한 결말인가?
  - 시간 : 행위가 언제 일어났는가?

- "어떻게 전하는가?(How it is said)"의 분석 범주
  - 의사전달의 형식이나 유형 : 의사전달의 매체는 무엇인가?(라디오, 신문, 연설, TV 등)
  - 진술의 형식 : 의사전달 문법적, 문장구성적 형식은 어떤 것인가?
  - 고안물(수단) : 수사나 선전방법 등 특별한 표현의 고안물을 쓰고 있는가?

(2) 내용분석법의 분석단위

내용분석법의 분석단위는 연구문제와 관련해서 내용 범주에 넣어서 집계하고, 기술적 또는 설명적으로 진술할 수 있는 의사소통의 단위를 말한다.

분석단위에는 기록 단위(Recording Unit)와 맥락 단위(Context Unit)가 있는데, 기록 단위는 기록만 함으로써 자료가 수집되는 최소한의 단위를 말하고, 맥락 단위는 기록단위의 성격을 좀 더 명확하게 하기 위해 검토하는 단위라고 할 수 있다.

예를 들어, "복지의식"이라는 범주에 해당하는 기록 단위를 단어로 설정하여 그 범주에 들어가는 단어 중 하나로 "공동체"라는 것을 정했다. 그런데, "공동체"라는 단어가 쓰였다고 모두 "복지의식"과 관련된 것은 아닐 수 있기 때문에 그 단어가 쓰인 문장이나 혹은 주제의 맥락에 따라 판단해야 하고, 이러한 맥락의 단위를 사전에 설정해 두고 그에 따라 판단하는 것이 필요하다. 맥락 단위는 최소한 기록 단위보다 더 큰 것이어야 한다. 분석단위로는 단어, 주제, 인물, 문장이나 단락, 항목, 공간 또는 시간 등이 사용된다.

- 단어:단어는 가장 작은 분석단위이다. 단어는 경계가 명확해서 구분이 되기 쉽다는 장점이 있는 반면, 표본이 방대하면 양이 많아 다루기 어렵고 맥락에 따라 그 의미가 달라지는 단점이 있다.
- 주제:주제는 문헌기록이 주장하는 내용이거나 도덕적 목적을 말한다. 주제는 유용한 분석단위이지만 단위의 경계를 정하는 것이 어렵고 주관적이며, 한 문장 또는 한 본문에 여러 주제가 내포되어 있을 수도 있다. 대량의 자료를 다룰 때 유용한 분석단위가 될 수 있다.
- 인물:주로 희곡, 소설, TV드라마, 영화 등의 자료를 다룰 때 사용된다. 기록단위는 특정한 사람이며, 범주들의 각각에 해당하는 사람의 수가 기록된다. 예를 들어, TV 드라마에서 백인, 흑인, 동양인 등의 범주에 속하는 인물이 각각 얼마나 등장하는가를 분석의 단위로 기록할 수 있다.
- 문단(문장)과 단락:문장이나 단락은 형태적으로 구분하기 쉽다는 장점이 있

지만, 하나 이상의 주제를 담은 문장이 있을 수 있기 때문에 어느 하나의 범주에 명확하게 속하기 어려운 단점이 있다.

- 사항(항목/품목): 사항은 어떤 의사소통 전체의 단위로서 예를 들면 책 한 권, 수필 한편, 하나의 드라마, 논문 한 편 등을 분석단위로 사용할 수 있다.
- 공간 또는 시간: 인쇄물의 지면이나 방송의 시간도 분석의 단위가 된다. 예를 들면, 신문기사의 경우 사회면에 실렸는지 정치면에 실렸는지, 방송이 저녁 시간대인지 낮 시간대인지 등이 분석의 단위가 될 수 있다.

3) 내용분석법의 절차

내용분석법은 다음과 같은 절차에 의해 연구되는 방법이다.

❶ 연구문제 설정: 연구문제를 설정한다.

❷ 가설설정 및 개념정의: 연구문제에 잠정적인 해답을 제공할 수 있는 가설을 설정하고, 가설상의 개념을 경험적으로 측정할 수 있도록 조작적으로 정의한다.

❸ 문헌자료의 모집단 규정: 모집단은 연구문제를 해결하는데 도움을 줄 수 있는 모든 의사소통기록물을 말한다.

❹ 문헌자료의 표본추출: 표본추출단계에서 먼저 표집단위와 사례 수를 결정하고, 그 다음 확률표집법에 의해 표본을 추출한다. 표집단위는 구, 문장, 절, 장, 책 전체, 작가 등이 될 수 있고, 어떤 수준에서도 표집이 가능하다. 또한 모집단의 시간적으로 연속된 정기적인 기록물일 경우 시간단위별로 표집할 필요가 있다.

❺ 분석내용의 범주설정: 분석내용의 범주는 분석하고자 하는 내용 전체를 분석하는 기준 또는 분류항목으로서 연구목적에 적합하여야 하고, 포괄적이어야 하며, 또한 상호배타적이어야 한다.

❻ 분석단위의 규정: 분석단위는 내용범주 내에서 실제로 분석에 사용할 수 있는 의사소통의 단위이다. 분석단위는 단어, 주제, 인물, 문단, 품목, 공간으로 나눌 수 있다.

❼ **계량화 체계 구축**: 내용분석은 질적인 자료를 양적으로 계량화하여 분석하는 것이다. 계량화를 위한 체계로는 시간-공간 체계(할애된 지면 또는 시간), 출현체계, 빈도체계, 강도체계 등이 있다.

❽ **부호화**: 계량화 체계에 따라 내용을 부호화(Coding)한다. 부호화는 대체로 분석단위와 일치한다.

❾ **신뢰도 및 타당도 검증**: 신뢰도는 같은 내용을 한 사람이 여러 번 반복하거나 여러 사람이 각각 분석했을 때, 동일한 결과를 가져오는 정도를 말한다. 타당도는 측정방법이 본래 목적으로 하였던 것을 정확하게 측정해 내는 정도를 말한다.

❿ **자료의 분석 및 해석**: 계량화된 자료를 통계분석방법을 이용하여 분석하고, 그 결과를 해석한다

Q 연습문제

서술형

01. 자료수집과정에서 수집된 1차 자료와 2차 자료에 대해 예를 들어 설명하시오.

02. 자료의 체계화와 공개 정도에 따른 집중집단면접법, 심층면접법, 통각시험법, 역할행동법, 만화완성법, 문장완성법, 단어연상법에 대해 간략하게 설명하시오.

03. 자료수집의 선택기준에 대해 간략하게 설명하시오.

04. 설문지를 이용하는 이유와 설문지의 구성 요소를 간략하게 설명하시오.

05. 설문지의 작성과정을 단계별로 간략하게 설명하시오.

06. 서베이 조사란 무엇이며, 그 장단점을 간략하게 설명하시오.

07. 관찰 조사란 무엇이며, 그 장단점을 간략하게 설명하시오.

08. 관찰 조사의 유형인 조직적 관찰·비조직적 관찰, 참여 관찰·준참여 관찰·비참여 관찰, 직접 관찰·간접 관찰, 공개적 관찰·비공개적 관찰, 인간의 관찰·기계의 관찰에 대해 간략하게 설명하시오.

09. 관찰의 내용 중 관찰 목록, 관찰 패러다임, 관찰단위의 크기, 관찰 시점, 관찰 기록에 대해 간략하게 설명하시오.

10. 관찰 조사의 타당도와 신뢰도에 대해 간략하게 설명하시오.

11. 관찰조사과정에서 발생할 수 있는 오류의 종류에 대해 간략하게 설명하시오.

12. 우편 조사의 장단점을 설명하고, 우편조사에 영향을 미치는 요인들에 대해 간략하게 설명하시오.

13. 면접 조사의 장단점을 설명하고, 면접을 위한 일반적인 원칙에 대해 간략하게 설명하시오.

14. 온라인 조사란 무엇이며, 어떠한 특징을 가지고 있는지를 간략하게 설명하시오.

15. 인터넷 조사란 무엇이며, 그 장단점을 간략하게 설명하시오.

16. 내용분석법이란 무엇이며, 그 목적과 특징, 그리고 장담점을 간략하게 설명하시오.

17. 홀스티(Ole R. Holsti)가 제시한 내용분석법의 범주에 대해 간략하게 설명하시오.

18. 내용분석법의 분석단위인 단어, 주제, 인물, 문단과 단락, 사항, 공간 또는 시간에 대해 간략하게 설명하시오.

19. 내용분석법의 절차를 단계별로 간략하게 설명하시오.

Q 연습문제

괄호형

01. 모집단을 대상으로 추출된 표본에 대해서 설문지 같은 표준화된 조사도구를 사용하여 직접 질문함으로써 필요한 자료를 수집하는 방법은 (　　)조사다.

02. 서베이 방법의 경우 분석단위는 (　　)이기 때문에 광범위한 사회적 맥락을 다루기 어려우며 모든 응답자를 대상으로 구성하기 때문에 특수한 집단을 대상으로 한 질문은 누락될 수 있다.

03. 설문조사에서 응답범주가 구체화되지 않은 채 질문만 던지는 형태로 어떤 상황에 대한 탐색시 유리하나 응답률이 낮고 외적 타당성이 감소할 수 있는 질문 형태는 (　　) 질문이다.

04. 본 조사를 수행하기 전에 동일한 절차와 방법으로 일정한 수의 사람들을 대상으로 질문지가 잘 구성되었는지를 시험하는 것은 (　　)(이)다.

05. 우편조사는 다른 자료수집방법에 비해 (①)과 (②)을 절약할 수 있고, 면접자의 (③)을 배제할 수 있는 장점이 있다.

06. 우편조사 시 문제가 될 수 있는 것은 낮은 (　　)과 응답자 자신이 직접 응답했는지 여부에 대한 통제가 불가능하다는 점이다.

07. 면접조사는 질문문항과 순서, 내용이 정해져 있는 (①)된 면접이 있는 반면 연구문제 범위만 정하고 질문의 순서나 내용은 정하지 않은 (②)된 면접이 있다.

08. 개방형 질문이 많으며 숙련된 면접자를 필요로 하는 면접은 (　　　)된 면접으로 타당도가 높으며 융통성이 발휘될 수 있는 장점이 있다.

09. (　　)조사는 설문지를 전자우편 형태로 작성하여 다수의 사용자들에게 발송하여 진행하는 조사방법이다.

10. 연구대상의 무의식적인 행동과 같은 비언어적 행동에 대한 자료수집이 용이한 방법은 (　　) 이다.

11. (　　)은 과거 행동의 결과로 나타난 문헌이나 물리적인 흔적을 관찰하는 방법이다.

12. (　　)은 조사자의 신분을 밝히지 않고 관찰대상인 집단의 일부가 되어 사회적 과정에 완전히 참여하면서 동시에 관찰하는 방법이다.

13. 관찰의 (　　)를 높이기 위해서는 같은 형태나 유사한 형태에 대해서는 동일한 용어로 기록 및 평가하도록 한다.

14. 신문사설, 일기, 편지 등 의사소통의 기록물을 분석의 대상으로 조사하는 방법은 (　　)이다.

15. 내용분석 시 가장 작은 분석단위는 (　　)(이)다.

해답

1. 서베이　2. 개인　3. 개방형　4. 사전검사　5. ①비용 ②시간 ③편견
6. 회수율　7. ①구조화②비구조화　8. 비구조화　9. 전자우편
10. 관찰법　11. 간접관찰　12. 참여관찰　13. 신뢰도　14. 내용분석
15. 단어

Q 연습문제

진위형

01. 서베이 방법은 자료의 범위가 넓어 일반화의 수준이 높으며, 동일한 자료를 이용하여 다양한 주제에 대해 연구할 수 있는 장점이 있다.

02. 설문조사에서 질문문항은 명확해야 하며, 가급적 길게 질문하여 가능한 자세한 정보를 얻도록 한다.

03. 사전검사는 탐색적 조사의 성격을 띤 현지조사다,

04. 면접조사와 비교했을 때 우편조사의 장점은 응답자의 익명성을 보장한다는 것이다.

05. 집단의 역동성을 통한 집단구성원들의 다양한 모습에 대해서 자료를 수집하는 집단면접조사에서는 비구조화된 면접조사방법을 주로 이용한다.

06. 인터넷조사는 비용이 절약되며, 24시간 조사가 가능하다는 장점이 있지만, 표본의 대표성 문제가 제기될 수 있다.

07. 인위적 관찰은 조사결과의 일반화가 용이하지만 행동이 일어나는 시점까지 기다려야 한다는 단점이 있다.

08. 물건의 마모정도를 기초로 관찰하는 마모측정은 간접 관찰의 한 방법이다.

09. 관찰자의 역할에 있어서 조사대상 집단에 완전히 참여하고, 연구조사를 위한 참여를 알리지 않는 것을 완전참여자라고 한다.

10. 관찰조사의 타당도를 높이기 위해서는 가능한 한 명이 관찰하는 것이 정확하다.

11. 내용분석은 질적인 내용을 양적 과정으로 바꾸는 작업으로, 연구대상에 대한 자료를 직접적으로 수집한다.

12. 내용분석의 분석 대상은 내용 속에 숨어있는 암묵적·잠재적 내용도 포함된다.

13. 내용분석법은 양적인 분석방법만을 사용한다.

14. 내용분석법은 객관성, 체계성, 일반성 등 과학적 연구방법의 요건을 갖추어야 한다.

15. 인쇄물의 지면이나 방송의 시간은 분석단위가 될 수 있다.

16. 내용분석은 연구자가 연구대상에 영향을 미치지 않고, 조사 자체에 대한 반응이 없는 비관여적인 연구이다.

17. 내용분석법은 직접적으로 자료를 수집하는 방법에 비해 시간과 비용면에서 경제적이다.

18. 내용분석법은 자료수집상의 타당도는 확보할 수 있지만, 실제적인 타당도를 확보하기 어렵다.

해답

1. ○	2. X	3. X	4. ○	5. ○
6. ○	7. X	8. ○	9. ○	10. X
11. X	12. ○	13. X	14. ○	15. ○
16. ○	17. X	18. ○		

Q 연습문제

선택형

01. 질문지 작성 원칙으로 적절하지 않은 것은?

① 흥미를 갖게 할 수 있는 질문을 앞에 배치한다.
② 민감한 질문은 뒷부분에 배치한다.
③ 신뢰도를 검사하는 질문은 서로 떨어뜨린다.
④ 특수한 것보다 일반적인 것을 먼저 묻는다.
⑤ 일정한 유형의 응답경향을 확인할 수 있도록 문항을 집중 배치한다.

해설 비슷한 형식과 내용의 문항들을 집중 배치하게 되면 일정한 유형의 응답경향이 생기는데, 이를 조사에서는 고정 응답(응답군, Response Set)이 형성된다고 표현한다. 이는 측정과정에서 체계적 오류를 유발하는 편향의 문제를 낳게 되므로 피하는 것이 좋다.

02. 질문지 작성의 일반적인 원칙 중 다음 문항이 위배하고 있는 것은?

> 부모 잃은 불쌍한 아이들을 돌봐주기 위해 아동생활시설이 우리 구에 설립되는 것에 대해 찬성하십니까?
> ① 찬성 ② 반대

① 논리성　② 가치중립성　③ 범주의 상호배타성
④ 이중질문 배제　⑤ 표현의 명확성

해설 이 사례는 유도질문에 해당하는 사례다. 질문의 지시문에 가치편향적인 표현을 사용하면 응답의 편향을 일으켜 체계적 오류를 발생시킬 수 있다. 따라서 질문을 구성할 때는 유도질문을 피하고 가치중립적인 용어를 사용해야 한다.

03. 서베이(Survey)에서 우편설문법과 비교한 대인면접법의 특징으로 옳지 않은 것은?

① 비언어적 행위의 관찰이 가능하다.
② 대리 응답의 가능성이 낮다.
③ 질문 과정에서의 유연성이 높다.
④ 응답 환경을 구조화하기 어렵다.
⑤ 표집 조건이 동일하다면 비용이 많이 든다.

해설 우편으로 설문을 보내는 경우 응답자가 어떤 환경 속에서 응답하는지를 조사자가 확인할 수도, 통제할 수도 없다. 이에 비해 대인면접법은 직접 만나 면대면으로 질문과 응답을 주고받기 때문에 응답 환경을 통제하고 구조화하기가 훨씬 수월하다.

04. 설문지 작성에 관한 설명으로 옳지 않은 것은?

① 개방형 질문은 포괄적이면서 상호배타적이어야 한다.
② 신뢰도를 파악하기 위한 문항은 서로 떨어뜨려 놓는다.
③ 질문은 간결할수록 좋다.
④ 부정적인 문항은 피하는 것이 좋다.
⑤ 사전검사(Pre-test)에 참여한 사람은 본조사에 참여해서는 안 된다.

해설 포괄성과 상호배타성은 폐쇄형 질문의 응답 범주를 구성할 때 지켜야 할 원칙이다.

05. 질문지를 작성할 때 고려해야 할 사항으로 옳은 것을 고른 것은?

ㄱ. 연구목적과의 관련성
ㄴ. 개별 문항들의 기여성
ㄷ. 문항 작성의 적절성
ㄹ. 개념적 정의 및 조작적 정의의 부합성

① ㄱ, ㄴ, ㄷ
② ㄴ, ㄷ, ㄹ
③ ㄱ, ㄷ
④ ㄴ, ㄹ
⑤ ㄱ, ㄴ, ㄷ, ㄹ

해설 질문지를 작성할 때는 연구목적과의 관련성, 조사문제 및 가설과의 관련성, 조사대상과의 관련성, 개별 문항들의 기여성, 문항 작성의 적절성, 개념적 정의 및 조작적 정의와의 부합성 등을 고려해야 한다.

06. 질문지를 작성할 때 고려할 사항으로 옳은 것은?

① 만약을 위해 조사문제와 관련이 없는 문제를 포함시키는 것이 좋다.
② 개념의 이론적·조작적 정의에 부합하지 않는 질문은 포함시키지 않아야 한다.
③ 질문지 작성은 조사문제가 아니라 응답자를 기준으로 해야 한다.
④ 개별 문항이 잘 작성되었다면 문항의 정렬 방식은 중요하지 않다.
⑤ 응답자가 조사목적을 알아채지 못하도록 질문지를 구성해야 한다.

해설 질문지는 조사문제, 개념의 이론적 정의 및 조작적 정의에 부합하게 구성되어야 한다.

07. 질문지 작성에 관한 설명으로 옳지 않은 것은?

① 구체적이고 특수한 질문은 피하는 것이 좋다.
② 응답자의 수준을 고려하여 문항을 구성해야 한다.
③ 질문은 논리적으로 정렬해야 한다.
④ 음주, 마약, 매춘 등 응답자가 응답하기 난처한 질문은 단도직입적으로 질문하지 않는다.
⑤ 개방형 질문은 응답자의 응답 범주를 파악하기 어려울 때 사용한다.

해설 질문지를 작성할 때는 명확하고 구체적이며 특수한 질문을 사용하는 것이 좋다. 다만, 일반적인 것을 먼저 묻고 특수한 질문은 뒤에 묻는다.

08. 질문지 작성 과정으로 옳은 것은?

① 질문 내용 결정 → 질문 순서 결정 → 질문 형태 결정 → 사전검사
② 질문 형태 결정 → 사전검사 → 질문 내용 결정 → 질문 순서 결정
③ 질문 내용 결정 → 질문 형태 결정 → 질문 순서 결정 → 사전검사
④ 사전검사 → 질문 내용 결정 → 질문 형태 결정 → 질문 순서 결정
⑤ 사전검사 → 질문 형태 결정 → 질문 순서 결정 → 질문 내용 결정

해설 자료수집방법을 결정한 이후 설문지 작성 순서는 ① 연구목적 및 연구문제와 관련된 질문 내용 결정, ② 질문 내용에 따라 질문 형태 및 질문 방법 결정, ③ 질문의 어구 및 순서 구성, ④ 질문 배열 및 설문 표지 작성, ⑤ 사전검사를 거쳐 설문지 수정, ⑥ 설문지 인쇄이다.

09. 다음 설문 문항에 관한 설명으로 옳지 않은 것은?

> 1. 귀하의 성별은 어떻게 되십니까? □ ① 남 □ ② 여
> 2. 귀하는 결혼하셨습니까? □ ① 예(2-1, 2-2번으로 이동) □ ② 아니오(3번으로 이동)
> 2-1. 자녀는 몇 명입니까? ( )명 ※ 자녀가 없으면 0이라고 기입하시면 됩니다.
> 2-2. 결혼하신지 몇 년 정도 되셨습니까?
> □ ① 1년 미만 □ ② 1년 이상 3년 미만 □ ③ 3년 이상 5년 미만 □ ④ 5년 이상

① 이 설문에 포함된 변수는 총 4개이다.
② 이 설문에는 등간변수가 포함되지 않는다.
③ 이 설문에는 행렬형 질문이 포함되어 있다.
④ 이 설문에는 수반형 질문이 포함되어 있다.
⑤ 마지막 질문은 포괄성과 상호배타성의 원칙을 준수하였다.

해설 이 설문에는 성별(명목변수), 결혼여부(명목변수), 자녀 수(비율변수), 결혼기간(서열변수)의 4변수가 포함되어 있다. 행렬형 질문은 다음과 같이 문항 내용과 응답범주를 행렬표를 이용해 제시함으로써 지면을 절감하는 구성방식으로 이 설문에서는 이용되지 않았다.

※ 행렬형 질문 형식의 예

내용	전혀 그렇지 않다	대체로 그렇지 않다	보통이다	대체로 그렇다	항상 그렇다
1. 나는 내가 다른 사람들처럼 가치 있는 사람이라고 생각한다.					
2. 나는 좋은 성품을 가졌다고 생각한다.					
3. 나는 대체적으로 실패한 사람이라는 느낌이 든다.					

10. 질문지의 앞부분에 들어갈 질문으로 적절한 것은?

① 흥미로운 질문
② 개인의 인적사항이나 사적 정보를 묻는 질문
③ 특수한 내용을 묻는 질문
④ 개방형 질문
⑤ 연구와 관련성이 적은 질문

해설 질문지의 앞부분에는 흥미롭고 답하기 쉬운 질문이나 일반적인 질문을 배치한다.

11. 설문지의 질문 배열에 관한 설명으로 옳은 것은?

① 시작에는 질문은 쉽고 흥미를 유발할 수 있어야 한다.
② 비슷한 유형의 질문은 모두 한곳에 모아서 질문하도록 한다.
③ 특수한 내용을 먼저 묻고, 다음에 일반적인 것을 묻도록 한다.
④ 인적사항이나 사생활에 대한 질문은 앞부분에서 묻는다.
⑤ 민감한 질문이나 개방형 질문은 앞부분에 배치한다.

해설 응답이 쉽고 흥미를 유발할 수 있는 질문에서 시작하는 것이 좋다.

12. 폐쇄형 질문의 장점이 아닌 것은?

① 응답하기 편하여 응답률이 증가한다.
② 예비검사나 탐색적 조사에 용이하다.
③ 응답이 표준화되어 있어 비교하기 쉽다.
④ 응답을 부호화하고 분석하기 쉽다.
⑤ 소득이나 교육 정도같이 응답하기 꺼리는 민감한 질문의 경우에 응답률을 높일 수 있다.

해설 예비검사나 탐색적 조사에 용이한 것은 개방형 질문이다. 개방형 질문은 연구자가 연구하고자 하는 표본에 대한 정보를 갖고 있지 못할 때 유용하다.

13. 개방형 질문의 단점은?

① 답을 모르거나 의견이 없는 응답자가 적당한 답을 추측하여 응답하기 쉽다.
② 제시된 답이 제한적이므로 응답자가 생각하는 답이 없는 경우 답을 대충 선택할 수 있다.
③ 응답하는데 시간과 노력이 많이 들어 응답률이 감소한다.
④ 너무 많은 응답 카테고리가 있어 모두 나열하기 곤란한 경우가 있다.
⑤ 질문의 의미가 달리 해석되었는지 확인하기 어렵다.

해설 개방형 질문의 단점
응답에 시간이나 노력이 많이 소요되어 응답률이 낮다.
자료의 분석과 해석에 시간이 많이 걸린다.
통계적인 처리가 어렵다.
응답을 해석하는 과정에서 연구자의 편견이 개입될 가능성이 있다.

14. 면접조사와 비교했을 때 우편조사가 갖는 장점은?

① 환경을 통제할 수 있다.
② 문제를 정확히 전달할 수 있다.
③ 익명성을 보장할 수 있다.
④ 추가적인 정보를 수집할 수 있다.
⑤ 융통성이 있다.

해설 면접조사는 익명성을 보장하기 어렵지만, 우편조사는 익명성을 보장할 수 있다.

※ 면접조사와 우편조사의 특징 비교

해설 면접조사	우편조사
익명성을 보장하기 어렵다. 회수률이 높다. 응답 환경을 통제하기에 용이하다. 문제를 정확히 전달할 수 있다. 추가 정보를 수집하기 좋다. 융통성이 높다. 비용과 시간이 많이 든다.	익명성을 보장할 수 있다. 회수률이 낮다. 응답 환경을 통제하기 어렵다. 문제를 정확히 전달하기 어렵다. 추가 정보 수집이 어렵다. 융통성이 떨어진다. 비용과 시간이 적게 든다.

15. 비구조화된 면접의 장점은?

> ㄱ. 융통성이 있다.
> ㄴ. 조사 대상 문제에 대한 사전 지식이 희박할 때 유용하다.
> ㄷ. 연구자가 마치 고려하지 못했던 새로운 변수를 면접 과정에서 발견할 수 있다.
> ㄹ. 질문 문항, 면접 기록, 내용상의 차이를 줄일 수 있다.

① ㄱ, ㄴ, ㄷ　② ㄱ, ㄷ　③ ㄴ, ㄹ
④ ㄹ　⑤ ㄱ, ㄴ, ㄷ, ㄹ

해설 비구조화 면접은 비지시적 면접, 비표준화 면접이라고도 불리며, 연구할 문제의 범위만 결정하고 질문의 순서나 내용은 미리 정하지 않는 방식이다. 비구조화 면접의 장점은 융통성이 있고(ㄱ), 형식에 얽매이지 않으므로 보다 많은 자료를 얻을 수 있어 연구자가 미처 고려하지 못했던 새로운 변수를 발견할 가능성에 열려 있다는 점이다(ㄷ). 조사 대상 문제에 대한 사전 지식이 희박할수록 비구조화 면접을 통한 자료수집 방식이 유용하다(ㄴ).

16. 비구조화 면접에 비해 구조화된 면접이 갖는 장점으로 옳은 것은?

① 신뢰도가 높다.
② 타당도가 높다.
③ 융통성이 크다.
④ 면접자의 재량을 허용한다.
⑤ 숙련된 면접자에게 적합하다.

해설 구조화된 면접(표준화 면접)은 응답자에 따른 질문 내용, 기록 방식 등의 차이가 적어 조사의 일반성을 유지하기 좋다. 즉, 신뢰도를 높일 수 있다.

17. 면접조사의 장점이 아닌 것은?

① 높은 응답률을 기록할 수 있다.
② 환경 통제의 가능성이 높다.
③ 면접자의 편의에서 자유롭다.
④ 질문 순서를 통제할 수 있다.
⑤ 무응답 가능성을 줄일 수 있다.

해설 면접조사는 면접자의 편의(편향, Bias)에서 자유롭지 못하다는 단점을 갖는다. 이를 면접자 효과(면접자가 자료수집 과정과 결과에 영향을 미치게 되는 것)를 통제하기 어렵다고 표현하기도 한다.

18. 우편질문지 회수율에 관한 설명으로 옳지 않은 것은?

① 휴가철이나 명절 기간 등 쉬는 기간이 길 때 질문지를 우송하는 것이 좋다.
② 질문지 종이의 질과 색깔 등은 우편질문지 회수율에 영향을 미친다.
③ 안내서신은 응답자의 응답 의지를 유도하는데 중요한 역할을 한다.
④ 질문지 발송 후 일주일이나 열흘 정도 기다렸다가 응답률이 낮으면 후속 서신을 보내는 것이 좋다.
⑤ 회수율을 높이기 위해 연구의 목적과 성격을 설명하고, 응답자의 협력을 구하는 겉표지를 마련한다.

해설 질문지 우송 시기로 휴가철이나 상당히 긴 연휴나 명절 기간은 피하는 것이 좋다.

19. 자료수집 방법에 관한 설명으로 옳지 않은 것은?

① 우편조사는 인터넷 조사에 비해 비용이 많이 든다.
② 면접조사는 전화조사에 비해 시간이 많이 든다.
③ 인터넷 조사에서는 시각 보조 자료의 활용이 가능하다.
④ 우편조사는 면접조사에 비해 응답률이 높다.
⑤ 면접조사는 다른 조사에 비해 라포(Rapport) 형성이 용이하다.

해설 우편조사는 응답률이 면접조사에 비해 크게 떨어진다는 단점을 갖는다.

20. 다음은 어떤 자료수집방법의 특징인가?

> 설문 발송과 회수에 따른 비용이 거의 들지 않는다.
> 자료 입력이 편하다.
> 후속 독촉이 용이하다.
> 응답자와 설문 대상자가 일치하는지 확인하기 어렵다.

① 면접조사
② 전자서베이
③ 관찰
④ 내용분석
⑤ 우편설문

해설 전자서베이는 우편설문보다 비용이 훨씬 적게 들며, 자료 입력이 편하고 후속 독촉이 용이하다. 대면면접과 달리 실제 대상자가 응답했는지는 확인하기 어렵다.

21. 관찰법의 특징으로 옳은 것을 모두 고른 것은?

ㄱ. 종단분석이 가능하다.
ㄴ. 응답 과정에 발생할 수 있는 오류를 줄여준다.
ㄷ. 주관성이 개입될 수 있다.
ㄹ. 가설 검증에 유용하다.

① ㄱ, ㄴ, ㄷ ② ㄱ, ㄷ, ㄹ ③ ㄴ, ㄷ, ㄹ
④ ㄱ, ㄷ ⑤ ㄱ, ㄴ, ㄷ, ㄹ

해설 관찰은 종단분석에 필요한 자료를 산출하는데 유용하며, 우편조사나 면접조사에 비해 응답하는 과정에서 발생할 수 있는 오류를 줄여준다. 자연스러운 환경 속에서 융통성 있는 조사가 가능하지만 관찰자의 주관적 판단이 자료수집 과정에 개입할 수 있다는 단점이 있다.

22. 관찰의 타당도를 높이는 방법이 아닌 것은?

① 관찰자를 충분히 훈련한다.
② 가급적 한 명의 관찰자가 관찰을 담당한다.
③ 사실과 해석을 구분하여 기록하도록 한다.
④ 기록을 동료에게 점검받는다.
⑤ 유사한 내용은 동일한 용어로 처리한다.

해설 관찰조사의 타당도를 높이기 위해서는 가급적 두 사람 이상의 관찰자를 활용하는 것이 좋다.

23. 1차 자료에 관한 설명으로 옳은 것을 모두 고른 것은?

ㄱ. 자료수집에 소요되는 비용이 저렴하다.
ㄴ. 연구자의 연구목적에 보다 부합하는 자료를 찾을 수 있다.
ㄷ. 보통 2차 자료를 수집하기 전에 연구목적과 부합하는 1차 자료를 확인한다.
ㄹ. 연구자가 직접 수집하는 자료이다.

① ㄱ, ㄴ, ㄷ ② ㄱ, ㄷ ③ ㄴ, ㄹ
④ ㄹ ⑤ ㄱ, ㄴ, ㄷ, ㄹ

해설 ㄴ : 1차 자료는 연구자가 자신의 연구목적에 맞게 직접 수집하는 자료이므로 2차 자료(다른 목적을 위해 기존에 누군가가 수집해 놓은 자료)에 비해 연구자의 목적에 부합한 자료를 찾을 수 있다.
ㄹ : 1차 자료는 연구자가 직접 수집하는 자료이고, 2차 자료는 기존에 누군가에 의해 수집된 자료이다.

24. 2차 자료에 관한 설명으로 옳지 않은 것은?

① 연구자의 연구목적과 다른 목적으로 만들어져 있는 자료이다.
② 검색을 통해 자료를 수집할 수 있다.
③ 우편설문이나 전자서베이 방법을 통해 수집할 수 있다.
④ 기존 자료(Available data)라고도 한다.
⑤ 연구자의 연구목적에 맞는 자료를 찾기가 쉽지 않다.

해설 우편설문, 대인면접, 전화조사, 전자서베이 등은 대표적인 1차 자료수집 방법이고, 2차 자료는 검색을 하거나 직접 문의하는 방법을 통해 수집되는 것이 일반적이다.

25. 2차 자료분석의 특징으로 옳지 않은 것은?

① 비교적 적은 비용으로 대규모 사례 분석이 가능하다.
② 자료의 결측값을 추적할 수 있다.
③ 자료를 직접 수집하지 않아도 된다.
④ 기존 데이터를 수정·편집해 분석할 수 있다.
⑤ 정부나 연구소 등의 통계자료를 활용할 수 있다.

해설 2차 자료의 가장 대표적인 예는 사회지표나 기관의 행정자료, 각종 정부 산하 연구소에서 제공하는 패널데이터이다. 이미 다른 누군가에 의해 자료수집이 이루어진 상태에서 익명 처리되어 제공되는 자료이므로 결측값(응답값이 빠져 있는 것)이 있어도 그것이 누구의 어떤 값인지 추적할 수 없다.

26. 우편조사의 장점에 해당하는 것끼리 옳게 묶인 것은?

ㄱ. 미취학 아동이나 어르신들 조사에 유용하다.
ㄴ. 응답률이 높다.
ㄷ. 질문과정의 유연성이 크다.
ㄹ. 면접자로 인해 발생할 수 있는 오류를 줄일 수 있다.

① ㄴ, ㄷ
② ㄱ, ㄴ
③ ㄷ, ㄹ
④ ㄱ, ㄹ
⑤ ㄹ

해설 우편조사는 면접자료로 인한 편견이 발생하지 않는다는 장점이 있다.

27. 내용분석(Content Analysis)의 분석단위에 관한 설명으로 옳은 것을 모두 고른 것은?

> ㄱ. 단어를 기록단위로 하면 자료수집 양이 많아진다.
> ㄴ. 모든 기록단위에서 맥락단위를 필요로 한다.
> ㄷ. 맥락단위는 기록단위보다 커야 한다.
> ㄹ. 기록단위는 맥락단위의 의미를 파악하는데 사용한다.

① ㄱ, ㄷ, ㄹ
② ㄱ, ㄷ
③ ㄱ, ㄴ, ㄷ
④ ㄷ
⑤ ㄱ, ㄴ, ㄷ, ㄹ

해설 ㄱ: 단어를 기록단위로 하면 자료수집 양이 많아진다는 단점이, 주제를 기록단위로 하면 주관적 판단이 개입될 수 있다는 단점이 있다.
ㄷ: 하나의 기록단위가 어떤 범주에 속하는가를 판단하려면 그 단위가 어떤 맥락에서 발견되었는지를 이해하는 것(맥락단위)이 중요하다. 맥락단위는 적어도 기록단위보다는 큰 것이어야 한다.

28. 내용분석에 관한 설명으로 옳지 않은 것은?

① 코딩 작업과 같은 수량화 과정을 포함한다.
② 비언어적인 연구이다.
③ 조사 대상에 대한 자료를 직접적으로 수집한다.
④ 실제적인 타당도 확보가 어렵다.
⑤ 질적 내용을 양적 내용으로 바꾸는 작업이다.

해설 내용분석은 조사 대상에 대한 자료를 간접적으로 수집하는 방법이다.

29. 다음 조사질문이 범하고 있는 문제를 모두 고른 것은?

조사질문 귀하가 살고 있는 지역의 복지수준에 대해 어떻게 느끼십니까?

① 매우 훌륭하게 느낀다. ② 종종 훌륭하다고 느낀다.
③ 좋은 편이라고 느낀다. ④ 가끔 열악하다고 느낀다.
⑤ 자주 열악하다고 느낀다. ⑥ 매우 열악하다고 느낀

ㄱ. 질문이 명확하지 않다. ㄴ. 유도질문을 하고 있다.
ㄷ. 응답범주가 상호배타적이지 않다. ㄹ. 이중질문을 하고 있다.

① ㄱ, ㄴ ② ㄱ, ㄷ ③ ㄷ, ㄹ
④ ㄴ, ㄹ ⑤ ㄷ

해설 응답자가 '살고 있는 지역'이라고 할 때, 여기서 지칭하는 지역의 범위가 어디까지인지가 불명확하다. 그리고 강도를 나타내는 '매우', '좋은 편' 등과 빈도를 나타내는 '종종', '가끔', '자주' 등의 표현이 혼재되어 응답범주 구성에서 상호배타성이 떨어진다. 즉, '종종 좋은 편이라고 느끼지만 가끔은 매우 열악하다'고 느끼는 응답자가 한 범주만 골라 응답할 수 없게 범주구성이 되어 있다.

30. 내용분석의 장점이 아닌 것은?

① 반응성으로 야기되는 문제가 거의 없다.
② 종단적인 분석이 가능하다.
③ 표본크기가 커도 분석에 소요되는 시간과 노력을 줄일 수 있다.
④ 자료수집에 드는 비용을 줄일 수 있다.
⑤ 다른 조사방법의 타당성 여부를 검토하기 위해 사용할 수 있다.

해설 내용분석은 표본의 크기가 커지면 분석에 소요되는 시간과 노력이 증가한다는 단점이 있다.

31. 자료수집방법에 관한 설명으로 옳은 것은?

① 내용분석은 1차 자료에 대한 분석이다.
② 자기기입식 설문은 면접설문보다 익명성을 보장할 수 있어 응답률이 높다.
③ 자기기입식 설문은 면접실문보다 응답의 결측치가 낮고 자료입력이 편리하다.
④ 내용분석에도 분석자료에 대한 확률표집을 할 수 있다.
⑤ 비관여적 조사는 장기간의 변화를 분석하고 비교하기 어렵다.

해설 내용분석은 분석의 대상이 사람이 아닌 의사소통의 기록물이라는 점에서 차이가 있을 뿐, 모집단을 규정한 후 표집과정(확률표집, 비확률표집 모두 가능)을 거쳐 표본에 대한 통계분석을 할 수 있다는 점에서는 차이가 없다.

32. 서베이 조사에 관한 설명으로 옳지 않은 것은?

① 면접조사는 우편조사에 비해 비언어적 행위의 관찰이 가능하다.
② 일반적으로 전화조사는 면접조사에 비해 면접시간이 길다.
③ 질문의 순서는 응답률에 영향을 줄 수 있다.
④ 폐쇄형 질문의 응답범주는 상호배타적이어야 한다.
⑤ 면접조사는 전화조사에 비해 비용이 높을 수 있지만 무응답률은 낮은 편이다.

해설 일반적으로 전화조사는 면접조사보다 면접시간이 짧다.

33. 2차 자료분석에 관한 설명으로 옳은 것을 모두 고른 것은?

ㄱ. 비관여적 방법이다.
ㄴ. 관찰대상에 대한 연구자의 영향이 크다.
ㄷ. 통계적 기법으로 자료의 결측값을 대체할 수 없다.
ㄹ. 신뢰도와 타당도에 관한 문제는 발생하지 않는다.

① ㄱ　② ㄱ, ㄷ　③ ㄱ, ㄷ, ㄹ
④ ㄴ, ㄷ, ㄹ　⑤ ㄱ, ㄴ, ㄷ, ㄹ

해설 2차 자료분석은 대표적인 비관여적(비반응적) 방법이다. 비관여적이라는 말은 관찰대상(조사대상)의 반응에 연구자가 관여하지 않는다(영향을 주지 않는다)는 의미이므로 (ㄴ)은 답이 될 수 없다.
2차 자료분석의 단점 중 하나는 이미 수집된 자료를 대상으로 분석하는 것이므로 원자료(Raw data)에서 누락된 변수의 결측값을 복구할 수 없다는 것이다. 그러나 통계적 기법을 통해 자료의 결측값을 대체할 수 있다. 결측값을 대체하는 다양한 통계적 기법들이 존재한다.
2차 자료분석의 또 다른 단점 중 하나는 자료의 신뢰도나 타당도를 알 수 없거나 자료의 신뢰도에 문제가 있을 수 있다는 점이다. 따라서 옳은 지문은 (ㄱ) 하나뿐이다.

34. 관찰법에 관한 설명으로 옳지 않은 것은?

① 행위가 일어나는 현장에서 즉시 자료수집이 가능하다.
② 관찰자의 주관성이 개입될 수 있다.
③ 비언어적 상황에 대한 자료수집이 가능하다.
④ 서베이에 비해 자료의 계량화가 쉽다.
⑤ 질적연구나 탐색적 연구에 사용하기 용이하다.

해설 관찰법은 서베이(설문조사)에 비해 전반적으로 계량화가 어렵다.

35. 장애인 인식의 변화를 알아보기 위해 지난 20년간 개봉된 영화 중 장애인이 등장하는 영화를 분석하기로 하였다. 이 연구에 관한 설명으로 옳지 않은 것은?

① 연구 모집단을 규정하고 표본추출의 틀(Sampling Frame)을 구해야 한다.
② 사례 수가 많으면 표본추출하여 줄일 수 있다.
③ '장애인에 대한 인식'의 조작적 정의가 필요하다.
④ 이 조사에서 표본추출의 단위는 사람이다.
⑤ 장애인에 대한 인식에서 현재적 내용과 잠재적 내용을 구분하여 분석할 수 있다.

해설 영화는 의사소통 기록물에 해당하므로 이 연구는 내용분석이다. 20년간 개봉된 영화 전체가 모집단이며, 그 중에서 표본 수만큼의 영화를 추출하게 되므로 표본추출 단위는 사람이 아니라 영화이다.

해답

1. ⑤	2. ②	3. ④	4. ①	5. ⑤	6. ②	7. ①	8. ③	9. ③	10. ①
11. ①	12. ②	13. ③	14. ②	15. ①	16. ①	17. ③	18. ①	19. ④	20. ②
21. ①	22. ②	23. ③	24. ③	25. ②	26. ⑤	27. ②	28. ③	29. ②	30. ③
31. ④	32. ②	33. ①	34. ④	35. ④					

09 욕구조사

학습목표

1. 욕구조사의 개념(욕구의 의의 및 유형, 욕구조사의 의의, 및 과정)에 대해 이해한다.
2. 욕구조사의 유형(수혜자 중심적 욕구조사, 서비스 중심적 욕구조사, 지역사회 중심적 욕구조사)에 대해 이해한다.
3. 욕구조사의 방법(직접 관찰법, 사례조사, 간접 증거자료조사)에 대해 이해한다.

1 욕구조사의 개념

1) 욕구의 의의 및 유형

(1) 욕구의 의의

Louis Kahn

일반적으로 욕구란 개인이나 집단이 인간의 생존과 성장 발전을 위해 필요하여 구하는 것을 말한다. 칸(Louis Kahn)은 "욕구란 주어진 한 시점에서 개인이나 집단이 역할을 제대로 수행하고, 사회적 욕구에 적절히 대응하며, 사회의 전반적 진행과정에 적절히 참여하고, 적절한 수준의 활동력 및 생산력을 유지하기 위해 필요하여 구하는 것"이라고 정의한다.

예를 들면, 욕구의 대상으로 의복, 음식, 주택, 의료, 쾌적한 환경, 소득, 지식, 고용, 사회참여, 자유 등을 들 수 있다. 이러한 욕구를 개인이 가지고 있을 때는 개인적 욕구가 되고 사회구성원 다수가 이러한 욕구를 가지게 되면 사회적 욕구가 된다. 따라서 욕구란 현재의 결핍된 상태와 원하는 상태 사이에 존재하는 격차를 의미한다.

(2) 욕구의 유형

❶ 인간의 욕구(Human Needs)

A. H. Maslow

- 매슬로우(A. H. Maslow)의 욕구단계이론

욕구에 관한 이론으로 가장 널리 알려진 것은 [그림 9.1]과 같이 매슬로우의 욕구단계이론이다. 매슬로우는 인간의 욕구를 크게 결핍욕구와 성장욕구로 나누고, 이를 다시 5개의 범주로 나누어 계층화하였다. 그에 따르면 결핍욕구 내에서는 상층욕구로 이동하기 위해선 반드시 하층욕구가 충족되어야 하며, 일단 어느 한 욕구가 충족되면 사람들은 그 결핍을 벗어나게 된다. 이러한 결핍욕구가 충족된 경우에만 사람들은 성장욕구를 추구하게 된다.

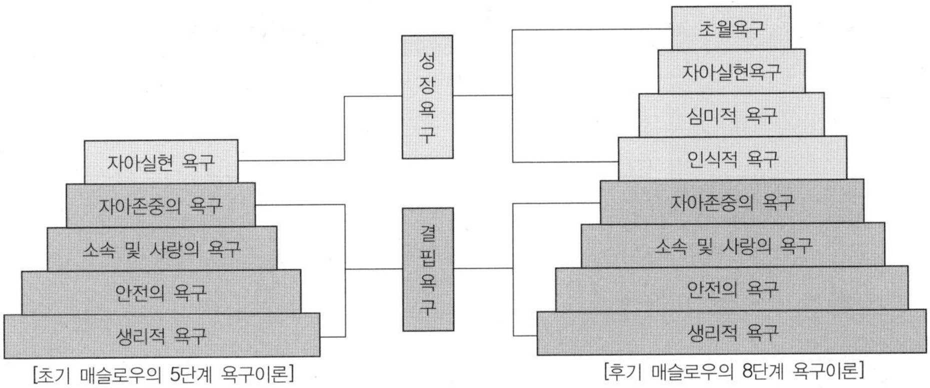

[그림 9.1] 매슬로우의 욕구단계이론

결핍욕구는 생리적 욕구, 안전의 욕구, 소속과 사랑의 욕구, 자아존중의 욕구로 구성되어 있으며, 성장욕구는 자아실현욕구이다. 나중에 매슬로우는 성장욕구를 인식적 욕구, 심미적 욕구, 자아실현욕구, 초월욕구로 다시 구분하였다. 매슬로우가 주장하는 각 욕구단계별 구체적인 욕구내용은 [표 9.1]과 같다.

[표 9.1] 매슬로우의 욕구단계와 내용

욕구단계	내용
초월욕구	·타인의 자아실현과 잠재력 발견을 원조
자아실현욕구	·가장 상위 차원의 욕구로서 4가지 욕구가 충족된 후 일어남 ·인간의 잠재적인 능력에 대한 실현의 욕구
심미적 욕구	·균형, 질서, 아름다움
인식적 욕구	·지식, 이해, 탐험의 욕구
자아존중의 욕구	·다른 사람으로부터 인정받고 존중받고 싶어하는 욕구 ·충족되면 자신감이 생기지만, 결핍되면 열등감이 생긴다.
소속과 사랑의 욕구	·정서적인 만족을 얻고 싶어하는 욕구 ·집단에 소속되어 관계를 맺고 사랑받고 싶어하는 욕구

욕구단계	내용
안전의 욕구	·신체적으로 안정을 유지하려는 욕구 ·외부의 위험으로부터 안전을 보호받으려는 욕구
생리적 욕구	·인간의 가장 기본적이고 필수적인 욕구 ·의식주와 관련된 생존의 욕구

C. P. Alderfer

• 알더퍼(Clayton P. Alderfer)의 ERG 이론

알더퍼는 매슬로우의 욕구단계이론을 토대로 인간의 욕구를 범주별로 구분하여 [표 9.2]와 같이 존재욕구(Existence Needs), 관계욕구(Relatedness Needs), 성장욕구(Growth Needs)의 3가지로 구분하였다.

[표 9.2] 알더퍼의 ERG 이론

욕구단계	내용
존재 욕구	·의식주와 관련된 생리적 욕구와 급여와 같은 물질적 욕구 ·(Maslow) 생리적 욕구, 안전의 욕구와 유사
관계 욕구	·가족을 비롯한 타인과 관련되는 욕구를 포함한다. ·(Maslow) 소속과 사랑의 욕구, 자아 존중의 욕구와 유사
성장 욕구	·자기의 능력을 최대한 발휘하고 새로운 능력개발을 필요로 하는 일에 종사함으로써 충족 가능 ·(Maslow) 자아 존중의 욕구, 자아실현의 욕구와 유사

알더퍼의 이론은 하위욕구가 충족될수록 상위욕구에 대한 욕망이 보다 더 커진다는 점에서는 매슬로우의 이론과 일치하지만, 다음 3가지 점은 크게 다르다.

- 매슬로우의 욕구단계이론 만족-진행 접근법, 즉 한 하위욕구가 만족될수록 보다 고차욕구로 진행해간다는 것에 반해, 알더퍼의 ERG 이론은 이러한 요소에 좌절-퇴행 요소가 가미되어 고차욕구가 만족되지 않을 때 또는 좌절될 때 그보다 낮은 저차욕구의 중요성이 커지는 상황을 말한다.

- ERG 이론은 매슬로우 이론과 달리 한 가지 이상의 욕구가 동시에 작용할 수 있다는 점이다.
- ERG 이론은 보다 고차욕구가 행위에 영향력을 행사하기 전에 반드시 하위 욕구가 충족되어야 한다는 매슬로우의 욕구단계이론의 가정을 배제한다. 존재욕구가 충족되지 않았음에도 불구하고 관계욕구나 성장욕구 쪽으로 행동하는 사람도 있다.

❷ 사회적 욕구

사회적 욕구는 직면할 수 있는 다양한 문제와 위험으로부터 보호하고 탈피하려는 집단적 요구를 말한다. 즉, 사회적 욕구란 생존과 성장을 위해 필요한 기본적인 요건들로서 개인적인 욕구가 다수가 되면 사회적 욕구, 즉 사회문제로 확대된다.

- 사회문제의 기준/성격

개인적인 환경의 사회문제	·사회적 자원 비용(Resource Cost) : 청소년 문제 등 ·사회구성원들에 대한 건강 및 안전의 위협 : 마약, 범죄 등 ·사회가치의 위협 : 동성애 등
사회적인 환경의 사회문제	·최저생활 수준의 박탈 : 빈곤문제 등 ·학대와 착취 : 아동학대, 부녀폭행 등 ·사회통합 장애 : 장애인 문제 등

- 사회적 욕구 범주

적절한 소득과 경제적 기회	고용, 소득유지, 소비자 보호 등
기본적인 물질적 욕구를 충족하는데 필요한 적정한 환경조건	음식, 영양, 의복, 주거, 교통 등
적절한 보건	공중보건, 의료, 정신건강, 재활 등
적절한 지식과 기능	교육, 도서관, 특수교육 등
적절한 개인적 · 사회적 적응 및 개발	가족상담
적절한 사회조직체를 통한 충족	지역사회 및 정치적 조직, 인간 및 경제적 개발, 커뮤니케이션, 조사연구 등

J. Bradshaw

- 브래드쇼(Jonathan Bradshaw)의 욕구유형

브래드쇼는 사회적 욕구를 규범적 욕구(Normative Need), 체감적 욕구(Felt Need), 표현적 욕구(Expressed Need), 비교적 욕구(Comparative Need)로 분류하였다.

- **규범적 욕구**: 관습이나 권위, 일반적 여론의 확립된 표준을 의미하는 이 욕구는 기존의 자료나 유사한 지역사회조사나 전문가들의 판단에 의해 제안된 욕구이다. 이것의 장점은 욕구의 목표가 기존의 서비스 수준과 비교 가능한 비율로 표시되는 데에 있으며, 실제 비율이 특정 기준에 미치지 못하면 욕구가 존재한다고 본다. 이 욕구의 강점은 계량화가 쉽고 구체적인 변화의 표적을 만들어낼 수 있다는 것이며, 약점은 여러 욕구 단계가 지식, 기술, 가치 변화에 따라 변화하기 쉽다는 것이다.
- **체감적 욕구**: 사람들이 욕구로 생각하는 것, 즉 선호하는 것으로 주로 사회조사를 통해 응답자에게 그들이 선호하는 것을 물어보는 방식으로 욕구를 파악한다. 단, 응답자가 인지하고 있는 욕구와 실제 욕구가 같은가에 대한 균형이 유지되어야 한다. 이 욕구의 단점은 사람의 기대에 따라 각각 기준이 불안정하고 수시로 변경될 수 있는 것이다.
- **표현적 요구**: 사회복지서비스에 가장 많이 이용되는 욕구의 개념으로서 수요에 의해 느껴진 욕구가 행동으로 표출된 것으로서 개인이 서비스를 얻기 위해 실제로 노력을 했는가에 대한 여부가 핵심적인 변수이기 때문에 경제학자들에게 인기가 있다. 이 욕구의 강점은 인지한 욕구를 실제로 행동에 옮기게 되는 상황을 강조하는 것이며, 단점은 욕구를 가진 모든 사람이 서비스를 원하는 것은 아니라는 점이다.
- **비교적 욕구**: 이 욕구는 특정한 기준에 의해 발생하는 것이 아니

라, 한 지역의 욕구와 유사한 다른 지역에 존재하는 서비스와의 차이에서 측정되는 비교욕구로서 비슷한 다른 지역에서 서비스가 제공되지만 해당 지역에서는 제공받지 못했을 때 욕구를 파악하는데 도움이 된다.

J. K. Roth

- 로스(John K. Roth)의 욕구유형

로스는 "X(달성하고자 하는 상태)－A(현재 상태) = N(욕구)"이라는 공식을 제시하고, 달성하고자하는 상태가 무엇이냐에 따라 다음과 같이 5가지 욕구를 구분하였다.

- 목적상의 차질 = 이상적인 상태－현재 상태
- 소원상의 차질 = 희망하는 상태－현재 상태
- 기대상의 차질 = 기대하는 상태－현재 상태
- 규범상의 차질 = 규범적인 상태－현재 상태
- 본질적인 차질 = 최소한의 충족 상태－현재 상태

2) 욕구조사의 의의

욕구조사(Needs Assessment)는 특정 지역사회주민이나 특정 집단들을 위한 새로운 정책대안이나 프로그램을 개발하기 위해 또는 기존의 정책대안이나 프로그램을 보완하기 위해 대상집단의 욕구의 종류와 수준을 파악하는 조사이다.

욕구조사를 실시하는 목적은 대상집단의 욕구를 충족시키고, 사회문제를 해결하고 예방하기 위한 정책대안이나 프로그램을 개발하고 수정하며 기관운영에 도움이 되는 기초자료를 제공하는데 있다. 이러한 목적을 달성하기 위한 세부적인 목표는 다음과 같다.

- 욕구의 유형을 파악함으로써 어떠한 정책대안이나 프로그램이 필요한지를 파악한다.
- 욕구의 우선순위를 파악함으로써 정책대안이나 프로그램의 상대적 중요성을 파악한다.

- 프로그램의 상대적 중요성에 따라 인적 자원과 물적 자원을 할당할 기준을 수립한다.
- 현재 수행중인 프로그램이나 정책의 타당성을 평가할 수 있는 기초자료를 파악한다.
- 기관들이 실시하고 있는 프로그램이나 서비스들의 중복을 방지하고, 상호연계 할 수 있는 방안을 강구한다.
- 욕구조사를 통해 조직내에서 기관의 정체성을 확인한다.
- 욕구조사를 통해 기관의 활동과 프로그램을 대상집단이나 지역사회에 홍보한다.

(1) 욕구조사의 필요성

욕구조사를 왜 해야 하는가에 대한 주장은 조사대상, 조사목적 등에 따라 서로 다르지만, 일반적으로 제기되는 필요성을 정리하면 다음과 같다.

- 정보의 획득 : 클라이언트의 욕구나 문제를 판단할 수 있는 정보의 획득과 클라이언트 자신의 변화를 위한 욕구와 가능성에 대한 정보의 획득이 중요하다.
- 객관성의 확보 : 정보의 획득 과정은 체계적이고 과학적인 조사방법을 적용하여 객관성을 인정받아야 한다. 이때 설득력 있는 정보는 생태학적, 개별화적 오류에 의해 왜곡되지 않도록 획득되어야 한다.
- 실증적 방법 : 욕구조사란 실제 상태를 측정하여 욕구를 증명하는 것이므로 계량화, 자료화될 수 있는 실증적 방법으로 측정되어야 한다.
- 이용자 중심의 비전 및 프로그램 개발 : 욕구조사의 궁극적인 목적은 이용자의 욕구를 파악하여 이용자 중심의 프로그램 개발에 있으며, 조직의 중·장기적인 사업비전을 마련할 수 있다.
- 체계적이고 전문적인 기관운영 수행 : 프로그램을 집행하기 전에 욕구를 파악하고 얼마나 충족시켰는지를 평가함으로써 기관운영의 체계를 확립하고 전문성을 제고할 수 있다.

- **자원의 효율적인 운영**: 욕구의 우선순위를 파악하고 상대적 우선순위를 정하여 인력과 예산을 배정함으로써 기관의 자원을 효율적으로 운영할 수 있다.
- **환경변화에 적극적인 대응**: 욕구조사를 통해서 대상집단의 욕구변화를 파악하고 정책운영에 반영함으로써 다변하는 사회적 환경과 클라이언트의 욕구에 부응한다.
- **책임성에 대한 평가와 발전의 기초**: 욕구조사와 평가의 상관관계를 통해 프로그램의 효과성을 검증할 수 있으며, 욕구조사의 결과는 서비스의 필요성에 대한 객관적인 자료가 되므로 사회복지서비스의 책임성 평가와 관련된다.
- **정보의 공유와 네트워크로서의 기능**: 클라이언트의 복합적인 문제를 해결하기 위해 문제에 다각적인 접근이 가능할 수 있도록 지역사회 네트워크가 형성되어야 하며 이를 위해서는 클라이언트 정보의 공유가 필요하다.
- **홍보와 참여의 기회 제공**: 욕구조사는 서비스 제공 기관과 지역 주민의 직접적인 접촉이 가능한 점을 이용하여 사업과 프로그램에 대한 홍보는 물론이고 참여를 유도할 수 있는 좋은 기회가 된다.

(2) 욕구조사의 내용

❶ **기초자료**: 기초자료는 지역사회나 집단의 일반적인 특징에 관한 개략적인 정보를 제공한다. 예를 들면, 지역적 특성, 소득수준, 가족수, 성별분포, 연령, 혼인, 거주형태, 종교분포, 주택보급률, 국민기초생활보장대상자수 등이다.

❷ 욕구파악을 위한 자료

- **현재 삶의 상태를 파악하는 자료**: 사회, 경제, 교육, 고용, 건강 등 개인적인 현재 상태를 파악하는 자료로써 욕구수준과 효과성을 평가하는 기준이 된다.
- **기존의 프로그램이나 정책대안 평가를 위한 자료**: 기존 프로그램의 인지도, 이용도, 장단점, 서비스 태도, 자격조건, 경제적 부담 등을 파악하고 프로그램 개선에 사용할 정보를 제공한다.

- **신규 프로그램이나 정책대안 개발을 위한 자료**: 대상집단의 구성원들이 가지고 있는 욕구를 확인하고 상대적 중요성을 파악하여 새로운 프로그램이나 정책대안을 얻는 토대로 사용할 자료이다.

❸ 사회자원을 활용하기 위한 자료

- **의사소통망에 관한 정보**: 프로그램이나 정책대안의 존재여부와 내용을 클라이언트에게 알려줄 수 있는 공식적·비공식적 의사소통망과 매체를 파악해야 한다.
- **지역사회자원에 관한 정보**: 프로그램이나 정책대안을 계획할 때 활용할 수 있는 지역사회내 인적·물적 자원을 파악해야 한다.
- **정치적 자원에 관한 정보**: 프로그램 정책대안이 성공적으로 집행되기 위해 지역사회주민과 지역사회를 대표할 수 있는 사람들이나 지도자들의 지지가 필요하다.

3) 욕구조사의 과정

일반적으로 욕구조사에 대한 계획과 그 과정은 어디서 필요한 자료를 수집할 것인가에 대해 초점을 두고 있다. 욕구조사의 과정은 다음과 같이 5단계로 나누어 볼 수 있다.

- **제1단계**: 욕구조사의목적과 배정된 예산을 비롯하여 이용 가능한 자원과 주어진 시간을 명확하게 이해하며, 누구를 위한 욕구조사인지를 분명하게 인식한다.
- **제2단계**: 욕구조사를 수행하는데 필요한 구체적인 정보를 찾아낸다. 이 과정에서 기존의 욕구조사 관련 자료가 있는지, 그리고 쉽게 그 자료를 찾을 수 있는지를 확인하면 중복되고 불필요한 과업을 줄일 수 있다.
- **제3단계**: 욕구조사를 수행하는 방법과 절차, 조사도구 등 욕구조사에 대한 전반적인 실행계획을 수립한다.

- 제4단계: 욕구조사에 필요한 자료를 수집하고 분석한다. 예를 들면, 기존 자료수집, 지역사회포럼 개최, 주민 서베이 등을 들 수 있다.
- 제5단계: 욕구조사의 결과보고서를 작성한다. 즉, 욕구조사의 모든 과정을 상세히 기록하며, 그 결과를 널리 알려 여론을 환기시킨다.

2 욕구조사의 종류

1) 수혜자 중심적 욕구조사

수혜자 중심적 욕구조사는 아동, 청소년, 노인, 장애인, 여성 등과 같은 특정 인구집단을 위하여 서비스를 제공하거나 프로그램을 운영하는 기관에 의하여 실시되는 조사이다. 이 조사에서는 먼저 특정 인구집단을 정하고, 그 집단구성원들이 원하고 있지만, 현실적으로 충족하지 못하고 있는 것들이 무엇인지, 문제는 무엇인지를 확인하고, 이러한 문제를 해결하기 위하여 필요한 프로그램이나 정책대안을 구상하고, 어느 수준의 서비스가 제공되어야 할 것인지를 추정한다. 예를 들면, 노인복지관에서 관내 노인들을 대상으로 그들의 욕구와 생활상의 문제를 조사하는 것이다.

2) 서비스 중심적 욕구조사

서비스 중심적 욕구조사는 의료서비스, 재활서비스, 고용서비스 등과 같은 특정한 서비스를 제공하고 있는 기관에 의해 실시되는 조사이다. 이 조사에서는 먼저 표적집단이 갖고 있는 특정한 문제를 해결할 수 있는 시설과 기술인력을 조사기관이 갖추고 있을 때, 특정 문제가 발생할 가능성이 높은 표적집단을 설정하고, 그들을 대상으로 욕구와 문제의 유형, 그리고 문제의 심각성 등에 관한 조사를 실시하고, 조사결과를 토대로 서비스의 종류와 수준을 추정한다. 예를 들면, 장애인

직업전문학교에서 장애인들을 대상으로 직업재활에 관한 욕구를 조사하고, 그 결과를 토대로 직업재활 프로그램을 구상하는 것이다.

3) 지역사회 중심적 욕구조사

지역사회 중심적 욕구조사는 수혜자 중심적 욕구조사와 서비스 중심적 욕구조사를 통합한 것으로 지역사회주민들의 전반적인 욕구와 문제를 확인하고, 욕구와 문제해결의 우선순위를 파악한 후, 구체적으로 어떠한 서비스를 누구에게 어느 수준으로 제공할 것인가를 추정하는 것이다. 사회복지적 욕구에 관한 포괄적이고 많은 정보를 얻을 수 있지만, 조사대상이 광범위할 경우 실시에 어려움이 있다. 이런 경우는 모집단을 대표하는 표본을 선정해 이들을 대상으로 조사하고, 이를 토대로 지역사회 전체 주민, 즉 모집단의 욕구와 문제를 추정하게 된다.

3 욕구조사의 방법

1) 직접 관찰법

대상집단에게 직접 물어보거나 지역사회의 관련자들과 면담이나 공청회 등을 통해서 욕구를 파악하는 방법으로 직접관찰법은 주로 인지적 욕구이다.

(1) 일반인구조사

지역주민들 가운데 추출된 표본을 대상으로 면접이나 설문조사를 통해 욕구를 측정하는 방법으로서 지역 내 일반적인 특성을 묻는 기초 자료와 기존 서비스의 평가 및 새로운 서비스의 개발을 위한 자료가 될 질문, 지역사회의 가용자원에 관한 항목이 포함되어야 한다.

❶ 얻을 수 있는 정보

- 주민 개인이 인지하고 있는 문제
- 다수의 개인이 느끼는 욕구, 즉 사회문제
- 문제를 가진 개인들의 특성
- 개인이 이용할 수 있는 서비스
- 서비스를 이용할 의사나 장애가 되는 요인
- 지역사회에서 원조 받고 있는 기관(개인)의 정보

❷ 갖추어야 할 조건

- 욕구를 명확하게 규정하여야 한다.
- 표본(대표집단)을 신중하게 선택하여야 한다.
- 조사하고자 하는 욕구와 관련된 설문지를 작성하여야 한다.
- 필요한 서비스와 관련된 설문지를 작성하여야 한다.

❸ 장점

- 사용된 조사방법과 도구는 다른 지역에서도 융통성 있게 사용이 가능하다.
- 다른 조사방법의 보완도구로서 기능을 수행할 수 있다.
- 조사도구는 수정이 가능하며 신축성이 있다.
- 비교적 타당한 결과를 얻을 수 있다.

❹ 단점

- 높은 비용과 오랜 시간, 많은 인력이 필요하다.
- 전문적 조사기술이 필요하다.

(2) 표본인구조사

표본인구조사는 전체를 대표할 수 있는 집단, 즉 프로그램 제공을 통해 문제해결의 대상으로 삼는 표적 집단에 설문조사를 실시하여 욕구와 서비스 이용상태를 파악하는 기법이다.

❶ 얻을 수 있는 정보

- 표적 집단이 갖는 문제나 욕구
- 표적 집단이 이용할 수 있는 서비스의 파악

❷ 갖추어야 할 조건

- 표본이 전체를 대표할 수 있는 타당성을 가지려면 표본이 확률적 표집방법으로 선정되어야 하고 표본의 크기가 적당해야 한다.

❸ 장점

- 표본을 통해 전체 인구의 욕구를 알 수 있다.

❹ 단점

- 시간적, 비용적 측면에서 경제적이지 못하다.
- 질문지의 경우 회수율이 낮다.
- 사회적으로 요구하는 "바람직한 응답"만을 얻을 수 있다.

(3) 델파이 기법

전문가들에게 우편으로 의견이나 정보를 수집하여 분석한 결과를 다시 응답자들에게 보내 의견을 묻는 방식으로 만족스러운 결과를 얻을 때까지 계속하는 방법인데 어떤 불확실한 사항에 대한 전문가들의 합의를 얻으려고 할 때 적용될 수 있다.

❶ 장점

- 전문가를 한 자리에 모으는 수고를 덜고 응답자의 시간을 효율적으로 사용할 수 있다.
- 전문가가 자유로운 시간에 의견을 말할 수 있다.
- 익명이므로 참가자의 영향력을 줄일 수 있다.

❷ 단점

- 반복하는데 시간이 많이 걸린다.
- 반복하는 동안 응답자의 수가 줄어드는 문제가 있다.

(4) 심층면접법

조사대상 집단 중에서 중요한 정보를 얻을 수 있는 사람을 추출하여 심층적으로 면접하는 방법으로 집단의 크기는 8~12명 정도가 적당하다.

(5) 관찰법

대상자의 행동이나 사회현상을 직접 관찰하는 방법과 사람들에게 자신과 타인의 행동에 대해 질문하여 직접 들어서 알아내는 방법이 있다.

(6) 직접 경험법

조사자가 실제로 대상자의 생활속으로 들어가서 조사하는 방법이다.

(7) 지역사회공개토론회 · 공청회

지역사회 주민들이 자신의 욕구나 문제를 잘 알고 있다는 것을 전제로 하여 조사자가 주민들을 한 자리에 참여시켜 공개적인 모임을 통해 욕구를 관찰하고 파악하는 방법이다.

❶ 장점

- 비용이나 시간적인 측면에서 매우 효율적이다.
- 광범위한 계층의 의견을 수집할 수 있다.
- 표본조사를 위한 사전준비 작업이 될 수 있다.

❷ 단점

- 관심 있는 소수의 사람만 참여할 수 있으므로 표본의 편의(Bias) 현상이 나타날 수 있다.
- 참석자 중에서도 소수의 몇 명이 주로 의견을 발표하므로 문제에 대한 관심은 커지지만 문제 해소가 되지 않으므로 실망할 수 있다.

2) 사례조사

(1) 프로그램운영자 · 서비스제공자 조사

프로그램운영자나 서비스제공자로부터 지역사회주민이나 대상집단의 욕구에 관해 조사하는 방법이다. 즉, 서비스를 직접 제공하는 사람을 만나 조사하는 방법이다.

❶ 장점

- 사회적으로 잘 알려지지 않은 문제들을 파악할 수 있다.
- 지역사회 자원에 대한 정확한 정보를 알 수 있다.
- 전문적인 욕구를 바탕으로 욕구조사를 할 수 있다.

❷ 단점

- 서비스제공자가 밝힌 문제가 제공자 개인의 주관에 의해 판단된 편견일 가능성이 있다.

- 이들은 주로 클라이언트를 대상으로 하므로 광범위한 욕구를 파악하기 어렵다.
- 제공자가 소속된 기관의 프로그램에 유리한 욕구에 대해 언급할 가능성이 있다.

(2) 주요 정보제공자 조사

주요 정보제공자는 지역사회의 종교지도자, 지역사회의 유지, 인접 직종의 전문직 종사자, 지역사회복지기관 종사자, 지역사회나 관련분야의 공직자, 자문위원 등과 같이 프로그램의 운영이나 서비스 전달은 직접 하지 않지만, 그 지역에 오래 거주해서 지역에 대해 잘 아는 사람, 지역공무원 등과 같이 직접 거주는 하지 않더라도 지역사정을 잘 알고 그들을 대변할 수 있는 사람들을 일컫는다.

❶ 얻을 수 있는 정보

- 주요 정보제공자는 주민 대다수의 문제나 이슈가 될 수 있는 문제를 알고 있다.
- 지역사회를 대변할 수 있는 지도자가 계획된 프로그램에 조언을 해주며 얻는 정보를 알 수 있다.

❷ 장점

- 비용과 인력이 적게 들어 경제적이다.
- 기존의 조사방법을 이용할 수 있어 융통성이 있으며 신축적이다.

❸ 단점

- 지역의 지도자나 정치가가 보는 문제는 정치적일 수 있다.
- 대표자나 지도자를 선정하는 기준이 모호하다.
- 지역대표자나 지도자가 주민의 의견을 대변할 수 있느냐의 의문이 있다.

(3) 서비스 통계이용방법

기관에서 제공된 서비스의 이용 현황을 통계 분석하는 방법으로서 지역주민이 표현한 욕구를 가장 잘 파악할 수 있다.

3) 간접 증거자료조사

(1) 사회지표조사

정부기관이나 연구기관의 관련 전문가가 정기적, 또는 비정기적으로 발표한 자료를 활용하여 지역사회의 욕구를 파악하는 방법이다. 자료로부터 얻은 정보는 해당지역의 조사 대상집단들의 특정한 실태를 파악하고 변화 후의 차이를 확인하는데 유용하나 해당지역에 알맞은 지표를 찾아내는 일이 쉽지 않다.

(2) 행정자료조사(2차적 자료분석)

행정자료조사는 협회, 연구소 등 사회단체에서 행정 및 관리를 위해서 수집한 정보를 이용하여 욕구를 파악하는 방법으로 "2차적 자료분석"이라고도 한다.

❶ 정보의 쓰임새

- 주민의 요청사항이나 공익사업의 경향 등에 관한 중요한 정보를 제공한다.
- 행정자료에는 주민의 특성까지 기술되어 있으므로 문제파악에 용이하다.

❷ 장점

- 비용이 적게 든다.
- 조사에 신축성을 기할 수 있으며, 다른 욕구조사방법을 보완할 수 있다.

❸ 단점

- 대부분의 2차적 자료는 욕구나 문제를 파악하기 위해서 만들어지지 않는다.
- 일부 자료는 비밀을 보장해야 할 필요성이 있기 때문에 외부에 공개되지 않는 경우도 있다.
- 대부분 2차적 자료는 기존의 서비스 이용자를 중심으로 분석되었기 때문에 미래의 수혜대상자에게 그대로 적용하기는 곤란하다.

Q 연습문제

서술형

01. 인간의 요구에 해당하는 매슬로우(A. H. Maslow)의 욕구단계이론을 도형으로 표시하여 간략하게 설명하시오.

02. 인간의 욕구에 해당되는 알더퍼(C. P. Alderfer)의 ERG 이론에 대해 간략하게 설명하시오.

03. 사회적 욕구에 해당되는 브래드쇼(J. Bradshaw)의 4가지 욕구에 대해 간략하게 설명하시오.

04. 욕구조사란 무엇이며, 그 필요성에 대해 간략하게 설명하시오.

05. 욕구조사의 내용에 대해 간략하게 설명하시오.

06. 욕구조사의 과정을 단계별로 간략하게 설명하시오.

07. 욕구조사의 종류인 수혜자 중심적 욕구조사, 서비스 중심적 욕구조사, 지역사회 중심적 욕구조사에 대해 간략하게 설명하시오.

08. 욕구조사의 방법인 직접 관찰법의 일반인구 조사, 표본인구 조사, 델파이 기법, 심층면접법, 관찰법, 직접 경험법, 지역사회공개토론회 · 공청회에 대해 간략하게 설명하시오.

09. 욕구조사의 방법인 사례조사의 프로그램 운영자 · 서비스제공자 조사, 주요 정보제공자 조사, 서비스 통계이용 방법에 대해 간략하게 설명하시오.

10. 욕구조사의 방법인 간접증거 자료조사인 사회지표조사, 행정자료조사에 대해 간략하게 설명하시오.

Q 연습문제

괄호형

01. 무엇인가 결핍되어 불편한 상태로 현재의 결핍된 상태와 원하는 상태 사이에 존재하는 격차는 (　　)(이)다.

02. 브래드쇼(Bradshaw)의 욕구유형 중 전문가의 판단에 의해 규정된 욕구로 계량화가 쉽고 구체적인 변화의 표적을 만들어낼 수 있는 욕구는 (　　)욕구다.

03. 욕구조사는 클라이언트의 욕구나 문제를 판단할 수 있는 (①) 획득의 목적이 있으며, 실제 상대를 측정하여 욕구를 증명하므로 (②)인 방법으로 측정되어야 한다.

04. (　　) 중심의 프로그램 개발을 위해서 욕구조사가 이루어지며, 욕구조사의 결과는 사회복지 조직의 중장기적인 사업비전의 기반이 된다.

05. 욕구조사를 위한 자료수집방법 중 전문가들에게 의견이나 정보를 수집하여 분석한 결과를 가지고 다시 의견을 물어보는 식으로 진행되는 방법은 (　　)(이)다.

06. 간접 증거자료를 조사하는 방법으로는 정부기관이나 연구기관의 전문가가 발표한 자료를 활용하여 욕구를 파악하는 방법은 (　　)방법이다.

07. 지역사회 주민들이 자신의 욕구나 문제를 잘 알고 있다는 것을 전제로 하여 주민들을 한 자리에 모아서 공개적인 모임을 통해 욕구나 문제를 파악하는 방법을 (　　)라고 한다.

해답

1. 욕구　2. 규범적　3. ①정보 ②실증적　4. 이용자　5. 델파이 기법
6. 사회지표분석　7. 지역사회공개토론회/공청회

Q 연습문제

진위형

01. 브래드쇼(Bradshaw)의 욕구유형 중 사람들이 선호(Want)하는 것으로 주로 사회조사를 통해 응답자에게 선호하는 것을 물어보는 방식으로 욕구를 파악하는 것은 인지적 욕구다.

02. 상대적 욕구는 특정한 기준에 의해 발생하는 것이 아니라 다른 사람이나 타 지역과 비교해서 정해지는 욕구다.

03. 욕구조사를 통해서 지역사회에 대한 정보를 획득할 수 있으며, 욕구의 우선순위를 파악하고 상대적 우선순위를 정함으로써 기관의 자원을 효율적으로 운영할 수 있다.

04. 욕구조사는 프로그램에 대한 홍보와 참여를 유도할 수 있는 좋은 기회가 된다.

05. 욕구조사를 위한 자료수집방법 중 사례조사에는 프로그램 운영자와 주요 정보제공자 조사, 서비스 통계 이용방법이 포함된다.

06. 델파이 기법은 반복하는 동안 응답자의 수가 줄어드는 문제가 있다.

해답

1. ○ 2. ○ 3. ○ 4. ○ 5. ○ 6. ○

Q 연습문제

선택형

01. 욕구조사를 위한 자료수집방법에 관한 설명으로 옳지 않은 것은?

① 지역의 통반장을 통해 자료를 수집한다.
② 지역사회 공청회를 통해 자료를 수집한다.
③ 지역주민에게 서베이를 실시한다.
④ 정부기관에서 발표하는 사회지표를 활용한다.
⑤ 일반인을 대상으로 델파이 기법을 활용한다.

해설 델파이 기법은 전문가를 대상으로 활용되는 방법이다.

02. 욕구조사의 방법으로 각각 바르게 짝지어진 것은?

ㄱ. 기존 자료를 활용하는 방법
ㄴ. 전문가를 대상으로 직접 수집하는 방법
ㄷ. 지역의 일반 주민을 대상으로 직접 수집하는 방법

	ㄱ	ㄴ	ㄷ
①	사회지표조사	델파이 조사	지역사회 서베이
②	서비스 이용기록 분석	주요 정보 제공자 조사	이차적 자료분석
③	델파이 조사	주요 정보	제공자 조사 공청회
④	서비스 이용기록 분석	지역사회 서베이	이차적 자료분석
⑤	델파이 조사	공청회	사회지표조사

해설 기존 자료를 활용하는 방법에는 사회지표조사, 이차적 자료분석, 서비스 이용기록 분석, 행정자료 분석 등이 포함된다. 전문가를 대상으로 직접 자료를 수집하는 방법은 델파이 조사이다. 주요 정보 제공자 조사도 지역의 욕구를 잘 아는 전문가를 조사하는 경우가 많으므로 전문가 대상 직접 수집 방법에 포함될 수 있다. 지역의 일반 주민을 대상으로 직접 수집하는 방법에는 지역사회 서베이, 공청회(지역사회 공개토론회) 등이 포함된다.

03. 욕구조사의 유형에 관한 설명으로 옳지 않은 것은?

① 지역주민 서베이는 수요자 중심의 욕구 사정에 적합하다.
② 지역자원재고조사는 지역사회 서비스 자원에 대한 정보획득이 용이하다.
③ 사회지표조사는 지역사회 주민 욕구와 장기적 변화를 파악하기 쉽다.
④ 지역사회포럼은 조사대상자를 상대로 개별적으로 자료를 수집하는데 유리하다.
⑤ 주요 정보 제공자(Key Information) 조사는 정보 제공자의 편향성이 나타날 수 있다.

해설 지역사회포럼(지역사회 공개 토론회, 공청회)은 조사대상자를 종해진 시간에 한자리에 모은 상태에서 자료를 수집하는 방법이다.

04. 초점집단 조사가 델파이 조사와 다른 점을 모두 고른 것은?

ㄱ. 집단참가자가 한자리에 모인다.
ㄴ. 진행조정자가 존재한다.
ㄷ. 집단참가자 간 활발한 통의와 상호작용이 이루어진다.
ㄹ. 집단참가자들의 의견에 합의점이 도출될 때까지 진행한다.

① ㄴ, ㄷ ② ㄱ, ㄷ ③ ㄴ, ㄹ
④ ㄱ, ㄷ, ㄹ ⑤ ㄱ, ㄴ, ㄷ, ㄹ

해설 초점집단 조사는 델파이 조사와 달리 집단 참가자가 한자리에 모여 활발한 토의와 상호작용을 하면서 욕구를 수집한다는 특징을 갖는다.

05. 욕구조사 방법에 관한 설명으로 옳지 않은 것은?

① 지역사회공개토론회는 비용과 시간 면에서 효율적이다.
② 델파이 조사는 합의된 조사결과를 도출하지 못한다.
③ 주요 정보 제공자 조사는 표집자의 편의(Bias) 현상이 나타날 수 있다.
④ 초점집단조사는 진행자의 능력과 자질에 크게 의존한다.
⑤ 사회지표 분석은 2차 자료를 이용한다.

해설 델파이 조사의 특징은 전문가를 대상으로 합의를 도출할 때까지 반복적인 조사를 한다는 것이다.

06. 델파이 조사에 관한 설명으로 옳지 않은 것은?

① 서비스 대상자의 만족도에 관한 자료수집에 유용하다.
② 규칙적인 피드백을 통해 참가자는 자신의 응답뿐만 아니라 다른 사람들의 응답도 알 수 있다.
③ 조정자의 패널로 구성한다.
④ 참가자의 익명성을 보장한다.
⑤ 정보의 효율을 구조화한다.

해설 델파이 조사에서는 전문가의 견해를 합의적 방식으로 도출한다. 서비스 대상자의 만족도는 전문가가 아니라 당사자를 통해 얻을 수 있는 자료이다.

07. 주요 정보 제공자 조사(Key Information Survey)의 특징으로 옳은 것은?

① 비용이 적게 든다.
② 비교적 짧은 기간 내에 자료수집이 가능하다.
③ 표본 선정이 용이하다.
④ 표본의 편의(Bias)가 발생할 수 있다.
⑤ 수요자 중심의 욕구사정에 용이하다.

해설 수요자 중심의 욕구사정을 위해서는 욕구의 당사자를 대상으로 직접 자료수집을 해야 한다. 예를 들면, 지역주민이나 표적 집단을 대상으로 하는 서베이 조사가 수요자 중심의 욕구사정에 해당한다. 이와 달리 주요 정보 제공자 조사는 욕구의 당사자인 지역주민으로부터 직접 이야기를 듣는게 아니라 지역사회 전반에 대해 잘 알고 있다고 인정되는 사람을 통해 간접적으로 의견을 청취하는 조사이므로 수요자 중심의 욕구사정이라고 보기 어렵다. 이런 특징으로 인해 주요 정보 제공자 조사에는 지역주민들의 실제 문제가 제외될 가능성이 있다는 한계를 갖는다.

08. 욕구조사 방법에 관한 설명으로 옳은 것은?

① 서비스 자원 목록조사는 욕구 그 자체를 조사하는 것이 아니다.
② 지역주민 서베이는 규범적 욕구를 사정하는데 유용하다.
③ 명목집단 기법은 집단 구성원 간 원활한 토론과 상호작용을 강조한다.
④ 델파이 기법은 짧은 시간 내에 규범적 욕구를 파악하는데 유용하다.
⑤ 지역사회 공청회는 2차 자료분석을 통한 욕구조사 방법이다.

해설 서비스 지원 목록조사는 지역사회 내에 어떤 자원이 있고 어떻게 이용되고 있는지를 조사하는 자료수집 방법이며, 욕구 자체를 조사하는 것이 아니다. 보통 그 결과를 다른 자료수집방법을 통해 파악한 욕구와 비교하여 욕구 충족 가능성을 판단하는데 활용한다.

09. 욕구조사를 위해 일반적으로 활용되는 자료수집 방법이 아닌 것은?

① 단일사례조사
② 지역주민을 대상으로 하는 서베이 조사
③ 주요 정보 제공자 조사
④ 서비스 제공자 조사
⑤ 지역사회 공청회

해설 단일사례조사는 사회복지실천가의 개입이 클라이언트의 표적 행동을 의도한 대로 변화시켰는지 평가하기 위해 사용된다. 따라서 평가조사 방법에 해당한다.

10. 2차 자료분석에 기초한 욕구조사의 특징에 해당되지 않는 것은?

① 자료수집이 용이하다.
② 자료의 성격과 특징에 한정된 욕구를 측정한다.
③ 시간과 비용이 적게 든다.
④ 직접적인 욕구 측정 방법이다.
⑤ 기관의 서비스 이용 관련 기록을 분석하는 것은 2차 자료분석에 해당한다.

해설 사회지표나 기관의 행정자료 등 2차 자료를 분석하여 욕구를 조사하는 것은 간접적으로 측정하는 방법이다.

해답

1. ⑤ 2. ① 3. ④ 4. ② 5. ② 6. ① 7. ⑤ 8. ① 9. ① 10. ④

10 프로그램 평가조사

학습목표

1. 프로그램 평가조사의 개념(정의, 목적, 중요성)에 대해 이해한다.
2. 프로그램 평가조사의 종류(평가목적, 평가대상, 평가규범, 평가범위, 평가시점, 평가주체, 평가단계, 메타평가, 기타 분류)에 대해 이해한다.
3. 프로그램 평가조사의 체계(프로그램 평가의 기준, 단계, 기법 및 모델, 프로그램 효과성 평가, 프로그램 효율성 평가)에 대해 이해한다.

1 프로그램 평가조사의 개념

1) 프로그램 평가조사의 정의

프로그램 평가조사(Program Evaluation Research)는 평가조사의 일종이다. 평가조사는 개입기술과 프로그램이 본래의 목적을 어느 정도 달성하였는지에 관해 조사하는 응용조사이다. 평가조사는 특정 개입기술이나 프로그램을 향후에도 계속 사용하거나 실시할 것인지를 판단하기 위하여 개입기술이나 프로그램이 목표하는 바를 어느 정도 달성하였는지를 측정하는 조사이다. 평가조사는 기본조사와 방법론상 차이가 없다는 점은 유사하지만, 다음과 같은 점에서 차이가 있다.

- 기본조사는 대체로 이론형성이 주된 목적인 순수조사인 반면에, 평가조사는 조사결과를 사회현장에 응용하는 것을 주된 목적으로 하는 응용조사이다.
- 기본조사는 조사문제가 조사자의 개인적 관심에 따라 결정되는 반면에, 평가조사는 조사문제가 프로그램의 효과성 조사로 이미 설정되어 있다.
- 기본조사는 사실의 발견에 관심을 두는 반면에, 평가조사는 사실과 기준의 비교에 관심을 두고 있다.
- 기본조사에서는 조사자가 조사목적을 달성하기 위해 프로그램을 조작하지만, 평가조사에서는 조사목적을 위해 프로그램을 조작하기가 어렵다.
- 대개의 경우 기본조사의 결과는 공개하지만, 평가조사의 결과는 공개하지 않는다.

프로그램 평가조사는 평가결과를 환류(Feedback)시켜 바람직한 목표를 수립하고, 프로그램의 운영을 개선하며, 프로그램의 효과성과 효율성을 제시함으로써 사회적 책임성을 이행하고, 프로그램 평가결과가 타당성이 있는 것으로 확인·검증된 가설들을 이론으로 발전시키기 위해 실시하는 조사이다. 즉, 프로그램 평가조사란 프로그램의 효과성, 효율성, 적절성, 만족도 등을 체계적으로 분석하여 결정권자로 하여금 합리적인 결정을 내릴 수 있도록 정보를 산출하는 사회적 과정이다.

프로그램 평가의 대상은 프로그램의 효과성, 프로그램의 운영과정, 프로그램의 효율성, 프로그램의 내용, 프로그램 운영자 등이다. 프로그램 평가의 내용은 노력(Efforts), 효과성(Effectiveness), 예상치 못한 결과(Unanticipated Consequences), 효율성(Efficiency)을 들 수 있다. 노력은 목표의 달성을 위해 프로그램 활동과정에 사용된 인적·물적·시간적 자원의 양과 종류를 의미한다. 예를 들면, 프로그램 운영자의 수, 투입된 시간, 사용된 예산이나 물질, 참여한 클라이언트의 수 등이다. 효과성은 목표달성도이다. 즉, 프로그램의 목표가 실제로 달성된 정도를 말한다. 예상치 못한 결과는 처음에는 예상하지 못한 결과가 프로그램 활동으로 인해 나타난 경우를 의미한다. 효율성은 투입과 산출의 비율로서 주어진 목표를 달성하는데 얼마나 많은 인적·물적 자원을 사용했는가, 또는 주어진 인적·물적 자원으로 얼마나 목적을 달성했는가로 측정된다. 프로그램 평가는 일반적으로 다음과 같은 특징을 갖는다.

- 효과성, 효율성, 이용자만족도, 접근가능성, 노력성 등을 기준으로 프로그램 진행결과를 체계적으로 분석하는 행위이다.
- 프로그램 전반에 관한 결정을 하기 위한 총괄적인 정보수집과정이다.
- 프로그램의 가치, 양과 질, 장단점 등에 관해 체계적으로 분석하는 연구 활동이다.

2) 프로그램 평가조사의 목적

- **프로그램 과정상 환류적 목적**: 평가결과의 환류를 통해 프로그램의 성공여부와 중단할 것인지, 축소 또는 확대할 것인지 합리적인 판단의 근거가 된다.
- **기관운영의 책임성을 이행**: 예산을 포함, 인적·물적 자원의 사용과 기관의 목적을 얼마나 달성하였는지 등에 대한 효율성과 효과성을 평가하여 책임성 이행의 근거를 마련하다.

- 이론형성: 프로그램 실시 전후의 차이를 측정하여 프로그램의 실시가 어떤 영향을 미쳤는지 평가함으로써 인과관계를 검증하여 이론화할 수 있다.
- 프로그램 진행과정의 개선: 형성평가의 경우 프로그램 계획과정을 평가하여 프로그램의 저해요인을 개선시키고 환류하여 보다 나은 프로그램이 될 수 있는 근거가 된다.
- 설계적 목적: 새로운 프로그램 개발의 검토를 위해 평가를 실시한다.
- 합리적 자원배분: 프로그램 평가의 결과에 따라 효과적인 프로그램과 단기적인 효과만이 존재하는 프로그램을 선별하여 차등적인 자원할당이 이루어져야 한다.
- 서비스 전달체계의 개선: 서비스가 전달되는 과정을 평가하여 서비스의 지체나 클라이언트의 접근성이 어렵거나 본래 목적과 다르게 진행될 경우 시정하여 서비스 전달이 원활하게 이루어지도록 한다.

3) 프로그램 평가조사의 중요성

- 사회복지분야의 책임성 요구: 사회복지분야에 투입된 공적자원과 민간자원의 투명성과 서비스의 효과성, 효율성 등에 대한 책임성이 지속적으로 요구되고 있다.
- 사회복지기관의 정체성: 사회복지기관들이 자신이 수행하는 프로그램이 기관의 목적에 얼마나 적합한지를 객관적으로 평가하고, 정체성을 확립하는데 기여할 수 있다.
- 내부적으로 효과적이고 효율적인 기관 운영: 프로그램을 수행하는데 사용되는 인적 자원과 물적 자원을 보다 효과적이고 효율적으로 사용하는데 중요한 역할을 한다.
- 전문성 형성: 프로그램들이 복잡 다양한 사회적 욕구와 문제를 체계적이고 통합적으로 충족시키고 있는지를 평가함으로써 전문성 형성에 기여할 수 있다.

- 수혜자 중심적 프로그램 운영: 프로그램의 내용이나 운영이 수혜자의 욕구에 적극 부응하여 수혜자에게 편의를 제공하고 있는지를 평가하여 수혜자 중심적 운영을 꾀할 수 있다.
- 운영방향의 일관성: 프로그램의 평가지표가 미리 제시되는 경우, 기관 운영자는 평가지표에 따라 일정한 방향으로 프로그램을 운영할 수 있다.
- 객관적 이론의 정립: 사회복지 프로그램과 관련된 객관적인 이론을 정립하는 데 있어서 평가의 자료가 논리적인 이론 형성에 기여하게 된다.

2 프로그램 평가조사의 종류

1) 평가목적에 따른 분류

형성평가	·프로그램 운영 도중에 이루어지는 평가 ·프로그램의 형성에 초점을 둔 평가 ·서비스전달체계의 향상 및 서비스 효율성 증진을 도모함
총괄평가	·프로그램의 종료 후 실시되는 평가 ·프로그램의 지속, 중단, 확대 등에 관한 총괄적인 의사결정을 할 경우
통합평가	·형성평가+총괄평가 ·총괄평가적 접근으로 평가를 한 후 과정평가적 접근을 통해 평가

2) 평가대상에 따른 분류

기관평가	·프로그램을 평가하고 서비스 전달의 진행상황을 확인하는 평가
개인평가	·프로그램 운영자 개인에 대한 평가로 자기평가, 동료평가, 행정가에 의한 구두평가 등이 있음

3) 평가규범에 따른 분류

효과성 평가	·프로그램의 목적 달성정도의 평가
효율성 평가	·투입과 산출을 비교 평가, 즉 비용 최소화와 산출 극대화를 평가
공평성 평가	·프로그램의 효과와 비용이 사회집단간에 공평하게 배분되었는지를 평가

4) 평가범위에 따른 분류

단일평가	·표적문제의 개념화 및 개입의 설계와 관련된 평가 ·프로그램 집행의 평가 ·프로그램 효용성에 대한 평가 ·각각 분리하여 어느 하나에 대해 행하는 평가
포괄평가	·표적문제의 개념화 및 개입의 설계와 관련된 평가 ·프로그램 집행의 평가 ·프로그램 효용성에 대한 평가 ·모두를 행하는 평가

5) 평가시점에 따른 분류

사전평가	·프로그램이 종료되기 이전에 행하는 평가로서 적극적 평가라고 함
사후평가	·프로그램이 종료된 후에 행하는 평가로서 소극적 평가라고 함

6) 평가주체에 따른 분류

자체평가	·프로그램 담당자 스스로 행하는 평가 ·많은 정보를 얻을 수 있고 비용면에서 절약하며 장기적인 평가 가능 ·공정성 확보에 문제가 있을 수 있음
내부평가	·프로그램을 직접 담당하지 않는 기관의 내부자에 의해 이루어지는 평가
외부평가	·프로그램을 담당하는 기관의 외부자에 의해 이루어지는 평가

7) 평가단계에 따른 분류

표적 문제평가	·문제(욕구)의 내용, 해결정도, 문제해결에 대한 사람들의 태도 등의 평가
의제평가	·아젠다 형성과정의 영향력을 발휘하는 세력과 고통받는 사람의 욕구의 반영 정도에 대한 평가
프로그램 결정평가	·문제(욕구)의 반영 여부와 사회적 형평성, 능률성, 공정성, 기술성 등
프로그램 설계평가	·문제에 의해 영향을 받는 자, 해결대책, 필요한 비용, 비용조달방법 등
프로그램 집행평가	·자원부족, 프로그램 수행능력 부족, 서비스전달체계 등
프로그램 영향평가	·프로그램 이후의 효과, 목표성취 정도 등
평가가능성 평가	·프로그램이 이루어질 수 있는지에 대한 종합적인 평가 ·평가필요성, 평가비용, 평가이익간의 비교, 평가 실현가능성

8) 메타평가

메타평가	·평가계획서나 평가결과를 다른 평가자에 의해 점검받는 것 ·평가의 신뢰도, 타당도, 유용도, 평가방식, 보고의 문제, 적정성, 평가비용 등

9) 기타 분류

효과 평가	·서비스의 욕구충족 정도에 따라 서비스 지속┌중단┌확대 등을 결정
프로그램 관리평가	·정기적으로 프로그램 운영을 검토하여 보고하기 위해 실시
과정평가	·현재 진행되고 있는 프로그램을 보다 효과적, 효율적으로 개선하기 위해 실시
디자인평가	·프로그램 특성을 기술할 때 개입하여 논리성, 합리성, 타당성 등을 평가
개발평가	·새로운 프로그램 개발을 위해 수행되는 예비적 평가

3 프로그램 평가조사의 체계

1) 프로그램 평가의 기준

- 합법성(Legitimacy): 사회복지 프로그램이 관련된 법률과 운영규칙 등에 얼마나 적합하게 운영이 되었는가에 따른 평가기준이다.
- 노력성(Effort): 다양한 프로그램과 관련된 사람들이 프로그램을 위해 얼마나 노력하고 일하고 있는지에 따른 평가기준이다(활동시간, 활동내역, 프로그램 장비, 서비스를 이용한 클라이언트 수 등).
- 효과성(Effectiveness): 목적달성 정도를 나타내는 평가기준으로서 프로그램의 성공여부로 나타난다.
- 효율성(Efficiency): 투입과 산출의 비율로써 최소한의 비용으로 최대한의 산출을 의미한다.
- 적절성(Adequacy): 프로그램 실현가능성과 현실적으로 적합한 범위 내에서 프로그램이 계획되고 운영되어야 한다.
- 접근가능성(Accessibility): 모든 사람들이 시간적, 공간적, 비용적, 심리적, 지리적으로 손쉽게 서비스를 이용할 수 있는가에 의해 평가된다.
- 만족성(Satisfaction): 프로그램을 이용한 사람들의 만족도와 문제해결 정도에 대한 평가인데 매우 주관적일 수 있다.
- 지속성(Continuity): 클라이언트가 서비스 중단이나 누락 없이 지속적으로 제공받을 수 있는 정도에 따라 평가가 이루어진다.
- 적합성(Fitness): 프로그램이 서로 다른 클라이언트의 욕구에 적합한가에 따라 평가가 이루어진다.
- 포괄성(Comprehensiveness): 다양한 욕구를 충족하기 위해 얼마나 다양한 서비스가 제공되고 있는가에 대한 평가기준이다.

- 통합성(Integration): 상호 연관된 서비스가 얼마나 통합적으로 제공되고 있는지에 따른 평가기준이다.
- 형평성(Equity): 서로 다른 처지에 있는 사람들을 다르게 대우하는 수직적 형평성과 같은 처지에 있는 사람을 똑같이 대우하는 수평적 형평성이 있다.

2) 프로그램 평가의 단계

루빈과 바비(A. Rubin & E. Babbie)는 평가의 단계를 다음과 같이 설명하고 있다.

❶ 개념화(Conceptualization)이다. 개념화는 평가가 해답할 문제를 정의하는 것이다.

❷ 측정(Measurement)이다. 측정을 통해서 평가자는 문제의 정도, 문제해결을 위해 취해진 조치의 양, 지역사회에서 반응수준을 결정한다.

❸ 표본추출(Sampling)이다. 표본을 추출함에 있어서, 평가자는 이러한 정보가 프로그램에 의해 영향을 받는 모든 사람들을 정확하게 묘사할 수 있는 방식으로 제한된 수의 사람들이나 관찰대상자들로부터 정보를 얻는다.

❹ 설계(Design)이다. 누구로부터 언제 자료를 수집할 것인가를 보여준다. 좋은 설계의 목적은 효과가 지역사회조직이나 다른 요소들에 의해 취해진 조치에 기인하는지 여부를 결정한다.

❺ 자료수집(Data Collection)이다. 평가자는 관찰, 조사, 집중면접과 기존 정보의 분석을 통해서 자료를 수집한다.

❻ 자료분석과 제출(Data Analysis and Presentation)이다. 평가자는 자료의 분리된 작은 조각을 결합해 취해진 조치와 그 조직의 결과간의 관계를 결정한다. 그 조사는 요약되어 기술적으로 훈련되지 않은 사람들도 발견된 사실들을 이해할 수 있도록 한다.

워드(Edwards Ward)는 평가단계를 다음과 같이 설명하고 있다.

❶ 프로그램의 목표를 결정한다.

❷ 평가를 실시하기 위해 재정자원을 할당한다.

❸ 평가기술요원을 고용한다.

❹ 평가고문과 계약을 체결한다.

❺ 목표를 조직목표달성을 위한 측정가능한 지표로 전환시킨다.

❻ 평가개념에 관해 관리자와 참모를 훈련시킨다.

❼ 평가체계를 설계한다.

❽ 정보체계를 개발하고, 이를 정당화하고, 집행한다.

❾ 서비스를 받고 있는 수혜자와 서비스를 받고 있지 않는 유사집단과 지표에 관한 자료를 수집한다.

❿ 두 집단에 관한 자료를 목표기준과 비교한다.

⓫ 평가를 개발하고 집행함에 있어 각 전문분야의 전문가들의 활동을 조사한다.

⓬ 평가결과를 보고한다.

프로그램 평가조사의 절차는 일반적인 평가조사의 절차와 유사하지만, 대체로 다음과 같은 절차에 따라 수행된다.

❶ 프로그램 평가조사를 계획한다.

❷ 평가목적, 주체, 대상, 방법, 시기 등을 결정한다.

❸ 프로그램 내용을 파악하기 위해 문헌조사를 실시한다.

❹ 프로그램의 책임자 및 담당자의 이해와 협조를 요청한다.

❺ 프로그램의 목표를 확인한다.

❻ 조사대상의 변수를 선정한다.

❼ 이용 가능한 자료 및 측정도구를 결정한다.

❽ 새로운 측정도구를 개발한다.

❾ 적절한 조사설계형태를 선정한다.

⑩ 조사를 수행한다.

⑪ 결과를 분석하고 해석한다.

⑫ 결과를 보고하고 환류(Feedback)한다.

3) 프로그램 평가의 기법

(1) 모니터링기법

모니터링기법(Monitoring Technique)은 프로그램의 운영을 직접 평가하기 위하여 사용하는 방법으로 책임성 감사, 행정감사, 시간·활동 조사가 있다.

- 책임성 감사(Accountability Audit): 프로그램을 위해 사용된 비용과 자원할당, 수혜과정의 일관성, 신빙성, 정확성 등을 검토하는 평가기법이다. 이는 프로그램 비용을 추적하는 일반회계감사와 프로그램 수혜자를 추적하는 사회회계감사로 나누어진다.
- 행정감사(Administrative Audit): 프로그램을 수행하는 사회복지사나 지도감독자들이 실제 수행한 업무실적을 검토하는 평가기법이다. 프로그램 운영방침과 실천상의 적합성을 평가하고, 직무에 관한 책임과 권한이 적절한지를 평가하며, 조직의 활동상황을 평가한다.
- 시간 · 활동 조사(Time-Motion Study): 프로그램 활동에 투입된 전체 시간과 프로그램 목표달성과 직접 관련된 활동시간을 비교·검토하여 프로그램 운영을 평가하는 방법이다.

(2) 사회조사기법

사회조사기법(Social Study Technique)으로는 실험, 서베이, 사례조사 등이 있다.

- 실험(Observation): 프로그램 활동과 프로그램 목표 달성간의 관련된 인과관계의 존재여부를 증명하고자 하는 것이다. 순수실험조사설계, 유사실험조사설계, 단일실험조사설계 등을 활용하여 평가에 필요한 자료를 수집한다.

- 서베이(Survey): 표적 집단에 대해 표본을 선정하고, 표본에 대한 자료를 수집하고 분석하여 프로그램에 대한 평가를 실시한다. 수집된 자료를 프로그램 수혜계층과 비수혜계층으로 구분할 수 있다면 양자간의 표적 행동의 차이를 비교해 프로그램의 효과를 평가할 수 있다.
- 사례조사(Case Study): 하나 혹은 몇몇의 요소에서 정보를 얻기 위해서 참여관찰, 면접, 내용분석법 등과 같은 자료수집방법을 이용하여 자연상황에서 평가를 위한 자료를 수집하는 것이다. 본래 사례연구는 지식형성과정의 탐구, 분류, 가설발전 단계에서 적합한 조사방법이다.

(3) 비용분석기법

비용분석기법(Cost Analysis Technique)에는 비용회계, 비용편익분석, 비용효과분석이 있다.

- 비용회계(Cost Accounting): 프로그램 비용을 프로그램 산출과 관련시키는 것이다. 여기서 산출이란 입양아동의 수, 면접횟수 등과 같이 측정할 수 있는 프로그램의 활동이다.
- 비용편익분석(Cost-Benefit Analysis): 비용과 프로그램 활동의 결과를 금전적인 단위로 관련시키는 방법이다. 여러 가지 대안적 프로그램과 전략 등의 상대적인 효과성을 평가하는 기법이다. 그 목적은 비용(자원)과 구체적인 목표의 달성(편익)과의 관계를 확인하는 것이다.
- 비용효과분석(Cost-Effectiveness Analysis): 프로그램 비용과 효과를 관련시키는 방법이다. 이 방법은 여러 가지 대안적 프로그램 투입비용의 상대적인 효율성을 측정한다.

4) 프로그램 평가의 모델

프로그램 평가의 모델은 기존의 평가모델을 활용하여 사용목적에 따라 총괄평가조사모델, 형성평가조사모델, 이 두 모델을 혼합한 총괄-형성 혼합모델로 구분할 수 있다.

(1) 총괄평가조사모델

총괄평가는 목적지향적 평가(Objective-Oriented Evaluation)라고도 한다. 이는 프로그램 운영이 끝날 때 수행되는 평가로서 성질이 비슷한 새로운 프로그램을 다시 시작할 것인지 또는 종결할 것인지 등을 결정하는데 유용하다. 총괄평가조사모델은 다음과 같은 절차적 조사단계를 거쳐 평가문제에 대한 해답을 얻는다.

- 제1단계 : 이 기관이 표명한 사명은 무엇인가?
  - 이 기관이 개입 또는 해결하고자 하는 지역사회의 문제는 분명히 규명되어 있는가?
  - 서비스 표적 집단은 규명되어 있는가?
  - 서비스가 달성하고자 하는 목표는 분명히 확인되었는가?
  - 서비스의 방법은 분명히 설명되었는가?

- 제2단계 : 프로그램의 목적은 무엇인가?
  - 목표달성을 위한 측정 가능한 목표는 프로그램의 목적과 관련이 있는가?
  - 표적 집단에 기대되는 예상효과, 해결할 문제, 서비스 전달방법을 구체적으로 명시하고 있는가?

- 제3단계 : 프로그램의 목표는 무엇인가?
  - 목적달성을 위한 측정 가능한 목표는 프로그램의 목적과 관련이 있는가?

- 서비스가 어떻게 전달될 것이라는 과정적 목표가 명시되어 있는가?
- 서비스 대상자들에게 나타날 서비스 효과의 목표가 구체적으로 명시되었는가?

- 제4단계 : 프로그램 목표가 달성되었는지 여부를 어떻게 결정하는가?
  - 프로그램 목표달성의 여부를 측정하기 위하여 어떤 척도를 사용할 것인가?
  - 프로그램 각 과정에 과정목표를 세우고 그 효과를 척도를 사용해 측정하였는가?
  - 수행하는 업무는 프로그램의 목표달성과 관련이 있는가?

- 제5단계 : 수혜자를 대상으로 한 목표는 달성되었는가?
  - 수혜자와 공동으로 합의한 특정한 서비스 목표가 있었는가?
  - 공동의 서비스 목표달성을 위해 특별히 채택한 방법이 있었나?
  - 이러한 목표달성의 여부를 확인하기 위해 정기적으로 평가를 하였나?
  - 프로그램 담당자들은 자신들이 전달하는 서비스의 효과성을 정기적으로 평가하는가?

- 제6단계 : 평가자료를 어떻게 활용할 것인가?
  - 프로그램의 목적과 목표는 달성수준을 평가할 수 있도록 체계적으로 정리하였는가?
  - 평가의 자료가 해석과정을 거칠 수 있도록 충분한 시간을 할애했는가?
  - 내생적 요인들은 얼마나 평가결과에 영향을 미쳤으며, 외생적 요인들은 어떻게 영향을 미쳤는가? 외생적 요인들을 통제하였는가?

- 프로그램의 긍정적·부정적 측면을 고려할 때 어떠한 조치를 취해야 되는가?
- 평가의 결과를 어떻게 활용해야 할 것인가?

(2) 형성평가조사모델

형성평가는 결과지향적 평가(Decision-Oriented Evaluation)라고도 한다. 이는 프로그램 운영 도중에 이루어지는 조사로서 계속되는 프로그램을 수정·보완하여 프로그램을 개선할 목적으로 수행되는 조사이다. 형성평가조사모델은 다음과 같은 절차적 조사단계를 거쳐 평가문제에 대한 해답을 얻는다.

- 제1단계: 프로그램 운영에 있어서 무엇이 문제이며, 누가 이 문제에 대하여 관심을 가지고 있는가?
  - 문제가 무엇인가를 규명한다.
  - 누가 이 문제에 대해 관심을 가지고 있으며, 그 이유는?
  - 필요한 정보, 자료는 무엇인가?
  -
- 제2단계: 필요한 정보는 어떻게, 어디에서 수집하는가?
  - 얼마나 신빙성이 있는 자료인가?
  - 정보수집에 가장 협력을 거부할 사람은 누구겠으며, 그 이유는?
  - 정보수집을 위한 자원은 확보되어 있는가?
  -
- 제3단계: 수집된 정보의 질은 어떠한가?
  - 이 정보는 얼마나 타당성과 신뢰성이 있는가?
  - 기관이 보유한 자료를 필요한 정보를 얻기 위해 사용할 수 있는가?
  - 얼마나 자주 정보를 수집하고, 보고를 해야 하는가?

- 제4단계: 정보를 수집하고 보고한 사람은 누구인가?
  - 어떻게 정보가 수집되었으며, 어떠한 형태로 보고될 것인가?
  - 정보의 신뢰도와 타당도를 어떻게 검토할 것인가?
  - 이 정보를 어떻게 결정과정에 활용할 것인가?
  - 이 정보의 신용도를 어떻게 결정할 것인가?

(3) 총괄-형성 혼합모델

혼합모델을 사용하게 되면 프로그램의 발전 및 시행단계마다 나타나는 특성이나 문제에 적절한 평가방법을 융통성 있게 사용할 수 있다. 프로그램 시행의 초기단계에서는 신속한 환류를 제공할 수 있는 형성적 평가방법이, 프로그램 종결 후에는 프로그램 성공의 여부에 관심을 가지고 있는 여러 계층을 위한 과학적이고 객관적인 자료를 제시할 수 있도록 총괄평가의 방법이 필요할 것이다.

5) 프로그램 효과성 평가

효과성의 평가는 프로그램 평가에 있어서 가장 중요한 요인으로서, 일반적으로 프로그램이 종료된 이후와 프로그램이 시작되기 이전의 상태를 비교해서 프로그램의 효과가 측정된다. 즉, 효과성이란 프로그램이 목표했던 바를 성취하는 정도와 관련이 있다. 만일 목표가 성취되었다면 그것이 프로그램으로 인한 것이었는지를 확인하는 것이 효과성에 대한 평가이다. 사회복지조직과 프로그램은 다양한 목표 중 대사회적인 목표성취 여부에 보다 관심을 가져야 한다.

(1) 측정대상

효과측정의 대상은 서비스를 제공받은 클라이언트의 욕구상태와 행동의 변화이며 서비스 전달체계상의 변화도 포함이 된다. 면접이나 관찰, 설문조사 등을 이용해서 클라이언트의 욕구상태와 행동변화 정도를 측정할 수 있다.

또한 프로그램이 진행되는 동안 서비스에 대한 접근성, 프로그램의 안정성, 지속성, 클라이언트와 운영자간의 의사소통과 책임감 등을 조사하여 서비스 전달체계상의 효과를 측정할 수 있다.

(2) 효과측정 관련자료 원천

- 클라이언트: 프로그램 목표가 클라이언트의 욕구문제와 행동변화이므로 평가자료의 가장 중요한 원천이 된다. 면접이나 설문지 등을 통해 자료를 수집할 수 있으나, 응답내용의 신뢰성과 타당성의 확보를 위한 노력이 뒤따라야 한다.

- 프로그램 담당자: 프로그램 운영에 직접 개입한 사람으로서 전문적이고 신뢰할 수 있는 자료가 된다. 사례기록, 평가지표 등이 중요한 원천이 된다. 그러나 특정 전문분야에 한정된 편협한 내용이 될 수 있어 전반적인 평가를 하는데 부족할 수 있다.

- 가족, 친족, 교사, 친구, 이웃사람 등과 같은 클라이언트의 주변인물: 프로그램 진행과정에 직접 참여하지 않으므로 이들은 객관적인 정보를 제공할 수 있다.

- 2차적 자료: 기타 클라이언트와 관련된 지역사회 네트워크, 즉 학교생활기록부, 사건조서, 상담일지, 자료기록 등의 2차적인 자료들도 원천이 될 수 있다.

6) 프로그램 효율성 평가

효과성 평가가 프로그램의 목표달성의 정도를 알고자 하는 것이라면, 효율성 평가는 그러한 목표달성을 위해 얼마만큼의 자원을 사용했는가를 평가하고자 하는 것이다. 프로그램의 수행으로 인한 편익이 그 비용을 정당화 할 수 있는지, 더 적은 비용으로 같은 결과를 얻을 수 있는 방법이 있었는지 등에 대해 그 대답을 얻고자 하는 것이다. 일반적으로 효율성은 산출(Output)/투입(Input)으로 분석된다.

(1) 비용–편익 분석

비용-편익 분석(Cost-Benefit Analysis)은 프로그램에 드는 비용과 편익 모두를 화폐적 단위로 나타내어서 "프로그램으로 인한 편익/비용"의 산술적 비율을 구해내고자 하는 분석방법이다. 이 분석은 모든 비용과 편익을 화폐로 환산함으로써 서로 다른 목표를 갖는 프로그램까지도 비교할 수 있다는 장점을 가지고 있다. 그러나 사회복지 프로그램으로 인한 편익을 화폐로 환산하기 어렵다는 점에서 한계를 갖는다.

(2) 비용–효과 분석

비용-효과 분석(Cost-Effectiveness Analysis)에서 가장 큰 문제인 효과의 화폐화를 포기하고, 단지 비용측면만을 금전적 가치로 분석하고, 효과에 대해서는 화폐단위 환산을 하지 않는다. 이 분석은 동일한 목표를 가진 프로그램들의 소요 비용들을 비교하여, 최소 비용으로 최대 효과를 내는 프로그램이 가장 효율적이라고 판단한다.

Q 연습문제

서술형

01. 프로그램 평가조사란 무엇이며, 어떠한 목적을 가지고 있는지를 간략하게 설명하시오.

02. 프로그램 평가조사의 중요성에 대해 간략하게 설명하시오.

03. 프로그램 평가조사의 종류를 유형별로 간략하게 설명하시오.

04. 프로그램 평가기준에 대해 간략하게 설명하시오.

05. 루빈과 바비(A. Rubin & E. Babbie)가 제시하는 프로그램 평가의 단계를 순서적으로 간략하게 설명하시오.

06. 워드(E. Ward)가 제시하는 프로그램 평가의 단계를 순서적으로 간략하게 설명하시오.

07. 프로그램 평가의 기법인 모니터링 기법에 대해 간략하게 설명하시오.

08. 프로그램 평가의 기법인 사회조사기법과 비용분석기법에 대해 간략하게 설명하시오.

09. 프로그램 평가의 모델인 총괄평가조사모델이란 무엇이며, 단계별로 간략하게 설명하시오.

10. 프로그램 평가의 모델인 형성평가조사모델이란 무엇이며, 단계별로 간략하게 설명하시오.

11. 프로그램 효과성 평가에 대해 간략하게 설명하시오.

12. 프로그램 효율성 평가에 대해 간략하게 설명하시오.

Q 연습문제

괄호형

01. 사회복지서비스가 계획된 대로 수행되는지, 사람들의 욕구나 문제를 해결하는데 효과적이었는지를 평가하기 위해 수행되는 조사는 (   )(이)다.

02. 사회복지 분야에 투입된 공적자원과 민간자원의 투명성과 서비스의 효과성, 효율성 등에 대한 (   )이 지속적으로 요구되면서 프로그램 평가조사의 중요성이 부각되고 있다.

03. 프로그램 운영 도중에 이루어지는 평가로 서비스 전달체계의 향상 및 서비스 효율성 증진을 도모하기 위한 평가는 (   )(이)다.

04. 평가계획서나 평가결과를 다른 평가자에 의해 점검받는 것으로 평가의 신뢰도, 타당도, 적정성, 평가 비용 등을 평가받는 것을 (   )평가라고 한다.

05. 프로그램 평가기준으로 서비스의 지속적인 제공여부를 결정하는 기준은 (①)으로 평가하며, 투입과 산출의 비율로 프로그램에 사용된 비용은 (②)으로 평가한다.

06. 사회복지현장에서 프로그램의 운영을 직접 평가하기 위해 사용하는 방법으로 책임성 감사, 행정감사, 시간-활동 조사 등은 (   ) 기법에 해당된다.

해답

1. 프로그램 평가조사 2. 책임감 3. 형성평가
4. 메타 5. ① 효과성 ② 효율성 6. 모니터링

Q 연습문제

진위형

01. 프로그램 평가조사는 프로그램의 내용이나 운영이 수혜자의 욕구에 적극 부응하여 수혜자에게 편의를 제공하고 있는지를 평가하여 수혜자 중심적인 운영을 꾀할 수 있다.

02. 사회복지 프로그램과 관련된 이론을 정립하는 데 있어서 평가의 자료가 논리적인 이론 형성이 기여할 수 있다.

03. 청소년 약물남용 프로그램을 운영하던 중 중학생보다 고등학생의 탈락률이 점차 증가하자 고등학생 참가자들의 의견을 조사해서 프로그램에 반영한다면 이는 형성평가에 해당된다.

04. 평가조사를 평가범위에 따라 효과성, 효율성, 공평성평가로 분류할 수 있다.

05. 프로그램의 평가기준으로 클라이언트의 만족도를 체크하는 것은 객관성을 확보할 수 있어 유용하다.

06. 프로그램 활용에 사용된 사회복지사의 활동내역이나 활동시간, 프로그램 운영 공간과 장비, 서비스를 제공받은 클라이언트 수, 소식지 발간 횟수 및 배포 수 등에 관한 정보는 프로그램의 적절성을 평가하는 기준이다.

해답

1.○ 2.○ 3.○ 4.X 5.X 6.X

Q 연습문제

선택형

01. 다음 사례에서 프로그램의 실패를 설명하는 있을 수 있는 이유들 중 이론적 오류에 해당하는 것은?

> 근로 동기와 근로 능력을 증진함으로써 취업률을 높이기 위한 직업상담을 6개월 동안 진행했으나 의도한 프로그램의 효과가 나타나지 않았다.

① 높은 근로 동기나 근로 능력이 있어도 취업 장벽이 높아 취업하기 어렵다.
② 직업상담사의 역량 부족으로 적절한 상담이 진행되지 못했다.
③ 클라이언트들이 계획된 상담 일정에 꾸준히 참여하지 못했다.
④ 직업상담의 내용이 근로 동기를 변화시키는 데만 초점을 맞추고 근로 능력 증진까지는 다루지 못했다.
⑤ 상담 시간대가 클라이언트 상황에 맞지 않았다.

해설 이론적 오류는 개입이 매개변수는 변화시켰으나 성과변수의 변화는 야기하지 못한 경우이며, 실행적 오류는 개입이 실행 과정에서의 문제로 매개변수의 변화도 야기하지 못한 경우를 말한다. 이 사례에서 매개변수는 '근로 동기와 근로 능력'이고, 성과변수는 '취업률'이다. 개인의 근로 동기나 근로 능력이 아무리 높아져도 일자리 기회가 주어지지 않는다면 이는 취업률로 연결되기 힘들다. ①에서처럼 매개변수는 의도한 대로 변화했지만 그럼에도 불구하고 다른 요인들로 인해 성과변수를 달성하지 못하는 경우는 이론적 오류에 해당한다.

02. 평가조사 유형별 평가질문으로 옳은 것을 모두 고른 것은?

> ㄱ. 총괄평가 - 이 프로그램을 내년에도 계속 운영하는 것이 좋은가?
> ㄴ. 메타평가 - 수행된 프로그램에 대한 평가 방법이 타당한가?
> ㄷ. 과정평가 - 프로그램은 계획된 대로 잘 실행되고 있는가?
> ㄹ. 비용효과분석 - 프로그램 결과가 갖는 금전적 가치는 얼마인가?

① ㄱ, ㄴ, ㄷ　② ㄱ, ㄷ　③ ㄴ, ㄹ
④ ㄹ　⑤ ㄱ, ㄴ, ㄷ, ㄹ

해설 ㄱ : 총괄평가는 프로그램이 어느 정도 성공적이었는지 평가하여 이를 기초로 프로그램의 존속, 중단, 확대와 관련한 총괄적인 의사결정을 내리려는 목적을 갖는다.
ㄴ : 메타평가는 '평가에 대한 평가', 즉 평가를 잘했는지에 대한 평가이다.
ㄷ : 과정평가는 프로그램이 잘 진행되고 있는지 그 과정을 평가하는 것이다. 예를 들면, 원래 의도한 표적 집단이 실제로 서비스를 받고 있는지 등을 파악한다면 이는 과정평가에 해당한다.

03. 다음 내용은 어떤 평가조사의 결과인가?

A사례관리 프로그램에서는 입원 일수를 하루 감소시키는데 드는 비용이 50만 원인데, B사례관리 프로그램에서는 30만 원이 든다.

① 프로그램 모니터링
② 투입평가
③ 노력성 평가
④ 비용효과분석
⑤ 비용편익분석

해설 이 사례에서는 '입원 일수 하루 감소'라는 성과에 대해 투입되는 비용을 금전적 가치로 표현하고 있다. 성과 자체는 금전적 가치로 환산하지 않고 원래의 단위(1일) 그대로 표현하고 있으므로 비용효과분석에 해당한다.

04. 다음 사례의 평가조사 유형은?

어르신을 위한 여가활동 프로그램을 운영하던 중 참여 인원이 30% 정도가 초기에 중도 탈락한 일이 있었다. 이에 중도 탈락자들을 만나 면접조사를 수행한 결과 프로그램 운영방식이나 운영 시간상의 문제점들이 파악되어 이를 개선함으로써 추후 중도 탈락 가능성을 방지했다.

① 비용효과분서
② 효율성 평가
③ 메타평가
④ 형성평가
⑤ 총괄평가

해설 평가의 목적에 따라 평가조사를 총괄평가와 형성평가로 분류한다. 총괄평가는 프로그램이 그 목적을 효과적으로 달성했는지를 프로그램 종료 후 평가하는 것이며, 형성평가는 프로그램 운영 도중에 이루어지는 평가로서 프로그램 수행과정에서의 문제점을 발견하여 프로그램을 수정, 보완하고자 하는 목적으로 이루어진다. 이 사례는 프로그램 운영 도중 발생한 문제의 원인을 파악하여 프로그램이 보다 잘 운영될 수 있도록 개선하기 위해 평가조사가 수행되었으므로 형성평가에 해당한다.

※(05-06) 다음 사례를 읽고 답하라.

지역 A의 노숙인쉼터에 입소한 노숙인 100명에게 연간 2,000만 원의 예산을 배정하여 귀가상담 프로그램을 시행하여 70명이 귀가하였다. 한편 이 프로그램을 시행하기 전에는 평균 귀가율이 20명 정도였다. 이렇게 귀가하는 경우는 취업하여 적어도 평균 500만 원 이상의 연봉을 받게 되고, 가정문제를 감소시켜 각 개인에게 소요되는 사회적 비용을 연간 200만 원 정도 감소시키게 되면, 만일 노숙인이 귀가하지 않고 남아 있었더라면 계속 노숙인 관리비용으로 1인당 연간 300만 원 정도 들었을 것이다.

05. 위 사례에서 프로그램의 비용-효과 공식으로 가장 적절한 것은?

① 2,000만 원 ÷ 70
② 2,000만 원 ÷ 20
③ 2,000만 원 ÷ 90
④ 2,000만 원 ÷ 50
⑤ (2,000만 원 ÷ 70) - 20

해설 이 사례에서 2,000만 원은 총 투입 비용이고 프로그램의 효과는 50명[프로그램 시행 후 귀가자 수(70명) - 프로그램 시행 전 평균 귀가율에 의한 귀가자 수(20명)]이다. 따라서 이 경우 비용-효과는 2,000만 원 ÷ 50명 = 40만 원이 된다. 즉, 노숙인 한 사람을 귀가시키기 위한 상담 비용이 연간 40만 원 들었다는 것이다.

06. 위 사례에서 비용-편익분석을 통해 프로그램의 편익을 계산한다면 어떤 공식이 가장 적절한가?

① (500만 원 + 200만 원 + 300만 원) × 50명
② (500만 원 + 200만 원) × 50명
③ (500만 원 + 200만 원) × 70명
④ 500만 원 × 70명
⑤ 500만 원 × 50명

해설 이 경우 노숙인의 귀가로 얻는 이익은 1인당 500만 원 + 200만 원 + 300만 원 = 1,000만 원이 되고, 프로그램 시행 전과 비교해 프로그램 시행을 통해 증가시킨 귀가 인원이 50명이므로 프로그램을 통한 전체 이익은 1,000만 원 × 50명 = 5억 원이 된다.

07. 델파이 조사에 관한 설명으로 옳지 않은 것은?

① 전문가 패널의 의견을 수렴하는 방법으로 활용된다.
② 외형적으로는 설문조사 방법과 유사하다.
③ 연구자가 사전에 결정한 방향으로 패널의 의견이 유도될 위험이 있다.
④ 패널의 후광효과를 방지하기 어렵다.
⑤ 반복되는 설문을 통하여 패널의 의견이 수정될 수 있다.

해설 후광효과는 특정 인물의 주장이 지배적으로 작용하는 효과를 말한다. 델파이 조사는 전문가들이 한 자리에 모이지 않으며 참여자가 서로 누구인지를 모르는 상태에서 진행되기 때문에 대면적 집단 의사결정 과정에서 발생할 수 있는 후광효과를 방지할 수 있다.

08. 대규모 설문조사와 비교하여 주요 정보 제공자(Key Informants)를 활용한 욕구조사에 관한 설명으로 옳지 않은 것은?

① 표본 추출이 용이하다.
② 표본의 대표성이 높다.
③ 비용이 적게 든다.
④ 양적 정보뿐만 아니라 질적 정보도 파악할 수 있다.
⑤ 정보 제공자들이 가지고 있는 정보의 양과 질에 의존하게 된다.

해설 대규모 설문조사의 경우 조사설계 과정에서 확률 표집 방법을 이용하거나 표본의 크기를 늘려 표본의 대표성을 충분히 높일 수 있지만, 주요 정보 제공자 조사는 표본의 대표성이 떨어진다는 단점이 있다.

09. 프로그램의 궁극적 효과를 현재의 화폐가치로 환산한 후 그것을 프로그램 시행에 투입한 비용과 비교하는 성과평가 방식을 무엇이라고 하는가?

① 비용-효과분석
② 비용-편익분석
③ 노력성 평가
④ 서비스의 질 평가
⑤ 프로그램 점검

해설 비용-효과분석과 비용-편익분석은 둘 다 프로그램 수행에 투입된 비용을 프로그램 성과에 비교하는 방식이다. 그 중 비용-편익분석은 프로그램 효과를 화폐로 환산하여 투입비용과 비교하는 방식이고, 비용-효과분석은 투입비용을 프로그램의 서비스 단위로 나누는 방식이다.

10. 프로그램 평가연구에 관한 설명으로 옳지 않은 것은?

① 종속변수는 프로그램이다.
② 유사실험설계를 사용하여 효과를 측정할 수 있다.
③ 외생변수에 대한 고려가 필요하다.
④ 투입된 비용에 대한 효과를 평가할 수 있다.
⑤ 결과를 해석할 때 정치적 관점이 개입될 수 있다.

해설 프로그램을 평가한다는 것은 개입, 서비스, 프로그램 등이 표적문제를 변화시켜 목표한 바를 얼마나 성공적으로 달성했는지를 평가하는 것이다. 따라서 평가연구에서 개입, 서비스, 프로그램 등은 독립변수이고, 목표한 바(혹은 표적문제)는 종속변수에 해당한다. 따라서 프로그램은 종속변수가 아니라 독립변수이다.

해답

1. ① 2. ① 3. ④ 4. ④ 5. ④
6. ① 7. ④ 8. ② 9. ② 10. ①

11 질적조사

학습목표

1. 질적조사의 개념(의의 및 특징, 질적조사와 양적조사의 비교, 질적조사의 관련 용어, 질적조사와 사회복지실천, 질적조사의 쟁점)에 대해 이해한다.
2. 질적조사의 종류(참여관찰, 심층면접, 기타 방법)에 대해 이해한다.
3. 질적조사의 과정(문제구성과 이론탐색, 자료수집과 분석, 가설과 이론구축, 질적조사보고서 작성)에 대해 이해한다.

1 질적조사의 개념

1) 질적조사의 의의 및 특징

(1) 질적조사의 의의

질적조사(Qualitative Research)는 양적조사(Quantitative Research)로는 발견하거나 분석하기 어려운 문제를 효과적으로 관찰하고 분석하며, 복잡한 사회현상을 심층적으로 규명하고 해석하기 위한 사회과학적 조사방법의 한 패러다임을 말한다.

질적조사는 사회적 실체와 현상이 어떻게 해석되고, 이해되고 경험되며, 생성되는가에 관심을 둔다는 점에서 넓은 의미로 해석주의자적 과학철학에 근거를 두고 있다. 질적조사는 자료를 만들어내는 방법에 융통성이 있고, 자료가 창출되는 사회적 체계에 보다 관심을 기울인다. 질적조사는 분석과 설명방법에서 복잡성, 세부사항, 그리고 체계를 이해하는데 중점을 두고 있다. 질적조사는 풍부하고, 상황적이며, 세부적인 자료를 바탕으로 완숙한 이해를 창출해 내는데 목적을 두고 있다.

이러한 점에서 피상적인 유형, 추세나 상관관계의 묘사보다는 본질적인 형태의 분석과 설명을 보다 강조하고 있다. 질적조사에서도 통상적으로 일정한 형태의 계량화 기법이 적용되기는 하지만, 통계적인 분석이 핵심적인 것으로 간주되지 않는다. 질적조사와 양적조사는 상호배타적인 관계가 아니며, 모든 연구자들이 다양한 형태의 연구방법을 결합시키는 것, 즉 양적 방법에 질적 방법, 질적 방법에 질적 방법, 또는 양적 방법에 양적 방법을 결합시키는 등을 심각히 고려해야 한다.

(2) 질적조사의 특징

질적조사들은 모두 동일한 수준에서 질적인 특징을 갖추고 있지 않다. 같은 질적조사로 불리지만, 조사에 따라서는 좀 더 질적인 특징이 강한 조사가 있고 약한 조사가 있다. 일반적으로 질적조사는 다음과 같은 특징을 가지고 있다.

- 질적조사에서는 자연적인 환경으로부터 직접적으로 자료를 수집하며, 조사의 주된 도구는 연구자 자신이다.
- 질적조사는 기술적(記述的, Descriptive)이다. 자료는 숫자가 아닌 말이나 그림의 형태이며, 조사보고서는 구체적인 방법으로 기술하기 위해 면접내용 기록, 현장노트, 사진, 비디오테이프, 메모, 개인적 소품, 다른 공식적인 기록 등과 같은 다양한 자료를 직접 인용한다.
- 질적 연구자들은 결과나 산물에 관심을 갖기보다는, 그 결과에 이르는 과정에 더 많은 관심을 기울인다. 어떻게 특수한 용어와 명칭이 적용되는가?, 어떻게 특정 개념들이 상식적으로 수용되어지는가?, 특정 행동이나 사건이 어떠한 역사적 전개과정에 따라 발생되고 있는가?, 질적조사는 연구자와 연구자간의 상호작용과정에서 풍부하고 깊이 있는 자료를 수집할 수 있다.
- 질적 연구자들은 모은 자료를 귀납적으로 분석하는 경향이 있다. 질적 연구자들은 그들이 개별적으로 수집한 구체적인 자료들을 통합하고 분석함으로써 이론적 체계를 형성한다.
- 질적 연구자들은 연구대상자들에게 다음과 같은 질문을 계속적으로 한다. 즉, 그 사람들은 어떤 경험을 하고 있는가?, 그 사람들은 어떻게 자신의 경험을 해석하는가?, 그 사람들 자신은 그들이 살고 있는 세계를 어떻게 구성하는가?, 사람들은 그들의 삶에 대해 어떤 생각을 가지는가?, 혹은 그들이 당연하게 생각하는 일은 무엇인가?, 질적 연구자들은 사람들이 그들의 삶에 의미를 부여하는 방법에 관심을 가진다. 즉, 질적 연구자들은 참여자들의 관심에 대해 관심을 갖는다.

2) 질적조사와 양적조사의 비교

질적조사와 양적조사는 현상이나 사건을 체계적으로 조사하고 탐구하기 위한 방법이란 점에서는 유사하지만, 각각의 방법은 조사기법에 있어 차이가 있다. 양자간의 관계는 이질적이지만, 보다 나은 조사와 탐구를 위해서는 각자가 갖고 있는 장점들을 살리고 단점들을 보완해 나갈 필요가 있다. [표 11.1]은 질적조사와 양적조사를 비교하여 정리한 내용이다.

[표 11.1] 질적조사와 양적조사의 비교·정리

구분	질적조사	양적조사
관련 용어	문화기술, 현장연구, 연성자료(Soft Data), 상징적 상호작용, 내적 관점, 자연주의적, 민속방법론, 기술적, 참여관찰, 기록적, 사례연구적, 생태학적, 현상학적 인식론 등	실험적, 경성자료(Hard Data), 외적 관점, 경험적, 실증주의, 사회적 사실, 통계적, 계량화, 객관성, 일반화 가능, 제한된 체계, 확률적 규명 등
주된 개념	의미, 상징적 이해, 일상생활, 이해 과정, 실제적인 목적, 사회적 구성 등	변인, 조작적 정의, 신뢰도, 가설, 타당도, 통계적인 의미 등
연구 체계	"개방적인 체계" 복잡한 사회적 현상이나 문제를 단순화시키지 않고 가능한 "있는 그대로" 개방적인 체계에서 파악함	"제한된 체계" 사소하거나 예외적인 상황은 배제하여 가설에서 설정한 관계를 확률적으로 규명하려고 함
연구자와 연구대상	"연구자와 연구대상 유지" 연구자는 대상과 긴밀한 관계를 유지하면서 주관적으로 수행하므로 대체해서는 안 됨	"연구자와 연구대상 교체 가능" 동일한 연구조건이라면 같은 결과가 산출된다고 보기 때문에 연구자는 교체할 수 있음
객관성과 주관성	"주관성" 관찰자에 따라 사물이 서로 다르게 인식됨.	"객관성" 관찰자에 상관없이 사물이 보편적으로 실제 존재함
일반화	"일반화 가능성이 낮다" 연구자체가 주관적이고 특정 현상을 대상으로 하기 때문에 일반화가 어려움	"일반화 가능성이 높다" 연구 전과정이 객관성을 유지하기 때문에 가설이나 이론의 일반화가 가능함

관련 인물	Max Weber, Barney Glaser, Harry Wolcott,Herbert Meat, Estelle Fuchs	Emle Durkheim, Fred Kerlinger, Lee Cronbach,Donald Campbell
이론적 배경	상징적 상호작용론, 문화적 민속화, 이상주의, 현상학	구조적 기능주의, 논리적 경험주의, 실제주의, 실증주의, 체제이론, 행동주의
목 표	다양한 현실세계 기술(Description), 근거 있는 이론을 개발, 이해를 높임	이론검증, 사실구성, 통계적 기술(Description), 변수간의 관계 제시, 예측
설 계	융통성, 지금 나타나고 있고 일반적임	구조화, 미리 예정, 세부적, 형식적
연구계획서	간략, 사실적, 자료의 수집 후 기록, 문헌조사 부분이 별로 없음, 일반적 접근법	방대, 절차가 세부적, 방대한 문헌조사, 자료 수집 전에 작성, 가설 설정
자료표본	기술적(Descriptive), 개인적 기록, 현장노트, 사진, 사람들의 말, 작은 표본, 비대표적, 이론적인 표집	양적(Quantitative), 조작화된 변인들, 계량화를 위한 부호화(coding), 통계적, 큰 표본, 통제집단이 있음, 표본이 정확, 외생 변인에 대한 통제
기 법	참여관찰, 개방적 면접	실험, 구조화된 면접과 관찰
대상자와의 관계	공감적, 신뢰 강조, 평등, 긴밀한 접촉	제한, 격리, 거리를 유지
도구	녹음기, 전사기	목록, 컴퓨터, 설문지, 척도
자료 분석	지속적, 귀납적, 연속적 비교법	연역적, 통계적, 자료수집이 끝날 때 이루어짐
문제점	시간이 많이 소요, 자료 축소의 어려움 신뢰성 확보의 문제, 표준화된 절차의 결여, 다수의 표본으로 조사하기 어려움	다른 변인의 통제가 어려움, 구체화의 문제, 강요적이며 타당성 확보의 문제

3) 질적조사의 관련 용어

(1) 현실기반이론

글레이저와 스트라우스(B. Glaser & A. Strauss)는 귀납적 과정을 거쳐 현실적인 자료에 근거하여 개발된 이론을 "현실기반이론(Grounded Theory)" 또는 "기초이론"이라 한다.

B. Glaser

A. Strauss

현실기반이론은 경험적인 세계의 관찰에 근거하여 만들어진 이론으로, 기본적으로 다른 질적 연구조사자가 사용하는 것과 같은 현장관찰방법을 사용한다. 이는 참여관찰이나 개방형 면접과 같은 것이다.

사례 한 연구자가 현실기반이론의 방법을 활용하여 주부 자원봉사활동의 지속성과 중단성의 요인에 대한 연구를 수행하였다. 이 연구에서는 15명의 주부 자원봉사자를 대상으로 이루어진 심층면접과 기록을 개방코딩, 축코딩, 선택코딩의 과정을 거쳐 분석한 결과 자원봉사자 주부는 "자원 봉사 참여 전 단계", "중단 및 지속 결정단계", "지속단계 및 재참여 단계"를 거치는 것으로 나타났다.
* 개방코딩 : 원자료의 내용들이 함축하고 있는 범주를 찾아내는 과정
* 축코딩 : 개방코딩한 자료를 보다 분석적으로 정리하는 과정
* 선택코딩 : 핵심범주를 부각시키고 통합하는 과정

(2) 민속지학

어떤 문화속에서 생활하는 사람들의 관점에서 문화를 연구하는 것을 "민속지학적 조사(Ethnographic Research)" 또는 "민속지학"이라 한다. 즉, 민속지학은 연구자가 오랜 기간 한 장소에서 대상자와 자연스럽게 함께 생활하면서 관찰하는 방법이다. 예를 들면, 아동복지시설의 문화를 그 기관의 생활지도교사나 시설아동의 관점에서 연구한다든지, 또는 장애근로자들의 노동문화를 장애인이면서 근로자의 관점에서 연구하는 것이다.

일부 민속지학적 연구조사자는 사람들의 규범, 명명, 언어적 표현, 이해, 가정을 사용하는데 초점을 두는 연구를 민속학적 방법론(Ethnomethodology)이라 부른다. 로프랜드(J. Lofland)는 분석적 민속지학의 특징을 다음과 같이 설명하고 있다.

- 궁극적으로 인간의 사회생활의 유형에 대해 일반적 명제를 구축하는데 기여한다.
- 기본적으로 어떤 대상이라도 공정한 탐구의 대상이라는 견해를 갖는다.
- 연구자는 가능한 자신을 연구자가 이해하기를 원하는 사람들의 위치에 놓는다.

연구자는 그 사람들이 생활에서 일어나는 일에 반응하는 동안 가능한 그들 가까이 위치한다.

- 실제로 진행되고 있는 일을 정확하게 파악할 기법을 발전시키고 사용한다.
- 각 연구조사에 새로운 관찰과 새로운 분석을 만들려는 목적을 가지고 있다.
- 관찰한 자료의 제시와 그 자료를 대표하고 이해할 수 있도록 하는 이론적 개념의 정교화간에 균형을 유지한다.

사례 모 방속국에서 방영된 프로그램으로 지하철역에서 생활하는 한 노숙자의 삶과 인생을 그렸는데, 이 과정에서 그 노숙자의 하루 24시간의 일거수일투족을 묘사하였다. 즉, 노숙자의 삶을 그리기 위해 그 생활 속으로 들어가 아침에 일어나면서부터 밤에 잠들기까지 모든 생활 모습을 있는 그대로 기술한 것이다.

(3) 현상학

현상학(Phenomenology)이란 민속지학, 민속학방법론 또는 다른 질적 탐구의 용어에서 내포하고 있는 철학적 가정을 설명하는데 사용될 수 있다. 현상학에는 몇 가지 세부적인 형태가 있다.

- 자기발견적 탐구(Heuristic Inquiry)이다. 자기발견적 탐구에서 연구조사자는 공평한 관찰자가 되도록 노력하고, 실제로 연구하고 있는 현상을 직접 경험하며, 그 현상을 경험하면서 갖고 있는 자신의 생각과 감정을 조사하기 위해 자기성찰(Introspection)을 행한다.
- 해석학(Hermeneutics)이다. 해석학은 해석의 과정을 강조한다. 해석의 과정에서 연구조사자는 매우 많이 복잡하고 구체적인 내용으로부터 일정한 유형을 찾고자 노력한다.
- 이해(Verstehen)이다. 질적 탐구는 연구자가 관찰하는 사람들을 그 사람들 관점에서 이해하려는 시도이다. 즉, 연구자가 관찰하는 대상이 그들에게 주는 특별한 의미를 이해하고자 하는 시도이며, 이는 사회복지실천 개념인 감정이입과 상당히 유사하다.

4) 질적조사와 사회복지실천

(1) 유사점

- 사회복지실천은 각각의 클라이언트에 대한 개별화된 사정을 중요시한다.
- 클라이언트의 삶을 아주 자세하게 기록하고 귀납적이고 유연한 사고를 행한다.
- 클라이언트의 문제를 정의하고, 조사를 실시하며 필요한 정보를 수집하여 그에 따라 적절한 개입방법을 결정하고 실시하며, 개입결과에 관한 정보를 수집하고, 그에 따라 필요한 경우 개입방법을 보완하고 수정한다.
- 클라이언트에 대한 관찰, 심층면접 등 자료수집방법 및 분석과정이 유사하다.
- 클라이언트에 대한 공감이나 감정이입을 통해 비심판적인 환경에서 조사한다.

(2) 차이점

- 사회복지실천은 이론과 모델에 바탕을 둔 규범적 시각을 갖지만, 질적조사는 규범적 시각이 연구의 질을 저하한다고 생각한다.
- 사회복지실천은 클라이언트에게 서비스를 제공하는 것에 중점을 두지만, 질적조사는 학문적 지식과 이해의 증가를 중요시한다.
- 사회복지실천가는 대상의 문제나 감정을 관찰하지만, 질적조사의 주요 관심사는 사건이나 경험이다.
- 사회복지실천가는 클라이언트의 변화의 정도에 따라 종결하지만, 질적조사는 연구자의 자료수집이 충분하다고 생각할 때 종결한다.
- 사회복지실천가의 성공은 클라이언트의 변화에 대한 확인이지만, 질적조사는 학문적으로 검증된 연구이다.

5) 질적조사의 쟁점

❶ 질적조사와 양적조사는 함께 사용될 수 있는가?

양자를 동시에 사용하는 것이 바람직하다는 의견이 있지만, 실질적으로 두 접근은 각기 서로 다른 가정에 근거를 두고 있기 때문에 동시에 사용하는 것은 어렵다. 양자를 상호보완적으로 사용하여 질적 연구의 단점인 객관성을 보완할 수 있다는 의견이 있다.

❷ 질적조사는 과학적인가?

과학적이라고 반드시 연역적이고 가설 검증적인 연구만 의미하는 것은 아니다. 질적조사에 있어서 과학적인 연구란 엄격하고 체계적인 경험적 탐구를 의미함으로써 현실기반이론을 추구한다.

❸ 질적조사는 일반화될 수 있는가?

질적조사는 연구결과를 일반적으로 적용할 수 있는지 보다는, 그 연구결과가 다른 상황과 대상에 어느 정도 일반화될 수 있는지에 초점을 둔다.

❹ 연구자의 주관성을 배제할 수 있을까?

질적조사의 목적은 주관적인 것을 객관적으로 연구하는 것이다. 따라서 연구자의 편견적 태도가 종종 연구에 반영될 수 있다. 질적 연구자는 주관성에 대한 반성을 포함하는 세부적인 현장기록을 통해 편견 개입의 가능성을 줄여야 한다.

❺ 관찰자 효과를 어떻게 제거할 것인가?

연구자의 존재가 연구대상자의 행동에 변화를 일으키는 일종의 반응성이다. 질적 연구자들은 자연스럽고 비강요적이며 비심판적인 태도로 대상자와 상호작용을 하고자 노력하지만 영향력을 모두 제거할 수는 없기 때문에 순수하게 "자연 상태로의 연구"란 사실상 어렵다.

❻ 질적조사도 신뢰도를 확보할 수 있을까?

양적 연구자들이 주장하는 동일한 조건 하에서 서로 다른 연구자의 연구에 의해 동일한 결과가 도출될 수 있는가에 대한 신뢰성 쟁점이다. 질적 연구자들이 주장하는 신뢰성은 양적 연구자들이 주장하는 관찰 결과의 일관성이 아니라 연구자가 기록하는 내용과 실제로 일어나는 상황간에 일치되는 정도, 즉 자료로서 정확성과 포괄성을 신뢰성으로 간주한다.

2 질적조사의 종류

1) 참여관찰

참여관찰(Participant Observation)이란 연구대상자의 생활이나 활동영역에 참여하여 관찰하는 방법을 말한다. 이 방법은 어떤 특수한 행위의 동기나 미묘한 감정관계 등 외부에 나타나지 않는 사실까지 직접 경험할 수 있고, 관찰대상을 자연적인 상태에서 파악할 수 있는 장점이 있다. 참여 관찰은 질적 방법이기 때문에 탐색적, 기술적 수준의 지식을 생산하는데 유리하다.

(1) 참여관찰자의 유형

참여관찰은 관찰자의 참여정도와 공개여부에 따라 완전참여자(Complete Participant), 관찰참여자(Participant-as-Observer), 참여관찰자(Observer-as-Participant), 완전관찰자(Complete Observer)의 4가지 유형([표 11.2] 참조)으로 구분할 수 있다.

[표 11.2] 참여관찰자의 유형

완전참여자	·관찰자는 대상자와 자연스럽게 생활하고 상호작용한다. ·연구대상자들은 완전 참여자의 신분과 목적을 모른다. ·연구자가 아니라 참여자처럼 보이도록 한다.
관찰참여자	·연구자는 조사대상집단의 일원으로 참여하여 활동한다. ·연구대상자들에게 참여자의 신분과 목적을 알린다.
참여관찰자	·연구대상자들에게 참여자의 신분과 목적을 알린다. ·그러나 조사집단에 완전히 참여하지는 않는다.
완전관찰자	·완전관찰자는 사회과정의 일부가 되지 않으면서 사회과정을 관찰한다. ·연구조사자가 비관여적이므로 관찰자 효과를 일으킬 가능성은 적지만, 연구대상을 완전히 이해하게 될 가능성도 낮다.

(2) 참여관찰의 단계

❶ **연구장소 선택**: 연구장소는 연구문제의 성격에 따라 좌우되며, 가능한 오랜 시간을 두고 관찰이 가능한 영구적이고 안정성 있는 장소이어야 한다.

❷ **연구대상 접근**: 연구장소가 얼마나 공개적인가, 관찰대상자들이 관찰되는 것을 얼마나 꺼리는가에 따라 접근의 용이성이 결정된다. 이 과정에서는 현장에 대한 사전 예비지식을 습득해야 한다. 연구자의 역할을 확립하고, 현장의 피조사자들과 친근한 신뢰관계를 수립하는 것이 기본이다.

❸ **표집**: 대부분의 현지관찰은 의도적 표집(Purposive Sampling)을 사용한다. 주로 연구문제나 연구목적이 표본의 크기를 결정하는 중요 변수로 작용한다.

❹ **자료수집**: 연구계획에 따라 현장작업을 실시한다. 현장작업을 조직화하여 작업이 일사불란하게 이루어질 수 있도록 하고, 표본을 추출한다. 대부분 비확률표집법을 사용한다. 추출된 표본을 대상으로 자료를 수집한다.

❺ **현장 철수**: 이때 연구를 공개적으로 해왔다면 상관없지만, 비공개이었던 경우에는 각별히 유의할 필요가 있다. 철수상황 자체가 연구대상자들에게 영향을 미칠 수 있을 뿐 아니라, 연구대상자들이 몰래 관찰된 사실을 안다면 연구자에 대해 나쁜 감정을 폭발시킬지도 모르기 때문이다.

❻ 자료분석 및 보고:자료의 처리·분석·해석을 한 후, 보고서 작성을 마침으로써 참여관찰을 완결한다.

(3) 참여관찰의 장점

- 가설을 구성하고 독립변수와 종속변수를 분리시키는데 필요한 기본적인 정보를 결정하는데 도움이 된다.
- 자료가 연구자에 의해 직접 구해지므로 연구대상자의 보고능력이나 의지에 방해받지 않는다.
- 어린이와 같이 언어구사력이 떨어지는 집단에 효과적이다.
- 현장에서 이루어지므로 자료가 세밀하고 정교하다.
- 행동의 미묘한 차이를 연구하고 일정 기간의 사회과정을 조사하는데 효과적이다.
- 조사설계를 수정할 수 있어서 연구에 유연성이 있다.
- 비용적인 측면에서 경제적이다. 관찰자와 기록할 수 있는 도구만으로 수행할 수 있다.

(4) 참여관찰의 단점

- 외적 타당도가 떨어진다. 주관성과 일반화 가능성의 논란으로 결론이 제안적이다.
- 관찰자의 선입견이 개입될 수 있다.
- 관찰자 효과가 나타날 수 있다.
- 연구대상이 제한된다. 대상은 소수의 개인이나 집단 등으로 대규모 집단은 어렵다.
- 직접 현장에 참여하므로 시간적, 공간적, 물리적 제약이 따른다.

(5) 참여관찰에 적합한 주제

- 자연스런 상황에서 태도와 행위를 가장 잘 이해할 수 있는 주제
- 단순하게 수량화할 수 없는 연구주제
- 여러 가지 태도와 행위에서의 미묘한 차이를 알기 위한 주제
- 일정 기간에 걸친 사회과정에 대한 주제

(6) 참여관찰의 윤리적 문제

- 사람들이 자신이 하는 말을 기록한다는 것을 모를 때, 그들과 대화하는 것이 윤리적인가?
- 여러분이 싫어하는 사람들에게 여러분의 목적을 위해 정보를 얻어내는 것이 윤리적인가?
- 원조를 심각하게 필요로 하는 것을 보고서에 직접적으로 반응하지 않는 것이 윤리적인가?
- 어떤 상황에 있으면서 그 상황에 전적으로 헌신하지 않는 것이 윤리적인가?
- 다른 인간에 대해 계산된 위치를 발전시키는 것, 즉 인간관계를 전략적으로 하는 것이 윤리적인가?
- 파벌로 나뉜 상황에서 한쪽 편이 되거나 한 쪽 편이 되지 않으려고 하는 것이 윤리적인가?
- 사람들에게 그들의 생활과 마음에 접근하는 대가로 지불하는 것이 윤리적인가?
- 다른 사람들에게 접근하거나 알기 어려운 상황을 이해하기 위해 사람들을 협력자나 정보제공자로서 이용하는 것이 윤리적인가?

2) 심층면접

심층면접(Intensive Interview)은 응답의 이유, 의견, 가치, 동기, 경험 등 언어적인 표현뿐만 아니라 몸짓, 표정 등 비언어적 반응까지 관찰이 가능하다. 개인면접

과 달리 면접시간이 많이 걸리고 내용도 깊어져서 매우 상세한 정보를 얻을 수 있다.

심층면접은 무작위 표집방법을 사용하지 않고 표본수도 작기 때문에 면접의 결과를 일반화시키는데 무리가 있고 조사과정에서 면접위원의 편견의 개입 등이 문제가 된다.

M. Q. Patton

패튼(Michael Quinn Patton, Qualitative Research & Evaluation Methods, 2001)은 질적이며, 개방형 면접의 3가지 형태인 비공식 대화면접, 면접지침 접근법, 표준화 개방형 면접을 제시하고 있다.

- 비공식 대화면접(Informal Conversation Interview): 가장 개방적인 면접형태로서 관찰과정 중에서 면접자와 응답자 사이에 계획되지 않고 예측되지 않은 상호작용이다. 이 방법은 연구자가 현장관찰을 시행하고 있으면서 연구자가 관찰하고 있는 사람들이 현재 일어나고 있는 일에 대해 어떻게 생각하는지에 대한 이해를 극대화하고자 할 때 자연스럽게 일어나는 면접의 유형이다.

- 면접지침 접근법(Interview Guide Approach): 면접에 대해 미리 계획하여 개방적이지만, 비공식 대화면접보다는 더 구조화된 면접지침을 가지고 관찰하는 면접법이다. 이 방법은 사전에 계획되어 있으므로 면접자의 편견을 줄일 수 있고 면접 후 자료분석이나 보고서 작성에 더 효과적이다. 면접지침 접근법은 고도로 구조화된 면접법의 경우 면접이 부자연스러워지고 면접자가 예상하지 못했던 상황에 대한 질문의 준비 등 융통성이 없다는 단점과 완전히 구조화되어 있지 않은 비공식 대화면접의 단점을 보완한 형태라고 볼 수 있다.

- 표준화 개방형 면접(Standardized Open-Ended Interview): 면접에서 하게 될 질문을 미리 정확하게 써놓고 순서와 표현에 주의를 기울이면서 면접하는 방법이다. 면접자의 영향과 편견을 최소로 하면서 일관성을 유지하고 자원

이 부족하여 응답자와 포괄적으로 면접을 추구할 시간이 없을 때 유용한 방법이다.

3) 기타 방법

- **역사연구**: 어느 특정 시대나 지역, 특별한 소그룹이나 하나의 국가에 대한 관심을 넘어서 통시적으로 사회적 형태의 발전을 추적하고, 그러한 문화간의 발전적 과정을 비교하는 조사이다. 역사연구는 어떤 현상의 변화, 발전과정을 통시적으로 고찰하면서 과거의 시대적 상황과 현상과의 관계를 설명하여 그 현상에 대한 이론을 체계화하는데 목적이 있다.

- **포커스 그룹 면접(Focus Group Interview)**: 수용자나 소비자의 태도와 행위를 이해하기 위해 동원되는 연구전략이다. 6명에서 12명의 사람을 동시에 면접하는데, 핵심주제에 대해 상대적으로 자유로운 토론을 하게 되고, 응답자들을 이끄는 한 사람의 사회자가 있다. 포커스 그룹 면접은 어떤 주제나 현상에 대해 예비적인 정보를 수집하는데 주로 사용되며, 예비조사로서 다른 조사방법을 이용하는 조사를 발전시키기 위한 아이디어를 발견하는데 활용된다.

- **사례연구(Case Study)**: 특수한 상황, 사건, 프로그램, 현상 등의 구체적 현실세계의 문제에 초점을 맞추어 연구결과를 자세히 기술하는 것으로서 새로운 해석과 의미를 얻어내기 위한 조사방법이다. 사례연구는 기존 가설을 검증하기보다는 새로운 관계를 귀납적 추론을 통해 찾아내고자 할 때 사용하며, 구체적이고 기술적인 특징을 갖고 있다.

3 질적조사의 과정

일반적으로 질적조사의 과정은 문제구성과 이론탐색, 자료수집과 분석, 가설과 이론 구축, 질적조사보고서 작성순서로 진행된다.

1) 문제구성과 이론탐색

질적조사의 문제구성과 이론탐색은 양적조사와 유사하게 진행되지만, 특이한 점은 다음과 같다.

- 양적조사에서는 문제를 구성할 때 객관적인 태도를 가질 것과 연구대상에 대한 편견을 미리 제거할 것이 요구되는 반면에, 질적조사에서는 연구자가 자신이 편견을 가지고 있음을 인정하고 관찰의 시작점으로 삼는다. 이는 질적조사가 편견에서 시작하여 계속적인 관찰과 그 결과의 해석을 통하여 편견을 제거해 나가는 과정이다.
- 양적조사에서는 자료의 수집에 앞서 이론에 근거한 연역적인 가설의 설정이 필수적인데 비하여, 질적조사에서는 기존 연구된 연구결과와 이론에 입각한 어느 정도의 문제구성이 어떠한 자료를 수집할 것인가를 결정하는 데는 필요하지만 가설의 설정은 요구되지 않으며, 자료수집이 근거하는 이론 자체도 자료의 수집을 엄격히 제한하지 않고 자료수집과 분석의 절차에서 계속적으로 비교·검토되는 자원으로 사용된다.

2) 자료수집과 분석

(1) 표집

질적조사에서 대상의 선정은 양적조사처럼 대표성이 아니라 연구하려고 하는 문제의 특성을 가장 잘 나타내는 대상이다. 특히 질적조사의 대상은 협조가 연구에 절대적이므로 접근가능성의 문제를 고려해야 한다.

(2) 관찰, 정리 및 부호화

질적조사의 자료는 연구대상의 주관적 의미를 탐구하는 과정이므로 연구자의 자료수집 기술은 자료의 신뢰성과 타당성에 영향을 미친다. 수집된 자료는 다른 자료와의 비교를 위하여 정리되고 부호화하는데 양적조사처럼 구조화된 지침에 의할 필요는 없다.

(3) 목록의 부호화

자료나 관찰의 내용이 어떤 영역에 속하는지 연구결과에 어떤 의미를 갖는지 미리 파악하기 위한 분류이다. 목록의 부호화 과정에서는 관찰대상의 연령별, 시간별, 지역별, 특성별로 분류되고 비교된다. 분류된 자료는 연구과정에서 수정될 수 있으며 반복되고 환류되는 과정이다.

(4) 분석적인 메모와 추상화

질적 연구자는 관찰 과정에서 분석적인 메모가 필요하다. 분석적 메모는 목록의 부호화에서 이루어진 분류에 의미를 부여하고 정보를 제공하기 때문에 중요한 역할을 한다.

(5) 질적조사의 자료분석

질적조사의 자료분석이란 현장에서 수집된 자료들을 토대로 체계적으로 탐구하고 정리하는 과정이다. 이 과정에서 자료의 단위를 세분화 또는 종합하여 다음 단계인 보고서 등을 작성하는 토대를 마련한다. 일반적으로 자료분석과정에서 주의해야 할 사항은 다음과 같다.

- 분석적 질문을 전개하는 것이 좋다.
- 현장 기록에는 관찰자의 코멘트가 있어야 한다.
- 발견한 것에 메모를 남긴다.
- 현장에 있는 동안 문헌탐구를 시작하는 것이 좋다.

- 자료분석 이전에 연구자는 사색을 두려워하지 말아야 한다.
- 관찰과정에서 알게 된 사실은 누설하지 말아야 한다.

Leo H. Kahane

케인(Leo H. Kahane)은 자료분석과정에서 범하기 쉬운 함정들을 다음과 같이 제시하고 있다.

- 편협성(Provincialism) : 현장 연구조사자가 자신의 관점에서 의미있게 해석할 위험이 언제나 존재한다.
- 원주민화(Going Native) : 백인이 원주민처럼 생활하듯이 연구조사자가 자신이 관찰하고 있는 문화와 과도하게 동일시한 결과, 자신의 정체감과 분석적인 자세를 잃어버리고 피관찰자의 입장과 견해를 취하는 경우가 있다.
- 감정적 반응(Emotional Reactions) : 아동학대나 아내구타와 같이 연구조사자가 일반적으로 강한 개인적인 반응 또는 이념적인 견해를 갖고 있는 쟁점을 조사할 때, 연구조사자가 관찰대상에 감정적으로 반응할 때 일어날 수 있다.
- 성급한 결론(Hasty Conclusion) : 결론이 근거자료에 따라 본질적으로 불가피한지 판단해야 한다.
- 의심스러운 원인(Questionable Cause) : 경기침체로 인해 유료복지시설이 폐쇄되었음에도 불구하고 유료복지시설 시설장의 운영 미숙으로 복지시설이 폐쇄되었다고 결론을 내리는 경우가 많다.
- 보이지 않는 증거(Suppressed Evidence) : 언급하지 않은 관찰이나 결론에서 이야기하지 않은 관찰에 주목하지 않은 경우가 많다.
- 잘못된 딜레마(False Dilemma) : 그릇된 문제를 제기하는 경우가 있다.

3) 가설과 이론구축

현장에서 관찰된 자료들은 자료수집 및 분석의 계속적인 과정을 통하여 자연스럽게 이론으로 통합된다. 즉, 문제구성에서 관찰과 분석으로 그리고 추상화의 과정이 환류를 통하여 반복되면서 추상성의 수준은 높아지고 정교한 이론이 형성된다.

4) 질적조사보고서 작성

질적조사보고서는 양적조사처럼 엄격한 보고서 형식이 존재하지 않지만, 양적조사의 양식처럼 문제제기, 기존 이론의 탐색, 연구방법 및 분석과 요약으로 구성된다. 하지만 양적조사의 보고서와 차이점은 질적조사는 자료수집과 분석이 동시에 이루어지기 때문에 기술할 때도 동시에 적는다. 또한 분석내용도 양적조사의 통계추론이 아니라 연구대상의 의미 구축에 대한 자료의 정리, 분류, 추상화이므로 분석적 서술(Analytic Narrative)을 활용한다.

분석적 서술이란 목록 부호화와 분석적 메모 및 추상화의 과정에 의하여 제시되는 분류간의 관계나 형성된 가설 등을 뒷받침하기 위하여 현장기록 가운데 가장 적절한 전형적 자료를 직접 인용하여 사용하는 것이다.

연습문제

서술형

01. 질적조사란 무엇이며, 어떠한 특징을 가지고 있는지를 간략하게 설명하시오.

02. 질적조사와 양적조사를 비교하여 간략하게 설명하시오.

03. 현실기반이론이란 무엇이며, 어떠한 방법을 이용하는지를 간략하게 설명하시오.

04. 민속지학이란 무엇이며, 어떠한 특징을 가지고 있는지를 간략하게 설명하시오.

05. 현상학이란 무엇이며, 어떠한 형태가 있는지를 간략하게 설명하시오.

06. 질적조사와 사회복지실천의 유사점과 차이점을 간략하게 설명하시오.

07. 질적조사의 쟁점 사항에 대해 간략하게 설명하시오.

08. 질적조사의 참여관찰법의 참여관찰자 유형에 대해 간략하게 설명하시오.

09. 질적조사의 심층면접법의 3가지 형태에 대해 간략하게 설명하시오.

10. 질적조사의 역사연구, 포커스 그룹 면접, 사례연구에 대해 간략하게 설명하시오.

11. 질적조사의 과정을 단계별로 간략하게 설명하시오.

12. 케인(Leo H. Kahane)이 제시하는 자료를 분석하는 과정에서 범하기 쉬운 함정들에 대해 간략하게 설명하시오.

Q 연습문제

괄호형

01. 질적조사의 이론은 자료에 기반을 둔 구체적인 이론이라는 측면에서 (　　) 이론이라고도 불린다.

02. 질적조사의 이론적 배경 중 하나로 아동복지시설의 문화를 시설아동의 관점에서 연구하거나 시설의 생활지도교사의입장에서 연구하는 것은 (　　)적 연구이다.

03. 질적조사 방법에는(①)과 (②)이 있다.

04. 연구대상들에게 참여자의 신분과 목적을 알리고 조사대상 집단의 일원으로 참여하여 활동하는 참여관찰자의 유형은 (　　)(이)다.

05. 질적조사 과정은 우선 문제의 구성과 이론을 탐색한 우 자료를 수집하여 분석한다. 분석한 자료를 바탕으로(①)과 (②)을/를 구축하며, 마지막으로 보고서를 작성하여 마무리한다.

06. 질적조사의 자료수집과정에서 자료나 관찰의 내용을 관찰대상의 연령별, 시간별, 지역별, 특성별로 분류하여 비교하는 과정은 관찰목록을 (　　)하는 과정이다.

해답

1. 현실기반
2. 민속지학
3. ① 참여관찰 ② 심층면접
4. 관찰참여자
5. ① 가설 ② 이론
6. 부호화

Q 연습문제

진위형

01. 질적조사는 연구자와 연구대상자와의 상호작용을 통해 연구를 진행하기 때문에 연구과정에서 연구자가 연구대상자를 교체할 경우 조사의 일관성을 유지하기 어렵다.

02. 일반화 가능성이 낮은 것은 양적조사보다 질적조사라고 할 수 있다. 따라서 이러한 한계를 보완하기 위해 양적조사방법을 부분적으로 추가하기도 한다.

03. 현상학에서 얘기하는 자기발견적 탐구는 연구조사가 공평한 관찰자가 되도록 노력하고 실체로 연구하고 있는 현상을 직접 경험하면서 자기성찰적 태도를 갖는 것을 말한다.

04. 참여관찰은 주관성이 많이 개입되고 일반화 가능성 낮다는 한계가 있지만, 조사연구설계를 수정·보완하는 것이 가능하므로 연구의 유연성을 기할 수 있는 특징이 있다.

05. 어린이와 같이 언어구사력이 떨어지는 집단에 효과적인 질적조사방법은 심층면접이다.

06. 질적조사의 자료분석과정에서 범하기 쉬운 오류 중에서 편협성은 연구자가 스스로 대상자와 동일시하여 정체성과 분석감을 상실하는 것이다.

07. 자료분석과정에서 점하기 쉬운 오류 중에서 보이지 않는 증거란 언급하지 않는 관찰에 대해 무시하는 것이다.

해답

1. ○	2. ○	3. ○	4. ○
5. X	6. X	7. ○	

Q 연습문제

선택형

01. 질적조사의 특징은?

① 가치중립적 조사를 강조한다.
② 표준화된 절차에 따라 연구를 진행한다.
③ 현상에 내재하는 법칙을 발견하고자 한다.
④ 관찰자의 존재나 인식과는 무관한 객관적 세상이 존재하고 있다고 본다.
⑤ 조사의 결과보다는 과정에 관심을 둔다.

해설 일반적으로 양적조사는 산출 결과를 중시하지만, 질적조사는 산출 과정을 중시한다.

02. 질적조사에 관한 설명으로 옳은 것은?

① 연구 대상이 중도에 변경되어도 연구 결과에는 영향을 미치지 않는다.
② 강성자료를 확보한다.
③ 신뢰도와 타당도를 확보할 필요가 없다.
④ 청소년 스마트폰 이용 실태에 대한 전국 조사는 질적조사가 적합하다.
⑤ 시간이 많이 들고 표준화된 절차가 없다.

해설 일반적으로 양적조사는 산출 결과를 중시하지만, 질적조사는 산출 과정을 중시한다.

03. 질적연구를 활용하기에 적합하지 않은 경우는?

① 현상에 대한 연구자의 가설이 맞는지를 확인할 때
② 민감하고 정서적으로 깊이 있는 주제를 심층적으로 조사하려고 할 때
③ 생생한 경험을 이해하고 그 의미를 도출하려고 할 때
④ 사회복지실천에서 프로그램, 정책, 기관 내부를 탐구하고 평가할 때
⑤ 잘 알려지지 않은 주제에 대해 탐색적으로 접근할 때

해설 일반적으로 가설 검증을 목적으로 하는 연구는 양적연구이다. 질적연구에서는 가설을 설정하지 않는다.

04. 사회복지 프로그램을 평가하는 경우, 양적 평가에 비해 질적 평가에서 더욱 강조하는 것은?

① 귀납적 논리
② 객관성
③ 가치중립성
④ 과학성
⑤ 통계분석

해설 양적조사나 평가에서는 이론에서 도출한 가설의 경험적 검증을 강조하는 연역적 논리를 따르지만, 질적조사나 평가에서는 수집한 경험을 근거로 잠정적 이론에 도달하는 귀납적 논리를 선호한다.

05. 질적조사 방법의 특징으로 옳은 것을 모두 고른 것은?

ㄱ. 조사설계가 사전에 엄격히 조직화된다.
ㄴ. 이야기식 서술을 선호한다.
ㄷ. 초기에 정한 분석틀을 중도에 바꿀 수 없다.
ㄹ. 자료수집 중에 새로 등장하는 개념을 개방적으로 받아들여 계속 검토한다.

① ㄴ, ㄷ
② ㄷ, ㄹ
③ ㄴ, ㄹ
④ ㄱ, ㄴ, ㄹ
⑤ ㄱ, ㄴ, ㄷ, ㄹ

해설 질적조사는 이야기식 서술을 선호하며, 지료수집에 융통성이 있어서 자료수집 중에 새로 등장하는 개념을 개방적으로 받아들이며 계속 검토한다.

06. 근거이론(Grounded Theory) 점근에 관한 설명으로 옳지 않은 것은?

① 조사자와 조사대상자간의 상호작용을 강조한다.
② 귀납적으로 이론을 개발하는 데 목적을 둔다.
③ 자료수집을 완료한 후 자료분석이 이루어진다.
④ 자료를 체계화하면서 드러난 잠정적 개념이나 범주체계를 토대로 다시 자료를 분석한다.
⑤ 이론적 표집 방법을 선호한다.

해설 근거이론 접근에서는 자료수집과 자료분석이 병행된다. 자료를 체계화하면서 드러난 잠정적 개념이나 범주체계를 토대로 다시 새로운 자료를 수집하여 분석하고 비교하는 과정을 계속한다(이를 지속적 비교라 한다). 추가로 수집된 자료로 더 이상 새로운 개념이나 범주체계가 드러나지 않을 때(이를 이론적 포화상태라 한다)까지 자료수집과 분석을 통한 비교를 계속한다.

07. '공포', '돌봄', '노숙한다는 것' 등 연구주제가 되는 특정의 경험이 연구대상자들에게 어떻게 체험되는지를 알아보고자 한다. 가장 적절한 조사 방법은?

① 현상학적 조사
② 문화기술지
③ 근거이론
④ 참여행동연구
⑤ 단일사례연구

해설 현상학적 조사는 현상에 대한 경험의 본질을 이해하는 데 목적을 두고 연구주제가 되는 특정의 경험이 연구대상자에게 어떻게 체험되는지(혹은 어떤 의미인지)를 알아보고자 한다.

08. 귀납적 방법과 가장 관련이 적은 것은?

① 가설 검증
② 관찰
③ 경험근거이론화(근거이론)
④ 질적연구
⑤ 관련 이론이나 기존 연구가 별로 없을 때의 연구

해설 사전에 설정된 가설을 경험적 자료를 통해 검증하는 과정을 연역적 방법이다.

09. 다음 각 설명에 해당하는 질적연구 유형을 옳게 연결한 것은?

ㄱ. 사람, 사건 및 현상에 대한 이론의 생성을 목적으로 한다.
ㄴ. 특정 문화를 이해하기 위한 방법, 과정 및 결과이다.
ㄷ. 개인의 주관적인 경험의 본질과 의미에 초점을 둔다.

① ㄱ: 근거이론, ㄴ: 문화기술지, ㄷ: 현상학연구
② ㄱ: 참여행동연구, ㄴ: 근거이론, ㄷ: 내러티브 연구
③ ㄱ: 현장연구, ㄴ: 문화기술지, ㄷ: 현상학연구
④ ㄱ: 사례연구, ㄴ: 현상학연구, ㄷ: 근거이론
⑤ ㄱ: 근거이론, ㄴ: 문화기술지, ㄷ: 내러티브 연구

해설 ㄱ : 근거이론은 귀납적 방법에 기초해 현상에 대한 이론을 생성하기 위해 개발된 질적연구 방법이다.
ㄴ : 문화기술지의 핵심적인 목적은 특정 문화를 내부자의 관점에서 기술하는 것이다.
ㄷ : 현상학연구는 어떤 현상에 대해 그것을 체험하는 개인이 어떤 주관적인 경험(체험)을 하는가에 초점을 두고 그 안에서 경험의 본질과 의미를 찾고자 하는 연구이다.

10. 다음 사례에서 사용된 조사 방법은?

> 분석 결과 개방코딩에서는 32개의 하위 범주 및 13개의 범주를 구성하였으며, 축코딩에서는 개방코딩의 결과를 패러다임에 따라 정리하였다. 그리고 최종적으로 선택코딩에서는 '사회복지 환경을 타개하기 위한 아래로부터의 실천 혁명'이라는 핵심 범주를 제시하였다.

① 현상학적 조사
② 문화기술지
③ 근거이론
④ 참여행동연구
⑤ 내러티브 탐구

해설 근거이론에서는 3단계의 체계적 코딩(개방코딩, 축코딩, 선택코딩)을 수행한다.

11. 다음 사례에서 사용된 조사 방법은?

> 노숙인 문제를 그들의 관점에서 그들과 함께 인식하고 해결을 모색하기 위해 연구자는 노숙인 아웃리치 상담원으로 활동하면서 노숙인들을 만나 함께 문제 인식과 대화, 토론, 교육 등을 통해 그들이 더 나은 대안에 대해 스스로 의사결정할 수 있도록 돕고, 임파워먼트를 통해 자신들의 문제를 보다 적극적이고 능동적으로 해결해 나갈 수 있도록 하였다.

① 현상학적 조사
② 문화기술지
③ 근거이론
④ 참여행동연구
⑤ 내러티브 탐구

해설 참여행동연구에서는 문제를 인식하고 해결하는 과정에 연구자와 조사대상자가 함께 참여한다. 함께 토론하고 상호작용하면서 문제에 대한 구조적 원인을 분석하고 이를 해결할 수 있는 방안을 함께 모색하고 행동한다. 참여행동연구에서 조사 대상은 조사의 '대상'이 아니라 '주체'이자 '파트너'이다. 참여행동연구의 목적은 사회변화와 임파워먼트에 있다.

12. 조사방법과 적합한 주체를 옳게 연결한 것을 모두 고른 것은?

ㄱ. 문화기술지 - 양로원의 문화를 양로원에서 생활하고 있는 노인의 관점에서 연구
ㄴ. 현상학적 조사 - 호스피스 자원봉사 프로그램에 참여한 보호관찰 청소년들과의 인터뷰를 통해 이들에게 '호스피스 자원봉사 체험'이 어떻게 경험되었고 어떤 의미였는지를 연구
ㄷ. 내용분석 - 드라마 '부부클리닉'의 내용을 중심으로 혼외 관계를 사유로 하는 이혼에 관한 연구
ㄹ. 실험 - 문제 음주 변화 동기 향상을 위한 집단 프로그램의 효과성 평가 연구

① ㄱ, ㄴ, ㄷ　② ㄴ, ㄷ, ㄹ　③ ㄱ, ㄹ
④ ㄴ, ㄹ　⑤ ㄱ, ㄴ, ㄷ, ㄹ

해설 ㄱ : 문화기술지는 특정 문화 속에 살고 있는 사람의 관점에서 그 문화를 기술하고자 한다. 양로원의 '문화'를 그곳에서 생활하고 있는 노인의 관점에서 연구하는 것은 문화기술지에 해당한다.
ㄴ : 현상학적 조사는 어떤 현상을 체험하는 사람들이 주관적으로 부여하는 경험의 의미를 탐구하고자 한다. 인터뷰를 통해 호스피스 자원봉사 체험이 각 참여자에게 어떤 의미인지를 연구하는 것은 현상학적 조사에 해당한다.
ㄷ : 내용분석은 책, 드라마, 영화 등 다양한 의사소통 기록물을 분석하는 것이다. 드라마 '부부클리닉'의 내용을 중심으로 혼외 관계를 사유로 하는 이혼에 관해 내용분석으로 연구할 수 있다.
ㄹ : 실험은 독립변수와 종속변수 간 인과관계를 규명하는 방법이다. 문제 음주 변화 동기 향상을 위한 집단 프로그램의 효과성 평가 연구에서 집단 프로그램은 독립변수, 문제 음주 변화 동기는 종속변수가 된다.

13. 근거이론에서 조사자는 앞서 분석된 표본과 유사한 표본을 지속적으로 추출하여 새로운 사실이 더 이상 발견되지 않는 시점까지 조사를 계속하게 된다. 이때 새로운 표본을 조사하여도 더 이상 새로운 사실이 발견되지 않는 시점의 상태를 무엇이라고 부르는가?

① 최대표집 상태
② 이론적 포화상태
③ 과대추정 상태
④ 심각화 상태
⑤ 수렴적 타당도 상태

해설 근거이론 접근에서는 추가적인 표본에서 얻은 자료를 분석해도 더 이상 새로운 사실이 발견되지 않을 때까지 표본을 추가하여 지속적으로 비교하는데, 더 이상 새로운 사실이 발견되지 않는 상태를 이론적 포화상태라고 한다.

14. 근거이론 방법에서는 수집된 자료에 대해 세 단계에 걸친 부호화(코딩) 작업을 수행한다. 그것을 옳게 묶은 것은?

① 개방코딩, 축코딩, 선택코딩
② 의미코딩, 줄코딩, 압축코딩
③ 연결코딩, 체계코딩, 설명코딩
④ 서술코딩, 해석코딩, 의미부여코딩
⑤ 이론코딩, 개념코딩, 문장코딩

해설 근거이론의 3단계 체계적 코딩은 개방코딩, 축코딩, 선택코딩이다.

15. 일반적으로 다음과 같은 절차로 수행되는 질적연구 방법은 무엇인가?

ㄱ. 조사문제를 한 개인 또는 2명 이상의 개인이 개인적 또는 사회적 이야기를 찾아내는데 초점을 두고
ㄴ. 자기의 생활 이야기를 장시간 면접을 통해 해주고 필요한 경우에 증거 자료를 제시해 줄 수 있는 1명이나 2명 이상의 개인을 선택하여
ㄷ. 개인의 생활 이야기를 시간순으로 재구성하고
ㄹ. 조사대상자를 조사 과정에 관여시켜 개인의 설화를 만들어간다.

① 내러티브 탐구(Narrative research)
② 현상학적 조사(Phenomenology)
③ 경험근거이론(Grounded theory)
④ 민속학적 조사(Ethnography)
⑤ 사례조사(Case study)

해설 개인의 생활 경험 이야기를 개인 생활의 역사적 시간에 따라 서술해가는 것은 내러티브 탐구(혹은 설화적 조사)이다. 경험근거이론화는 '근거이론'과 같은 말이고, 민속학적 조사는 '문화기술지'와 같은 말이다.

16. 사회과학의 다양한 분야에서 활용되고 있는 질적연구 방법으로, 한 개인이나 집단의 어떤 과정, 프로그램, 사건 또는 활동을 심층적으로 서술하는 연구 방법을 무엇이라고 하는가?

① 설화적 조사(Narrative research)
② 현상학적 조사(Phenomenology)
③ 경험근거이론(Grounded theory)
④ 민속학적 조사(Ethnography)
⑤ 사례조사(Case study)

해설 사례조사는 한 사례에 대한 심층적 서술에 초점을 두는 연구이다.

17. 현지조사(Field research) 방법에 관한 설명으로 옳지 않은 것은?

① 질적연구의 가장 대표적이고 원형적인 자료수집방법이다.
② 조사대상자의 주관적 시각을 같이 공유하고 잘 이해할 수 있기 위해서 직접 조사
③ 자연적 상태에서 행동이나 생각을 연구한다.
④ 문화기술지 연구의 가장 기본적인 조사설계이다.
⑤ 경험적 자료를 토대로 이론을 개발하고자 한다.

해설 경험적 자료를 토대로 이론을 개발하는 것을 목적으로 하는 질적조사는 근거이론이다.

18. 근거이론과 가장 관련이 적은 것은 무엇인가?

① 이론적 표본추출
② 지속적 비교 방법
③ 집중적인 개입
④ 체계적인 부호화(코딩) 과정
⑤ 복수의 관점을 취함

해설 집중적인 개입은 사례를 심층적으로 이해하기 위한 질적 사례연구의 특성이다.

19. 다음에서 설명하고 있는 용어는 무엇인가?

> 복수의 관점을 활용하여 조사 대상의 의미를 명확히 파악하는 방법이다.
> 하나의 관찰이나 해석에 대해 재고의 가능성을 확인하기 위한 목적으로 쓰인다.
> 조사자가 개발한 개념이나 설명을 복수의 출처로부터 타당성을 확인받게 하는 것이다.
> 조사자나 조사대상자의 주관적 판단이나 오류가 개입될 가능성을 완화하기 위해 활용한다.

① 지속적 비교
② 체계적인 코딩
③ 집중적인 개입
④ 심각 측정
⑤ 이론적 표집

해설 편향(Bias)을 방지하기 위해 복수의 측정 방법을 사용하거나, 복수의 자료수집 방법을 사용하거나, 복수의 자료 출처나 자료 유형을 활용하는 것은 심각 측정이다. 심각 측정은 심각 측량, 다원화, 삼각화, 다각적 방법 등으로 다양하게 해석된다.

20. '시설보호아동이 경험한 학교생활의 본질과 맥락에 대한 연구' 를 진행할 때, 일반적으로 사용되는 표집방법이 아닌 것은?

① 편의 표집　　② 극단적인 사례 표집　　③ 이론적 표집
④ 층화 표집　　⑤ 1사례 표집

해설 '시설보호아동이 경험한 학교생활의 본질과 맥락에 대한 연구'는 질적조사 중에서도 현상학적 연구에 해당한다. 현상학적 연구는 '경험의 본질'을 탐구하는 데 관심을 갖는 질적조사이다. 질적조사에서 사용되는 표집과 관련해서 무엇보다 먼저 기억해야 할 것은 '질적조사에서는 비확률표집 방법을 사용한다'는 것이다. 층화표집은 확률표집 방법이며, 주로 모집단에 대한 일반화를 추구하는 양적조사에 사용된다.

21. '연장입양아동이 주관적으로 경험한 입양팀의 의미' 와 같은 연구주제를 다룰 때 주로 사용하는 연구 방법에 관한 설명으로 옳지 않은 것은?

① 초기의 분석틀을 도중에 변경할 수 있다.
② 개방형 질문과 구조화 면접으로 심층 정보를 얻는다.
③ 연구도구로서 연구자가 가진 자질이 중요하다.
④ 자료의 수집과 분석이 단계상 분명히 구분되지 않을 수 있다.
⑤ 연구자의 주관성이 개입될 수 있다.

해설 '연장입양아동이 주관적으로 경험한 입양팀의 의미'처럼 주관적 경험은 누구나에게 작용 가능한 보편적이고 객관적 측정도구를 통해 측정할 수 있는 성격의 것이 아니다. 당사자에게 직접 물러봐야 알 수 있는 경험이다. 따라서 이러한 연구주제는 질적조사 방법에 사용되는 주제이다. 질적조사에서는 개방형 질문과 비구조화(비표준화)된 면접을 통해 심층적인 정보를 얻는다.

22. 질적조사 방법에 관한 설명으로 옳은 것을 모두 고른 것은?

ㄱ. 연구의 엄격성을 높이기 위해 해석에 부합되지 않는 부정적인 사례를 찾아본다.
ㄴ. 연구자의 주관성을 활용한다.
ㄷ. 주로 비확률표집 방법이 이용된다.
ㄹ. 한 연구에서 양적조사 방법과 질적조사 방법을 혼합할 수는 없다.

① ㄱ, ㄴ　　② ㄱ, ㄷ　　③ ㄴ, ㄷ
④ ㄱ, ㄴ, ㄷ　　⑤ ㄴ, ㄷ, ㄹ

해설 조사자료에 대한 연구자의 해석에 편향이 있을 수 있으므로 해석에 부합되지 않는 사례들이 있는지를 찾아봄으로써 해석의 타당성을 확인할 수 있다. 객관성을 강조하며 객관적이고 보편적인 측정도구에 기초해 자료수집을 하는 양적조사와 달리 질적조사에서는 무엇보다 의미 있는 조사도구가 바로 연구자 자신이라고 보며, 연구자의 주관성을 활용한다. 질적조사에서는 주로 비확률표집 방법을 사용한다.

23. 질적연구의 엄격성을 높이기 위한 방법으로 옳지 않은 것은?

① 연구 결과가 조사 참여자의 인식과 일치하는지 확인하기 위해 참여자로부터 피드백을 받는다.
② 문제, 조사설계, ㅈ료수집, 자료분석, 보고서 작성 등을 확인할 때 조사대상자들을 포함시킨다.
③ 심각 측정(Triangulation) 방법을 활용한다.
④ 크론바 알파계수를 산출한다.
⑤ 동료 연구자들의 검토와 피드백을 받는다.

해설 크론바 알파계수(신뢰도계수)는 수치화된 측정도구의 신뢰도를 통계적으로 계산한 값으로서 양적연구에서 사용한다. 질적연구에서는 사용되지 않는다.

24. 질적조사에서 신뢰도와 타당도를 높이기 위한 전략으로 옳은 것을 모두 고른 것은?

ㄱ. 같은 자료에 대해 다른 연구자들도 동일한 해석을 하는지 검토한다.
ㄴ. 장기간에 걸친 관계 형성을 통해 원주민화된다.
ㄷ. 관찰, 면접, 문서자료 등을 다양하게 활용한다.
ㄹ. 일관된 결과를 위해 예외적 사례보다는 동질적 사례를 중심으로 조사한다.

① ㄱ, ㄴ, ㄷ ② ㄱ, ㄷ ③ ㄴ, ㄹ
④ ㄹ ⑤ ㄱ, ㄴ, ㄷ, ㄹ

해설 ㄱ, ㄷ은 질적조사의 신뢰도와 타당도를 높이기 위한 전략에 해당된다. 특히 관찰, 면접, 문서자료 등을 다양하게 활용하는 것은 다원화 전략 중 '자료 다원화'에 해당한다.

25. 양적연구와 질적연구를 통합한 혼합연구 방법(Mixed method)에 관한 설명으로 옳지 않은 것은?

① 양적연구의 결과에서 질적연구가 시작될 수 있다.
② 두 가지 연구방법 모두에 대한 전문적 지식이 필요하다.
③ 연구자에 따라 두 가지 연구방법의 비중은 상이할 수 있다.
④ 다양한 패러다임을 수용할 수 있어야 한다.
⑤ 질적연구 결과와 양적연구 결과는 상반될 수 있다.

해설 혼합연구 방법에서 질적연구 결과와 양적연구 결과는 서로 상반되게 나올 수도 있다.

26. 근거이론(Ground theory) 접근을 채택한 연구에 관한 설명으로 옳지 않은 것은?

① 조사과정에서 조사자의 관점이 중요시된다.
② 자료분석을 통해 이론을 도출하는 데 관심을 갖는다.
③ 연구결과의 일반화를 극대화하기 위해 확률표집이 선호된다.
④ 비구조화된 인터뷰와 관찰을 사용하므로 자료의 체계화가 중요하다.
⑤ 조사연구의 상황에서 조사자와 조사대상자 간 상호작용이 반영될 수 있다.

해설 질적조사에서는 주로 비확률표집을 사용한다.

27. 질적조사에 관한 설명으로 옳지 않은 것은?

① 근거이론에서는 이론적 표집을 한다.
② 사례연구에서는 한 사례를 심층적으로 이해한다.
③ 현상학적 연구는 경험의 본질을 규명하는 데 관심을 둔다.
④ 내러티브 연구는 관찰노트를 이용해 자연스러운 맥락 속에서 현상을 관찰한다.
⑤ 참여행동연구는 사회문제를 드러내는데 그치지 않고 변화시키는데 목적을 둔다.

해설 관찰노트를 이용해 자연스러운 맥락 속에서 현상을 관찰하는 것을 특징으로 하는 질적조사는 현장연구(현지조사)이다.

28. 다음 사례에 관한 설명으로 옳은 것을 모두 고른 것은?

사례 사회복지사 A는 운영 중인 프로그램을 개선할 목적으로 프로그램 참여자들에 대한 면접조사를 계획하고 있다. 신청 후 거의 참여하지 못하고 있는 사례, 35% 정도 참여한 사례, 65% 정도 참여한 사례, 100% 참여한 사례를 각 2명씩 선정하여 인터뷰하고자 한다.

ㄱ. 총괄평가에 해당한다.
ㄴ. 전형적 사례 표집을 사용한다.
ㄷ. 설명적 조사는 가능하지 않다.
ㄹ. 최대변화량 표집을 사용한다.

① ㄴ, ㄷ　② ㄴ　③ ㄷ, ㄹ
④ ㄱ, ㄹ　⑤ ㄹ

해설 이 사례에서는 전체 프로그램 참여자들 중 참여 정도의 편차를 적절히 반영할 수 있도록 차이를 두어 조사대상을 표집했다. 이는 최대변화량(편차극대화) 표집방법에 해당한다.

29. 현지조사에 관한 설명으로 옳지 않은 것은?

① 질적조사의 가장 대표적인 원형적인 자료수집방법이다.
② 조사대상자의 주관적 시각을 같이 공유하고 잘 이해할 수 있기 위해서 직접 조사대상자의 상황 속에 들어가 관찰한다.
③ 자연적 상태에서 일상생활을 하고 있는 사람이 행동하고 생각하는 것을 연구한다.
④ 상대적으로 제한된 지역과 시간 내에서 발생하는 사건을 연구하기에 적합하다.
⑤ 사회학자 글레이저와 스트라우스에 의해 처음 시작되었다.

해설 사회학자 글레이저와 스트라우스에 의해 1967년 처음 시작된 질적조사는 근거이론이다.

30. 관찰의 신뢰도와 타당도를 높이는 방법으로 옳지 않은 것은?

① 관찰자 선발과 훈련에 주의를 기울린다.
② 사실을 왜곡하게 될 위험을 피하기 위해 관찰기록 내용은 관찰대상자가 볼 수 없게 한다.
③ 동일한 관찰내용을 둘 이상의 관찰자가 관찰하고 기록한 후 비교 검토한다.
④ 관찰과 기록에 있어서 실제 사건과 이에 대한 해석을 명확하게 구분한다.
⑤ 관찰기록의 정확도를 높이기 위해 기계적 도구를 사용한다.

해설 관찰과 해석의 정확성을 기하기 위해 관찰대상자를 활용할 수 있다. 관찰기록 내용에 대한 관찰대상자의 검토와 피드백은 관찰의 타당도를 높이는 전략으로 종종 활용된다.

해답

1. ⑤	2. ⑤	3. ①	4. ①	5. ③	6. ③	7. ①	8. ①	9. ①	10. ③
11. ④	12. ⑤	13. ②	14. ①	15. ①	16. ⑤	17. ⑤	18. ③	19. ④	20. ④
21. ②	22. ④	23. ④	24. ②	25. ⑤	26. ③	27. ④	28. ⑤	29. ⑤	30. ②

12 보고서 작성

학습목표

1. 조사계획서 작성(의의, 조사계획의 절차)에 대해 이해한다.
2. 조사보고서 작성(의의, 유형, 작성, 구조)에 대해 이해한다.

1 조사계획서 작성

1) 조사계획서의 의의

조사계획서는 조사의 목적설정, 조사내용의 소개, 조사대상의 선정계획, 자료수집방법과 조사도구계획, 조사일정, 조사비용 등을 명확히 밝힘으로써 조사담당자, 조사의뢰자, 조사감독자 및 기타 이해 관련자들이 조사수행에 필요한 사항이나 자원을 미리 준비하고, 조사의 흐름과 방향을 이해하며, 조사 실시여부에 대한 의사결정을 하는 데 필요한 정보를 제공하는 문서이다.

조사계획서는 조사설문의 내용과 조사의 중요성을 제시하고, 조사를 담당할 사람이나 기관들과 그들이 수행해야 할 활동내용을 소개하며, 조사과정에서 필요한 인적·물적 자원이나 정보를 제시하고, 조사목적상 필요한 자료를 어떻게 수집하고, 처리하고, 분석하고, 해석하는가를 제시한다. 또한 조사계획서에서는 조사를 누가, 무엇을, 언제, 왜, 어디서, 어떻게(5W1H) 행할 것인가에 대해서 설명하여야 하며, 조사를 통해 얻을 수 있는 이익에 관해 설명한다.

2) 조사계획의 절차

체계적인 조사계획의 구체적 절차는 조사자가 조사목적을 설정하고, 조사내용을 결정하며, 자료수집방법과 조사도구를 계획하고, 조사담당자를 내정하고, 분석방법을 결정하며, 조사보고서를 작성하고, 조사일정과 예산을 결정한다.

(1) 조사목적의 설정

조사를 실시하기 전에 조사의 정당성을 인식하고, 다음과 같은 조사의 목적을 설정해야 하며, 이를 구체화하는 목표를 세워야 한다.

- 탐색적 목적: 특정 현상을 좀 더 이해하거나 연구의 타당성을 검토하기 위한 목적

- **기술적 목적**: 상황이나 사건을 기술(記述)하는 목적
- **설명적 목적**: 현상에 대한 인과관계(원인과 결과)를 조사하는 목적
- **예측적 목적**: 미래의 상태를 진술하려는 목적

조사목적을 구체적으로 달성하기 위해서 조사목표를 수립한다. 하나의 목적은 여러 개의 조사목표가 있을 수 있다. 조사목표는 상위조사목표와 세부적인 하위 조사목표로 구분된다.

예를 들면, 장애인근로자의 자활과 관련된 조사에서 조사목적과 목표는 다음과 같이 설정할 수 있다.

- **조사목적**: 장애인근로자의 고용안정을 위한 방안을 강구한다.
- **상위조사목표**: 장애인근로자의 이직요인을 발생시키는 요인을 조사한다.
- **하위조사목표**: 장애인근로자의 인구통계학적 특성들을 조사한다.
  - 장애인근로자의 직무내용을 조사한다.
  - 장애인근로자의 직무환경을 조사한다.
  - 장애인근로자의 조직특성을 조사한다.
  - 장애인근로자의 이직경험을 조사한다.

(2) 조사내용의 소개

조사를 통해 얻어야 할 정보의 내용들을 규명하는 단계로서 조사내용이 지나치게 방대하면 시간과 비용의 낭비를 가져오고, 반면에 지나치게 적으면 조사문제의 해결에 필요한 해답을 충분히 구할 수 없다. 조사내용은 목적을 간단히 요약하고 세부사항들을 항목별로 자세히 설명한다. 세부사항은 설문지, 면접조사표, 관찰조사표를 통해 나타난다. 세부적인 조사내용에 무엇을 포함시킬 것인지를 조사계획서에 포함시킨다.

(3) 조사대상의 선정계획

조사대상을 특정 모집단 전체로 할 것인지, 표본으로 할 것인지, 표본은 어떤 방법으로 수집할 것인지, 표본의 크기는 얼마로 할 것인지 등에 대해 결정을 해야 한다. 예를 들면, 지역사회 특정 인구계층을 대상으로 하는 경우, "일반집단 → 위험집단 → 표적 집단 → 클라이언트" 순으로 체계적으로 조사대상자를 식별할 필요도 있다.

(4) 자료수집방법과 조사도구계획

자료수집방법으로 관찰조사, 우편조사, 면접조사, 전화조사, 온라인조사, 내용분석법 등 어떤 방법을 선택할 것인지를 결정한다. 또한 자료수집방법의 결정에 따라 설문지, 면접 조사표, 관찰조사표, 온라인조사표 등 조사도구의 선택도 이루어져야 한다. 예비조사의 여부도 결정해야 한다.

(5) 조사담당자 내정

실제 담당할 사람이나 기관을 결정하는 것으로 직접 수행할 것인지, 요원을 고용할 것인지를 결정을 해야 하는데 조사담당자에 대한 계획을 할 때에는 담당자의 성명, 담당 부서, 직위, 경력, 담당 역할 등에 대해 기술한다.

(6) 분석방법 결정

분석방법은 실험방법, 비실험방법을 선택할 것인지를 결정해야 한다. 통계분석방법을 선택한다면 수집한 자료를 어느 정도 수준까지 분석할 것인지를 계획해야 한다. 표본의 특징과 분포를 파악하기 위해서는 단순통계분석을 사용하고, 외생변수들의 영향을 추정함에 있어서 추리통계분석을 행한다. 특히 다중회귀분석방법을 통해서 변수간의 인과관계를 추정한다.

(7) 조사보고서 작성

사회조사 결과를 서면으로 기록하여 관련 담당자에게 전달하거나, 학회 등에 발표함으로써 의미를 갖게 된다. 조사보고서를 어떤 형식으로 작성할 것이며, 어떠한 내용을 포함할 것인지를 조사자는 미리 계획하여야 한다.

(8) 조사일정과 예산결정

조사일정은 PERT 차트나 Gantt 차트를 이용해 나타내면 조사의 전반적인 일정을 파악하기 쉽다. 시간별 활동계획도표(Gantt Chart)는 1910년경 간트(Henry Gantt)가 고안한 차트([표 12.1]참조)로서 세로 바에는 세부 목표와 활동 및 프로그램을 기입하고 가로 바에는 시간을 기입하여 사업의 소요시간을 막대로 나타내는 도표이다.

[표 12.1] Gantt Chart의 예

활동내역	시간(주)											
	1	2	3	4	5	6	7	8	9	10	11	12
A : 조사팀 구성		■	■	■								
B : 조사내용 논의					■	■						
C : 자료수집							■	■	■			
D : 자료분석										■		
E : 보고서 작성											■	

프로그램 평가검토 기법(PERT : Program Evaluation and Review Technique)([그림 12.1] 참조)은 목표달성을 위하여 설정된 주요 세부목표와 프로그램의 상관관계와 시간계획을 연결시켜 도표화한 것이다. PERT는 명확한 목표를 가진 프로그램을 조직화하고 진행 시간표를 작성하고 예산을 수립하여 프로그램 진행사항을 추적해나가는데 매우 유용한 기법이다.

행사를 나타내는 원 표시와 행사와 행사 사이의 관계를 나타내는 화살표가 있다. 행사는 과업의 완료를 나타내며 계속적인 수행의 의미가 아니다. PERT는 활동과 행사 사이의 상관관계와 활동에 기대되는 시간까지 나타내므로 전반적인 계획을 이해하기 쉬운 장점이 있어 매우 유용한 기법이다.

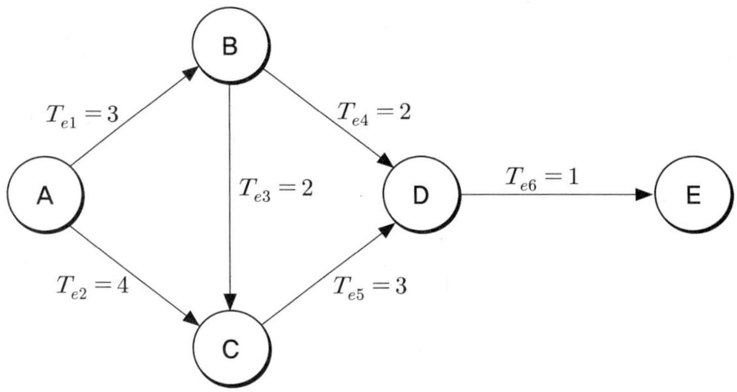

[그림 12.1] PERT의 예

PERT에서는 활동에 걸리는 기대시간(T_e)을 [그림 12.2]에 나타난 공식을 이용하여 산정한다.

$$T_e = \frac{T_o + 4T_m + T_p}{6}$$

T_e : 기대시간
T_o : 낙관적인 시간－가장 상황이 좋을 때 걸리는 시간
T_m : 최빈 시간－반복했을 때 가장 빈번히 걸리는 시간
T_p : 비관적인 시간－가장 상황이 좋지 않을 때 걸리는 시간

[그림 12.2] PERT에서 기대시간(T_e)을 계산하는 공식

PERT에서 조사의 시작에서 종료까지 이르는 경로 가운데 가장 오랜 시간이 걸리는 경로를 임계경로(Critical Path)라고 한다. 이는 조사활동을 수행하기 위해 최소한 확보해야 할 시간을 의미한다. [그림 12.1]에서 임계경로는 A → B → C → D → E(9주), 즉 이 조사를 수행하기 위해 최소한 확보해야 할 시간은 9주이다.

2 조사보고서 작성

1) 조사보고서의 의의

조사보고서란 조사목적을 달성하기 위해 조사결과 발견한 사항들과 이로부터 추론한 내용을 조사문제, 조사대상, 조사방법, 조사절차 등과 함께 체계적으로 정리하여 행정책임자나 학계 등에 제시하는 문서이다.

사회조사는 사회적인 욕구와 문제가 무엇인가를 확인하고 문제 해결을 위해 필요한 정보를 수집하고 분석하며 지배적인 원리를 정립하여 이론을 형성하려는 일련의 활동이다. 따라서 사회조사는 그 결과를 공식적으로 보고하거나 발표해야만 목적을 달성했다고 볼 수 있다.

2) 조사보고서의 유형

(1) 탐색적 조사보고서

조사문제를 규명하거나 가설을 정립하는 데 도움을 주는 보고서로서 향후 논리적이고 정교한 조사를 실시하도록 하기 위해 수행된 조사의 결과를 보고하는 문서이다. 보고가 탐색적 목적을 가지고 있으며 결론은 단정적이 아니라 잠정적인 것임을 밝혀야 한다.

(2) 기술적 조사보고서

조사문제와 관련된 사회적 현상의 특성과 변수간의 상호관계성을 서술하기 위해서 수행된 조사의 결과보고서이다. 기술하는 내용이 모집단 전체에 관한 것인지 표본에 한정된 것인지 제시하여야 한다. 변수간의 관계를 기술함에 있어 통계적 오차의 범위에 관해서도 기술해야 한다.

(3) 설명적 조사보고서

변수간의 인과관계를 밝히기 위한 조사의 결과보고서로서 보고의 목적이 설명적인 것임을 밝혀야 하고 인과관계의 신뢰성에 대한 근거도 제시해야 한다. 또한 활용한 추리통계분석 결과를 간략히 정리하고 세부적인 결과는 부록에 참고하는 것이 바람직하다.

(4) 제안적 조사보고서

자료분석 결과에 따라 특정 정책이나 개입 방안을 창안하여 제안하는 문서이다. 보고의 목적이 제안임을 밝혀야 하고 제안할 내용의 근거를 논리적으로 제시해야 한다.

3) 조사보고서의 작성

조사보고서는 조사의 목적, 보고대상, 보고방법 등에 따라 서로 다른 형태를 취하게 되지만, 일반적으로 유의해야 할 사항과 작성 요령은 다음과 같다.

- 보고대상에 적합하도록 작성되어야 한다. 보고의 대상이 누구인지 확인하고 보고 받을 대상의 수준을 고려하여 작성해야 한다.
- 문장표현에 주의해야 한다. 정확하고 간결하게 표현되어야 하며 시제는 기존의 연구결과를 인용할 때는 과거를, 자신의 조사결과를 언급할 경우에는 현재를 사용한다. 또한 감정적인 표현은 가능한 사용하지 않아야 한다.
- 통계자료분석결과는 가능한 도표 등을 사용하여 제시한다. 도표나 수표는 일정한 양식을 사용하는 것이 좋으며 보고 대상자가 도표를 이해할 수 있도록 적절한 해석과 설명이 있어야 한다.
- 조사보고서는 정확하고 명료해야 한다. 조사보고서가 표현상으로나 문법적으로 정확하여야 하며, 논리적으로도 질서정연해야 한다.

- 조사보고서는 간결해야 한다. 조사보고서에는 필요한 내용만이 선별적으로 기록되어야 한다. 조사문제와 직접 관련이 없는 내용은 가능한 생략하여야 한다.

4) 조사보고서의 구조

조사보고서가 갖추어야 할 기본구조가 어떠한 것이냐에 대한 일치된 의견은 없지만, 대부분의 경우 조사보고서는 다음과 같은 요소를 기본적으로 포함하고 있다.

(1) 표제

표제에는 조사제목, 조사자, 기관의 이름, 작성일자 등이 표기된다.

(2) 목차

보고서의 내용을 나타내는 세부 제목들을 순서에 따라 나열하고, 해당 면을 표시하여 쉽게 찾을 수 있도록 하며 도표가 많은 경우 표목차를 별도로 만드는 것이 좋다.

(3) 개요

조사보고서의 전체의 중요한 부분을 요약·정리하여 짧은 시간에 조사보고서 전체의 내용을 파악할 수 있도록 한다. 조사개요에는 조사목적, 조사배경, 조사문제, 가설, 조사내용, 조사방법, 주요 조사결과 및 발견사항, 결론 및 제언 등이 포함된다.

(4) 서론

조사의 취지, 필요성, 목적, 조사범위, 기존의 연구와 비교, 용어의 설명 등이 서술된다. 기존의 유사한 조사와 유사점 또는 차이점에 대한 서술도 있어야 한다.

(5) 본론

<table>
<tr><td colspan="2">조사의 목적</td><td>탐색적·기술적·설명적·제안적·목적인지 여부를 서술한다.</td></tr>
<tr><td colspan="2">문제와 가설</td><td>조사문제와 가설을 설명하고 가설에 사용된 개념들에 조작적 정의를 행한다.</td></tr>
<tr><td colspan="2">이론적 배경</td><td>·조사문제와 방법에 대한 이론적 배경을 서술한다.
·기존의 문헌이나 연구결과를 검토하고 비교함으로써 수행된다.
·조사가 독창적이라는 근거를 밝힌다.
·사회적·학문적 기여도를 제시한다.</td></tr>
<tr><td rowspan="5">조사설계
및
조사방법</td><td>조사설계</td><td>조사목적, 주제, 조사문제, 조사대상, 설문지 구성, 자료수집방법, 자료분석, 보고서 작성, 조사설계가 가지고 있는 장점, 단점에 대해 언급한다.</td></tr>
<tr><td>자료수집방법</td><td>질문지법, 면접법, 내용분석법 등 자료수집 방법을 제시한다.</td></tr>
<tr><td>표본추출</td><td>조사대상이 모집단인지 표본인지 설명한다. 표본이라면 표집단위, 표집틀, 표본추출절차, 표본크기, 응답률 등에 대한 설명이 있어야 한다. 구체적인 표집방법을 언급한다.</td></tr>
<tr><td>통계적
자료분석방법</td><td>자신이 사용한 통계기법에 대해 정당화시킬 수 있어야 한다.</td></tr>
<tr><td>조사결과</td><td>논리적이고 적절한 문체를 사용하여 보고한다.</td></tr>
</table>

(6) 결론 및 제언

전체적으로 조사목적, 조사과정, 조사방법, 조사내용 등을 간략히 정리하고 조사결과를 토대로 결론을 내린다. 조사상의 제한점과 오류발생 가능성을 정확하게 제시한다. 신뢰성 여부를 판단할 수 있도록 기술하여야 하고 일반화의 가능성을 알려주어야 한다.

(7) 참고문헌

조사과정에 사용한 참고자료의 출처를 밝힌다.

(8) 부록

통계분포, 사회지표, 프로그램 소개, 이용자 현황, 설문지 원본 등 부수적인 자료를 첨부한다.

Q 연습문제

서술형

01. 조사계획서란 무엇이며, 어떠한 내용이 포함되는지를 간략하게 설명하시오.

02. 조사계획의 절차를 단계별로 간략하게 설명하시오.

03. 조사보고서란 무엇이며, 어떠한 유형이 있는지를 간략하게 설명하시오.

04. 조사보고서를 작성할 때 유의해야 할 사항에 대해 간략하게 설명하시오.

05. 조사보고서가 기본적으로 갖추어야 할 내용을 순서적으로 간략하게 설명하시오.

Q 연습문제

괄호형

01. 조사의 목적과 내용, 대상, 자료수집방법, 조사도구, 일정, 비용 등을 밝힘으로써 이해관계자들이 조사의 방향을 이해하고 주사수행에 필요한 자원을 미리 준비하는 데 필요한 정보를 제공하는 문서는 (　　) (이)다.

02. (　　)는 조사목적을 달성하기 위해 조사결과 발견한 사항들과 추론한 내용들을 체계적으로 정리하여 제시하는 문서다.

03. 조사문제를 규명하거나 가설을 정립하는데 도움을 줌으로써 향후 보다 논리적이고 정교한 조사를 실시하도록 하기 위해 수행된 조사결과를 보고하는 방식은 ( ) 조사보고서다.

해답

1. 조사계획서　　2. 조사보고서　　3. 탐색적

Q 연습문제

진위형

01. 조사절차에 있어서 우선적으로 조사목적 설정을 위한 조사목표의 수립이 필요하다.

02. 조사연구자는 가능한 긍정적인 결과를 나타내기 위해서 항목을 선별적으로 선정하는 것이 필요하다.

03. 조사보고서 작성 시 통계자료분석의 결과는 가능한 모든 분석결과를 그대로 보여줘야 보고서를 이해하기 쉽다.

해답

1. ○ 2. X 3. X

Q 연습문제

선택형

01. 다음은 조사보고서 유형 중 어떠한 유형을 설명한 것인가?

> 본 조사보고서는 변수 간 인과관계를 밝히기 위해 수행된 조사결과를 보고하는 문서이다. 조사보고의 목적과 원인과 결과의 관계를 제시하고 이를 신뢰할 수 있는 제도를 제시하며, 조사과정에 대한 명확한 언급이 필요하다.

① 탐색적 조사보고서
② 기술적 조사보고서
③ 설명적 조사보고서
④ 제안적 조사보고서
⑤ 성과평가 조사보고서

해설 설명적 조사보고서는 변수 간 인과관계를 밝히기 위해 수행된 조사의 결과를 보고하는 것이다.

02. 다음 중 조사보고서 작성 시 본문에 들어가야 하는 내용은?

> ㄱ. 목차　　　　ㄴ. 이론적 배경
> ㄷ. 결론 및 제언　　ㄹ. 조사결과

① ㄱ, ㄴ, ㄷ　　② ㄱ, ㄷ　　③ ㄴ, ㄹ
④ ㄹ　　⑤ ㄱ, ㄴ, ㄷ, ㄹ

해설 본문에 들어가는 내용에는 조사의 목적, 문제와 가설, 이론적 배경, 조사설계 및 조사방법, 조사결과 등이 포함된다.

03. 연구보고서의 작성에 관한 설명 중 적절하지 못한 것은?

① 연구문제, 연구방법, 연구결과, 결론 등을 포함해야 한다.
② 보고서의 내용은 객관적이고 분명하게 표현하도록 노력해야 한다.
③ 연구결과 및 결론의 타당성을 독자들이 평가할 수 있도록 해야 한다.
④ 연구의 중요성을 설득시키려고 노력해야 한다.
⑤ 정보이용자가 원하는 정보를 사용하기 편리한 형태로 작성해야 한다.

해설 연구보고서는 연구의 중요성을 설득시키는 위하여 노력하는 것보다는 연구의 타당성과 보고된 결과 및 결론을 객관적이고 명확하게 기술함으로써 독자들이 스스로 연구의 타당성을 평가할 수 있도록 해야 한다. 연구의 중요성을 설득시키려고 하다 보면 연구자의 주관이 지나치게 개입되거나 연구결과를 왜곡 또는 과장하는 등의 결과를 낳을 수 있다.

04. 조사보고서의 작성요령으로 적합하지 않은 것은?

① 보고대상자가 가장 잘 이해할 수 있는 용어와 문제와 형식을 사용하여야 한다.
② 조사보고서에 감정적인 표현은 가능한 사용하지 않아야 한다.
③ 자신의 조사결과를 언급할 경우는 현재형을 사용한다.
④ 조사보고서는 간결해야 한다.
④ 통계자료분석의 결과는 가능한 분석결과를 그대로 보여주어야 한다.

해설 통계자료분석의 결과는 가능한 숫자나 도표를 사용하여 제시하며, 정확히 이해할 수 있도록 적절한 해석과 설명이 포함되어야 한다.

05. 조사보고서를 작성함에 있어 조사의 목적의 작성요령으로 적합하지 않은 것은?

① 보고대상자가 가장 잘 이해할 수 있는 용어와 문제와 형식을 사용하여야 한다.
② 조사보고서에 감정적인 표현은 가능한 사용하지 않아야 한다.
③ 자신의 조사결과를 언급할 경우는 현재형을 사용한다.
④ 조사보고서는 간결해야 한다.
⑤ 통계자료분석의 결과는 가능한 분석결과를 그대로 보여주어야 한다.

해설 통계자료분석의 결과는 가능한 숫자나 도표를 사용하여 제시하며, 정확히 이해할 수 있도록 적절한 해석과 설명이 포함되어야 한다.

06. 조사보고서를 작성함에 있어 조사의 목적, 문제와 가설, 이론적 배경은 어떠한 부분에 제시되어야 하는가?

① 목차 ② 부록 ③ 본문
④ 결론 및 제언 ⑤ 참고문헌

해설 조사보고서의 구조
· 목차 : 도표가 많은 경우 별도의 도표목차를 만드는 것이 좋다.
· 서론 : 조사의 취지, 조사의 필요성 등을 언급한다.
· 본문 : 조사의 목적, 문제와 가설, 이론적 배경, 조사설계 및 조사방법 등을 상세하게 기술한다.
· 결론 및 제언: 조사결과를 토대로 결론을 내린다. 조사의 한계와 과제 등을 밝힌다.
· 참고문헌
· 부록

07. 지역사회 특정 인구계층을 대상으로 조사를 실시할 경우, 조사대상을 선정함에 있어서 조사대상자를 식별하는 순서로 적당한 것은?

① 위험집단 → 일반집단 → 표적집단 → 클라이언트
② 표적집단 → 위험집단 → 일반집단 → 클라이언트
③ 클라이언트 → 위험집단 → 표적집단 → 일반집단
④ 위험집단 → 표적집단 → 클라이언트 → 일반집단
⑤ 일반집단 → 위험집단 → 표적집단 → 클라이언트

해설
· 일반집단 : 프로그램이 포함되는 영역의 모든 집단
· 위험집단 : 일반집단 중에서 문제에 노출되어 있거나 영향을 받기 쉬운 집단
· 표적집단 : 프로그램 대상이 되어야 하는 혹은 대상이 될 자격이 있는 집단
· 클라이언트 : 표적집단 중 실제 프로그램에 참여하는 집단

해답

1. ③　2. ③　3. ④　4. ⑤　5. ③　6. ⑤

부록

부록 1 ㅇㅇ시 지역주민 욕구조사

○○○○년 지역조사연구
○○○ 사회복지협의회

ㅇㅇ시 지역주민 욕구조사

안녕하십니까?

여러분의 가정에 건강과 평화를 기원합니다.

ㅇㅇ시에 살고계신 지역주민들을 위해 다양한 활동을 하고 있는 저희 ㅇㅇㅇ 사회복지협의회와 지역복지관들은 지역주민의 복지향상과 지역주민의 필요에 따른 서비스를 제공을 하고자 부족하지만 최선을 다하고 있습니다.

지역주민들의 다양한 욕구를 파악하고 욕구에 맞는 사회복지서비스를 제공하고자 저희 ㅇㅇㅇ사회복지협의회는 ㅇㅇ지역주민을 대상으로 설문조사를 실시하게 되었습니다.

여러분의 응답하신 의견은 주민실정에 맞는 복지사업을 추진하는 데 귀중한 자료로 활용될 것입니다.

설문조사의 결과는 통계로만 사용되며 개인적인 의견과 정보는 외부로 유출되지 않습니다. 안심하시고 설문에 응해 주시면 감사하겠습니다.

2021년 8월

ㅇㅇ종합사회복지관장 ㅇ ㅇ ㅇ
ㅇㅇ종합사회복지관장 ㅇ ㅇ ㅇ
ㅇㅇ종합사회복지관장 ㅇ ㅇ ㅇ
ㅇㅇ노인종합복지관장 ㅇ ㅇ ㅇ

ID				지역					조사원		코딩		입력	

N: A :

※ 다음은 귀하의 일반적인 사항입니다.

<table>
<tr><td>성별</td><td colspan="2">___① 남자 ___② 여자</td><td>연령</td><td>만__________ 세</td></tr>
<tr><td>혼인여부</td><td colspan="4">___① 미혼 ___② 기혼 ___③ 기타( )</td></tr>
<tr><td>종교</td><td colspan="4">___① 기독교 ___② 천주교 ___③ 불교 ___④ 없다 ___⑤ 기타</td></tr>
<tr><td>학력
(중퇴포함)</td><td colspan="4">___① 초등학교 이하 ___② 중학교 졸업 ___③ 고등학교 졸업
___④ 대학교(전문대 포함) 졸업 ___⑤ 대학원 졸업 이상</td></tr>
<tr><td>국민기초
생활보장</td><td colspan="4">___① 수급자 ___② 조건부수급자 ___③ 저소득 한 부모가정
___④ 국가유공자 ___⑤ 기타 ___⑥ 해당 없음</td></tr>
<tr><td rowspan="3">주거
형태</td><td>소유</td><td colspan="3">___① 자가 ___② 전세 ___③ 월세 ___④ 임대아파트 ___⑤ 기타 ( )</td></tr>
<tr><td>형태</td><td colspan="3">___① 단독주택 ___② 다세대주택 ___③ 아파트
___④ 임대아파트 ___⑤ 연립(빌라)주택 ___⑥ 기타 ( )</td></tr>
<tr><td>규모</td><td colspan="3">___① 10평 이하 ___② 11평~20평 ___③ 21평~30평
___④ 31평~40평 ___⑤ 41평 이상</td></tr>
</table>

1. 귀하의 직업은 무엇입니까?

___① 전업주부 ___② 가판, 영세자영업 ___③ 자영업(가게)
___④ 일용직 ___⑤ 경영직, 관리직 ___⑥ 판매직, 서비스직
___⑦ 전문직, 자유업 ___⑧ 사무직, 기술직 ___⑨ 기능직, 작업직
___⑩ 학생 ___⑪ 무직 ___⑫ 기타__________

2. 귀댁의 가족 구성은 다음 중 어디에 해당됩니까?

___① 혼자산다 ___② 부부 ___③ 부부+자녀
___④ (편)조부모+부모+자녀 ___⑤ 편부모+자녀 ___⑥ (편)조부모+자녀
___⑦ 기타__________

※ 다음은 ○○시 지역에 관한 문항입니다.

3. ○○ 지역에 거주하신 지는 대략 얼마나 되었습니까?

약 _____년 _____개월

4. 귀댁이 현 지역에서 거주하는 이유는 무엇입니까? 하나만 선택해 주십시오.

___① 살다보니 ___② 부모님이 물려주셔서 ___③ 직장 때문에
___④ 집값이 싸서 ___⑤ 교통이 편리해서 ___⑥ 자연환경이 좋아서
___⑦ 자녀 및 본인의 교육 때문에 ___⑧ 문화시설 등의 편익시설 때문에
___⑨ 기타

5. ○○지역은 다른 지역과 비교하여 볼 때 살기에 어떤 곳이라고 생각하십니까?

___① 매우 좋은 곳이다. ___② 대체로 좋은 곳이다. ___③ 비슷비슷하다.
___④ 대체로 열악한 곳이다. ___⑤ 매우 열악한 곳이다.

6. 다음사항을 다른 지역과 비교하여 현재 살고 계신 ○○시에 어느 정도 만족하십니까?

	만족도				
	매우 불만족	불만족	그저 그렇다	만족	매우 만족
주택 및 주거					
교 통					
환 경					
보건 및 의료					
경 제					
교 육					
여가 및 문화					
공공기관					
사회복지					
공동체의식					

7. 지금 살고 계신 동에서 우선적으로 해결해야 할 문제가 있다면 무엇인지를 중요한 문제 순서대로 두 가지만 선택해 주세요. (1) 1순위__________ (2) 2순위__________

① 복지시설 부족
② 의료시설 부족
③ 문화·체육시설 부족
④ 편익시설(백화점, 병원 등)의 부족
⑤ 실업, 저소득 등 경제문제
⑥ 쓰레기 처리문제 등 환경오염 문제
⑦ 미비한 교육환경문제
⑧ 성인 청소년범죄, 학교폭력, 치안문제
⑨ 주택 및 주거환경 열악, 재개발등
⑩ 교통관련 문제(대중교통, 주차 등)
⑪ 향락 유흥업소의 범람 문제
⑫ 기타______________________
⑬ 해결해야 할 문제가 별로 없다

8. 귀하는 지역의 문제해결을 위해 가장 노력해야 할 대상은 누구라고 생각하십니까?

___① 중앙정부
___② 지방자치단체(시·동)
___③ 시민단체·민간단체(종교단체포함)
___④ 지역복지관
___⑤ 지역주민
___⑥ 기타( )

9. 귀하는 지역의 문제를 해결하기 위한 활동을 하고 계십니까?

___① 적극 활동하고 있다.
___② 대체로 활동하고 있다.
___③ 보통이다.
___④ 별로 활동하고 있지 않다.
___⑤ 전혀 활동하고 있지 않다.

10. 귀하는 지역의 문제해결을 위한 참여의향이 있습니까?

___① 꼭 할 것이다.
___② 할 것이다.
___③ 고려해 볼 것이다.
___④ 하고 싶지만 여건이 안 된다.
___⑤ 전혀 하지 않겠다.
___⑥ 모르겠다.

11. 다음은 복지관에서 하고 있는 지역복지사업입니다. 지역사회를 위해 가장 필요하다고 생각되는 것이 있다면 무엇인지 우선순위대로 2가지만 선택해 주세요.

(1) 1순위________ (2) 2순위_______

① 자격증교실(신규개설 희망교실은 : ____________________)
② 취미교양(음악, 요리, 예체능, 취미생활 교실 등, 신규개설 희망교실은 : _________)
③ 지역축제 한마당(전통놀이축제, 음악, 연극 등의 각종 공연 등)
④ 가족관계 개선 프로그램(부부, 자녀간, 고부간 등 갈등해결과 관계 개선을 위한 개인상담, 가족상담)
⑤ 주민교양대학(지역주민들을 위한 평생교육, 다양한 사회교육 제공)
⑥ 외국어, 문화교실(생활영어, 성인한글교실, 마을문고 대여)
⑦ 건강교실(헬스, 에어로빅, 무료기공체조, 물리치료실)
⑧ 취업알선센터(취업알선, 취업정보제공 등)
⑨ 주민초청 복지사업 설명회 및 주민욕구 등을 건의, 협의
⑩ 지역주민에게 복지관련 정보제공
⑪ 복지관 시설(강당 등) 대여
⑫ 기타(구체적으로) ______________________________________

12. 귀하는 위 11번과 같은 프로그램이 지역복지관에서 개설될 경우 참여하실 의향이 있으십니까?

___① 참여할 생각이 없다.
___② 하고 싶으나 여건이 안 된다.
___③ 고려해 보겠다.
___④ 가급적 참여하겠다.
___⑤ 적극적으로 참여하겠다.

※ 다음은 귀하의 여가 및 문화 활동에 관한 문항입니다.

13. 귀하의 평균 여가시간은 어느 정도입니까?

주말하루평균(토·일요일·공휴일) : ( )시간, 평일하루평균 : ( )시간

14. 귀하의 여가시간의 충분합니까?

___① 매우 충분하다. ___② 충분하다. ___③ 보통이다.
___④ 부족하다. ___⑤ 매우 부족하다.

15. 귀하가 여가활용을 함께 하는 대상은 누구입니까?

___① 가족 및 친척 ___② 친구 ___③ 선후배
___④ 이웃 ___⑤ 직장동료 ___⑥ 종교친구
___⑦ 동아리 및 단체 활동원 ___⑧ 기타 ___⑨ 없다

16. 귀하가 소요하는 여가비용은 월평균 어느 정도입니까?

___① 4만원 이하 ___② 5~9만원 ___③ 10~14만원
___④ 15~19만원 ___⑤ 20~24만원 ___⑥ 25~29만원
___⑦ 30~34만원 ___⑧ 35~39만원 ___⑨ 40~44만원
___⑩ 45~49만원 ___⑪ 50만원 이상

17. 귀하가 여가시간에 활용하는 것은 무엇입니까? 우선순위 2가지를 선택하십시오.

(1) 1순위________ (2) 2순위_______

___① TV·비디오 시청 ___② 연극·영화감상 ___③ 독서·음악감상
___④ 운동 및 댄스 ___⑤ 인터넷(통신, 웹서핑 등) ___⑥ 인터넷 게임
___⑦ 여행 ___⑧ 종교활동 ___⑨ 유흥시설
___⑩ 수면 ___⑪ 쇼핑 ___⑫ 경기장 쇼 관람
___⑬ 동아리모임활동 ___⑭ 자원봉사 ___⑮ 기타

18. 귀하의 여가활용에 대하여 어느 정도 만족하십니까?

___① 매우 만족한다. ___② 만족한다. ___③ 그저 그렇다.
___④ 불만족한다. ___⑤ 매우 불만족한다.

19. 귀하의 여가활용에 있어서 가장 큰 문제점은 무엇입니까?

___① 문제없다. ___② 시간이 부족하다. ___③ 비용부담이 크다.
___④ 함께 할 사람이 없다. ___⑤ 정보가 부족하다. ___⑥ 하고 싶은 생각이 없다.
___⑦ 여가활용 장소 및 시설이 부족하다. ___⑧ 기타

20. 위 문항에서 선택한 문제의 심각성은 어느 정도입니까?

___① 매우 심각하다. ___② 대체로 심각하다. ___③ 보통이다.
___④ 별로 심각하지 않다. ___⑤ 전혀 심각하지 않다.

21. 귀하의 거주지역의 문화활동 육성을 위해 필요한 사업은 무엇이라고 생각하십니까? 하나만 선택해 주십시오.

___① 문화시설 확충 ___② 문화프로그램 확충 ___③ 근린공원조성
___④ 지역 문화정보센터 설치
___⑤ 지역문화 가꾸기 사업(주민화합, 애향운동, 지역전통문화계승)
___⑥ 기타( )

22. 귀하의 거주지역의 문화활동 육성을 위해 가장 노력해야 할 대상이 누구라고 생각합니까?

___① 정부 ___② 사회복지관 등 사회복지단체
___③ 지방자치단체 ___④ 시민단체 및 민간단체
___⑤ 학교 및 교육기관 ___⑥ 친목계 등 비공식모임
___⑦ 지역주민 ___⑧ 기타

※ 다음은 귀하의 가족에 관한 문항입니다.

23. 귀하 가족의 한 달 평균 총 수입은 어느 정도입니까?

___① 없다 ___② 50만원 이하
___③ 51만원~100만원 이하 ___④ 101만원~150만원 이하
___⑤ 151만원~200만원 이하 ___⑥ 201만원~250만원 이하
___⑦ 251만원~300만원 이하 ___⑧ 301만원~350만원 이하
___⑨ 351만원 이상

24. 현재 귀하 가정의 생활비 지출 중에서 가장 많은 부분을 차지하는 것은 무엇입니까? 우선순위대로 2가지만 선택해 주십시오. (1) 1순위_______ (2) 2순위_______

① 자녀양육비(분유, 아동생필품 등) ② 자녀 교육비(사교육비포함)
③ 노부모의 부양비용 ④ 세금관련부분(소득세, 재산세, 각종세금)
⑤ 주식, 부식비용(쌀, 반찬, 과일 등) ⑥ 병원, 의원 등 진료 및 치료비
⑦ 의복, 생활용품 구입비 ⑧ 주택관련비용(집세, 각종요금, 수리비용)
⑨ 사회활동비, 각종 축·조의금 ⑩ 저축, 주식투자
⑪ 문화활동비(도서구입비, 영화, 레저 등) ⑫ 기타( )

25. 귀하는 가족들과의 관계에서 어떤 어려움을 가지고 있습니까? 한 가지만 응답하여 주십시오.

___① 부부관계에서의 불화(정신적, 신체적) ___② 자녀관계 및 양육의 어려움
___③ 노인부양부분의 어려움 ___④ 가정 내 폭력문제
___⑤ 가족간 대화의 부족 ___⑥ 권위주의적 가족구조
___⑦ 기타 ___⑧ 없음

26. 귀하가 응답한 가족관계에서의 어려움 정도는 어떻습니까?

___① 매우 심각하다. ___② 대체로 심각하다. ___③ 그저 그렇다.
___④ 대체로 심각하다. ___⑤ 전혀 심각하지 않다.

27. 위에서 응답한 가족관계에서 어려움을 해결하기 위해 필요하다고 생각되어지는 것에는 어떤 것이 있습니까?

___① 가족치료 ___② 부모-자녀 교육 ___③ 심리검사
___④ 부부상담 ___⑤ 가족관계 개선을 위한 이벤트성 프로그램(가족나들이)
___⑥ 기타 ___⑦ 없음

28. 위에서 응답한 프로그램이 지역사회복지관에서 시행된다면 귀하께서는 참여할 의향이 있습니까?

___① 꼭 참여할 것이다. ___② 참여할 것이다.
___③ 고려해 보겠다. ___④ 참여하고 싶으나 여건이 안 된다.
___⑤ 참여할 의사 없다.(관심없다)

29. (위 문항에서 ④, ⑤번을 응답한 경우만) 참여하지 않는다면 그 이유는 무엇입니까?

___① 바쁘고 시간이 없어서 ___② 참여한다고 달라질게 없으므로
___③ 내가 참여할 프로그램이 아니므로 ___④ 나에게 맞는 프로그램이 없어서
___④ 참여하고 싶지만 방법을 몰라서 ___⑤ 기타

※ 다음은 어르신이 있는 경우에만 응답하여 주십시오.
(어르신이 없는 분은 ☞ 35번으로)

30. 귀하는 어르신들에게 있어서 가장 큰 어려움은 무엇이라고 생각하십니까?

___① 건강문제 ___② 심리·사회적 고립 및 외로움
___③ 경제적인 문제 ___④ 가족과의 불화
___⑤ 여가문화의 부족 ___⑥ 기타

30-1. 귀하는 위에서 응답한 어려움에 대하여 얼마나 심각하다고 생각하십니까?

___① 매우 심각하다. ___② 대체로 심각하다. ___③ 그저 그렇다.
___④ 대체로 심각하지 않다. ___⑤ 전혀 심각하지 않다.

31. 어르신(노인)들에게 필요한 프로그램입니다. 가장 필요한 순서대로 2가지만 적어 주세요.

(1) 1순위_______ (2) 2순위_______

① 정서적, 심리적 안정을 위한 상담 및 집단프로그램
② 학습능력유지 및 향상을 위한 교육 프로그램(한글교실, 노인대학 등)
③ 부업 제공, 일자리 제공을 위한 직업상담활동
④ 경로잔치, 야유회, 온천관광 등 특별활동 프로그램
⑤ 풍물강습, 서예교실 등 여가/취미활동 프로그램
⑥ 체력과 근력을 유지하기 위한 체육활동 프로그램
⑦ 주거생활안정을 위한 가사 및 일상생활서비스(말벗, 반찬제공, 무료급식, 무료 이·미용 등)
⑧ 질병예방과 건강유지를 위한 정기적인 건강검진활동
⑨ 이웃가정과의 결연 맺기
⑩ 기타________________

32. 위에 응답한 프로그램을 지역의 복지관에서 마련한다면 어르신을 참여하시도록 하겠습니까?

___① 참여시키지 않는다. ___② 보내드리고 싶으나 여건이 안 된다.
___③ 고려해 보겠다. ___④ 참여시킬 것이다.
___⑤ 적극적으로 참여시키겠다.

32-1. (위 32번의 문항에서 ①, ②번에 응답한 경우만) 참여시키지 않는다면 그 이유는 무엇입니까?

___① 바쁘고 시간이 없어서 ___② 참여한다고 달라질 것이 없어서
___③ 적절한 프로그램이 없어서 ___④ 참여할 수 있는 방법을 몰라서
___⑤ 경제적인 문제 때문에 ___⑥ 참여시키기에 몸이 너무 안 좋아서
___⑦ 기타( )

33. 어르신들을 위한 취미/여가 프로그램 중 참여하고 싶은 프로그램 1가지만 선택 주십시오.

___① 서예 ___② 동양화 ___③ 건강체조
___④ 한글교실 ___⑤ 산수교실 ___⑥ 노래교실
___⑦ 체육교실 ___⑧ 바둑장기교실 ___⑨ 단전호흡
___⑩ 민요교실 ___⑪ 기타

34. 위에 응답한 프로그램을 지역의 복지관에서 마련한다면 어르신을 참여하시도록 하겠습니까?

___① 참여시키지 않는다. ___② 보내드리고 싶으나 여건이 안 된다.
___③ 고려해 보겠다. ___④ 참여시킬 것이다.
___⑤ 적극적으로 참여시키겠다.

34-1. (위 34번의 문항에서 ①, ②번에 응답한 경우만) 참여시키지 않는다면 그 이유는 무엇입니까?

___① 바쁘고 시간이 없어서 ___② 참여한다고 달라질 것이 없어서
___③ 적절한 프로그램이 없어서 ___④ 참여할 수 있는 방법을 몰라서
___⑤ 경제적인 문제 때문에 ___⑥ 참여시키기에 몸이 너무 안 좋아서
___⑦ 기타( )

35. 마지막으로 지역복지 개선을 위한 제언이나, 복지관에 하고 싶은 말씀이 있으면 자유롭게 적어 주십시오.

■ 설문에 응해 주셔서 대단히 감사합니다. ■

부록 2 요양보호사의 직무만족이 전문직업적 정체성에 미치는 영향에 관한 설문지

주제: 요양보호사의 직무만족이 전문직업적 정체성에 미치는 영향 연구

안녕하십니까?

사회복지현장에서 노인복지증진을 위하여 수고하시는 요양보호사 선생님들께 부탁의 말씀을 드리고자 합니다.

바쁘신 와중에 고귀한 시간을 내주셔서 감사드립니다.

다름이 아니라, 노인장기요양보험제도가 시행된 지 이제 만 1년이 지났으며, 이 제도의 꽃이라고 할 수 있는 요양보호사의 역할은 매우 중요하다고 생각하고 있습니다. 이에 요양보호사의 직무만족이 전문직업적 정체성에 미치는 영향에 대한 연구를 수행 중에 있습니다.

선생님의 성실한 응답은 본 연구에 소중한 자료가 될 것입니다.

응답해 주신 모든 내용은 무기명으로 작성되며, 순수하게 통계처리에만 이용될 것이며 응답에 관한 비밀은 철저히 보장됨을 약속드립니다.

업무가 바쁘고 번거로우시겠지만 귀한 시간을 조금 내 주셔서 소중한 의견을 적어주시면 매우 감사하겠습니다.

귀하의 도움에 진심으로 감사드립니다.

2021년 8월

○○○○○대학교 사회복지학 박사과정

○ ○ ○ 올림

E-mail : ○ ○ ○@hanmail.net

Ⅰ. 다음은 귀하의 일반적인 사항에 대한 문항입니다. ✓해 주십시오.

1. 귀하의 성별은 무엇입니까?

____① 남자　　　　____② 여자

2. 귀하의 연령을 기재해 주십시오.

만 ______세

3. 귀하의 종교는 무엇입니까?

___① 기독교　　　　___② 불교　　　　___③ 천주교
___④ 무교　　　　___⑤ 기타 (　　　　)

4. 귀하의 최종 학력은 어디에 해당됩니까?

___① 중학교 졸업 이하　　___② 고등학교 졸업이하
___③ 전문대 졸업 이하　　___④ 대학교 졸업 이하
___⑤ 대학원 졸업 이하

5. 귀하의 결혼 상태는 어떠하십니까?

___① 미혼　　　　___② 기혼
___③ 기타 (　　　　)

6. 귀하의 월 평균 소득은 어느 정도입니까?

(　　　　)만원

7. 귀하의 요양보호사 자격증 급수는 무엇입니까?

___① 1급　　　　___② 2급

8. 귀하가 취득하고 있는 요양보호 관련 다른 자격은 무엇입니까?

___① 사회복지사 ___② 간호사 ___③ 간호조무사
___④ 작업치료사 ___⑤ 물리치료사 ___⑥ 없음

9. 귀하께서 요양보호사로서의 근무경력을 기재해 주십시오.

(년 월)

II. 다음은 직무만족에 관한 문항입니다. 가장 적당한 곳에 ✓해 주십시오.

1. 직무에 관한 사항

번호	항목	전혀 그렇지 않다	그렇지 않다	보통이다	그렇다	매우 그렇다
1	귀하는 현 직무에 흥미를 가지고 계십니까?					
2	귀하의 현 직무를 타인이 중요하게 여긴다고 생각하십니까?					
3	현 직무는 장래성이 있으며 귀하의 발전에 도움이 된다고 생각하십니까?					
4	귀하의 능력과 기술이 현 직무수행에 잘 이용되고 있다고 생각하십니까?					
5	귀하의 업무량과 시간은 귀하의 능력에 알맞다고 생각하십니까?					

2. 감독(관리자)에 관한 사항

번호	항 목	전혀 그렇지 않다	그렇지 않다	보통이다	그렇다	매우 그렇다
6	귀하의 상사가 귀한의 건의나 불만을 성의있게 받아준다고 생각하십니까?					
7	귀하의 상사는 귀하가 업무를 잘 수행했을 때 칭찬을 잘 해줍니까?					
8	귀하의 상사는 귀하가 직무수행에 많은 자율성을 인정해 주고 있습니까?					
9	귀하의 상사는 귀하의 일에 도움을 줍니까?					
10	귀하의 상사는 귀하의 개인적인 신상문제에 대해 많은 관심을 갖고 있습니까?					
11	귀하는 상사에 대해 많은 존경심을 가지고 있습니까?					

3. 보수에 관한 사항

번호	항 목	전혀 그렇지 않다	그렇지 않다	보통 이다	그렇다	매우 그렇다
12	귀하의 기관이 이익이 증가하면 이익을 보너스 등으로 적절히 분배해 줄 것으로 기대하십니까?					
13	귀하의 기관에서 보수를 결정하는 방법에 대하여 만족합니까?					
14	귀하의 현재 월급으로 여유 있는 생활을 유지하고 계십니까?					
15	귀하가 받는 월급은 귀하의 노력에 비추어 공정하다고 생각하십니까?					
16	귀하의 월급은 타 기관의 요양보호사와 비교하여 많다고 보십니까?					

4. 동료에 관한 사항

번호	항목	전혀 그렇지 않다	그렇지 않다	보통 이다	그렇다	매우 그렇다
17	귀하는 동료들을 항상 신뢰하고 존중하십니까?					
18	귀하의 동료들은 어려운 일이 발생했을 때 서로 잘 도와줍니까?					
19	귀하는 같은 부서의 동료와 마음이 잘 맞는다고 생각하십니까?					
20	귀하는 직무와 관련된 사항을 동료와 자유롭게 상의 하십니까?					
21	귀하가 일을 열심히 했을 때 동료들이 칭찬해 줍니까?					

5. 기관에 관한 사항

번호	항목	전혀 그렇지 않다	그렇지 않다	보통 이다	그렇다	매우 그렇다
22	귀하의 기관은 타 기관에 비하여 사회적으로 높이 인정받고 있다고 보십니까?					
23	귀하의 기관은 타 기관에 비해 직원에 대한 대우가 좋은 평이라고 생각하십니까?					
24	귀하의 기관은 정책결정과정이 민주적으로 이루어지고 있다고 생각하십니까?					
25	귀하의 기관은 클라이언트의 경제, 사회적 배경이 높은 편이라고 생각하십니까?					
26	귀하의 업무한계와 권한은 명백히 구분되어 있다고 생각하십니까?					

6. 이직에 관한 사항

번호	항목	전혀 그렇지 않다	그렇지 않다	보통 이다	그렇다	매우 그렇다
27	귀하는 출근 시에 결근하고 싶다는 생각이 종종 드십니까?					
28	귀하는 이직을 진지하게 고려해 볼 적이 있습니까?					
29	귀하는 다른 직장을 구하려고 노력한 적이 있습니까?					
30	귀하는 현재 수준의 수입이 보장된다면 다른 곳으로 옮길 생각이 있으십니까?					

Ⅲ. 다음은 요양보호사의 전문성을 알아보기 위한 문항입니다. 귀하께서 요양보호사라는 특정 전문직의 한 구성원으로 느끼고 행동하는 것에 가장 적당한 곳에 √해 주십시오.

번호	항 목	전혀 그렇지 않다	그렇지 않다	보통 이다	그렇다	매우 그렇다
1	나는 체계적으로 전문잡지와 신문을 읽는다.					
2	요양보호사는 대부분의 다른 전문보다 사회에 덜 공헌하는 편이다.					
3	전문적 규칙과 기준을 위반하는 사람은 동료 요양보호사에 의하여 심판되어져야 한다.					
4	나는 내가 하는 일을 사랑하기 때문에 이 요양보호사에 종사하게 되었다.					
5	나는 내가 할 일에 대해 스스로 결정한다.					
6	나는 정기적으로 요양보호사들의 모임에 참석한다.					
7	우리 직무의 가장 중요한 부분은 클라이언트와 공공(공중)에 대하여 제공하는 서비스이다.					
8	전문적 규칙과 기준을 위반하는 사람이 대체로 합당한 처벌을 받지 않는다.					
9	나는 내가 하는 유형의 일에 진정한 소명의식을 느낀다.					
10	일을 하는 동안 내 스스로의 판단을 행사할 필요가 있는 경우는 흔하지 않다.					
11	요양보호사협회는 나와 같이 평범한 요양보호사들에게는 실제로 크게 관심을 두지 않는다.					
12	우리 요양보호사의 중요성은 때때로 지나치게 강조된다.					
13	나는 실제로 내 동료 요양보호사들의 기술수준을 판단할 능력을 가지고 있지 않다.					
14	내가 하는 일에 열정을 가지기란 쉽지 않다.					

번호	항 목	전혀 그렇지 않다	그렇지 않다	보통 이다	그렇다	매우 그렇다
15	일을 하는 대부분의 상황에서 나 자신의 판단이 최종판단임에 틀림없다.					
16	내 친구들의 대다수는 요양보호사가 아닌 다른 직업에 종사하고 있다.					
17	우리 요양보호사가 전문직으로써 약화되는 것은 어떠한 경우라도 사회에 해가 될 것이다.					
18	전문직업인들은 외부 사람들이 평가하는 것보다 더 잘 서로를 평가할 수 있다.					
19	내가 하는 일로부터 받은 느낌은 내가 받는 보수보다 더 중요하다.					
20	우리 전문직에 종사하는 요양보호사들이 일을 할 때 자유롭게 자기 판단을 해야 한다는 것은 대단히 중요하다.					
21	나는 적극적으로 요양보호사 직업이 추구하는 목표를 지지한다.					
22	우리의 직무를 얼마나 잘 수행하는지에 대한 최선의 측정은 얼마나 많이 우리가 클라이언트와 공공(공중)을 도울 수 있는가이다.					
23	전문가 조직은 보다 적극적으로 윤리강령을 집행해야 한다.					
24	내가 하는 일로부터 맡게 되는 눈에 보이지 않는 실질적 보상에 대하여 외부 사람들은 잘 모른다.					
25	나는 일과 관련된 거의 모든 상황에서 스스로의 주체임을 자부한다.					

※ 기타 의견이 있으시면 적어주십시오.

■ 지금까지 성실하게 응답해 주셔서 감사합니다. ■

부록 3 소진척도(Maslach Burnout Inventory : MBI)[1)]

■ 각 문항을 읽고 이러한 느낌들을 귀하가 업무에서 얼마나 자주 느끼시는지 아래에 있는 번호를 적어 주시기 바랍니다.

0	1	2	3	4	5	6
전혀 없다	일 년에 한두 번 혹은 그 이하	한 달에 한번 혹은 그 이하	한 달에 몇 번	일주일에 한 번	일주일에 몇 번	매일

1. 나는 일 때문에 정신적으로 지쳐 있다고 느낀다.
2. 나는 하루의 일과가 끝날 때면 녹초가 된다.
3. 나는 아침에 일어나서 오늘도 일을 나가야 한다는 생각을 하면 기운이 빠진다.
4. 나는 클라이언트의 감정을 쉽게 이해할 수 있다.
5. 내가 클라이언트를 비인격적으로 대하고 있다고 느낀다.
6. 사람들과 하루 종일 일을 하는 것은 정말 힘든 일이다.
7. 나는 클라이언트의 문제 매우 효과적으로 다룬다.
8. 나는 일 때문에 완전히 기진맥진한 상태에 있다고 느껴진다.
9. 직업을 통해 내가 다른 사람들의 삶에 긍정적인 영향을 주고 있다고 느낀다.
10. 사회복지를 선택한 후로, 나는 사람들에게 점점 더 무감각해졌다.
11. 직업으로 인해 내가 감정적으로 무뎌질까봐 걱정이다.
12. 내가 매우 활동적이라고 느낀다.
13. 나는 내 직업으로 인해 짜증스러움을 느낀다.
14. 나는 너무 열심히 일하고 있다고 느낀다.
15. 나는 클라이언트에게 무슨 일이 일어나는지에 대해 별 관심이 없다.
16. 사람들을 직접 대하면서 일한다는 것이 나에게는 매우 큰 스트레스가 된다.
17. 나는 클라이언트에게 편안한 분위기를 쉽게 조성할 수 있다.
18. 클라이언트와 친밀하게 일하고 나면 매우 흐뭇해진다.
19. 내 직업을 통해 가치 있는 많은 일들을 성취해왔다.
20. 나는 내가 속수무책인 것처럼 느껴진다.
21. 일을 할 때 나는 감정적인 문제들을 매우 침착하게 다룬다.
22. 나는 클라이언트들이 자기 문제로 나를 비난하고 있다고 느낀다.

---

1) 논문명 : 최혜영(1995). 사회사업가의 Burnout에 영향을 미치는 요인 연구 - 복지관, 병원 중심으로. 연세대학교 석사학위논문

대상 : 복지관과 병원에 근무하는 사회복지사들을 대상으로 하였다.

부록 4 삶의 만족도 척도(Life Satisfaction Index : LSI-A)[2)]

■ 범주 : ① 그렇다 ② 아니다③ 잘 모르겠다

1. 요즈음의 생활은 내가 젊었을 때 생각했던 것보다 낫다.
2. 나는 내가 알고 있는 다른 사람들에 비해 인생에서 편안한 시기를 더 많이 누렸다.
3. 지금이 나의 인생에서 가장 쓸쓸한 때이다.
4. 나는 지금 젊었을 때만큼이나 행복하다.
5. 모든 것이 달랐다면 나의 인생이 지금보다 더 행복할 수도 있었을 텐데.
6. 요즈음이 나의 인생의 황금기이다.
7. 요즈음 내가 하는 일들은 거의가 단조롭고 지루하다.
8. 미래에 나에게 어떤 재미있고 즐거운 일들이 일어나리라고 기대한다.
9. 요즈음 내가 하는 일들은 과거와 마찬가지로 흥미 있다.
10. 나는 늙고 지쳤다.
11. 내가 늙었다고 느끼는 것이 거슬리지 않는다.
12. 이제까지 내가 살아온 인생에 대해 꽤 만족한다.
13. 인생을 다시 살 수 있는 기회가 있다 해도 이제까지 살아온 나의 과거생활을 바꾸고 싶지 않다.
14. 동년배 다른 사람들에 비해 나는 나의 인생의 중요한 결정을 내리는데 실수를 많이 범했다.
15. 나는 동년배 다른 사람들에 비해 젊어 보인다.
16. 나는 앞으로 1달 또는 1년 동안 할 일을 계획해 놓았다.
17. 내 과거생활을 되돌아 볼 때 원하던 중요한 것들을 얻지 못했다.
18. 동년배 다른 사람들에 비해 나는 자주 우울해 진다.
19. 나는 인생에 대해 기대했던 것만큼 성취했다.
20. 나는 사람들이 살아가는 것이 점점 더 어려워지고 있다고 생각한다.

2)논문명 : 임미숙(1985). 도시노인의 노인정 참여와 생활만족도에 관한 연구. 활동이론에 따른 생활만족도의 실증적 연구. 이화여자대학교 석사학위논문

대상 : 서울시에 거주하는 만 60세 이상의 노인으로, 노인정 참여 노인과 비참여 노인을 반반씩 조사하였다.

2021년 제19회 사회복지사 1급 국가시험 기출문제: 사회복지조사론

1. 사회과학의 특성에 관한 설명으로 옳지 않은 것은?

① 자연과학에 비해 인과관계에 대한 명확한 결론을 내리기 어렵다.
② 끊임없이 변화하는 사회현상을 규명한다.
③ 관찰대상물과 관찰자가 분명히 구분된다.
④ 인간의 행위를 연구대상으로 한다.
⑤ 사회문화적 특성의 영향을 받는다.

2. 사회과학과 사회복지학에 관한 설명으로 옳은 것을 모두 고른 것은?

ㄱ. 사회복지학은 사회문제에 대처하기 위한 학문이다.
ㄴ. 사회과학은 사회복지의 실천적 지식의 제공 및 이론적 발전에 기여할 수 있다.
ㄷ. 사회복지학은 응용 과학이 아닌 순수 과학에 속한다.
ㄹ. 사회복지학은 사회과학에 의해 발전된 개념들을 활용할 수 있다.

① ㄴ, ㄷ ② ㄷ, ㄹ ③ ㄱ, ㄴ, ㄷ
④ ㄱ, ㄴ, ㄹ ⑤ ㄱ, ㄷ, ㄹ

3. 양적조사와 질적조사의 비교로 옳지 않은 것은?

① 질적조사에 비하여 양적조사의 표본크기가 상대적으로 크다.
② 질적조사에 비하여 양적조사에서는 귀납법을 주로 사용한다.
③ 양적조사에 비하여 질적조사는 사회 현상의 주관적 의미에 관심을 갖는다.
④ 양적조사는 가설검증을 지향하고 질적조사는 탐색, 발견을 지향한다.
⑤ 양적조사에 비하여 질적조사는 조사결과의 일반화가 어렵다.

4. 사회복지조사를 위한 수행단계로 옳은 것은?

① 문제설정 → 가설설정 → 조사설계 → 자료수집 → 자료분석 → 보고서작성
② 문제설정 → 가설설정 → 자료수집 → 자료분석 → 조사설계 → 보고서작성
③ 가설설정 → 문제설정 → 자료수집 → 조사설계 → 자료분석 → 보고서작성
④ 가설설정 → 문제설정 → 자료수집 → 자료분석 → 조사설계 → 보고서작성
⑤ 가설설정 → 문제설정 → 조사설계 → 자료수집 → 자료분석 → 보고서작성

5. 다음 ( )에 알맞은 내용으로 옳은 것은?

- 독립변수 앞에서 독립변수에 영향을 주는 변수를 (ㄱ)라고 한다.
- 독립변수의 결과인 동시에 종속변수의 원인이 되는 변수를 (ㄴ)라고 한다.
- 다른 변수에 의존하지만 다른 변수에 영향을 미칠 수 없는 변수를 (ㄷ)라고 한다.
- 독립변수와 종속변수 모두에 영향을 미치는 제3의 변수를 (ㄹ)라고 한다.

① ㄱ: 외생변수, ㄴ: 더미변수, ㄷ: 종속변수, ㄹ: 조절변수
② ㄱ: 외생변수, ㄴ: 매개변수, ㄷ: 종속변수, ㄹ: 더미변수
③ ㄱ: 선행변수, ㄴ: 조절변수, ㄷ: 종속변수, ㄹ: 외생변수
④ ㄱ: 선행변수, ㄴ: 매개변수, ㄷ: 외생변수, ㄹ: 조절변수
⑤ ㄱ: 선행변수, ㄴ: 매개변수, ㄷ: 종속변수, ㄹ: 외생변수

6. 다음 ( )에 알맞은 조사유형을 모두 나열한 것은?

일정한 시간간격을 두고 연구대상을 표본추출하여 반복적으로 조사하는 방법에는 (　　), (　　), 동년배 조사 등이 있다.

① 패널조사, 경향조사
② 패널조사, 문헌조사
③ 전수조사, 경향조사
④ 전수조사, 표본조사
⑤ 문헌조사, 전문가조사

7. 다음 ( )에 알맞은 내용으로 옳은 것은?

- 내적타당도를 높이기 위해서는 (ㄱ) 이외의 다른 변수가 (ㄴ)에 개입할 조건을 통제하여야 한다.
- 외적타당도를 높이기 위해서는 (ㄷ)으로 연구대상을 선정하거나 표본크기를 (ㄹ) 하여야 한다.

① ㄱ: 원인변수, ㄴ: 결과변수, ㄷ: 확률표집방법, ㄹ: 크게
② ㄱ: 원인변수, ㄴ: 결과변수, ㄷ: 무작위할당, ㄹ: 작게
③ ㄱ: 원인변수, ㄴ: 결과변수, ㄷ: 확률표집방법, ㄹ: 작게
④ ㄱ: 결과변수, ㄴ: 원인변수, ㄷ: 확률표집방법, ㄹ: 크게
⑤ ㄱ: 결과변수, ㄴ: 원인변수, ㄷ: 무작위할당, ㄹ: 작게

8. 측정에 관한 설명으로 옳지 않은 것은?

① 일정한 규칙에 따라 측정대상에 값을 부여하는 과정이다.
② 이론적 모델과 사건이나 현상을 연결하는 방법이다.
③ 사건이나 현상을 세분화하고 통계적 분석에 활용할 수 있는 정보를 제공한다.
④ 측정도구의 신뢰도를 높이기 위해서는 설문문항 수가 적을수록 좋다.
⑤ 측정의 수준에 따라 명목, 서열, 등간, 비율의 4가지 유형으로 분류한다.

9. 척도에 관한 설명으로 옳은 것을 모두 고른 것은?

ㄱ. 명목척도는 응답범주의 서열이 없는 척도이다.
ㄴ. 비율척도의 대표적인 유형은 리커트 척도이다.
ㄷ. 비율척도는 절대 0점이 존재하는 척도이다.
ㄹ. 서열척도는 변수의 속성에 따라 일정한 범주로 분류한다.

① ㄱ, ㄴ　　② ㄴ, ㄹ　　③ ㄷ, ㄹ
④ ㄱ, ㄴ, ㄷ　　⑤ ㄱ, ㄷ, ㄹ

10. 다음 사례에서 측정하고자 하는 타당도로 옳은 것은?

연구자는 새로 개발한 우울척도 A의 타당도를 확인하기 위하여 자아존중감 척도 B와의 상관계수를 산출하였다. 그 결과, A와 B의 상관관계가 매우 낮은 것을 확인하였다.

① 동시타당도(concurrent validity)
② 판별타당도(discriminant validity)
③ 내용타당도(content validity)
④ 수렴타당도(convergent validity)
⑤ 예측타당도(predictive validity)

11. 신뢰도를 측정하는 방법으로 옳은 것을 모두 고른 것은?

ㄱ. 재검사법　　ㄴ. 대안법
ㄷ. 반분법　　ㄹ. 내적일관성분석법

① ㄴ　　② ㄱ, ㄷ　　③ ㄴ, ㄹ
④ ㄱ, ㄷ, ㄹ　　⑤ ㄱ, ㄴ, ㄷ, ㄹ

12. 다음이 설명하는 척도로 옳은 것은?

> • 사회복지사에 대해 느끼는 감정에 대해 해당 점수에 체크하시오.
> 1점 2점 3점 4점 5점 6점 7점
> 1. 친절한 I-----I-----I-----I-----I-----I-----I 불친절한
> 2. 행복한 I-----I-----I-----I-----I-----I-----I 불행한

① 리커트척도(Likert scale)
② 거트만척도(Guttman scale)
③ 보가더스척도(Borgadus scale)
④ 어의적 분화척도(Semantic differential scale)
⑤ 써스톤척도(Thurstone scale)

13. 표본크기에 관한 설명으로 옳지 않은 것은?

① 표본의 크기가 클수록 시간과 비용이 많이 든다.
② 신뢰수준을 높이려면 표본의 크기도 커져야 한다.
③ 표본의 크기가 증가하면 표본오차(sampling error)도 커진다.
④ 모집단이 이질적인 경우에는 표본의 크기를 늘려야 한다.
⑤ 같은 표본추출방법을 사용한다면 표본의 크기가 클수록 대표성은 커진다.

14. 질적조사에서 일반적으로 사용되는 표본추출방법으로 옳지 않은 것은?

① 이론적(theoretical) 표본추출
② 집락(cluster) 표본추출
③ 눈덩이(snowball) 표본추출
④ 극단적 사례(extreme case) 표본추출
⑤ 최대변이(maximum variation) 표본추출

15. 내용분석(content analysis)에 관한 설명으로 옳지 않은 것을 모두 고른 것은?

> ㄱ. 기존자료에 의존하기 때문에 연구의 범위가 무제한적이다.
> ㄴ. 선정편향(selection bias)이 발생할 수 있다.
> ㄷ. 연구대상자의 반응성을 배제할 수 있다.
> ㄹ. 기존자료를 활용하는 질적조사이기 때문에 가설검증은 필요하지 않다.

① ㄴ　　② ㄱ, ㄴ　　③ ㄱ, ㄹ
④ ㄷ, ㄹ　　⑤ ㄱ, ㄴ, ㄹ

16. 외부사건(history)을 통제할 수 있는 실험설계를 모두 고른 것은?

ㄱ. 솔로몬 4집단 설계(Solomon four-group design)
ㄴ. 단일집단 사전사후검사 설계(one-group pretest-posttest design)
ㄷ. 단일집단 사후검사 설계(one-group posttest-only design)
ㄹ. 통제집단 사후검사 설계(posttest-only control group design)

① ㄹ ② ㄱ, ㄹ ③ ㄴ, ㄷ
④ ㄱ, ㄴ, ㄹ ⑤ ㄴ, ㄷ, ㄹ

17. 단일사례설계방법에 관한 설명으로 옳은 것은?

① ABCD설계는 여러 개의 개입효과를 개별적으로 증명하기 위한 설계이다.
② AB설계는 외부요인을 충분히 통제할 수 있기 때문에 여러 유형의 문제에 적용가능하다.
③ 복수기초선설계는 기초선 단계 이후 여러 개의 다른 개입방법을 순차적으로 적용한다.
④ ABAB설계는 외부요인을 통제할 수 있어 개입의 효과를 확인할 수 있다.
⑤ 평균비교는 기초선이 불안정할 때 기초선의 변화의 폭과 기울기까지 고려하여 결과를 분석하는 방법이다.

18. 외적타당도를 저해하는 요인으로 옳은 것은?

① 실험대상의 탈락
② 외부사건(history)
③ 통계적 회귀
④ 개입의 확산 또는 모방
⑤ 연구 참여자의 반응성

19. 다음에서 설명하는 근거이론의 분석방법은?

수집된 자료에서 나타난 범주들 간의 관계를 파악하기 위해 범주들을 특정한 구조적 틀에 맞추어 연결하는 과정이다. 중심현상을 설명하는 전략들, 전략을 형성하는 맥락과 중재조건, 그리고 전략을 수행한 결과를 설정하여 찾아내는 과정이다.

① 조건 매트릭스
② 개방코딩
③ 축코딩
④ 괄호치기
⑤ 선택코딩

20. 다음 사례에서 설명하는 표본추출방법은?

> 사회복지사들의 감정노동 정도를 조사하기 위하여 설문조사를 실시하였다. 표본은 전국사회복지관에 근무하는 사회복지사를 대상으로 연령(30세 미만, 30세 이상 50세 미만, 50세 이상)을 고려하여 연령 집단별 각각 100명씩 총 300명을 임의 추출하였다.

① 비례 층화 표본추출
② 할당 표본추출
③ 체계적 표본추출
④ 눈덩이 표본추출
⑤ 집락 표본추출

21. 질적조사의 엄격성(rigor)을 높이는 방법으로 옳은 것을 모두 고른 것은?

> ㄱ. 장기간 관찰　　　　　　　　ㄴ. 표준화된 척도의 사용
> ㄷ. 부정적 사례(negative cases)분석　ㄹ. 다각화(triangulation)

① ㄱ, ㄴ　　② ㄱ, ㄷ　　③ ㄴ, ㄹ
④ ㄱ, ㄷ, ㄹ　　⑤ ㄱ, ㄴ, ㄷ, ㄹ

22. 초점집단(focus group) 조사에 관한 설명으로 옳지 않은 것은?

① 집단을 활용한 자료수집방법이다.
② 익명의 전문가들을 패널로 활용한다.
③ 욕구조사에서 활용된다.
④ 직접적인 자료수집 방법이다.
⑤ 연구자의 개입에 의해 편향이 발생할 수 있다.

23. 설문지 작성 방법에 관한 설명으로 옳은 것은?

① 개방형 질문은 미리 유형화된 응답범주들을 제시해놓은 질문 유형이다.
② 행렬식(matrix) 질문은 한 주제의 응답에 따라 부가질문을 연결해서 사용하는 질문이다.
③ 많은 정보가 필요할 경우 이중질문을 사용한다.
④ 신뢰도 측정을 위해 짝(pair)으로 된 문항들은 이어서 배치한다.
⑤ 다항선택식(multiple choice) 질문은 응답범주들 중에서 하나 또는 그 이상을 선택하도록 하는 질문이다.

24. 실험설계의 유형에 관한 설명으로 옳지 않은 것은?

① 다중 시계열 설계(multiple time-series design)는 통제집단을 설정하지 않는다.
② 단일집단 사전사후검사 설계(one-group pretest-posttest design)는 검사효과를 통제하기 어렵다.
③ 통제집단 사후검사 설계(posttest-only control group design)는 사전검사의 영향을 배제할 수 있다.
④ 시계열 설계(time-series design)는 검사효과와 외부사건을 통제하기 어렵다.
⑤ 정태적 집단 비교설계(static group design)는 두 집단의 본래의 차이를 확인하기 어렵다.

25. 서베이(survey) 조사에 관한 설명으로 옳은 것을 모두 고른 것은?

ㄱ. 전화조사는 무작위 표본추출이 가능하다.
ㄴ. 우편조사는 심층규명이 쉽다.
ㄷ. 배포조사는 응답 환경을 통제하기 쉽다.
ㄹ. 면접조사는 우편조사에 비해 비용이 많이 든다.

① ㄱ, ㄴ　② ㄱ, ㄹ　③ ㄴ, ㄷ
④ ㄱ, ㄷ, ㄹ　⑤ ㄴ, ㄷ, ㄹ

해답

1. ③ 2. ④ 3. ② 4. ① 5. ⑤ 6. ① 7. ① 8. ④ 9. ⑤ 10. ②
11. ⑤ 12. ④ 13. ④ 14. ② 15. ③ 16. ② 17. ④ 18. ⑤ 19. ③ 20. ②
21. ④ 22. ② 23. ⑤ 24. ① 25. ②

참고문헌

참고문헌

김기원(2007). 사회복지조사론. 서울: 나눔의 집.

김영석(2006). 사회조사방법론 SPSS WIN 통계분석. 경기: (주)나남출판.

김영종(2007). 사회복지조사론 이해와 활용. 서울: 학지사.

김정우 · 양심영(2006). 사회복지조사론. 경기: 양서원.

김태성 · 김기덕 · 이채원 · 홍백의(2006). 사회복지조사론. 서울: 청목출판사.

남세진 · 최성재(1998). 사회복지조사방법론. 서울: 서울대학교 출판부.

사회복지사1급 시험연구회(2010). 1급 사회복지사 사회복지조사론. 서울: 나눔의 집.

사회복지센터(2010). 사회복지조사론. 서울: 나눔의 집.

소영일(2001). 연구조사방법론. 서울: 박영사.

양정하 · 황인옥 · 윤성호 · 이인숙 · 김태준(2006). 사회복지조사방법론. 경기: 공동체.

오혜경(2005). 사회복지조사론. 서울: 창지사.

이익섭 · 이윤로(2004). 사회복지조사방법의 이해. 서울: 학지사.

정영숙(2006). 사회복지조사방법론. 경기: 공동체.

채구묵(2006). 사회복지조사방법론. 경기: 양서원.

최성재(2005). 사회복지조사방법론. 서울: 나남.

황성동(2007). 알기 쉬운 사회복지조사방법론. 서울: 학지사.

Alderfer, C. P.(1972). *Existence, Relatedness, and Growth: Human Needs in Organizational Settings, Free Press.*

Bailey, K. D.(1994). *Methods of Social Research, Free Press, 4th Edition.*

Bogardus, E. S.(1993). *A Social Distance Scale, Sociology and Social Research.*

Bradshaw, J.(1972). *The Concept of Social Need*, New Society 19(March), 640-643.

Cook, T. D., & Campbell, D. T.(1979). *Quasi-experimentation*, Rand McNally & Co.

Feyerabend, P.(1975). *Against method: Outline of an anarchistic theory of knowledge*, Humanities Press.

Forder, A.(1974). *Concepts in Social Administration*, Routledge.

Glaser, B., & Strauss, A.(1967). *The Discovery of Grounded Theory: Strategies for Qualitative Research, Chicago:* Aldine de Gruyter.

Guttman, L.(1993). *Louis Guttman on Theory and Methodology: Selected Writings*, Dartmouth Publishing Group.

Hume, D., & Beauchamp, T. L.(2006). *An Enquiry Concerning Human Understanding*, Oxford University Press.

Kahane, L. H.(2001). *Regression Basics*, Sage Publications, Inc.

Kerlinger, F. N.(1999). *Foundations of Behavioral Research*, Wadsworth Publishing, 4 Edition.

Kuhn, T. S.(1996). *The Structure of Scientific Revolutions*, University Of Chicago Press, 3 Edition.

Lakatos, I.(1980). *The Methodology of Scientific Research Programmes(Philosophical Papers Volume I)*, Cambridge University Press.

Likert, R.(1975). *Likert's System 4*, AMACOM, Revised Edition.

Lofland, J., & Lofland L. H.(1984). *Analyzing Social Settings: A Guide to Qualitative Observation and Analysis, Belmont, California:* Wadsworth Publishing.

Losee, J.(2001). *A Historical Introduction to the Philosophy of Science*, Oxford University Press, 4 Edition.

Maslow, A. H.(1987). *Motivation and Personality*, HarperCollins Publishers.

Osgood, C. E. Suci, G. J., & Tannenbaum, P. H.(1967). *The Measurement of Meaning*, University of Illinois Press.

Patton, M. Q.(2001). *Qualitative Research & Evaluation Methods, Sage* Publications, Third Edition.

Popper, K. R.(1972). *Objective Knowledge: An Evolutionary Approach*, Oxford University Press, Revised Edition.

Rubin, A. & Babbie, E. R.(2007). *Research Methods for Social Work*, Wadsworth Publishing, 6 Edition.

Thurstone, L. L.(1984). *Multiple Factor Analysis*, Umi Research Press.

저자소개

이창희

진주보건대학교 보건행정과 교수

김예경

부산과학기술대학교 사회복지과 겸임교수

손경화

청암대학교 사회복지과 교수

장창균

목포과학대학교 사회복지과 교수

한승협

부산여자대학교 사회복지계열 교수

사회복지조사론

초판 1쇄 발행 2021년 8월 27일
초판 2쇄 발행 2024년 1월 24일

지 은 이 | 이창희 · 김예경 · 손경화 · 장창균 · 한승협
펴 낸 이 | 김기섭
편 집 인 | 이상희
펴 낸 곳 | 창지사 www.changjisa.com
08589 서울시 금천구 가산디지털 1로 83 파트너스타워 1차 9층
전화 (02)719-2211~3
팩스 (02)701-9386
등 록 | 1977년 4월 28일 · 제1-421호

ISBN 978-89-426-1477-6 (93330)

값 25,000원